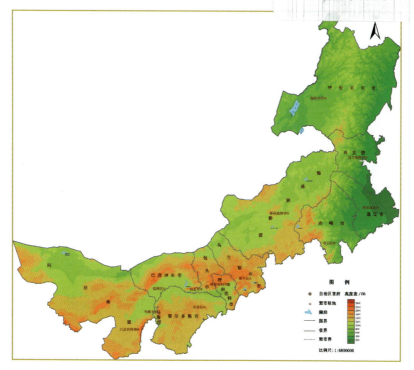

▲ 内蒙古自治区地势图

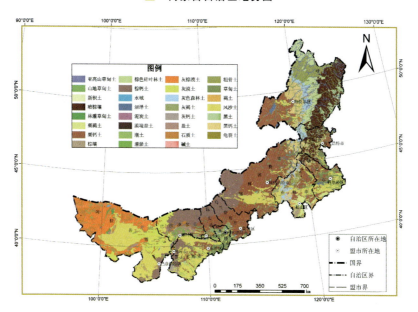

▲ 内蒙古自治区土壤类型分布图

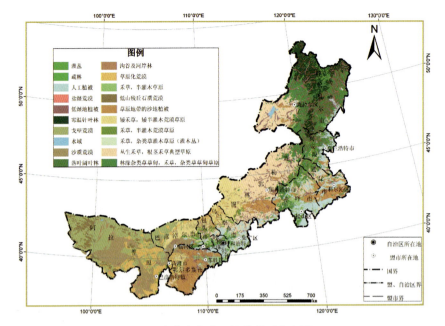

▲ 内蒙古自治区植被类型分布图

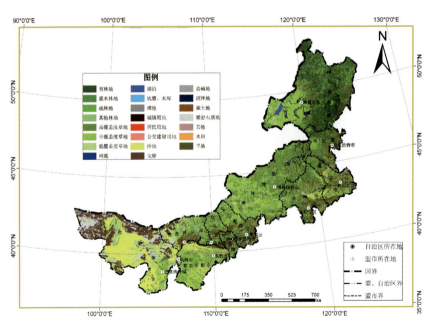

▲ 内蒙古自治区土地利用图

"十二五"国家重点图书出版规划项目

中·国·省·市·区·地·理

丛书主编 ◎ 王静爱

内蒙古地理
NEIMENGGU DILI

主　编 ◎ 满都呼
副主编 ◎ 赵金涛

北京师范大学出版集团
BEIJING NORMAL UNIVERSITY PUBLISHING GROUP
北京师范大学出版社

图书在版编目（CIP）数据

内蒙古地理/满都呼主编. —北京：北京师范大学出版社，
2016.7（2018.6 重印）

（中国省市区地理丛书/王静爱主编）

ISBN 978-7-303-19991-4

Ⅰ. ①内… Ⅱ. ①满… Ⅲ. ①地理—内蒙古 Ⅳ. ①K922.6

中国版本图书馆 CIP 数据核字（2016）第 007707 号

营 销 中 心 电 话 010-58805072　58807651
北师大出版社高等教育与学术著作分社　http://xueda.bnup.com

NEIMENGGU DILI

出版发行：北京师范大学出版社 www.bnup.com
　　　　　北京市海淀区新街口外大街 19 号
　　　　　邮政编码：100875
印　　刷：天津中印联印务有限公司
经　　销：全国新华书店
开　　本：730 mm × 980 mm　1/16
印　　张：26
插　　页：1
字　　数：483 千字
版　　次：2016 年 7 月第 1 版
印　　次：2018 年 6 月第 2 次印刷
定　　价：78.00 元
审 图 号：蒙 S（2014）007 号
封 底 图
审 图 号：GS（2016）1022 号

策划编辑：胡廷兰　　　责任编辑：刘文平　李云虎
美术编辑：王齐云　　　装帧设计：王齐云
责任校对：陈　民　　　责任印制：马　洁

总　序

地理的区域性始终是地理学者关注和探讨的重要论题。编纂一套中国省市区的地理丛书，对认识中国地理的区域规律和区域发展战略有重要的学术价值，对加深理解中国国情也有着极为重要的现实意义。

中国地域辽阔，南北跨越约 5 500 km，东西跨越约 5 200 km，陆地面积约 960×10^4 km²，海域面积超过 470×10^4 km²。由于中国地域差异大，自然地理呈现出极为丰富的多样性特征；由于中国历史悠久，人文地理也呈现出一派绚丽多姿的景象。自然地理与人文地理在一个行政区内叠加，构成一部丰富多彩的省市区地理，即组成了环境、资源、人口与发展的区域格局。"中国省市区地理丛书"正是从综合集成的角度，系统地梳理了中国 23 个省、4 个直辖市、5 个少数民族自治区、2 个特别行政区的环境、资源、人口与发展特征，并从全国的角度，阐述了其区域时空变化规律。

中国国情特色鲜明，人口众多、地区发展不平衡、环境分布地带性明显、资源保障不平衡等因素较为突出。"中国省市区地理丛书"正是从历史透视的角度，分析了省、直辖市、少数民族自治区、特别行政区地理过程的形成与发展规律，特别是经济与社会的发展格局。在这个意义上说，丛书是对已完成的《中国地理》《中国自然地理》《中国经济地理》等重要著作的补充。

"中国省市区地理丛书"的主要功能：一是中国地理课程和乡土地理课程的教学用书和教学参考书，完善高校师生和中学教师的区域地理教学的教材支撑体系；二是降尺度认识区域地理的科学著作，为区域研究者提供参考；三是从地理视角对中国国情、省情、县情的系统总结，为国民尤其是各级管理人员提供地理信息和国情教育参考。

"中国省市区地理丛书"的编纂，对深化辖区主体功能区的规划，加快缩小区域差异，特别是城乡差异，探求可持续发展的区域模式，加强生态文明建设等有着极为重要的意义。科学发展模式的确立，需要客观把握国情、省情、县情，也需要认识辖区的地理规律。经过改革开放和经济发展，中国各省市区的地理格局也发生了重大变化，对于任何一个省市区来说，今天的发展都离不开与相邻的省市区甚至国家和地区的密切合作。了解邻接省市区的地理格局，对构建相互合作的区域模式和网络有着重要的实践价值。特别是处在同一个大江大河流域，或处在受风沙影响的同一个沙源区，或处在共同受益的一个高速交通线或空港枢纽区的省市区，更需要相互间的了解和理解、合作与协同，以追求共同发展，实现双赢或多赢的目标。

"中国省市区地理丛书"可以使读者更全面地认识中国的地理时空格局，加深对中国国情方方面面的理解；也能在省市区的尺度上，对中国地理进行系统而综合的深化研究，并能帮助决策者从省市区对比的角度，更客观地审视和厘定本辖区的发展模式。

"中国省市区地理丛书"由35本组成，包括1本中国地理纲要和23个省、5个少数民族自治区、4个直辖市和2个特别行政区的34本分册。每一本省级辖区地理图书都突出其辖区的地理区位、区域环境、资源、人口与发展的总体特征，区域地理的时空分异规律，区域生态文明建设与可持续发展的对策和建议等。此外，对省级区域地理，在突出辖区整体性特征的同时，更要重视辖区的区域差异，特别是城乡差异；对直辖市的区域地理，在突出其城市化的区域差异的基础上，高度关注城市可持续发展遇到的突出的地理问题；对少数民族自治区的区域地理，在高度关注其自然环境多样性的同时，突出其民族自治区域的特色，特别是语言、文化等文化遗产的区域特征；对特别行政区地理，更加关注其特殊发展历程及国际化进程的地理特色和人口高度密集区域的可持续发展模式等。

大部分分册具有统一的体例和结构框架，包括总论、分论和专论三个部分。

总论，是各分册的地理基础，是丛书分册之间可比较的部分，主要阐述各省市区的地理区位、地理特征和地理区划。地理区位是区域地理的出发点，强调从自然生态、文化和经济等多个视角，理解地理区位的特点和优势，结合行政区划与历史沿革，凸显各省市区的国内地位与区际联系。地理特征是区域地理的基础和重点内容，也是传统地理描述的精华，强调以自然地理和人文/经济地理要素为基础，以人口、资源、环境与发展（PRED）为综合的地理概括，结合专题地图和成因分析，凸显区域人地关系地域系统特征。地理区划是承上（总论）启下（分论）的重要部分，也是区域地理的理论体现，强调从自然生态、文化与经济的地域差异分析入手，梳理前人对区域划分的认识，凸显自然与人文的综合，最终提出地理分区的方案。

分论，是各分册辨识省市区内地域差异的主体，属乡土地理范畴，具有浓郁的乡土意蕴。依据地理分区方案，各地理区单独成章。每个地理区主要阐述：区域概况、资源与环境特征、产业发展与规划、人地关系与可持续发展、最突出或最重要的地理现象等。

专论，是各分册彰显区域综合分析和深入研究的部分，主要阐述省市区有特色的地理问题。这些特色问题大多是与区域发展联系密切的，在全国范围内具有重要地理意义或地位，有多地理要素相互作用、相互影响产生的区域综合问题，也有自然地理与人文地理相结合的综合命题。这部分内容具有特色性、综合性、研究性，同时展现了具有一定权威性的研究新进展。

组织编纂"中国省市区地理丛书"，需要多方面的合作和投入。北京师范大学"区域地理国家级教学团队"、全国高校中国地理教学研究会、北京师范大学区域地理研究实验室，承担了这项编撰任务的组织工作。2005 年开始筹备，2006 年由北京师范大学出版社立项资助，后组织包括全国 30 多所师范大学和综合性大学的地理相关专业院系的教师参编本丛书。共分四个组织层次：一是编辑委员会，由王静爱教授担任编委会主任，由各分册主编和北京师范大学"区域地理国家级教学团队"中的教师共同担任编委会成员；二是审稿专家群，丛书邀请各省市区的区域地理专家，全国高校中国地理教学研究会部分教授，北京师范大学"区域地理国家级教学团队"中的教授和民俗文化、历史方面的专家担任审稿人，分别审阅丛书部分书稿；三是编务工作组，由苏筠教授担任负责人，由北京师范大学区域地理实验室师生组成工作团队；四是出版编辑部，北京师范大学出版社高度重视本丛书，将其列为社内重大选题，先后指派王松浦、胡廷兰、关雪菁、尹卫霞负责协调全套书的编辑出版工作。全套丛书已被评为"'十二五'国家重点图书出版规划项目"。

"中国省市区地理丛书"在由北京师范大学出版社资助的基础上，得到了北京师范大学区域地理国家级教学团队、教育部"211 工程"和"985 工程"项目经费的支持，还得到了北京师范大学地理科学学部、地表过程与资源生态国家重点实验室、环境演变与自然灾害教育部重点实验室和国家自然科学基金委员会创新研究群体科学基金项目(41321001)在人力和物力方面的支持。当"中国省市区地理丛书"呈现在读者面前时，我要感谢全体编著者的辛勤工作与团结合作；感谢各分册的审稿人，他们是(以汉语拼音为序)：蔡运龙教授、崔海亭教授、董玉祥教授、樊杰教授、方修琦教授、葛岳静教授、江源教授、康慕谊教授、梁进社教授、刘宝元教授、刘连友教授、刘明光教授、刘学敏教授、马礼教授、史培军教授、宋金平教授、孙金铸教授、王恩涌教授、王卫教授、王玉海教授、王岳平教授、吴殿廷教授、武建军教授、伍永秋教授、许学工教授、杨胜天教授、袁书琪教授、曾刚教授、张科利教授、张兰生教授、张文新教授、张小雷教授、赵济教授、周涛教授、邹学勇教授等。他们认真、严谨的审稿工作是丛书科学性和知识性的保障。特别感谢赵济教授和史培军教授在丛书编纂、审稿和诸多区域地理科学认识方面的重要贡献和指导；特别感谢编务工作组的青年教师苏筠教授，她为丛书庞大而复杂的编纂工作得以有序进行付出了巨大的精力；特别感谢董晓萍教授和晁福林教授对丛书区域民俗文化和历史相关部分的审阅和提出的宝贵意见。在此我谨向上述各位专家、学者对"中国省市区地理丛书"的指导与支持表示深深的谢意；在全体编著者和审稿专家工作的基础上，"中国省市区地理丛书"还得到了各分册主编所在单位及其他许多单位和专家的大力支持和帮助，特此一并郑重致谢！

"中国省市区地理丛书"的编纂工作十分庞杂和艰巨，编著者虽然尽了最大的努力，但由于研究内容涉及面广，经济社会发展变化迅速，加上经验与水平不足，会存在诸多不足和遗憾，尚祈广大读者批评指正。

2017 年 5 月

前　言

内蒙古自治区是全国最早建立的省级少数民族自治区，1947年5月1日在乌兰浩特成立。内蒙古地域辽阔，地处祖国北部边疆，"东林西铁、北牧南农，遍地是煤""羊煤土气"，是对其丰富资源的写照。各族人民世世代代和睦相处，建设着繁荣富强的内蒙古，近10年内蒙古GDP的增长速度居全国各省市自治区的首位。

《内蒙古地理》作为"中国省市区地理丛书"的乡土地理教材，所涉及的领域广、内容多。根据"中国省市区地理丛书"要求的编写思想、结构和编写体例，全书分为总论、分论和专论三大部分。总论部分系统论述了内蒙古地理位置、在全国的经济区位和文化位置，对内蒙古的自然特征、资源特征、经济特征、生态与环境特征和文化特征逐一进行了分析，并进行了地理区域划分；分论部分重点论述了蒙东地区、蒙中地区和蒙西地区三个分区的区域地理特征、区域开发和区域可持续发展以及与相邻地域的关联作用等内容；专论部分涉及当前内蒙古自治区区域发展中全国层面和地域层面需要讨论的五个地理问题，包括文化与区域发展、区域经济、生态建设、防灾减灾和城乡建设。《内蒙古地理》反映了新中国成立以来内蒙古自治区社会经济建设取得的巨大成就和内蒙古地理研究的最新成果。

本书可供高等院校相关专业师生作为教材使用，也可以作为中学地理教师的教学参考书，同时适合政府管理人员和普通读者使用。

《内蒙古地理》编写过程中吸纳和引用了大量前人的研究成果和作品，在此对这些作者表示崇高的敬意和衷心的感谢。本书用于教材，书中图件主要用作示意图，不一定很精确和规范，仅供教学参考。

本书编写体例是在"中国省市区地理丛书"编写委员会设置的总体框架

要求下,由满都呼负责全书策划并制定写作大纲,满都呼和赵金涛负责全书的统稿工作。本书编著分工为:满都呼(第1章,第2章第4节,第6章);李百岁(第7章,第11章);阿拉腾图雅(第2章第1节,第5节);赵金涛(第3章,第10章第5节);秦树辉、赵伟(第2章第2节,第3节);李文杰(第8章);格力格桑(第5章);宝鲁(第4章);乌兰图雅(第9章);银山(第10章第1节至第4节)。此外,艳燕、根少子、叶小梅、何雪莲、厄尔敦其其格、伊如贵、聂兆亮、阿荣、荣荣、包苏雅、永勤、冬青、董振华等研究生参与了本书的资料整理和其他文字工作。在本书写作过程中,编写组先后得到了王静爱教授、史培军教授、赵济教授、孙金铸教授、苏筠老师等的指导和帮助,谨此郑重致谢。

内蒙古地理编写组

2014 年 7 月 20 日

目 录

第一篇　总　论

第一篇　总　介

第一章　地理区位

章前语

　　内蒙古地处中国北部边疆，横跨东北、华北、西北，靠近京津。大部分地区处在中高纬度，深居内陆地区，草原广布，是中国五大草原区之一。地域辽阔，物产丰富，"东林西铁，遍地是煤""南农北牧，农牧并举"。内蒙古经济增长迅猛，增速连续多年居全国之首，是国家重要的能源基地和畜产品基地。各民族和睦相处，蒙古族文化源远流长，是祖国文化宝塔上的一颗明珠。本章从自然、经济、文化等方面分析内蒙古的区位，并对内蒙古历史沿革和行政区划进行了阐述。

关键词

　　内蒙古；北部边疆；古老地壳；季风尾闾；草原牧区

第一节　地理位置

一、地处祖国北部边疆

　　打开中国的版图，在北部边疆你会看到一匹昂首长啸的骏马，那就是美丽、富饶、辽阔的内蒙古自治区。内蒙古自治区地域辽阔，横跨东北、华北、西北三大区域，由东北向西南斜伸，呈狭长形。内蒙古自治区跨越经纬度宽广，西起 97°12′E，东至 126°04′E，横跨经度28°52′，东西蜿蜒 2 400 km；南起北纬 37°24′N，北至 53°23′N，纵占纬度 15°59′，南北纵跨 1 700 km。最东是呼伦贝尔市的加格达奇，最西是阿拉善的马鬃山苏木，最南是阿拉善的温都尔勒图苏木，最北是呼伦贝尔市的恩和哈达镇。总面积 118.3×10⁴ km²，占全国土地面积的 12.3%，居全国第 3 位。内蒙古中部紧靠京津地区，是环渤海经济圈的腹地；东部连接东三省，融入了东北经济区。北部同蒙古国和俄罗斯接壤，内蒙古自治区国境线长 4 221 km，有满洲里、二连浩特等 18 个国家一、二类内陆口岸。内蒙古是中国同蒙古国、俄罗斯和东欧交往的陆上桥梁，地理位置十分重要。

二、承东启西、地跨三北、内连八省区

内蒙古自治区是中国东西跨度最大的省区，每当早晨太阳从东方冉冉升起，需要两个多小时才能把内蒙古大地全部照遍。当自治区南部早已是竞秀的春天，北端却依然是冰雪覆盖的寒冬。内蒙古自治区与西部和西北部地区的联系密切，是西部大开发不可或缺的重要组成部分，是国家对外开放的重要前沿阵地。自治区版图由东北向西南斜伸，呈狭长形，跨越三北经济区，东部为东北经济区、中部为华北经济区、西部为西北经济区，靠近京津地区。东与黑龙江、吉林、辽宁 3 省毗邻，南部、西南部与河北、山西、陕西、宁夏 4 省区接壤，西部与甘肃省相连。同时还临近新疆、青海、山西和陕西等资源大省（区），临近京津市场（图 1-1）。

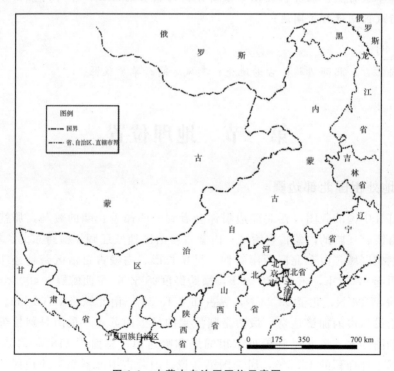

图 1-1　内蒙古自治区区位示意图

内蒙古横跨"三北"，连接八省，紧靠京津，既是环渤海地区的腹地，又是华北沟通大西北的经济通道，也是东北老工业基地的能源后续地，具有承东启西、辐射中部的区位优势，具有其他地区难以比拟的市场竞争力。

三、跨越地理过渡地带

内蒙古自治区在地理上具有明显的过渡性。这一过渡性表现在以下几个方面：内蒙古自治区位于西伯利亚—中国板块的过渡地区；是东亚季风和中亚内陆气候的过渡地带；从温度上看，属于中温带，从北往南，依次为寒温带、中温带和暖温带；内蒙古是我国外流区与内流区的过渡区，外流区分布在东部和南部，大多是东北地区和华北地区各大河的上游，内流区的面积广阔，分布于气候干燥的西部和北部地区；内蒙古大部地区是草原地带，从内蒙古东部到西部依次呈现森林景观—草原景观—荒漠景观；从北向南跨越牧区、农牧交错区和农业区。

第二节　经济位置

一、独具特色的经济区位

内蒙古东西狭长的地域特点决定了在区位布局中形成东、中、西部三个相对独立的经济单元，在国家战略布局中战略地位突出。内蒙古中部紧靠京津地区，是环渤海经济圈的腹地；东部连接东三省，融入了东北经济区；西部与西北地区联系密切，是西部大开发不可或缺的重要组成部分；整个内蒙古成为国家对外开放的重要前沿阵地。

内蒙古经济区位的显著特点在于其互补性和优越性。一是内蒙古能够与周边省区产业整合，形成经济互补、科技交流、智力支边、企业帮带、边境贸易等多种形式的协作，不断拓展渠道，建立更好更紧密的经济合作关系。长期以来，内蒙古与"三北"已经形成了优势互补、互惠互利、长期合作、共同发展的关系，开展了多层次、多渠道、多形式和全方位的经济技术合作。二是内蒙古地处我国北部边陲，是东北、华北和西北三大经济区的结合部和重要区域纽带，在"三北"乃至全国经济发展中具有很高的区域定位水平。

（一）东北经济区重要成员

内蒙古与东北三省具有极强的互补性。内蒙古自治区东南与黑龙江省、吉林省、辽宁省和河北省毗邻，北与俄罗斯、蒙古国接壤，是东北三省与内蒙古自治区联系的纽带，是东北经济区通往俄罗斯、蒙古国及欧洲的重要通道,对于拓宽东北经济区对外开放渠道起到十分重要的作用。内蒙古的资源优势、区位优势和发展潜力决定了内蒙古在东北经济区的战略地位十分重要:重要的生态防线、战略资源后继基地和重要的能源重化工业基地。同样,内蒙古与东北三省有着极强的互补关系:自然资源互补性、产业关联与带动、技术支持、人力支持和交通运输连接等。

(二)环渤海经济圈的腹地

环渤海地区地处我国东北、华北、西北、华东四大经济区的交汇处,是中国内陆连接欧亚的要塞,更是中国经济由东向西扩展、由南向北推移的重要纽带。内蒙古地处环渤海经济圈的腹地,是连接环渤海经济区和西北经济区的重要桥梁。长期以来,内蒙古与环渤海各省市本着互惠互利的原则,始终保持密切的经贸合作关系,具体体现在三个结合上:第一,内蒙古横跨"三北"优越的地理区位与环渤海经济区发达的经济相结合;第二,内蒙古丰富的自然资源与环渤海经济区发达的交通运输相结合;第三,环渤海经济区实力雄厚的工业基础和科学与内蒙古的经济快速发展相结合。

(三)西部大开发的重要组成部分

内蒙古是连接我国环渤海经济区和西北经济区的重要桥梁,对于西北经济区具有较强的经济传导功能。无论是从地理位置、资源开发潜能,还是从经济发展水平、民族安定团结等角度讲,都和西北各省有着相同或相近的特征,是西部大开发的重要组成部分。

一是优越的地理位置。内蒙古是西北与东部的连接纽带,在西北地区处于独特重要的位置。开发内蒙古可以打通西部与中部、东部,西北与华东的运输通道,其经济辐射作用将带动东北、华北、西北地区经济的有效增长。

二是相近的自然特点。内蒙古与西北各省区具有共同的自然特征,包括地形、地貌、气候、资源、植被等,也具有共同的经济条件,经济成长的外在环境是相近的,因此在经济开发上内蒙古与西北地区具有统一性,是一个整体。

三是城市辐射带动效应。西部地区的西安、成都、兰州三大城市的科技人才密度仅次于北京市,具有较强的科技实力,对内蒙古的经济发展起着很强的辐射作用。

(四)中国向北开放的前沿阵地

内蒙古的地理区位优势决定了其成为中国向北开放的前沿阵地,是中国与欧洲各国进行贸易来往的重要通道。呼伦贝尔市与俄罗斯、蒙古边境线总长 1 723.8 km,目前与俄罗斯已经形成了水、陆、空一体的立体交通网络,是亚欧大陆的重要国际通道。满洲里市是中国最大的陆路口岸，是欧亚大陆桥的桥头堡。

1. 内蒙古自治区与俄罗斯的经济关系

内蒙古自治区与俄罗斯的边界线接近 1 010 km。始建于 1903 年的满洲里口岸是中国最大的综合型内陆口岸，有"欧亚第一大陆桥"之称，是中国东北和内蒙古地区通往俄罗斯和东欧各国的交通枢纽。

内蒙古自治区从俄罗斯进口的商品和原材料大部分都销往内地各省，内蒙古出口商品的质量、技术水平、竞争力代表着中国商品应有的平均特质。2012 年，内蒙古与俄罗斯的双边贸易额达到 27.2 亿美元。

2. 内蒙古自治区与蒙古国的经济关系

内蒙古自治区与蒙古国的边界线长约 3 211 km。始建于 1956 年的二连浩特口岸位于中国北部边陲，距中蒙边界线 4.5 km，是中国唯一通往蒙古国的铁路通道，是一条重要的欧亚大陆桥。

地缘经济特点决定了内蒙古自治区在进口蒙古国资源性产品中的区位优势、交通成本优势以及人文优势。这一优势具体体现在内蒙古自治区扮演的不可替代的代理商作用。蒙古国已经成为内蒙古自治区对外贸易的第二大合作伙伴。2012 年，内蒙古自治区与蒙古国的双边贸易额达到 32.6 亿美元。

二、经济水平处在全国前列，增长迅速

内蒙古经济发展迅速，1953～2012 年，内蒙古生产总值年均增长 12.46%，其中 1979～2012 年，内蒙古 GDP 年均增长 18.18%，高于全国同期 3.3 个百分比。特别是 2001～2012 年，平均增长 22.43%，高于全国同期 7.1 个百分点（图 1-2）。

2012 年，内蒙古经济总量为 15 988.34 亿元，位于全国第 15 位，按可比价格计算，比上年增长 11.7%。人均生产总值达 63 886 元，比上年增长 10.2%，同西部各省区市相比较，内蒙古人均生产总值居第 1 位。其中，第一产业增加值 1 447.43 亿元，增长 5.8%；第二产业增加值 9 032.47 亿元，增长 14%；第三产业增加值 5 508.44 亿元，增长 9.4%。第一产业对经济增长的贡献率为 4.3%；第二产业对经济增长的贡献率为 67%；第三产业对经济增长的贡献率为 28.7%。全区生产总值中三产比例为 9.1∶56.5∶34.4。

自 2002 年以来，内蒙古经济增长率连续 10 年居全国第 1 位，创造了我国欠发达地区经济发展的奇迹，被称为"内蒙古现象"。

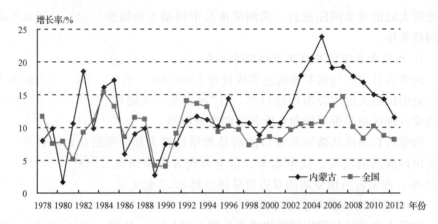

图 1-2　内蒙古 GDP 增长率与全国的比较（1978～2012 年）
数据来源：《中国统计年鉴 2013》《内蒙古统计年鉴 2013》

三、中国畜牧业基地

内蒙古草场资源丰富，牲畜品种优良，畜牧生产基地遍布，畜产品产量大，市场区位优势明显，是中国的畜牧业基地。

内蒙古天然草场辽阔，位居全国五大草原之首，是中国重要的畜牧业生产基地。内蒙古草原总面积达 $8\,666.7\times10^4$ hm²，占全国草原面积的 27.2%，全区土地总面积的 73.3%，是我国最大的天然牧场。其中可利用草场面积达 $6\,818\times10^4$ hm²，占草原总面积的 78.7%。内蒙古现有呼伦贝尔、锡林郭勒、科尔沁、乌兰察布、鄂尔多斯和乌拉特 6 个著名大草原，生长有 1 000 多种饲用植物，其中饲用价值高、适口性强的有 100 多种，尤其是羊草、羊茅、冰草、披碱草、野燕麦等禾本和豆科牧草非常适于饲养牲畜。

全区符合品种要求的家畜品种有 96 个，其中地方品种 12 个，培育品种 25 个，引入品种 59 个。蒙古牛、蒙古马、乌珠穆沁羊、内蒙古白绒山羊、阿拉善双峰驼 5 个畜种被列为国家级保护品种，15 个品种列为自治区级保护品种。区内有以锡林郭勒、科尔沁草原为核心的细毛羊生产基地，以乌兰察布草原为核心的半细毛羊生产基地，以鄂尔多斯草原为核心的绒山羊生产基地，以呼伦贝尔草原、科尔沁草原为核心的商品牛生产基地。还建有白绒山羊、活牛、马鹿茸等畜牧业出口基地，商品羊生产遍及整个草原。内蒙古共有 30 多个畜牧业生产基地县，畜牧业在全国占有重要地位。

内蒙古自治区拥有数量多、质量优良的各种牲畜，因而也蕴藏了丰富的畜产资源，是祖国庞大的"肉库"和"乳仓"。肉、奶、蛋、绒毛、皮张五大类产品，在国内占有重要地位。2012 年全区牲畜存栏头数达 1.1 亿头（只），居全国第 4 位。畜产品产量也在全国占有重要地位，2012 年，生产牛奶 910.18×10⁴ t、羊肉 88.69×10⁴ t、山羊绒 7 642 t，全区牛奶、羊肉、羊绒产量均居全国首位。人均占有牛羊肉、牛奶产量分别达到 56 kg、366.2 kg，在全国各省市区中是最多的。内蒙古畜牧业基地与新疆、青海等西部畜牧业基地相比，具有最为优越的区位条件，距离东北、京津及东部消费市场近，便于鲜活畜产品上市，消费市场可扩大到东南沿海及周边国家。内蒙古的畜产品多为天然放牧，受污染少，为"绿色"产品，深受城市消费者喜爱。

四、中国能源储备基地

内蒙古煤田广布，石油及天然气储量大，能源产业体系完备，是中国重要的能源基地。2012 年内蒙古能源生产总量为 64 027.06×10⁴ t 标准煤，居全国之首，占全国的 19.29%。内蒙古能源输送到全国各地，为中国的经济建设起到了支撑和推动作用。

内蒙古自治区共发现煤田 320 多处，截至 2012 年 3 月，内蒙古已查明煤炭资源储量达到 7 323×10⁸ t，居全国首位。远景储量在 12 250×10⁸ t 以上，仅次于新疆维吾尔自治区，居全国第 2 位。煤田资源不仅储量大，煤层厚，而且地质构造简单，埋藏浅，易于露天开采。内蒙古是世界上最大的露天煤矿之乡，在全国开采的 5 大露天煤矿中，内蒙古境内有 4 个，即霍林河、依敏河、元宝山、准格尔。内蒙古煤炭种类比较齐全，东胜煤田的精煤和阿拉善盟的无烟煤，以优质著称于世。探明储量在 100×10⁸ t 的煤田主要有东胜煤田（探明储量 927.7×10⁸ t）、准格尔煤田（探明储量 258×10⁸ t）、依敏河煤田（探明储量 126×10⁸ t）、霍林河煤田（探明储量 131×10⁸ t）、胜利煤田（探明储量 158×10⁸ t），东胜—神府煤田是中国探明的最大煤田，是世界七大煤田之一，准格尔煤田是目前全国最大的露天开采煤田。经初步测算，内蒙古煤炭资源的潜在价值为 11.2 万亿元，居各种矿产资源之首。

内蒙古自治区原煤产量增长迅速，由 1998 年的 7 769×10⁴ t 到 2012 年的 10.66×10⁸ t，每年以两位数的增长速度在攀升。2012 年内蒙古煤炭产量居全国第 1 位，占全国煤田总产量的 29.5%。随着科技进步和环保政策的实施，加工转化生产的二次能源（洗煤、焦炭、电力、热力）投入原煤逐年加大，2012 年用于火电投入 20 261.65×10⁴ t，洗煤投入 5 657.99×10⁴ t，供热投入 2 252.21×10⁴ t，炼焦投入 3 813.5×10⁴ t。2012 年原油产量达到 197.84×10⁴ t，天然气达到 259.17×10⁸ m³。2001～2007 年，内蒙古承载的西气东输工程建设完成，2012 年全区天然气输出量 216.9×10⁸ m³。

内蒙古的电力工业实力雄厚，2012 年发电 $3\,341.4\times10^8$ kW·h，占全国的 6.3%，其中输出电量 $1\,337\times10^8$ kW·h，占全区发电量的 40%，外输电量连续 8 年居全国第 1 位。内蒙古电网已经跨入现代化大电网行列，内蒙古电力的建设和发展为实现国家能源基地的建设做出了重要贡献。此外，内蒙古可再生能源发展前景广阔，全区可利用风能总功率 1.01×10^8 kW，居全国第 1 位。截至 2012 年年底，全区风电并网已达 967.08×10^4 kW，稳居全国第 1 位。

第三节　文化位置

内蒙古自治区是中华古文化的发祥地之一，在旧石器时代就已经有了"大窑文化"与"萨拉乌苏文化"。在新石器时代内蒙古东部地区有兴隆洼文化、赵宝沟文化、红山文化和富河文化。内蒙古西部，尤其是偏南地区，遗址分布更为密集，这里的新石器时代文化不仅与中原地区的仰韶文化、龙山文化有很多相似之处，且富有地方特色，更是内涵复杂、类型多样。另外，阴山岩画作为新石器至青铜时代石刻，已被列入第六批全国重点文物保护单位名单。夏商时期产生了"夏家店下层文化"。

大窑文化遗址是一处石器制造场，同时是国内外罕见的旧石器时代的重要文化遗址，具有重要的科考价值。大窑文化的发现，证明了北方阴山之南在旧石器时代已有原始人活动，与北京周口店人共存。萨拉乌苏文化是旧石器时代晚期文化，20 世纪 20 年代初发现于河套南部萨拉乌苏河沿岸一带，被称为"河套人"的故乡，前后共发现"河套人"化石 23 块，以及大量以细小石器为特征的文化遗物，是中国境内最早发现的旧石器文化之一。兴隆洼文化分布于西辽河流域、大凌河流域和燕山南麓地区，是东北、内蒙古迄今所知最早的新石器时代遗存。赵宝沟文化遗址是新石器时代早期文化。兴隆洼文化遗址和赵宝沟文化遗址均在赤峰市敖汉旗境内。兴隆洼文化、赵宝沟文化与红山文化有着密切的联系。红山文化是我国北方地区的新石器时代文化，是一种农耕经济发达的原始文化。因最早发现于内蒙古自治区赤峰市郊的红山而得名。红山文化是具有北方与中原双重文化特征的文化遗存。富河文化是一种新石器时代文化，分布在赤峰市、通辽市境内的西拉木伦河以北地带，遗址位于赤峰市巴林左旗北部、乌尔吉木伦河东岸的富河沟门。富河文化的先民们生活中渔猎经济与农耕经济并存。夏家店下层文化是北方早期青铜文化，在内蒙古主要分布在锡林郭勒盟东南部、赤峰市和通辽市南部。夏家店下层文化是西辽河地区独立发展和延续下来的早期青铜文化，是古代北方草原文明的重要标志。现存阴山岩画大部分分布在巴彦淖尔市境内,最大的面积达 400 m²,真实地记录了在此生活的古代北方匈奴、敕勒、柔然、鲜卑、蒙古等游牧民族的生产、生活历史。阴山岩画是迄今为止我国已发现的岩画中分布范围最广、内容最为多样、艺术最为精湛的岩画。是世界上发现最早也是最丰富的岩画之一。

一、蒙古族文化发祥地

在旧石器时代,内蒙古就已经有了"大窑文化"与"河套文化";在商周时期产生了"夏家店下层文化"。到了秦、汉、辽、金、元时代,在内蒙古营建过一系列城镇,其中保留下来的建成最早的是呼和浩特市旧城,原名叫归化城,始建于明代万历年间,距今有四百余年的历史。还有赤峰、海拉尔、满洲里等城市是清代乾隆、雍正年间兴建的。但这些遗留下的城镇规模小,如当时的绥远省省会归绥市(呼和浩特市)人口仅有十余万人;滨洲铁路线上的林区重镇牙克石,人口仅五千人;鄂尔多斯高原上的东胜,虽然清末在此设厅,但常住人口不足四百人。

1947 年后,新兴的城镇不断崛起,城镇数量逐年增多,规模不断扩大,人口城镇化水平日益提高。

在内蒙古自治区中部有一块距离首都北京最近(260 km)的水草丰美的金莲川草原(清代属正蓝旗)。早在一二十万年前金莲川草原就有人类生息繁衍。金莲川草原上的元上都是蒙古族文化最早发祥之地。元上都在春秋战国时为东胡、乌桓活动地区;秦时为匈奴驻地;西汉时为上古、渔阳郡北境;东汉时为鲜卑所居;北魏时属涿郡;五代时归化州、桓州;金时建桓州城;元朝时属中书省上都路;明时属察哈尔林丹汗管辖;清时属蒙古察哈尔都统管辖;现属内蒙古自治区锡林郭勒盟正蓝旗上都镇。元上都是成吉思汗之孙元世祖忽必烈于 1256 年命谋士刘秉忠等人历时三年修建而成的,初名开平府。开平府位于蒙古草原的南部边缘,北连朔漠,南接华北,实施对中原的控制比较便利,同时又能与漠北保持密切联系。于 1260 年,忽必烈在藩府开平召集了一部分支持他的蒙古贵族,通过传统的忽里勒台的形式,登上汗位,建元中统,并把开平定为首都(1263 年诏令为上都)。当时留守漠北的忽必烈同母幼弟阿里不哥纠集另一部分蒙古贵族与忽必烈对抗。经数年交战,阿里不哥实力不敌,一再受挫,被迫向忽必烈投降,历时四年之久的争位战争遂告结束,漠北与中原地区重新恢复统一。于 1264 年,忽必烈决定奠都燕京(后改称大都),以开平(上都)为陪都,实行两都巡游制。每年夏季,元朝皇帝都要率领臣僚们来上都避暑和处理政务,接受外国使臣的朝觐,元上都成为当时元朝重要的经济、文化、政治和军事中心。从此，元上都当之无愧地成为了蒙古族文化的发祥地。

元朝建立之前，在蒙古高原的政权称为"大蒙古国"或"大朝"。在1206年，成吉思汗建"大蒙古国"，蒙语名称是"Yeke Mongghol Ulus"，"大蒙古国"是蒙古语国号的直译，"大朝"则是其简译。大蒙古国的第五代大汗忽必烈仿效"汉法"，建号改元。在《易经》中，"元"的本义为大，因此"元朝"就是"大朝"，是朝臣用儒家经典对原有国号加以改造的产物。因此，元朝是大蒙古国的继续。忽必烈即位之后为了有效地治理国家，针对汉地为国家主体的客观现实，改革蒙古旧制，推行"汉法"，不仅采用了汉式的年号、国号，确定了都城，还采用了汉地传统的行政、财政等管理制度，确立了以中原王朝制度为主的中央集权制度。与大蒙古国时期相比，这是蒙古政治文化的一个重要转折。尽管忽必烈保留了不少蒙古国制度，用以维护蒙古贵族政治、经济上的特权，但汉法的推行已成为不可扭转的必然趋势。在蒙古旧制与汉法之间存在着矛盾、摩擦，甚至激烈的斗争，就在这种新旧制度的碰撞中，不但巩固了在中原的统治，而且对恢复与发展中原地区的经济文化，也起了积极作用。忽必烈推行汉法，体现了蒙古游牧民族在入主中原后必然适应发展程度较高的中原汉族封建文明的历史趋势。这部蒙古族文化史既是一部草原民族发生和发展的历史，也是一部多民族互相交融、共同进步的历史。是多种文明在草原地区激发、锤炼，最终迸发出新的、更加灿烂的文明的历史。

元朝横跨欧亚的广袤疆域和众多民族大一统的实现，使蒙古族文化具有显著的多元性、兼容性、开放性，孕育了发展繁荣的活力。元上都是元朝统治集团建造的第二个都城，是元朝大帝国的发祥地，相比哈剌和林和元大都有着更为显著的地位和作用。上都文化是蒙古族文化发展的较高水平，它是蒙古族文化与中原文化、游牧文化与农耕文化、东方文化与西方文化的结合部与融汇点，使那个时代的文化上升到较高的发展层次。上都文化是游牧文化吸纳中原文化和西方文化的合理部分集中发展的成果，具有代表性和中心与主流的地位。上都文化在中华文明中具有标志性的地位。蒙古族文化具有鲜明的世界性，既丰富了中华文化，也极大地丰富了世界文化，从而推动了世界文明史的发展。

如今元上都遗址的宫殿、皇城、宫城、外城、防御设施和关厢遗址仍保存完好，体现当时的规模、格局和草原都城特色，是国内保存最完整、保护级别最高的草原都城遗址，是具有独特历史、文化、艺术、科研价值的实物博物馆。元上都遗址已被列为全国重点文物保护单位，并正在积极申报世界文化遗产。

这片风景优美的草原，不仅拥有曾经震撼世界的著名古城遗址，也是孕育了蒙古历史文化名人的摇篮，他们在继承民族文化的同时，又把它发展成为中国蒙古语标准语音基地。古往今来，从这块土地上走出了许多历史名人，有军事家、文学家、诗人、音乐家、历史学家、画家等，他们继承了祖先的创造精神和优秀品德，在振兴民族精神、弘扬民族文化、传播人类文明、推动社会和科学发展等方面发挥了积极的作用。

蒙古民族有"马背民族"之称，马文化是蒙古族文化的重要组成部分。马背民族最亲密的战友——蒙古马，在蒙古民族的历史发展中发挥了非常重要的作用。研究蒙古族文化，蒙古马是不可缺少的部分。

蒙古民族的珍品——奶食，蒙语叫"查干伊德"，称"白食"，汉意为纯洁、吉祥的意思。自古以来，奶食品就被蒙古民族视为珍品，每逢祝寿、款待宾客、迎亲送友、喜庆宴会，把敬献奶食、品尝奶食品作为最美好的祝福。蒙古民族的奶食品历史悠久，营养丰富。在元朝和清朝这里就是皇室的奶食供应基地。如今这里的奶食是最具民族风味的美味佳肴。

二、文化产业潜力大

文化产业的发展是经济发展的趋势。蒙古族文化圈是草原文化圈与农耕文化圈的交汇点，这是蒙古族文化发祥地发展民族文化产业的独特的地理位置优势；蒙古族文化圈是一个以蒙古族为主体的多民族聚居区。蒙古族有自身独特的历史背景和文化传统，尤其是其民俗文化，如饮食、服饰、歌舞、宗教、节庆、民间艺术等，它们多数来源于生活，来源于生产实践，这是蒙古族文化区发展民族文化产业的独特资源优势；蒙古族文化发祥地土地资源丰富，展现出沙地草原的自然风光与草甸草原的美丽景象。文化遗产丰富，成吉思汗陵、蒙古族文化发祥地元上都、昭君墓等。这是发展民族文化产业的旅游资源优势；上述独具特色的优势以及外部环境和机遇，奠定了内蒙古自治区大力发展文化产业的基础。

如今在内蒙古地区，涌现出一批文化产业骨干企业。2006年，东联集团成吉思汗陵旅游区被文化部命名为第二批国家级文化产业示范基地。2007年，北方新报社、昭君博物院、内蒙古新华发行集团、赤峰力王工艺品有限公司、内蒙古响沙湾有限公司、包头绿色动力网吧连锁等10家文化企业被自治区人民政府命名为"内蒙古自治区首批文化产业示范基地"。2008年，包头乐园文化传播有限责任公司被文化部命名为"国家级文化产业示范基地"。目前，这些示范基地发展状况良好，在促进自治区文化产业发展方面起到了很好的典型示范和带动作用。

此外，以文艺演出、文化会展、文化娱乐、工艺美术品、民族音像为主体，各业并举，协调发展的文化产业格局初步确立。文艺演出业迈出产业化新步伐。近年来，以文企联姻、联办的运作模式创作的《鄂尔多斯婚礼》《蒙古婚礼》《草原传奇》《安达情》《白云飘落的故乡》《天边》等一大批优秀剧目获得较好的经济和社会效益。内蒙古民族舞蹈、蒙古族长调、呼麦、马头琴艺术、二人台、那达慕等文化艺术品牌在全国的影响力不断扩大，知名度不断提升，受到国内外观众普遍喜爱。

文化会展丰富多彩。蒙古族文化圈历史悠久，底蕴深厚，文化资源丰厚，文化遗存众多，这些都为自治区文博会展业的发展提供了其他地区不可比拟的优势条件和雄厚的基础。据统计，20世纪90年代内蒙古每年举办的大中型会展项目在40个以上，其中国际草原文化节、昭君文化节、成吉思汗国际文化节、冰雪节、胡杨生态旅游文化节等文化会展活动在国内外影响较大。

文化娱乐休闲产业发展迅速。以休闲康体、养心益智、游戏娱乐为特征的文化娱乐业发展迅速，歌舞、休闲、游戏、健身及综合类娱乐经营单位的数量和规模快速增长，新的消费场所不断涌现，形成了多门类、多层次、多形式、多投资主体的文化娱乐市场。

文物仿制和工艺品业成为亮点之一。自治区工艺品种类繁多，饰品、石料制品、刀具、皮画、马具、酒具、餐具、乐器、金银器、毛绒皮制品、骨角制品、桦树皮制品、琴棋用品、宗教用品、木雕、骨雕、剪纸、文物仿品等均有着较强的地域特色优势。近几年内蒙古赏石业迅速崛起，巴彦浩特市已建成占地约5万平方米的国内规模最大的奇石文化旅游城，奇石经营户400多家，年交易额超过1亿元；巴林石受到国内外收藏家的追捧和青睐，仅赤峰市的鸡血石、巴林石经营户就超过1 000家，年贸易额超过9亿元，其中赤峰巴林石集团的年销售额超过2亿元。

音像出版业有新的进展。内蒙古民族音像业以制作反映草原自然风光、民族歌曲作品为主，多年来一直坚持"民族化、精品化、系列化"和"多题材、多载体、多档位"的经营理念，先后出版的《内蒙古民歌精品典藏》《草原世纪精曲》《内蒙古歌曲精品选集——草原歌声》等音像产品深受全国广大群众欢迎，已形成一定规模的市场。

文化基础设施建设的加强，为文化产业大发展提供了基础保障。随着自治区经济的迅猛发展和财政实力的迅速增强，以内蒙古博物院和内蒙古乌兰恰特大剧院为代表的一批规模大、功能全的标志性文化设施已经建成。内蒙古国际会展中心、内蒙古展览馆已成为自治区最具活力的文化会展场所。各盟市、旗县区也相继建成了一批重点文化基础设施和文化活动场所。红山先民聚落园、大盛魁文化产业园区、鄂尔多斯文化产业园区、元上都文化产业园区等一批重点文化产业工程也正在筹划建设中。元上都借助"蒙古族文化发祥地"和"蒙古语标准语音基地"的独特优势，正在着力打造蒙古族文化学术研究和产业开发基地。以元上都为核心的旅游业已经兴起。元上都蒙古族文化游、浑善达克沙地游、乌和尔沁敖包原始次生林观光游、小扎格斯台淖尔生态风光游吸引国内外游客。

内蒙古自治区文化产业的发展还处于初级阶段，还需要不断研究、规划和完善；首先，对民族文化资源要合理开发，走可持续发展道路；其次，加强政府宏观调控，完善文化市场体系，尽快补充、完善自治区文化产业发展规划。

第四节　历史地理与行政区划

一、历史地理

内蒙古自治区是中华人民共和国不可分割的一部分，这一事实是有深厚的历史基础的。自古以来，内蒙古高原便同内地有密切的联系。内蒙古出土的商周青铜器表明，至少在公元前 2000 年，内蒙古便与内地有经济交往。

内蒙古自治区自古以来就是游牧民族的生息摇篮，战国以前没有政区建制。战国中期，燕、赵、秦三国逐渐壮大，将其统治区扩大到今内蒙古的南部地区，今内蒙古东部燕长城以南地区分属燕国上谷郡、右北平郡和辽西郡管辖，今内蒙古西部赵长城以南地区一度分别归赵国云中郡、雁门郡和代郡以及秦国上郡管辖，今内蒙古地区始有政区建制。战国后期匈奴族发展起来，建立了内蒙古草原上第一个国家。其时，内蒙古的中、西部地区均为匈奴国辖境，单于庭设在今阴山地区。

秦时期，今内蒙古自治区秦长城以南地区分属于云中、九原、北地、上郡、雁门、代郡、上谷、右北平、辽西等郡管辖，其中云中、九原二郡治所在内蒙古内；秦长城以北地区分属于匈奴、东胡。西汉时期，秦长城以南地区自西向东分属于张掖、朔方、五原、西河、云中、定襄、上郡、雁门、代郡、上谷、右北平、辽西等郡管辖，其中朔方、五原、西河、云中、定襄 5 郡治所在内蒙古内；秦汉长城以北地区则先后属于匈奴、乌桓、鲜卑（东胡后裔）等族国。东汉时期，内蒙古东部地区上谷、右北平、辽西等郡辖境已不再属于东汉而属于鲜卑等族国。

魏晋之际，内蒙古地区多被鲜卑各部占据。"十六国"时期分属于代、前凉、后赵、前燕、前秦、铁佛匈奴等割据政权。南北朝时期大都处在北魏统治和控制之下；其时有名的北魏六镇，有5个在内蒙古，北魏前期都城盛乐也设在今内蒙古自治区和林格尔县内。隋时期，内蒙古中西部的部分地区分属于张掖、武威、五原、盐川、朔方、榆林、定襄、马邑、雁门等郡。

唐时期，内蒙古中、西部地区自西向东曾分属于陇右道肃州、甘州、凉州和关内道丰州、灵州、宥州、盐州、夏州、胜州以及河东道云州；东部地区和北部地区沿边要地先后归安东、东夷、燕然、瀚海、单于和安北等都护府管辖。道、州、县主要管辖汉人；都护府管辖在边疆地区以及北方各族驻牧地设置的羁縻府州（都督府和州）。唐朝在内蒙古地区设置的羁縻府州主要有：在今鄂尔多斯高原南端以党项族设置的兰池、永平、清宁等都督府，隶灵州都督府；在今锡林郭勒、乌兰察布、巴彦淖尔高原和阿拉善高原东段以突厥族设置的云中、桑乾、呼延等都督府，隶单于都督府；在今西拉木伦河、老哈河流域以契丹、奚设置的松漠都督府和饶乐都督府，隶幽州都督府；在今西拉木伦河北以霫部设置的居延都督府；在今呼伦贝尔高原以室韦部设置的室韦都督府等。唐朝在内蒙古地区设置的州县和羁縻府州几乎把整个内蒙古地区纳入了唐王朝的统治之下。

辽时期，内蒙古今乌梁素海、东胜以东地区自东向西分属于上京、东京、中京、西京四道，边疆的部族则归乌古敌烈统军司和西南面招讨司等军政机构统辖，辽都先后设于上京临潢府（今内蒙古巴林左旗内）和中京（今内蒙古宁城县内）；乌梁素海、东胜以西地区则分别归属西夏国安北路、丰州、黑山威福军司、黑水镇燕军司、白马强镇军司等管辖。金时期，内蒙古今包头市区以东地区自东而西分属于上京、临潢府、北京、西京等路，北部边疆则归东北路、西北路、西南路等三处招讨司统辖；今巴彦淖尔市、鄂尔多斯市及其以西地区为西夏国辖境。

元时期，内蒙古地区首次全部归入中国大一统版图，统归元朝管辖。大兴安岭分水岭以东地区包括兴安盟大部、通辽市，分属于辽阳行省泰宁、宁昌、大宁三路；大兴安岭分水岭以西、锡林郭勒盟高原北部地区属于岭北行政宗王封地；赤峰市大部、锡林郭勒盟南部、巴彦淖尔市乌梁素海以东、鄂尔多斯市东北部广大地区分属于中书省全宁路、应昌路、上都路、兴和路、集宁路、大同路、净州路、德宁路；今巴彦淖尔市乌梁素海以西、鄂尔多斯市西北部和西部广大地区分属于甘肃行省兀剌海路和亦集乃路；今鄂尔多斯市南部部分地区隶属于陕西行省延安路。元陪都——上都建在今锡林郭勒盟南部的正蓝旗。

明初，阴山、西拉木伦河一线以南、今临西县以东地区，自东而西分属于兀良哈三卫诸卫、大宁诸卫、开平诸卫、东胜诸卫、宁夏诸卫、甘肃诸卫；其余地区包括阿拉善盟，为北元辖境。明中叶以后，内蒙古全境皆入于北元，分属于察罕尔(察哈尔)、哈喇哈(喀尔喀)、兀良哈、袄尔都司(鄂尔多斯)、土蛮(土默特)、应绍不(永谢部)等六万户和好而趁(科尔沁)诸部。北元大汗本部居今锡林郭勒盟。

清朝把蒙古分为内属蒙古和外藩蒙古，内属蒙古是清朝总管旗和都统旗的总称，外藩蒙古是清朝札萨克旗的总称，有内札萨克蒙古和外札萨克蒙古之别；"内蒙古"之称，最初由"内札萨克蒙古"而来，后泛指漠南蒙古这一广阔的地域，成为区域名称，并沿袭至今。

清朝在内蒙古地区实行特殊的地方行政制度，设立了隶属系统、体制和职权各异的三种地方政权。一是被称为"内札萨克蒙古"的6盟(哲里木、卓索图、昭乌达、锡林郭勒、乌兰察布、伊克昭)49旗和属于"外札萨克蒙古"的阿拉善、额济纳旗，均为军政合一体制，以旗为单位直属清廷，由王公札萨克世袭统治，同时分归于各地驻防(旗)将军、都统监督统摄。设在内蒙古境内的旗官署有绥远城将军、归化城副都统、呼伦贝尔副都统，兼辖内蒙古各蒙旗的有盛京、吉林、黑龙江将军和热河、察哈尔都统。二是由各地驻防都统、副都统直接统领管辖的察哈尔、归化城土默特、呼伦贝尔等部各旗，也是军政合一体制，各旗内部事务亦由本旗官员(总管、参领等)自行管理。西布特哈地区各旗则归西布特哈总管管理。三是内蒙古地区管辖汉民的地方政府，即各邻省设在内蒙古境内的制同内地的道府和厅(州)县。其中主要有：山西省归绥道(驻归化城)所辖"口外七厅"(归化、托克托、和林格尔、清水河、萨拉齐、丰镇、宁远)、直隶省口北道所辖"口北三厅"(张家口、多伦诺尔、独石口)、直隶省承德府所辖赤峰等州县、盛京奉天府属昌图等厅。在这种蒙汉杂居、旗县(厅)交叉重叠的特殊地区，统治体制则是旗管蒙民、县(厅)管汉民。清末，清王朝改变对蒙古地区政策，在今内蒙古增设更多的厅县。清光绪三十三年(1907)，东北改为行省制，哲里木、呼伦贝尔、西布特哈地区分别划入奉天、吉林、黑龙江三省辖境。奉天省在哲里木地区设立了洮昌道和醴泉(今突泉)等县，黑龙江省在呼伦贝尔设立了呼伦道和胪滨府(今满洲里)、呼伦厅(今海拉尔)。

民国初期，内蒙古地区自东而西依次分属于黑龙江省、奉天省、热河特别行政区、察哈尔特别行政区、绥远特别行政区和甘肃省。1928年以后分属于黑龙江、吉林、辽宁、热河、察哈尔、绥远、宁夏7省。1934年，蒙古地方自治政务委员会成立，隶属于国民政府行政院，下辖锡林郭勒盟、乌兰察布市、伊克昭盟及察哈尔部旗群、土默特特别旗、阿拉善旗、额济纳旗。1936年，取消"蒙政会"，另成立绥远省境内蒙古各盟旗地方自治政务委员会和察哈尔省境内蒙古各盟旗地方自治政务委员会。日伪统治期间，日先后在哲里木盟、呼伦贝尔、西布特哈地区及昭乌达盟北部设立兴安南、兴安北、兴安东、兴安西4分省（后改建为兴安南、北、东、西4省和兴安总省、兴安北省）；在内蒙古中、西部地区成立蒙古联盟自治政府（后并入"蒙古联合自治政府"），下辖锡林郭勒盟、察哈尔盟、乌兰察布市、巴彦塔拉盟并伊克昭盟一小部分。1945年8月日军投降，区境光复。

　　1947年5月1日，内蒙古自治政府在王爷庙（今乌兰浩特市）正式成立，中国历史上第一个民族区域自治区政府诞生。初下辖兴安、纳文慕仁、锡林郭勒、察哈尔四盟。1948年1月，呼伦贝尔盟划归内蒙古自治政府管辖。1949年4月，呼伦贝尔盟与纳文慕仁盟合并成立了呼纳盟。东北全境解放后，辽北省的哲里木盟和热河省的昭乌达盟先后划归内蒙古。11月，内蒙古自治政府驻地由兴安盟的乌兰浩特市迁到察哈尔省张家口市。1950年8月，察哈尔省的宝昌、化德、多伦三县划归内蒙古。1952年6月，内蒙古自治区人民政府驻地由张家口市迁至绥远省归绥市（今呼和浩特市）。1954年3月绥远省建制撤销，将绥远地区并入内蒙古，原乌兰察布、伊克昭两个自治区改为盟，呼和浩特市、包头市直属自治区。1955年7月，热河省的赤峰、宁城、乌丹三县和敖汉、翁牛特、喀喇沁三旗划归内蒙古自治区昭乌达盟。1956年4月，甘肃省的巴彦浩特蒙古族自治州和额济纳自治旗划归内蒙古自治区，设立巴彦淖尔市，驻巴彦浩特市。1969年7月，中央决定将东部的呼伦贝尔盟、哲里木盟和昭乌达盟分别划归黑龙江省、吉林省和辽宁省；将巴彦淖尔市的阿拉善左旗划归宁夏回族自治区；阿拉善右旗和额济纳旗划归甘肃省。1975年8月，撤销乌达市和海勃湾市建制，合并成立自治区直辖市——乌海市。1979年7月，中央决定恢复内蒙古1969年以前的区划。1979年12月设立阿拉善盟。1980年10月，恢复了盟建制。1983年10月，原昭乌达盟改为赤峰市，实行市管县体制。1984年，撤临河县，设临河市；1985年，设立霍林郭勒市；1991年，撤丰镇县，改为丰镇市。1994年，撤额尔古纳左旗，设立根河市；撤额尔古纳右旗，设立额尔古纳市。1995年，将乌兰察布市的和林格尔县和清水河县划归呼和浩特市管辖；将乌盟达尔罕茂明安联合旗划归包头市管辖；设立阿尔山市。1999年，将呼和浩特市郊区更名为赛罕区。2001年，撤盟改市的有伊克昭盟改为地级鄂尔多斯市；呼伦贝尔盟改为地级呼伦贝尔市。2003年，巴彦淖尔市改为地级巴彦淖尔市；乌兰察布市改为地级乌兰察布市；原乌兰察布市的丰镇市由自治区直辖。这样形成了内蒙古自治区9市3盟的行政区划。

二、行政区划

截至2012年年底，内蒙古自治区辖9个地级市、3个盟，21个市辖区、11个县级市、17个县、49个旗、3个自治旗(表1.1，图1-3)。

表1.1　内蒙古自治区行政区划表(2012)

地区	旗县级个数	盟(市)辖区		盟(市)辖县级市	旗	县
呼和浩特市	9	新城区 玉泉区	回民区 赛罕区		土默特左旗	托克托县 清水河县 和林格尔县 武川县
包头市	9	东河区 青山区 石拐区	昆都仑区 白云矿区 九原区		土默特右旗 达尔罕茂明安联合旗	固阳县
呼伦贝尔市	13	海拉尔区		满洲里市 扎兰屯市 牙克石市 额尔古纳市 根河市	阿荣旗 鄂伦春自治旗 鄂温克族自治旗 新巴尔虎右旗 新巴尔虎左旗 陈巴尔虎旗 莫力达瓦达斡尔族自治旗	
兴安盟	6			乌兰浩特市 阿尔山市	科尔沁右翼前旗 科尔沁右翼中旗 扎赉特旗	突泉县
通辽市	8	科尔沁区		霍林郭勒市	科尔沁左翼中旗 科尔沁左翼后旗 库伦旗　奈曼旗 扎鲁特旗	开鲁县

地区	旗县级个数	盟(市)辖区	盟(市)辖县级市	旗	县
赤峰市	12	红山区　松山区　元宝山区		巴林左旗　巴林右旗 翁牛特旗　喀喇沁旗 克什克腾旗　敖汉旗 阿鲁科尔沁旗	林西县 宁城县
锡林郭勒盟	12		二连浩特市 锡林浩特市	阿巴嘎旗　太仆寺旗 镶黄旗　正镶白旗 苏尼特左旗 苏尼特右旗 东乌珠穆沁旗 西乌珠穆沁旗 正蓝旗	多伦县
乌兰察布市	11	集宁区	丰镇市	察哈尔右翼前旗 察哈尔右翼中旗 察哈尔右翼后旗 四子王旗	卓资县 化德县 商都县 兴和县 凉城县
鄂尔多斯市	8	东胜区		达拉特旗　准格尔旗 鄂托克前旗　鄂托克旗 杭锦旗　乌审旗 伊金霍洛旗	
巴彦淖尔市	7	临河区		乌拉特前旗 乌拉特中旗 乌拉特后旗 杭锦后旗	五原县 磴口县
乌海市	3	海南区　乌达区 海勃湾区			
阿拉善盟	3			阿拉善左旗 阿拉善右旗 额济纳旗	

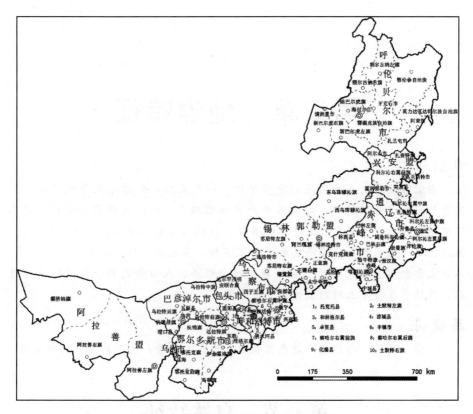

图 1-3　内蒙古自治区行政区划示意图

第二章　地理特征

章前语

内蒙古地形以高原为主，地势平坦，一望无际，处在东亚季风尾间，凸显自然环境过渡性特征，农牧业生产波动性极大，经济发展很不平稳，自然环境退化问题比较突出。生态环境多样，自然人文资源丰富，组合类型独特，为地区以及国家的社会经济发展提供了多样、多层次、综合开发的物质保障。本章主要介绍了内蒙古的自然地理、社会经济、人口和民族、资源环境等特征，使读者在整体上对内蒙古有一个了解。

关键词

内蒙古高原；自然带；绿色畜牧业；重化工能源；生态旅游；农牧文化

第一节　自然特征

一、地史古老

地质环境是自然环境的基础，对自然环境的结构、功能、物能流通、动态演变影响很大。内蒙古地质构造可分为两个完全不相同的构造单元，南部为地台区，北部为地槽区。南部地台区属华北地台，仅占其西北角。华北地台从初始陆核到初具规模的原始大陆，经历了太古代的集宁运动和乌拉山运动及其伴随的岩浆活动和变质，元古代色尔腾山旋回、白云鄂博旋回的坳陷和褶皱使其得以形成陆地。地台形成之后，又经历了多次旋回沉积作用、岩浆活动和构造变动的改造，形成了阿拉善台隆、内蒙古台隆、鄂尔多斯西缘坳陷、鄂尔多斯台坳、狼山—白云鄂博台缘坳陷等构造单元。

北部地槽区属巨大的中亚—蒙古地槽区的一部分，为天山—内蒙古中部—兴安地槽褶皱区的中东部。天山地槽是一个早加里东期由古地台解体而成的再生地槽。内蒙古中部—兴安地槽是西伯利亚地台与华北地台之间的原生地槽。根据其构造特点可分为内蒙古中部地槽褶皱系、兴安褶皱系和天山地槽褶皱系。经历多旋回，发生构造运动和岩浆活动，形成褶皱带。还有祁连加里东地槽褶皱系的一隅走廊过渡带，是冒地槽，具有山前坳陷性质。大兴安岭中生代火山岩区是大兴安岭山脉的主体，是一个北北东向的上叠于华北地台北缘和古生代褶皱基底之上的构造单元，地质力学称为新华夏构造体系的第三隆起带，喜马拉雅构造运动广泛发育了燕山旋回钙碱性火山岩和中—浅成侵入岩。到中生代中期后，经燕山旋回、喜马拉雅旋回，使内蒙古地区的夷平面整体抬升，高原逐渐形成，断陷、翘升等构造运动的差异运动，使大兴安岭—阴山—贺兰山形成山地，成为内蒙古地貌的脊梁，西辽河平原、河套平原等山前断陷，从而形成了明显的高原—山地—平原带状分布的地貌格局。大地貌类型基本上与大地构造单元相吻合，即内蒙古高平原、鄂尔多斯高平原、大兴安岭山地、阴山山地、松辽平原和河套平原。

　　内蒙古处于华北板块与西伯利亚板块对接处，地震灾害频繁。除地震灾害外，地面塌陷、地面沉降、滑坡和泥石流等地质灾害时有发生，对当地人民群众的生产生活造成不同程度的危害。

　　内蒙古自治区的地势自北向南倾斜，形成了高平原、山地丘陵和平原由北向南排列、呈东西或东北—西南向条带阶梯状分布的地貌格局。按大地貌类型可以划分为内蒙古高平原、鄂尔多斯高平原、大兴安岭阴山山地、松辽河套平原四大类型。由于水、热组合地域差异显著，地表物质组成、物能流的转换与传输强度、规模及方式表现出不同特点，形成类型多样和纷繁的自然生态景观。

二、地势高平，高原地貌为主

　　内蒙古地貌以高平原为主体，其海拔在1 000 m以上，占全区总面积的1/2左右。横穿区内的大兴安岭、阴山和贺兰山山地，屏立于高原的外缘，构成了内蒙古地貌的脊梁和自然地理界线，把全区截然分成北部的内蒙古高原、西南部的鄂尔多斯高原、中部山地以及南部的嫩江右岸平原、西辽河平原和河套平原，形成了由北向南高平原、山地、平原排列具有东西向带状结构的地貌格局(图2-1)。

(一)高原山脉

1. 内蒙古高原

　　广义的内蒙古高原，东起大兴安岭山脉，西至甘肃省河西走廊的马鬃山，南沿长城，北至蒙古国，包括内蒙古自治区的大部分、甘肃省、宁夏回族自治区和河北省的一部分，其中包括了鄂尔多斯高原、张北—围场高原等。内蒙

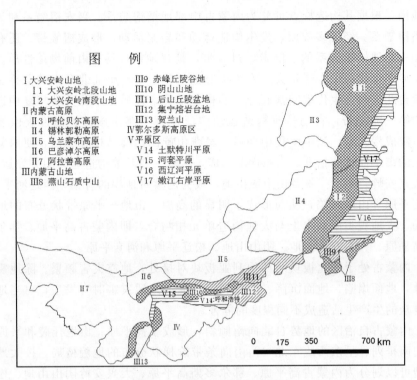

图 2-1　内蒙古地貌区划示意图

图例中内容：

I 大兴安岭山地　　　　　III9 赤峰丘陵谷地
　I1 大兴安岭北段山地　　III10 阴山山地
　I2 大兴安岭南段山地　　III11 后山丘陵盆地
II 内蒙古高原　　　　　　III12 集宁熔岩台地
　II3 呼伦贝尔高原　　　　III13 贺兰山
　II4 锡林郭勒高原　　　　IV 鄂尔多斯高原区
　II5 乌兰察布高原　　　　V 平原区
　II6 巴彦淖尔高原　　　　V14 土默特川平原
　II7 阿拉善高原　　　　　V15 河套平原
III 内蒙古山地　　　　　　V16 西辽河平原
　III8 燕山石质中山　　　　V17 嫩江右岸平原

古高原是蒙古高原的东南部分，是中国仅次于青藏高原的第二大高原。狭义的内蒙古高原，从大兴安岭西麓呈弧形向西南铺展到马鬃山，全长超过 3 000 km，面积 40.3×10^4 km²，位于 38°N～50°N、98°E～120°E，海拔 700～1 400 m。地势由南向北，由西向东缓缓倾斜。地面结构单调、平坦、微微起伏，切割微弱，地面完整，没有明显的山地和谷地，只有和缓的岗阜残丘和宽展的塔拉(平原)。从东向西，从南向北，由轻微的流水侵蚀逐渐被干燥的剥蚀所代替，塑造了坦荡辽阔的高平原景观特征。高原的南部边缘环绕着大兴安岭、阴山、贺兰山等山地，地形陡峻，对南北气流起阻挡作用，成为重要的地理界线。高原北部沿中蒙国界以连续的低丘与蒙古高原相连。内蒙古高原由呼伦贝尔高原、锡林郭勒高原、乌兰察布高原、巴彦淖尔高原和阿拉善高原组成。

　　在大地构造上，按槽台学说内蒙古高原属内蒙古中部地槽和祁连地槽，位于华北地台、塔里木地台和西伯利亚地台之间。按板块学说，内蒙古高原位于华北北部大陆边缘和华北西部大陆边缘。从地质力学角度，把内蒙古高原视为新华夏内陆沉降带。基底主要由古生代变质岩及花岗岩构成。中、新生代以来沉降较深，部分地区堆积厚约 3 000 m 以上的侏罗纪和白垩纪的湖相沉积。燕山运动以来，整个地区处在比较稳定的状态，长期遭受侵蚀剥蚀作用，使广大地面准平原化。第三纪以来在地壳挠曲作用下形成的一些浅盆地中，继后沉积了第三纪红色、黄绿色黏土夹砂岩、砂岩夹泥岩等。并于第三纪末沿断裂带喷出了大量的玄武岩，形成了较大面积的台地，台地上分布着许多座火山锥。第三纪至第四纪又缓慢上升遭受剥蚀。内蒙古高原中、新生代以来，由于地壳比较稳定，在宽阔的高原上残留着不同时期形成的准平面。有人认为有五个准平面：第一个最老的是白垩纪以前削平了侏罗纪地层和更古老地层的准平面；第二个是蒙古准平面，它的遗迹分布在山地高度相当的顶部平坦面；第三个是在第三纪中晚期玄武岩喷出所造成的平面，它覆盖在蒙古准平面之上；第四个是第三纪末、第四纪初的侵蚀作用，削平了盆地中沉积的白垩纪至第三纪初期地层，造成现在分布最广泛保存最完整的戈壁剥蚀面；第五个是在戈壁剥蚀面上现代发育的大小不等的风蚀洼地。这些准平面代表了不同时期高原地貌发展的过程，也说明第四纪新构造运动对内蒙古高原来说是缓缓隆起，促使内蒙古高原的剥削作用远远胜过堆积作用，形成戈壁、沙漠与沙地广泛分布的现状。

内蒙古高原沙地、沙漠和戈壁从东北向西北呈弧形带状分布，高原的东北部为伏沙，高原中部为伏沙和明沙，高原西部为明沙和砂质戈壁，到高原西北边缘为砾质戈壁。自大兴安岭至阴山北麓有断续分布的伏沙带。自东向西主要沙漠有呼伦贝尔沙地、乌珠穆沁沙地、浑善达克沙地、朝格沙漠、乌兰布和沙漠、腾格里沙漠和巴丹吉林沙漠，以及巴音砂质戈壁、额济纳砂质东戈壁和额济纳砾质西戈壁等。

2. 鄂尔多斯高原

鄂尔多斯为蒙古语，意为很多的宫帐。因明代成吉思汗陵迁移至此处，护陵的蒙古族游牧部落名鄂尔多斯，故高原也以此命名。经纬度位置为 $37°20'N \sim 40°50'N$，$106°24'E \sim 111°28'E$。位于内蒙古的西南部，河套平原之南，宁夏平原之东，东与黄土高原相连，东南至长城，面积 8×10^4 km²，行政区划包括内蒙古自治区鄂尔多斯市的市区、达拉特旗、准格尔旗、鄂托克前旗、鄂托克旗、杭锦旗、乌审旗、伊金霍洛旗及乌海市海勃湾区、海南区。北部为库布齐沙漠，东南部为毛乌素沙地，西南边缘为河东沙漠。

高原地质构造属华北地台鄂尔多斯台坳和鄂尔多斯西缘坳陷，均为华北台块的稳定部分。鄂尔多斯台坳是一个基底硬化程度很高、比较标准的稳定地块。在此基础上，经历多旋回构造发展阶段，形成具有多次坳陷叠加的中生代盆地。在印支期盆地周边显著抬升的构造背景下，形成不均衡的坳陷。

燕山期，沉积了中、下侏罗统和下白垩统巨厚的红色构造、含煤构造。次一级构造有东胜凸起、赛乌素坳陷和伊陕倾斜坡等。鄂尔多斯西缘坳陷位于阿拉善台隆起和鄂尔多斯台坳之间，其中桌子山褶断束，是鄂尔多斯高原西部组成部分。桌子山褶断束以桌子山为主体，基底岩系为太古界千里山群，其上被中元古界不整合覆盖。中元古界为石英岩构造、泥页岩构造、镁质碳酸盐构造，显示封闭断陷盆地的沉积环境。寒武系和奥陶系为浅海相碳酸盐构造。其上假整合覆盖的石炭系、二叠系为海陆交互相或陆相含煤构造，三叠系为湖沼相含煤构造、碎屑岩构造。燕山运动导致太古界、寒武系、奥陶系及石炭系组成轴向南北的两个背斜和一个向斜，并相间平行排列。全区除桌子山外，岩层基本水平，中生代沉降形成向斜盆地，沉积较厚的中生代砂岩、砂砾岩、页岩，西部有第三纪红色砂岩。第四纪以来各地有不同幅度的上升。高原海拔大部为 1 300～1 500 m，东部切割河谷部分可下降到 1 000 m 以下，高原顶面个别地方可达 1 600 m 以上。西北部桌子山自北向南伸延，主峰桌子山 (2 149 m)。东胜以西至杭锦旗以东一带是海拔较高地区 (1 450～1 600 m)。其北沿是黄河三级阶地，为包头内陆断陷的南缘。东南部为构造凹陷盆地，境内广泛分布第四纪沉积层和现代河湖沉积。鄂尔多斯流沙和固定、半固定沙丘分布广泛。由于不合理开垦、过度樵采和放牧，大片沙区中的固定沙丘日益沙化为流沙。原无大片沙地分布的高原中部亦出现不少新沙化地面。海拔 1 200～1 600 m，干燥剥蚀高原的东部地表呈波状起伏，高原向西北和东南降低，形成两块洼地，沉积了冲积湖积层，表层被沙层所覆盖。

3. 阴山山脉

阴山山脉横亘在中国内蒙古自治区中部及河北省最北部，东西走向，106°E～116°E。西端以低山没入阿拉善高原；东端止于多伦以西的滦河上游谷地，长约 1 000 km；南界在河套平原北侧的大断层崖和大同、阳高、张家口一带盆地、谷地北侧的坝缘山地；北界大致在 42°N，与内蒙古高原相连，南北宽 50～100 km，面积约 12×10⁴ km²。

阴山山脉地质构造属华北地台内蒙古台隆阴山断隆，俗称"内蒙古地轴"。本区出露的结晶基底岩系为上集宁群、二道凹群、色尔腾群，元古界和太古界以不整合覆于其上。中生代沉积仅限于断陷盆地中，中下侏罗统为含煤构造，上侏罗统为磨拉石构造，下白垩统为红色构造和含煤、油页岩构造。岩浆活动频繁，华力西晚期花岗岩类、印支期粗粒拟斑状花岗岩和燕山期钾长花岗岩广泛分布，喜马拉雅期大面积玄武岩浆喷溢。阴山山地的主体构造型式为复背斜，以乌拉山复背斜和大青山复背斜为代表。乌拉山复背斜由乌拉山群构成，核部以条带状、条痕状混合岩为核心组成了次一级背斜，翼部为片麻岩等。印支期花岗岩的侵入破坏了背斜的完整形态。大青山复背斜核心以乌拉山群片麻岩为主，由于受花岗岩充填和断裂破坏，复背斜的形态很不完整。南翼多为断陷盆地，北翼依次为二道凹群、色尔腾山群，再往北出现中元古代白云鄂博群、渣尔泰群。复背斜西南部，乌拉山群形成一系列复杂的向斜构造。大青山复背斜可能是阴山断隆的古老隆起核心。阴山山脉在呼和浩特以西的西段地势高峻，脉络分明，海拔 1 800～2 000 m，最高峰呼和巴什格山位于狼山西部，海拔 2 365.2 m。喜马拉雅运动中，阴山被分为数段，山脉从西向东分为狼山、色尔腾山、乌拉山、大青山等。山与山之间的横断层经流水侵蚀形成宽谷，为南北交通要道。山脉主体由太古代变质岩系和时代不一的花岗岩构成，在两侧及山间盆地内有新生代地层。南坡与河套平原之间相对高度约 1 000 m，经长期流水侵蚀，现代山脉边缘已较地质构造上的断层边缘向北后退 10～30 km。山前和山谷两侧普遍发育有多级阶地。山脉北坡起伏平缓，丘陵与盆地交错分布，相对高度 50～350 m，丘间盆地沿构造线呈东西向分布，盆内沉积有白垩系、第三系地层，上覆第四系厚层砂质黏土。源于阴山的河流横切丘陵，支流极少，河床宽坦，与现代水流极不相称。呼和浩特以东的东段海拔一般在 1 500 m 左右，地形紊乱，主要有蛮汉山、苏木山、马头山、桦山等。在集宁、张北一带被玄武岩覆盖，部分地区的熔岩台地已被侵蚀切割成平顶低山和丘陵。低山和丘陵间盆地内有白垩纪、第三系和现代沉积。盆地间的岭脊低而宽，相对高度 300～500 m，有些盆地中心集水成湖，较大者如岱海、黄旗海、安固里淖等。

4. 大兴安岭

大兴安岭又称内兴安岭、西兴安岭。"兴安"是满语，意为"丘陵"。大兴安岭位于内蒙古自治区东北部和黑龙江省北部，北起黑龙江南岸，呈北东及北北东走向，南止于赤峰市境内西拉木伦河上游谷地，位置为 42°56′N～53°30′N、116°50′E～126°E。山地全长 1 400 km，宽 200～450 km，面积约 32.72×10⁴ km²。海拔 1 000～1 600 m，最高山峰黄岗梁为 2 029 m。同地呈不对称状，西北高东南低，西坡缓东坡陡。西坡缓缓过渡到内蒙古高原，东坡逐级陡降到东北平原。山幅北宽南窄。一般以嫩江河谷与小兴安岭为分界，但在北部以北安—爱辉一线为界。

大兴安岭属内蒙古大兴安岭褶皱系，经华力西运动褶皱隆起，为西伯利亚板块东南大陆边缘的一部分。燕山运动有大量花岗岩侵入及斑岩、安山岩、粗面岩与玄武岩喷出，其中花岗岩分布面积最广，集中在北部和中部，组成大兴安岭的主脉。中生代喷出的流纹岩、石英粗面岩广泛分布于南部低山地带。中生代燕山运动使大兴安岭褶皱带束窄和断块隆起，并向南延伸，完成现代地貌的基本轮廓。燕山运动后，本区地壳处于相对稳定阶段，隆起的山地受到长期侵蚀剥蚀，趋于准平原化状态。大兴安岭存在着较好的夷平面，特别是在巴林右旗—巴林左旗—扎鲁特旗—乌兰哈达一线以东的低山地带，表现最为显著。夷平面的基岩多是中生代的中、酸性喷出岩。由此推断，该夷平面形成时期晚于中生代。喜马拉雅运动产生新的构造断裂，沿大兴安岭东麓平行于山地轴向北北东的大断裂两次强烈抬升。从中生代末至古新世，大兴安岭相对宁静，山体遭受风化剥蚀，形成了兴安期夷平面。第二次相对稳定期是第三纪末至早更新世早期，在大兴安岭东麓地带形成布西期夷平面。强烈的抬升运动第一次在早更新世晚期伴随大兴安岭东侧北北东向大断裂的活动，山体迅速抬升，地貌明显分异，布西期夷平面随山体隆起开始抬高。第二次抬升是晚更新世早期，在山区和山麓地带形成深切谷地和阶地，在大兴安岭主脊地区发生河流袭夺，玄武岩喷发，山地继续被切割，说明大兴安岭主脊地区上升运动仍活跃。第三纪以来大兴安岭挠曲上升，又形成了次一级的山麓夷平面，同时沿断裂喷出大量的玄武岩，形成了赤峰市西部的熔岩台地。由于多次间隙性抬升及挠曲翘起的结果，山体上升到海拔 1 000 m 以上，并形成了东坡多阶梯的地形。更新世地壳运动主要表现为沿着老断裂继承性的微弱振荡运动。第四纪冰期中发育了冰川冰缘地貌。冰后期有风成黄土及风成砂粒堆积，新构造运动促进了河流阶地发育。大兴安岭南段有 40 余座火山，呈北北东向排列，形态多样。

大兴安岭以伊勒呼里山和洮儿河为界分三段。北段为中等切割、具有多年冻土层的台原，山脊浑缓，平均海拔不到 900 m，河流呈放射状、山顶部遗留有准平原面遗迹。山地主要由凝灰岩、基性喷出岩、玄武岩、花岗岩组成，地表物质为残积、坡积及冰水相沉积的泥砾岩。在河谷低洼地区，由于永冻层的存在，沼泽湿地遍布。中段山体较宽，平均 200～300 km，主要由大兴安岭主脉及其三条较大的支脉组成。海拔 1 200～1 500 m，大黑沟摩天岭海拔 1 725 m，是中段的最高山峰。大兴安岭山脉主脊线呈南北向，过洮儿河源头后，山势逐渐降低，海拔自 1 300～1 400 m 逐渐降低至 1 100～1 300 m。由北向南其支脉二蹬天山—大那金山支脉、宝格达山—猛鹫山支脉和西老头山—老头山支脉。大兴安岭主脊线附近，地面切割强烈，沟壑纵横，山势陡峻，岩石裸露。河谷多为冰蚀槽谷，谷底较宽，谷坡很陡，谷底纵比降大，谷底中沉积了冰碛的巨砾及大小不等砾石和泥，两侧支谷呈现出悬谷的形态。在喜马拉雅运动期间，大兴安岭中段以明显的间歇性隆起，形成了其东坡的阶梯形地形，而且伴有火山活动，其产物为大黑沟、阿尔山、五岔沟、乌兰毛都等地的玄武岩、天池和阿尔山一带的温泉群等。南段又称苏克斜鲁山，长约 600 km，是一个中等山地，可分为罕山与黄岗梁两支。山地走向为构造线所控制，呈东北—西南向，海拔多在 1 000～1 300 m，相对高度 100～500 m。大于 1 500 m 的山峰集中于西南部，山体高而窄，黄岗梁为最高，海拔 2 029 m。山脉山顶多为平坦熔岩台地，坡缓谷宽，宽阔的山间盆地与河谷平原交错。

5. 贺兰山

贺兰山位于银川平原之西、阿拉善高原的东缘，是中国一条明显的南北走向的山脉，长约 270 km，宽 20～40 km，面积 748 km²。以山脊为界，西坡在阿拉善盟境内，东坡属宁夏回族自治区。山岭海拔 2 000～3 000 m，中段高，山势陡峻，最高峰 3 556 m。北接乌兰布和沙漠，南连卫宁北山，西傍腾格里沙漠，东临银川平原。

贺兰山地质构造属华北地台鄂尔多斯西缘贺兰山褶断束，其基底岩系为太古界千里山群中深变质建造，其上被中元古界浅海相石英岩建造、泥页岩建造、镁质碳酸盐建造不整合覆盖。其上发育震旦系镇木关组的冰碛层。因受祁连山加里东地槽的影响，早古生代地壳活动性增强，在奥陶纪沉积了深厚的海相复理石建造。晚古生代，随祁连山加里东地槽的褶皱回返，本区曾一度上升，地壳活动减弱，致使石炭系和二叠系沉积厚度不及桌子山地区。本区褶皱构造由石炭系和侏罗系组成的乡间排列的两个背斜和三个向斜，两翼对称或不对称。喜马拉雅运动，不仅造成了始新统与渐新统、中新统与上新统沉积间断，而且导致寒武系逆冲于渐新统之上。贺兰山形成于 1 亿多年前的燕山运动时期，喜马拉雅运动时继续升高，为土层很薄的石质山地，主要岩石有片麻岩、石灰岩和页岩。贺兰山是中国一条重要的自然地理分界线，对银川平原发展成为"塞北江南"有着显赫功劳。它不但是中国河流外流区与内流区的分水岭，且山脉的东坡陡峭，相对高度 1 500～2 000 m，西坡平缓，属内陆流域。山势的阻挡既削弱了西北高寒气流的东袭，阻止了潮湿的东南季风西进，又遏制了腾格里沙漠的东移。贺兰山还是中国草原与荒漠的分界线，东部为半农半牧区，西部为纯牧区。

(二) 高原山脉外侧的平原地貌

1. 河套平原

河套平原又称后套平原，广义的河套平原是包括宁夏的银川平原和内蒙古的土默川平原。狭义的河套平原只包括内蒙古境内的黄河沿岸平原。目前在内蒙古把后套平原称为河套平原。后套平原东至乌梁素海，南临黄河，西接乌兰布和沙漠，北抵狼山。主体部分东西长约 180 km，南北宽约 60 km，总面积约 1×10⁴ km²。呈扇弧形展开。地理坐标为 40°13′N～42°28′N，105°12′E～109°53′E。

　　河套平原北以断裂与阴山断块山地为界，南至库布齐沙漠北缘，西起补隆淖，东至喇嘛湾一线，是陷落湖盆的基础上形成的湖积—冲积的平原。河套平原按其成因可分为山前洪积倾斜平原和河谷冲积—洪积平原。山前洪积倾斜平原，主要见于黄河北岸，尤以大青山、乌拉山的山前地带，系由一连串并联的洪积扇组成。分布在河套平原大青山南麓的洪积阶地，海拔 1 020～1 080 m，宽 2～4 km，最宽 9 km，发育有 2～3 级洪积阶地，其相对高度分别为 20 m、15 m、10 m，均由分选很差的砂砾石组成，最高一级阶地，除砂砾石外，尚有薄层砂黏土以及少量坡积残积物。包头市以东地面南倾 5°～6°，海拔 1 050～1 120 m，在山谷沟口形成了一些基座侵蚀堆积阶地，基座为淡灰褐色砂岩，上覆粗砂砾石，混杂着浅黄色淡棕黄色沙壤，一般相对高度 20～25 m，宽不足 100 m。洪积平原一般认为组成物质疏松，自然肥力低，渗漏严重，且受洪水威胁，甚至局部有埋藏沙丘存在等。由于靠近山体，背风向阳，受山体辐射热的补给，形成冬暖、开春早等有利的小气候条件，另外地下水埋藏深、水量丰富、水质好，这种条件水热条件有利于果木越冬和粮作、蔬菜生产等。后套平原地面向东北倾斜，海拔 1 054～1 020 m，东西坡降 1/8 000～1/6 000，南北坡降 1/6 000。北岸宽 40～75 km，南岸宽 2～8 km，组成物为沙壤、粉沙、细沙。其中粉沙壤居多，黏土多见于局部洼地与乌加河沿岸，常呈交错凸镜体。粉沙呈淡灰棕色或黄棕色，往下渐暗，且带铁锈斑纹，壤土多呈棕色、红棕色、棕褐色，颗粒均一，块片状结构。黏土则为暗棕色，块状结构。由于黄河河道多变与灌溉的影响，组成物相互混合，表层结构不清。河套平原从宁夏平原向北，两岸高平原紧迫，沙丘连亘，到磴口进入后套平原。从后套平原东行，经 60～70 km 的狭隘的三湖河平原，地势又趋于平坦，在包头、呼和浩特、托克托县三点之间成为三角形的陷落低地，即前套平原，又称"土默特川"，因近似三角形，又常称呼和浩特三角平原，坡降约 1/7 000，海拔 1 040 m 左右，包头—察素齐之间，宽 20～75 km，向南倾斜，坡降 1/9 000～1/7 000，海拔 1 030～1 050 m。察素齐以东，平原宽 70～120 km，向西西南倾斜，坡降 1/9 000～1/7 000，海拔 1 040～1 100 m，组成物质以粉沙、沙为主，这些沉积物来源于大黑河。平原边缘相当完整，北缘为大青山，西南有鄂尔多斯高平原，东南为蛮汗山与摩天岭。冲积平原与洪积倾斜平原相接处，因河流摆动与间歇性洪积作用，形成许多交接洼地，湖泊群生，盐沼漫聚。河套平原西部成为沙丘覆盖的平原，以包尔套勒盖为中心，分南北两支伸入平原。北支呈北东东向延伸至杭锦后旗大树湾一带；南支由浦亚图、潘家挖且沿平原边缘折向二道桥，断续伸展到黄河沿岸一带。包尔特勒盖一带已属乌兰布和沙漠范围，多流动沙丘。高度 10～15 m，平原地区多数由冲积物再吹扬而成，以固定与半固定沙丘为主。流动沙丘边缘与其间，常有沙丘湖泊共生现象，且湖泊往往分布于沙丘迎风面前方。总之全区大小湖泊可分为交接地湖泊、风蚀沙丘湖泊与河道遗留湖泊。河套平原完备的地形条件以及健全的灌溉系统，使其成为了内蒙古的粮仓。然而，由于地形平缓，使灌溉余水宣泄不畅，酿成土壤盐渍化。因此对这个地区，解决排水问题，是实现改良盐土，提高单产的关键所在。

2. 西辽河平原

西辽河平原位于内蒙古自治区东部大兴安岭南段山地与冀北辽西山地之间，东与松辽平原相接，是西辽河及其支流联合形成的冲积平原，东西长 270 km，南北宽 100～200 km，西部狭窄，东部宽阔，总面积 5.29×10^4 km²。地势西高东低，海拔由 320 m 下降到 90 m。南北向中央倾斜，现代冲积平原主要位于教来河—西辽河—新开河的河间地带、西拉木伦河下游两岸及乌力吉木仁河三角洲地区，平原的南、北、西三面呈马蹄形，分布着波状沙地，地表均由松散的第四纪沉积物所组成，主要有冲积、洪积、湖积以及风积物。一般下部为冲积—洪积相砂砾层，上部覆有不厚的风积细砂。沉积物的厚度从西北向东南增大，现代外营力以流水和风力作用为主。在查干木伦河、哈通河、乌力吉木仁河、黑弧岭河、巨流河以及登岭河等的下游地段为冲积平原。河谷谷地宽广，阶地不明显，河曲及牛扼湖发育。沿河的冲积平原，土质为轻壤—沙壤，腐殖质层厚约 0.5 m，土壤肥沃，灌溉条件优越，沙丘以固定、半固定沙丘为主，流动沙丘逐渐扩大，其分布均与河流流向和古河道保持一定的关系，尤其是沙垄，通常见于河道两侧，以乌力吉木仁河右岸的沙垄最为明显。整个沙带长度超过 100 km，宽 1～5 km，相对高度达10～25 m。在西辽河平原东部地区还有较大面积的甸子地，地势低平，地下水位高，埋深小于 1～1.5 m，土壤受到不同程度的盐碱化和沼泽化。介于西辽河与新开河之间，地面随着河流的比降向东倾斜，海拔 120～350 m。沙地广布，河流改道与洼地纵横交错。除吐尔吉山有一个小块基岩裸露外，地表均为第四纪松散物。在河流两岸和丘间洼地内，分布着冲积相的粉沙、细沙、中沙及少许砾石；部分丘间洼地中还有湖相黏土、亚黏土、细沙和中沙；平原与阶地上分布着大片风积沙层。冲积平原是本区的主要地貌类型，地势平坦，面积大，由新开河及西辽河的河漫滩及阶地组成。河漫滩分布不对称，高 0.2～10 m，向河床倾斜 1°～3°，宽 500～2 000 m，组成物质为粉沙、细沙黏质沙土和沙质黏土。阶地只有一级，分布对称，宽 2～20 km，比高2 m 左右，坡度0.5°～1°。组成物质为黏土、亚黏土、细沙、中沙和粗沙。现大部已作耕地。平原上，由于河流改道变动，留下无数古河道。河流的改道主要是由于含沙量大，不断淤积，河床日益增高的结果。西辽河下游地段，近期较稳定，但在钱家店、大林一带，历史上的变动频繁而复杂，常在宽十多千米的范围内左右摆动。由于河流的不稳定性、河岸崩塌也较严重，需采取水工措施及营造护岸林。平原上地势低平处，受到修建水库、大水漫灌等影响，因而排水不畅，部分耕地产生了次生盐渍化。

3. 嫩江西岸平原

嫩江西岸平原位于内蒙古自治区东部呼伦贝尔市、兴安盟境内。北起嫩江支流古里河，南止高力板—鲁北一线的松辽分水岭，西端与西辽河平原相连，东接嫩江平原。它是松辽平原的一部分，沿大兴安岭东麓由北向南延伸的带状山前倾斜波状平原。在嫩江西岸平原的旗县有呼伦贝尔市的鄂伦春自治旗、莫力达瓦达斡尔族自治旗、扎兰屯市、阿荣旗，兴安盟的扎赉特旗等，该区北起 $48°50'N \sim 47°21'N$，东起 $120°28'E \sim 126°10'E$，土地总面积达 $106\ 766.78\ km^2$。

基底岩石由花岗岩、凝灰岩、砂砾岩组成，其上覆盖第四纪沉积物，多为黏土质湖相堆积或冰水沉积物。地势由东北向西南倾斜，越往东越低，海拔 $200 \sim 500\ m$，靠近大兴安岭东部有丘陵分布，相对高度 $100 \sim 300\ m$，河谷众多，河流阶地宽坦，地面起伏成波状形，起伏甚微。

4. 土默特平原

土默特平原又称土默川、前套平原，位于大青山以南，昆都仑河以东，东南至蛮汉山山前丘陵，西南至贯河，呈三角形，面积 $7\ 900\ km^2$。

土默特平原，包括黄河及其支流大黑河的冲积平原和山前洪积平原，海拔 $990 \sim 1\ 200\ m$，地势自西、北、东三面向南倾斜，坡度 $1/9\ 000 \sim 1/7\ 000$，其中，西南部为黄河冲积平原，东北部为大黑河的冲积平原。大黑河下游因地势低平，排水不畅，地下水位拥高，盐渍化较严重。平原北半部沿京包铁路至大青山南麓，为山前洪积、冲积平原，地表砂砾石较多。洪积冲积平原边缘细土层较厚，且地下淡水资源也较丰富，适于农耕。本区中部的察素齐镇—哈素海—河口镇以东地势向西南倾斜，大黑河及其支流小黑河等由东北向西南流经托克托县的河口镇注入黄河。上述界线以西，地势向东南倾斜，土默特旗境内沿大青山各山沟的洪水及黄灌区的退水，也经河口镇流入黄河。所以，河口镇有"众水归托"之称。

(三)特有的沙漠和沙地

内蒙古分布着中国四大沙漠和四大沙地，主要分布在内蒙古高原、鄂尔多斯高原和大兴安岭东麓的西辽河平原，由于沙漠和沙地所处的地理位置和自然地理环境不同，地貌形态特征上有一定的差异。

1. 巴丹吉林沙漠

巴丹吉林沙漠位于内蒙古高原的西南边缘、阿拉善盟阿拉善右旗西部和额济纳旗东部的巨型盆地之中，是中国第三大沙漠、内蒙古第一大沙漠，还是世界最高大沙丘所在地。西接额济纳河平原的东部戈壁，北连阿拉善中部戈壁区的拐子湖，东部是阿尔腾山、宗乃山、雅布赖山，南部是合黎山和龙首山。沙漠东西长约 270 km，南北宽约 220 km，面积约 4.7×10^4 km²。行政区包括额济纳旗和阿拉善右旗的部分地区。

巴丹吉林沙漠地质构造属天山地槽褶皱系，北山晚华力西地槽褶皱带。在泥盆纪至二叠纪的华力西（海西）运动发生褶皱隆起，并在阿拉善台隆间产生了断裂。在侏罗纪和白垩纪的燕山运动期间，由于周围断裂再度复活，四周山区上升，中部坳陷，从而沉积了侏罗纪、白垩纪地层。在新生代的喜马拉雅运动影响下，盆地面积增大，沉积了第三纪红色碎屑岩。随后由于新构造运动作用，开始整体上升，并在盆地内产生断裂，构成了断裂阶地，在阶地内侧沉积了下更新统冲积—湖积层。在中、下更新世只在周围沉积了厚度不大的冲积—洪积层。随着气候干旱，风沙盛行，而形成今日的沙漠景观。巴丹吉林沙漠境内绝大部分被沙物质占据，其特征为沙山沙丘、风蚀洼地、剥蚀残丘、湖海盆地和平坦谷地交错分布。流动沙丘占沙漠总面积的83%，流沙面积仅次于塔克拉玛干沙漠，固定和半固定沙丘占17%；复合型沙山、新月形沙垄或综合型新月形沙丘垄占沙漠总面积的61%～68%。复合型沙山相对高度在 100 m 以上，并有次一级沙丘覆盖其上的高大沙丘，是巴丹吉林沙漠特有的沙丘形态，占据了沙漠的绝大部分，集中分布在中部。沙山高大密集，形态复杂，起伏悬殊。一般高 200～300 m，最高可达 500 m。按沙山形态分为三种：①沙山迎风坡具有层层叠置的沙丘，主要有沙丘链、沙垄和格状沙丘等；背风坡高大陡峻，沙山长度为 5～10 km，宽 1～3 km，具明显的链状曲弧体，中间高两端低；②迎风坡上无明显叠置沙丘链的巨大沙山；③为角锥体状的金字塔形沙山。复合型沙山上生长有稀疏的植物，在沙山之间的丘间地有许多内陆小湖（海子），对沙丘凝结水的形成具有直接作用。沙山、海子构成了巴丹吉林沙漠的特有景观，同时也是该地区经济发展的重要基地。

2. 腾格里沙漠

腾格里为蒙古语，意为"青天"，意思是像天一样浩瀚无际的沙漠。位于阿拉善盟的东南部，西北隔雅布赖山与巴丹吉林沙漠相望，东北与乌兰布和沙漠相邻，南和西南与宁夏、甘肃相连。行政区属阿拉善左旗和阿拉善右旗的东南边缘。在内蒙古自治区内近 3×10^4 km²，总面积 3.67×10^4 km²。

腾格里沙漠的地质构造属华北地台阿拉善台隆潮水——腾格里边缘坳陷的一部分。其南部与东西走向的祁连褶皱带紧连。在东部为鄂尔多斯地台，并与南北走向的贺兰山褶皱带紧连。在古生代初、中期的加里东运动时，连同祁连山产生褶皱并有深大断裂产生；经古生代中、末期华力西运动再度褶皱断裂，岩浆浸入，从而形成该区的基本外貌。在燕山运动时又使古老断裂复活，两侧山区急剧上升，盆地下陷接受了侏罗纪、白垩纪和第三纪内陆湖泊沉积。在喜马拉雅运动影响下，产生轻微隆起，再经剥蚀作用，使西部潮水、民勤一带相对下降，下更新世至上更新世连续堆积洪积、湖积相碎屑物质；沙漠内部堆积有中上更新世冲积——洪积物质。在气候干旱、风沙作用强烈的条件下，形成了多种沙丘形态，沙丘间干涸湖盆中沉积有薄层湖积物。腾格里沙漠外围被群山环绕，南有长岭山、通湖山等，东有贺兰山，北有巴音乌拉山，西北有雅布赖山。地势由西向东逐渐降低，西端的榆树湖海拔为1 468 m，到东端腰坝海拔降为1 286 m。沙漠内部为沙丘、湖盆、山地、残丘及平地交错分布，其中沙丘占71%、湖盆草滩占7%、山地残丘及平地占22%。流动沙丘占沙漠总面积的67.2%、半固定沙丘占17.4%、固定沙丘占15.4%。沙丘形态以格状沙丘链和新月形沙丘及沙丘链为主。腾格里沙漠沙丘是一种复合变型的宽阔沙丘垄，沙丘高大，密集分布，其面积占沙漠面积的61%，主要集中在沙漠的中部，一般高200~300 m，最高可达420 m。沙山排列方向为北东30°~40°，反映了当地占优势的西北风的影响。沙丘形态主要是复合型沙丘链——沙山。这些沙山之所以如此高大，或由于沙丘覆盖在占钙质胶结的老沙丘之上、或由于沙丘覆盖在下伏基岩剥蚀残丘之上、或由于沙丘移动过程中受下伏隆起地形阻碍而形成沙山。在高大沙山区的周围是沙丘链，高度一般有25~50 m，只有在沙漠边缘才有低矮的沙丘链及灌丛沙堆分布。沙丘之间低地有湖泊分布，当地称为"海子"。这些湖泊（海子）的面积一般比较小。

3. 乌兰布和沙漠

乌兰布和是蒙古语，意为"红色公牛"，是内蒙古第三大沙漠。其北至狼山，东北与河套平原相邻，东近黄河，南至贺兰山北麓，西至吉兰泰盐池。东西宽约80 km，南北长约200 km，总面积1.60×10^4 km^2。沙漠呈北东—南西方向分布于河套平原的西南部，介于黄河、狼山、巴音乌拉山之间。行政区域上分布在阿拉善盟、乌海市和巴彦淖尔市，包括阿拉善左旗、乌海市、磴口县、杭锦后旗与乌拉特后旗等旗县的部分地区。

乌兰布和沙漠在地质构造上属华北台地阿拉善台隆吉兰泰断陷盆地的西南部。在燕山运动和喜马拉雅运动时期曾两度强烈下陷，形成了这个断陷盆地的轮廓。当时西南部有巨大的湖盆存在，与下更新世和中更新世连续沉积了厚层洪积、冲积、湖积物，中更新世末期，盆地沿山麓发生断裂，并有大面积缓慢上升，此时三道坎峡谷也被切开，盆地内湖水迅速外泄，从而形成上更新世和现代的黄河水系以及洪积、冲积、湖积平原。第四纪沉积物总厚度1 000 m以上，这些沉积物质提供了丰富的沙源，为沙漠的形成奠定了物质基础。乌兰布和沙漠的地形四周高、中间低，整个沙漠自东南向西北逐渐降低，吉兰泰盐湖是该沙漠最低处，海拔1 030 m。沙漠内流动沙丘约占总面积的36.9%，半固定沙丘占33.3%，固定沙丘占29.8%。沙丘形态主要是新月形垄状和链状沙丘、格状沙丘、复合型沙垄和沙丘链。东南部主要以流动沙丘为主；西南部为古湖积平原，著名的吉兰泰盐湖位于其中；东北部区域是古代黄河冲积平原，因黄河床自西向东摆动，形成了广泛的低洼地、低湿地或积水湖泊。

　　乌兰布和沙漠处于温带干旱区，干旱少雨、昼夜温差大、多风强劲。年平均气温为7.5℃～8.5℃，无霜期140～160 d，年日照时数3 100～3 300 h。热量、光照、无霜期均为内蒙古沙漠中最为优越的地区之一。年降水量100～145 mm，主要集中于7～9月；年蒸发量2 400～2 900 mm。沙生、旱生、盐生植物繁茂。年平均风速3～3.7 m/s，年大风日数20～40 d，风能资源较为丰富。黄河贯穿东和东南边缘，大部分地段可引黄河水自流灌溉。地下水也相当丰富，潜水埋深一般为1.5～3 m；同时有数层至十多层量多、质高的承压水。

　　4. 库布齐沙漠

　　库布齐为蒙古语，意为"弓上的弦"，弯曲的黄河为弓，沙漠为弦。库布齐沙漠位于鄂尔多斯市境内，鄂尔多斯高原东胜—杭锦旗高原脊线以北，黄河南岸平原以南，西起彦高勒对岸，东至托克托对岸，呈东西带状，横越杭锦、达拉特、准格尔三旗。东西长约400 km，东部宽15～20 km，西部宽50 km，面积约1.86×10^4 km²，约占鄂尔多斯总面积的1/5。

　　库布齐沙漠，在构造单元上属华北地台鄂尔多斯台坳河套断陷。鄂尔多斯台坳是基底硬化程度很高、比较标准的地块。在此基础上，经历多旋回构造发展阶段，形成具有多次坳陷叠加的中生代盆地。印支期，在盆地周边显著抬升的构造背景下，开始了不均衡的坳陷。燕山期，河套断陷剧烈地坳陷，沉积了中、下侏罗纪和白垩纪巨厚的红色构造、含煤构造。喜马拉雅期，盆地强烈坳陷。在盆地上缘产生了一系列东西向断裂，致使河套断陷盆地呈阶梯状下陷，沉积物由南向北从河流相过渡到滨、浅湖相乃至深湖相。由于喜马拉雅运动于第三纪中新世、上新世，鄂尔多斯逐渐升高隆起，直到第四纪仍继续上升。在第四纪晚期，局部下沉产生了黄土堆积和风成沙物质。库布齐沙漠南部为构造台地（硬梁地），中间为覆盖在河成阶地上风成沙丘，北为河温滩地；海拔为 1 000～1 400 m。南部以切割程度不同，可分为微波状起伏高原、微切割缓起伏高原和强烈切割破碎高原。北部的河成阶地，海拔 1 000～1 200 m，第三级阶地（平均海拔 1 175～1 195 m）和第二级阶地（平均海拔 1 110～1 160 m）剥蚀—淤积阶地；第一级阶地及河漫滩为淤积阶地。库布齐沙漠的沙丘几乎全部是覆盖在第四纪河流淤积物上。因下伏地貌、淤积物厚度等不同，沙丘高度、形态和流动程度等也有差异。在河漫滩分布着一些零星低矮的新月形沙丘及沙丘链，高度多数在 3 m 以上，移动速度较快；第一级阶地沙丘高度 5～10 m 不等；第一级与第二级阶地之间沙丘高大，一般为10～20 m，最高达 25 m；第二级阶地上的沙丘高 10 m 以下；第二级与第三级阶地的过渡区，沙丘特高，可达 50～60 m，形态为复合型沙丘；第三级阶地上多为缓起伏固定沙丘，流沙较少，呈小片局部分布。流动沙丘占沙漠总面积的 61%，形态以沙丘链和格状沙丘为主，其次为复合型沙丘；半固定沙丘占 12.5%，有抛物线状沙丘和灌丛沙丘等；固定沙丘占 26.5%，形态为梁窝状沙丘和灌丛沙堆。固定和半固定沙丘多分布于沙漠边缘，并以南部为主。

5. 浑善达克沙地

浑善达克为蒙古语，意为"孤驹"。位于锡林郭勒盟南部和赤峰市克什克腾旗西部，东起大兴安岭南段西麓达里诺尔，西至集二铁路。东西长约 360 km，南北宽 30～100 km，总面积约 $2.38×10^4$ km²。

浑善达克沙地在地质构选单元属内蒙古中部地槽褶皱系，苏尼特右旗晚华力西地槽褶皱带浑善达克坳陷，位于内蒙古中部地槽的南部，经历了长期得多旋回的优地槽发展历史，是一个叠置于北东向晚侏罗—早白垩纪坳陷盆地之上的新生代坳陷盆地。华力西运动时上升为陆地，以后则进入了长期的剥蚀夷平作用时期。燕山运动以来，经历了缓和的振荡式的构造运动，在挠曲作用形成下陷的宽浅盆地中，沉积了白垩纪及第三纪湖相水平地层。沙地北侧有西拉木伦—乌日根达拉大断裂，南侧有阴山东西向复杂构造北缘的大断裂，因此沙地的本身为一个地堑式坳陷带。第三纪早期，该区发生沉降，沦为规模巨大的内陆湖盆，广泛地堆积了厚 100～200 m 的第三纪湖相沉积物。第三纪晚期全区又上升，形成高原地貌。在第三纪末和第四纪初，气候干燥，湖海面积急剧缩小，在强劲的风力作用下，逐渐使流沙出现，在长期的自然和人为因素影响下，导致了沙地的形成。因此，浑善达克沙地大部分为第三纪的湖相黏土、沙质黏土和沙砾质层所组成的湖相地层，少数地区有花岗岩和变质岩出露，局部地区有玄武岩覆盖。浑善达克沙地的地势由东南向西北缓缓降低，地面起伏不大，沙地边缘为剥蚀低山、丘陵，境内为沙丘、湖泊、盆地及剥蚀高原交错分布。其中固定沙丘占总面积的 67.5%，半固定沙丘占 19.6%，流动沙丘占 12.9%。固定沙丘形态多为沙垄及沙垄—梁窝状沙丘，一般多呈北西西—南东东方向排列，沙垄之间常有同向延伸的平坦沙地和湖盆洼地，二者呈有规律的交替重现。固定沙丘及低平地是沙生、盐生及草原等植被滋生、繁衍的场所，植物生长较好，盖度可达 30%～50%，是优良的天然牧场。半固定沙丘呈斑点状散布在固定沙丘之间，由于受强烈的风蚀作用和人为活动的影响，往往在西风坡普遍形成一个个圆形的风蚀窝，出现裸露的沙面，成为该沙地半固定沙丘的一个显著特征。它可作为沙丘活化的重要标志，为人们揭示风沙危害的可靠信息，并为采取防治措施提供确切依据。流动沙丘的主要形态是新月形沙丘及沙丘链，并呈斑块状分布于半固定沙丘之间，宜于因地制宜、分片治理。

6. 科尔沁沙地

科尔沁沙地分布于西辽河中、下游干流及支流沿岸的冲积平原上。北和西北部与大兴安岭南段东侧山地丘陵相连，东北部与松嫩平原接壤，东和东南部与辽河平原连接，南和西南部有燕山余脉努鲁尔虎山和七老图山，西部与锡林郭勒高原毗邻。行政区包括吉林省西北部的洮安、通榆、双辽等县，辽宁省的康平、彰武等县，内蒙古的赤峰市 11 个旗（县、区）和通辽市 8 个旗（县、市）及兴安盟科尔沁右翼中旗。面积约为 5.06×10^4 km²。

科尔沁沙地属于内蒙古中部地槽褶皱系，苏尼特右旗晚华力西褶皱带开鲁坳陷，经历了长时间的多旋回的优地槽发展历史，于二叠纪束晚华力西期褶皱回返成陆地，在中、新生代形成断陷、坳陷盆地。侏罗纪为断陷期，发育了一套火山岩。白垩纪以坳陷为主，沉积了含煤、含油碎屑眼建造和红色建造。由于不均衡的升降活动，在开鲁至舍伯吐一线构成两坳夹一隆的构造格局。新生代为区域性上升隆起，第三纪、第四纪不够发育。从第三纪以来，先后沉积了厚达 100～200 m 的冲积、洪积、湖积沙层，分布广泛，第四纪继续接受河流冲积物。由于长期受到各种自然和人为因素的综合作用，在冲积—湖积平原上形成了现在的自然景观。科尔沁沙地分布于南北隆起、西高东低的半封闭式环形盆地内。南、北分别为燕山北部和大兴安岭南段的山区丘陵，两山、丘于西部汇接，形成高原区；北、西、南三面是西辽河水系的发源地，河流自西向东横贯沙地中部，形成了冲积平原；平原东端科尔沁左翼后旗内海拔不到 100 m，最低绝对海拔高度 81.8 m，是内蒙古的最低点。风沙地貌表现为：固定沙丘占沙地总面积的 36.5%，半固定沙丘占 46%，固定和半固定沙丘形态主要是梁窝状沙丘、灌丛沙堆和沙垄等；流沙沙丘主要是新月形沙丘和沙丘链，占沙地总面积的 17.5%。

7. 毛乌素沙地

毛乌素沙地位于鄂尔多斯高原东南部的乌审洼地，包括鄂尔多斯市南部、宁夏黄河以东和陕西北部广大地区，属温带干旱和半干旱区。毛乌素沙地南北长 220 km，东西宽 100 km，最宽处 150 km，面积 3.21×10^4 km²。

毛乌素沙地地质构造属于华北地台鄂尔多斯台坳赛乌苏坳陷，基底岩系为结晶变质岩，经历多旋回构造发展阶段，硬化程度很高的稳定地块形成了具有多次坳陷叠加的中生代盆地，沉积了中下侏罗纪和下白垩纪巨厚的红色构造，含煤构造。中部基地以白垩纪砂岩为主，东部和南部边缘覆盖在黄土丘陵上。新生代形成一系列湖盆洼地，并堆积了厚约 100 m 的第四纪中细沙层。在第四纪上更新世末因气候干旱，经长期的干燥剥蚀，并有强劲的西北风将河湖相沙层吹扬、堆积，逐渐塑造了现代毛乌素沙地的地貌形态，即波状起伏、梁滩相间、沙丘与甸子地结合相存的地貌特征。目前，除部分未被沙子覆盖的梁地和黄土外，呈现出河谷阶地、下湿滩地、沙丘、湖泊相互排列的独特景观。毛乌素历史上曾是气候温暖湿润、植被郁郁葱葱的一片绿地，后因气候温湿、干冷交替和人为活动干扰，沙地经历了多次荒漠化与绿洲化的反复演变过程。

三、温带内陆气候与季风气候

(一)气候特征

内蒙古地域辽阔，东西绵长，地貌类型多样，自然环境复杂，因此内蒙古气候区域差异显著，气候特征明显。

1. 冬季漫长严寒，多寒潮天气

冬季在大兴安岭山地为最长，严寒期(-29.9℃～-20℃)50～100 d，大寒期(-19.9℃～-10℃)120～150 d。西辽河平原、河套平原、土默特平原与鄂尔多斯高原、巴彦淖尔—阿拉善高原冬季较短，大寒期为 30～50 d。其余地区大寒期为 60～120 d。冬季处于蒙古高压的东南边缘，冷空气活动频繁，常有寒潮爆发南下，平均每年 4～5 次影响内蒙古地区。

2. 夏季短促，降雨集中

贺兰山以西地区夏季最长，长达 3 个月。大兴安岭及其西麓、锡林郭勒高原东北部和阴山山地、多伦至化德一带无夏季，其余大部分地区夏季大致在 1 个月左右。夏季降水集中，约占全年降水量的 60%～75%。

3. 无霜期短

内蒙古地区的无霜期自东向西、由北向南递增。大兴安岭山区无霜期
60 d以下，偏南地区无霜期为145～165 d，中部地区为100～140 d。

4. 气温差异大，气候的大陆性很强

内蒙古的气温年较差在34℃以上，属大陆性气候。气温日较差也是衡量
气候大陆性的指标，一般以日较差10℃为大陆性气候大陆与海洋性气候的分
界。内蒙古气温平均日较差为12℃～16℃，其分布规律是从东北向西南递增，
说明气候的大陆性由东北向西南逐渐增强，干燥程度越来越大。

5. 日照充足，太阳能丰富

内蒙古年日照时数为2 600～3 400 h，其分布规律为自东北向西南逐渐增
多(图2-2)。年总辐射量为4 750～6 500 MJ/m²，仅次于西藏，在中国居第2
位，比同纬度的东北、华北地区偏高1 000～1 200 MJ/m²。

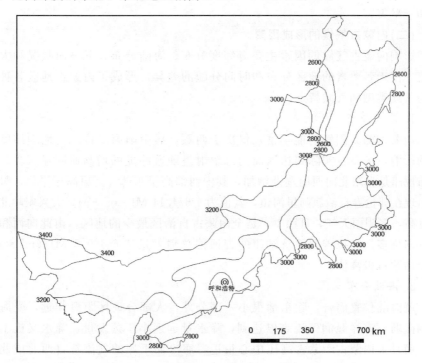

图 2-2　内蒙古年日照时数示意图/h

6. 降水量少，时空分布不均

年降水量为50～450 mm，其分布规律是自东北向西南逐渐减少。年降水
量年内分配不均，主要集中于夏季，其降水量占全年降水量的65％～70％；

春季降水量占年降水量的 12%～15%；秋季降水量占年降水量的 15%～18%；冬季降水量最少，仅占年降水量的 1%～3%。内蒙古降水量年际变化大，保证率低。大部分地区降水相对变率为 15%～30%。

7. 水热同期，但水热匹配不均衡

内蒙古自治区在一年内气温最热出现在 6～8 月，而降水量也集中在这些月份，形成水热同期。但是年平均气温的分布趋势是自东北向西南递增，而年降水量的分布趋势则与气温分布相反，从东北向西南递减，从而造成在热量最多的地区降水量最少，热量最少地区降水量最多，形成水热匹配不均衡。

8. 大风日数多，灾害性天气频繁

内蒙古各地四季都可出现大风，但主要集中于冬、春两季，约占全年大风出现总日数的 60%左右。春季 4～5 月大风日数最多，占全年大风日数的 1/3。由于空气湿度小，气候干旱，春季风多风大，常形成"白毛风"、沙暴天气和干旱灾害。

(二)内蒙古气候的形成因素

影响内蒙古气候的因素主要有纬度分布、海陆分布、下垫面状况和大气环流，由于各要素的地区分布和时间分配的差异，形成了内蒙古地区各种不同的气候类型和气候特点。

1. 纬度分布

内蒙古的太阳辐射能丰富，仅次于西藏，居中国第 2 位。受地理纬度位置的影响，内蒙古实际到达地面的总辐射量随着纬度的增高而明显减少。其分布规律是自东北向西南逐渐增加，其中西部高于东部，高原高于平原。最低值出现在鄂伦春自治旗阿里河镇，其值为 4 674.14 MJ/(m² · a)。大兴安岭北段纬度高，多阴雨天气，日照少，是全内蒙古自治区最少的地区。由此向西和向东逐渐增多。阿拉善盟额济纳旗的吉诃德总辐射量达 6 650.3 MJ/(m² · a)，为全内蒙古极高值。

2. 海陆分布

就海陆位置而言，除东部很小一部分外，大部分地区距海洋远，受海洋影响微弱，海洋湿润气流难以达到，降水量远远小于蒸发量，降水又极不稳定。而且，内蒙古距蒙古高压中心很近，寒冷而干燥的气流常自西北或北方袭来，从而加剧了干燥的状况。

3. 下垫面状况

内蒙古自治区是以海拔 1 000～1 500 m 的高原为主体，南部边缘又为山地所环绕形成夏季东南季风之屏障，所以夏季内蒙古高原的温度略低于同纬度的松辽平原，同时也阻止了大量湿润气流的进一步深入，使高原地区气候更加干旱。高原北部与蒙古人民共和国相连，地面坦荡开阔，为我国冬季寒潮大风之要冲，形成严寒的冬季。又由于气候的干燥，蒸发率大，水系不发达，因此造成大面积的内流区域，使水分大循环受到限制。

在自然植物方面，以真草原为主，西部和西北部为荒漠草原和荒漠地带。东北部虽有森林，但面积不大。因此，除这一局部地区的气候可受到森林的调节外，广大的高原地区，缺少湿气内循环的条件。

4. 大气环流

（1）主控环流

控制内蒙古地区的环流有两大系统，即西风环流与季风环流。前者全年活动在本区的上空，而后者随雨季的到来控制本区的近地面层，因其距源地较远，至本区已成中国东南季风的北缘。

（2）环流变化

两大主控环流系统的季节变化比较明显，冬夏之间迥然不同，除温度剧烈变化外，水分变化也很突出。控制本区的气压系统为蒙古高气压与河套低压槽相互交替，致使本区气候一年当中成有规律地顺序出现。冬季本区几乎完全为强大的蒙古高气压所控制，蒙古高压中心风势微弱，气流下沉，天气多晴朗、干燥，地面辐射冷却加强，这也就进一步促使高压加强；春季时，冬季停留的原蒙古高压系统，因地面增温而破坏，分类成为两个高压中心，一个位于中亚和新疆西部一带，另一个位于黄海上，在这两个分裂后的高压之间，因气流辐合而出现低压槽，在此气流辐合带上常有气旋群，向东北方移动，它们路经的地区天气很不稳定，槽前（气旋东南部）温暖天气，而当槽后（气旋西北部）冷空气冲来时则形成寒潮天气，在其锋际附近风力很大，因而构成本区春季多风，乍寒乍暖的天气。夏季时，控制本区的气团比较复杂，有热带海洋气团、鄂霍次克海气团、热带大陆气团。夏季大陆增温比海洋迅速，蒙古高压更向西引退。6月，鄂霍次克海气团以东北风形成越过大兴安岭，吹入呼伦贝尔草原，它是冷性海洋气团，势力虽弱，但对本区东部降水起了一定的作用。北太平洋海洋气团，于6～7月以偏南风进入内蒙古，7～8月最盛，在西辽河流域为南风，鄂尔多斯为东风，贺兰山以西几乎受不到它的影响，这个气团由于登陆后长途跋涉，所含水分渐渐减少，但仍为本区降水的主要来源之一。夏季如在单一的暖性气团控制下，则天气晴热，在热力对流作用下，午后可有雷雨；如是单一的冷性气团控制时，则天气晴凉，海洋气团登陆后，与北方来的冷空气相遇，可产生降水，而地形的抬高作用，可使降水强度及降水量有所加强。有时冷空气南下与湿热气流相遇，引起强烈的对流，可发生冷锋性的雷雨，并常挟带冰雹。秋季时，地面逐渐冷却，大陆高压系统重新建立和加强，偏西、偏北风占优势，极地大陆气团重新控制，故天气呈稳定状态，晴朗而温暖，湿度高于春季，天高气爽，但这种天气，为时短暂。当第一次较强大的寒潮来临，全区普遍降霜，很快就进入冬季。

(三)气温分布

1.年均气温

年均气温指历年年均气温总和的平均值。内蒙古自治区年均气温的分布规律总趋势是：从呼伦贝尔市大兴安岭北端向东南和西南递增(图 2-3)。

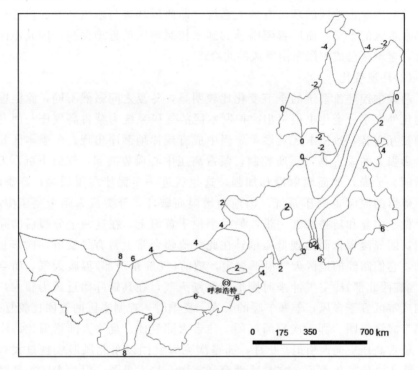

图 2-3　内蒙古年均气温示意图/℃

呼伦贝尔市大兴安岭最北端年均气温在−4℃以下，是全区年均气温最低的地区。大兴安岭北段年均气温为−4℃～−2℃，呼伦贝尔市岭东地区年均气温在0℃左右，兴安盟东部广大地区为2～4℃，通辽市、赤峰市北部地区4℃～6℃，赤峰市东南部和通辽市西南部在6℃以上，呼伦贝尔市岭西地区以及锡林郭勒盟东北部为−2℃～4℃。由此西南，年均气温逐渐增高：锡林郭勒盟中东部为0℃～2℃，锡林郭勒盟西部、乌兰察布市阴山北麓为2℃～4℃，乌兰察布市北部边境地区及土默特平原、巴彦淖尔市后山地区为4℃～6℃，鄂尔多斯市大部、巴彦淖尔市西北部及阿拉善盟东北部和东南角为6℃~8℃，东胜区一带因海拔高而低于6℃，阿拉善盟大部为8℃以上。在内蒙古东部大兴安岭地区年均气温的等温线走向基本与山脉走向一致，低温区沿大兴安岭山脉及其西麓自东北向西南延伸，呈舌状，东麓为暖区。在内蒙古中西部由于阴山山脉阻挡，使山前年均气温高于山后，山顶部分低于高原，一般相差2℃~3℃。

2.1月气温

内蒙古最低气温出现在1月，月平均气温分布也是从东北部-30℃以下向西南部递增到-10℃以上(图2-4)。纬度与山脉的影响非常明显，中部和西部的等温线大致与纬线相平行。等温线密集，温度的梯度为全年最大，平均每纬度增加1°，温度则降低2℃。大兴安岭林区和呼伦贝尔草原大部分地区在-24℃以下，大兴安岭岭东地区、锡林郭勒大草原、乌兰察布草原为-22℃~-18℃，中部大部分地区为-18℃~-16℃，巴彦淖尔高原以西、鄂尔多斯高原在-14℃以上。

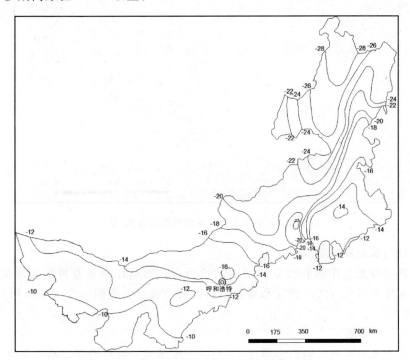

图2-4　内蒙古1月平均气温示意图/℃

3.7月气温

内蒙古最高气温出现在7月，各地区的月平均气温为16℃~26℃。由于太阳辐射总量地区分布较均匀,所以对 7 月气温分布的纬度影响不明显,全区的等温线稀疏,东部及中部的等温线与山脉走向一致(图 2-5)。大兴安岭和阴山山地丘陵地区气温较低,在 20℃以下,大兴安岭北部在 18℃以下。西辽河流域、土默特平原、河套平原气温较高,在 22℃以上。阿拉善高原西部平均气温最高,在 26℃以上。锡林郭勒大草原、乌兰察布草原为 18℃～22℃,鄂尔多斯高原在 22℃左右。

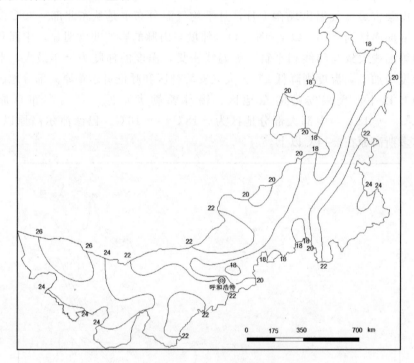

图 2-5 内蒙古 7 月平均气温示意图/℃

(四)农业界限温度

热量资源是作物和牧草产量的制约因素,影响作物和畜种的合理配置、耕作制度和经营方式的建立和运作。农作物及牧草的界限温度一般采用 0℃、5℃和 10℃。

1. 0℃界限

在春季日平均气温稳定通过 0℃时,土壤解冻,牧草发芽,小麦等耐寒作物开始播种。秋季日平均温度稳定下降到 0℃以下时土壤开始冻结,牧草、作物停止生长。≥0℃积温可以反映本地区可供作物和牧草利用的总热量。内蒙古气温稳定通过 0℃的持续日期最多和最少地区相差 90 d,总体规律是自西向东递减(图 2-6)。阿拉善盟、乌海市、鄂尔多斯市准格尔旗一般为 230～249 d。鄂尔多斯市其他地区、巴彦淖尔市、乌兰察布市、包头市、呼和浩特市、赤峰市、通辽市大部、兴安盟东南部为210～230 d。锡林郭勒盟大部、乌兰察布市中部、大兴安岭东侧一般在190～210 d。兴安盟西北部、呼伦贝尔市大部及大兴安岭山区在160～190 d。≥0℃积温全区平均为1 800℃～4 000℃，其中大兴安岭北段是≥0℃积温最少的地区，不足2 000℃。锡林郭勒盟南部、兴安盟西北部、呼伦贝尔中南部为2 000℃～2 600℃。呼伦贝尔市西南部、兴安盟中南部、通辽市北部、赤峰市西北部、锡林郭勒盟中西部和乌兰察布市大部的≥0℃积温在2 600℃～3 200℃。阿拉善东部、巴彦淖尔市、呼和浩特和包头二市、乌兰察布前山地区、鄂尔多斯市、赤峰市南部、通辽市南部在3 200℃～3 800℃。阿拉善西部为3 800℃～4 000℃，其中额济纳旗4 073℃，是全区≥0℃积温最多的地区。

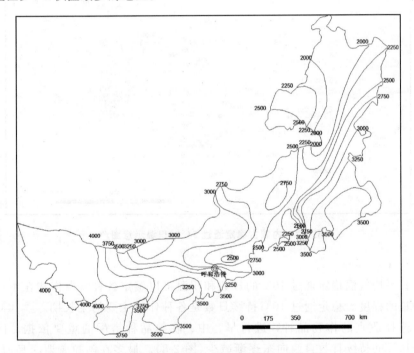

图 2-6 内蒙古稳定通过 0℃ 时积温示意图/℃

2. 5℃界限

≥5℃积温是喜凉作物及牧草生长的有效积温。日平均气温稳定通过5℃是内蒙古大部分农作物的播种期和牧草开始生长（返青）期。内蒙古的日平均气温稳定通过5℃的持续日期仍是自西向东递减（图2-7）。大兴安岭山区在130～150 d。大兴安岭东麓、呼伦贝尔市、赤峰市西北部、锡林郭勒盟大部、

阴山山区在 150～180 d。其余地区一般在 180～200 d。≥5℃积温全区平均为
1 700℃～3 900℃。阿拉善盟为 3 600℃～3 900℃，其中额济纳旗 3 933℃，是
全区最值区。大兴安岭及阴山山脉的南部为 3 000℃～3 400℃。大兴安岭东侧和
北侧、阴山山脉的北侧在 2 200℃～3 000℃，大兴安岭山区 1 600℃～2 200℃。

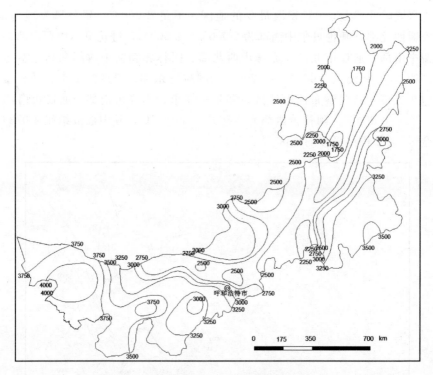

图 2-7　内蒙古稳定通过 5℃时积温示意图/℃

3. 10℃界限

日平均气温稳定通过 10℃的日数和积温可以鉴定各种喜温作物在本地可
能种植的程度。稳定通过 10℃持续日数是各种作物主要的生长期。≥10℃积
温是选择适宜的作物品种，进行早、中、晚熟品种搭配的重要依据。内蒙
古≥10℃的持续日数自西向东逐渐减少（图 2-8）。最多在阿拉善盟、乌海市、
赤峰市和通辽市南部为 160～170 d。鄂尔多斯市、巴彦淖尔市大部、呼和浩
特市和包头市，乌兰察布市南部及北部边境地区、赤峰市大部、通辽市、兴
安盟东南部，为 140～160 d。乌兰察布市中部、锡林郭勒盟、呼伦贝尔市西
部、大兴安岭岭东、兴安盟西北部 120～140 d。大兴安岭山地及呼伦贝尔市
部分地区 90～120 d。内蒙古≥10℃的积温为 1 200℃～3 600℃。大兴安岭北
段、中段及南端的岭上，因海拔高、纬度偏高，≥10℃的积温不足 1 200℃，

是内蒙古热量资源最少的地区。大兴安岭东侧和阴山山地南侧≥10℃的积温等线密集且走向与山脉走向大体一致。呼伦贝尔市岭东地区≥10℃的积温为1 600℃～2 400℃。兴安盟东南部为2 600℃～3 000℃，赤峰市和通辽市除大兴安岭和七老图山外，其余广大地区在3 000℃以上。锡林郭勒盟1 600℃～2 800℃，土默特平原热量资源较丰富，在3 000℃以上。阴山北麓到中蒙边境≥10℃的积温从1 800℃增加到2 800℃以上。乌拉山、狼山山区只有1 800℃左右，而其南部的河套地区超过3 200℃，北部的乌拉特草原由东部的2 800℃向西增加到3 200℃。鄂尔多斯市除东胜区周围外，大部地区为2 800℃～3 400℃。贺兰山西麓地区2 600℃～2 800℃，热量较低，其余阿拉善广大地区3 000℃以上。其中，额济纳旗在3 600℃以上，是内蒙古热量资源最丰富的地区。

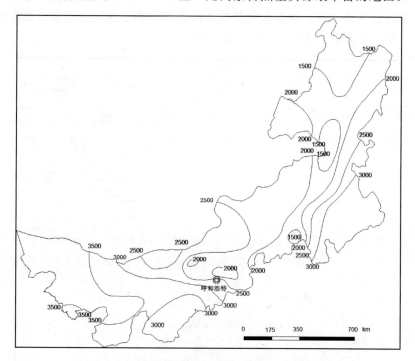

图2-8 内蒙古稳定通过10℃时积温示意图/℃

(五)降水

降水是大气中水汽凝结成水滴和雪花，从云中降落到地面上的水分，是人们生产、生活甚至生存不可缺少的一种动态的、可补充、可再生的自然资源。内蒙古降水资源明显缺乏，已成为经济社会发展的限制性因素，制约着区域的发展。

1. 年降水量的时空分布

内蒙古各地区年降水量差异较大，大部分地区一般为 50～450 mm，自东向西递减(图 2-9)。年降水量最多的是呼伦贝尔市东北部大兴安岭北段山区，平均年降水量 450～510 mm，其中呼伦贝尔市扎兰屯市蘑菇气镇达 511.2 mm，是内蒙古年降水量最多区。年降水量最少的是阿拉善盟西部地区，平均年降水量在 100 mm 以下，其中额济纳旗 37.4 mm，是内蒙古自治区降水最少的地区。呼伦贝尔市中部、兴安盟、通辽市、赤峰市、锡林郭勒盟东南部、乌兰察布市大部、呼和浩特市、鄂尔多斯市东南部和包头市南部平均年降水量为 350～450 mm；呼伦贝尔市西部、锡林郭勒盟东部、乌兰察布市中部、包头市中部、巴彦淖尔市东南部和鄂尔多斯市中部平均年降水量为 250～350 mm；锡林郭勒盟西部、乌兰察布市和包头市的北部、鄂尔多斯市西部、巴彦淖尔市大部和阿拉善盟东部平均年降水量 100～150 mm。

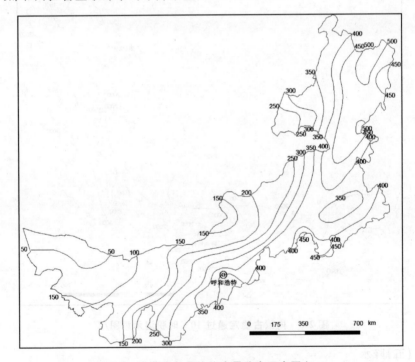

图 2-9　内蒙古年平均降水量分布示意图/mm

内蒙古降水年际变化很大，降水最多年和最少年的比值在东部地区为 1～2 倍，中西部为 3～4 倍，中部最多可达 5～6 倍。与此同时降水量的季节分配也不均。内蒙古地区年降水量不稳定、季节分配不均、保证率低是直接影响农牧业生产的重要限制因素。

2. 降水强度

内蒙古的降水方式以暴雨为主，雨季中降水往往集中在少数几个雨日之内。地区分布特点为：降水强度较大区域主要在土默特平原、西辽河平原、燕北山地、察哈尔丘陵以及鄂尔多斯高原等地区，而巴彦淖尔—阿拉善高原、乌兰察布高原、锡林郭勒高原西北部以及大兴安岭北段山区不易产生强降水，降水强度相对较小（表 2.1）。

表 2.1 内蒙古部分地区降水强度及降水频率表

地 名	雨日平均降水强度 /mm	日降水量≥10 mm 的 降水频率/%	日降水量≥25 mm 的 降水频率/%
额济纳旗	2.2	5.3	0.6
巴彦浩特	3.8	10.5	1.6
临河	4.1	11.5	2.3
东胜	5.5	15.5	4.0
呼和浩特	5.8	16.3	3.8
锡林浩特	3.5	8.9	1.7
赤峰	4.9	14.5	3.2
通辽	5.7	16.3	4.4
海拉尔	3.3	9.3	1.6

从日最大降水量看，内蒙古偏东偏南地区的日最大降水量较偏西偏北地区大，全区日最大降水量值最大的地区是呼和浩特市和鄂尔多斯市东部，其值为 150～210 mm。兴安盟东部、通辽市和赤峰市南部日最大降水量值为 100～115 mm。鄂尔多斯市西北部、包头市、乌兰察布市西部日最大降水量值为 100～150 mm。呼伦贝尔市、兴安盟西部、赤峰市北部、锡林郭勒盟、乌兰察布市东部、巴彦淖尔市东部、阿拉善盟南部日最大降水量值为 54～100 mm。巴彦淖尔市西部、鄂尔多斯市西南部、阿拉善盟北部日最大降水量均在 50 mm 以下。从 1 小时最大降水量看全内蒙古 1 小时最大降水量值最大的地区是兴安盟的东部和南部、通辽市大部，为 60～87 mm。其次是呼和浩特市和清水河县，分别为 64.3 mm 和 63.1 mm。全内蒙古 1 小时最大降水量值最小的地方为巴彦淖尔市海力素，仅 13.2 mm。内蒙古 1 小时最大降水量一般偏东偏南地区较偏西偏北地区大，这与强降水天气过程的位置偏东偏南，而且与大兴安岭和阴山山脉等大地形阻挡作用有关。这些说明着内蒙古各地降水集中强度大，同时表明降水变率十分巨大，稳定性很差，是干旱和半干旱地区降水资源的一个重要特性。

3. 降水变率与保证率

降水变率指降水年际变化的幅度,可用年降水量的变率和变差系数 Cv 表示。内蒙古降水年际变化幅度大,其变率为 15%～40%,年降水量变差系数为 0.25～0.60。内蒙古年降水变率有自东向西递增的变化规律。由于年降水变率大,因而降水保证率不高。80% 保证率降水量在 350 mm 以上的地区有呼伦贝尔市东北部、兴安盟东北部。80% 保证率降水量为 250～350 mm 的地区有呼伦贝尔市中部、兴安盟大部、通辽市、赤峰市、锡林郭勒盟东南部、乌兰察布市南部、呼和浩特市、包头市南部、鄂尔多斯市东南部。这些地区的降水仅能满足春小麦、莜麦、马铃薯、谷子、玉米、高粱、胡麻等作物全生育期需水量的最低要求,可以种植旱作农业。80% 保证率降水量为 150～250 mm 的地区有呼伦贝尔市西部、锡林郭勒盟中西部、乌兰察布市中部、鄂尔多斯市中部、包头市中部、巴彦淖尔市东部、阿拉善盟东南部。这些地区若无灌溉条件就无法进行旱作农业。80% 保证率降水量不足 150 mm 的地区有锡林郭勒盟西北部、乌兰察布市北部、包头市北部、巴彦淖尔市大部、阿拉善盟大部。这些地区只能发展绿洲灌溉农业。

4. 降雪与积雪

内蒙古由于所处纬度偏北,冬季气候漫长,因此各地降雪期普遍较长,一般从 10 月至翌年 4 月,降雪期 100～250 d,从西向东、由南到北逐渐增多。内蒙古的冬半年被强大的蒙古高气压控制,多晴朗干冷天气,因此实际降雨日数较少,如呼和浩特市年平均降雪期 171.2 d,而年平均降雪日数仅有 12.6 d。在内蒙古平均降雪期 200 d 以上的地区有呼伦贝尔市、兴安盟北部、赤峰市西部、锡林郭勒盟大部、乌兰察布市东部、巴彦淖尔市西北部,其中根河市、阿尔山市和图里河降雪期分别为 247.1 d、246.4 d、242.6 d,是全内蒙古年平均降雪期最长的地区。年平均降雪期为 150～200 d 的地区有兴安盟东部、通辽市、包头市、鄂尔多斯市东部和南部、巴彦淖尔市中部、阿拉善盟东部和南部。而鄂尔多斯市西北部、巴彦淖尔市河套平原和阿拉善盟西北部年平均降雪期在 150 d 以下,其中额济纳旗仅 109.1 d,是全内蒙古年平均降雪期最短的地区。内蒙古实际降雪日数普遍较少,其中兴安盟阿尔山市、呼伦贝尔市的图里河和根河市年平均降雪日数分别是 87.9 d、67.7 d、56.7 d,是全内蒙古年平均降雪日数最多的地区。呼伦贝尔市大部、兴安盟北部、锡林郭勒盟大部、乌兰察布市东部年平均降雪日数为 20～50 d。锡林郭勒盟西北部、乌兰察布市西部、呼伦贝尔市西部、鄂尔多斯市南部、巴彦淖尔市北部、阿拉善盟南部年平均降雪日数为 10～20 d。鄂尔多斯市北部、巴彦淖尔市南部、阿拉善盟大部年平均降雪日数在 10 d 以下,其中额济纳旗仅 1.9 d,

是全内蒙古年平均降雪日数最少的地方。

在内蒙古的冬季里出现积雪是很普遍的自然现象。呼伦贝尔市北部和大兴安岭林区年平均积雪日数可达 150 d 以上，是内蒙古积雪日数最多的地区。而在阿拉善盟西部年平均积雪日数只有 10 d 左右，是内蒙古年平均积雪日数最少的地区。在不同地区的不同积雪期内，其积雪日数占积雪期的比率是不同的。呼伦贝尔市北部和锡林郭勒盟东部地区，在积雪期内积雪日数占积雪期日数的 50％～70％，而在内蒙古其他地区只占 20％～30％。内蒙古各地区积雪深度的分布特点，是从东北向西南递减。大兴安岭北段积雪深度最深，年平均最大积雪深度可达 40～50 mm，其中呼伦贝尔市根河、阿里河和兴安盟阿尔山分别达 50 mm、40 mm、45 mm，是内蒙古年平均最大积雪深度的地区。内蒙古西部的鄂尔多斯市、巴彦淖尔市、阿拉善盟年平均积雪深度大多为 10～20 mm，其他地区为 20～30 mm。只有阴山南部的前山地区、锡林郭勒盟北部，在个别年份偶尔超过 30 mm。

5. 相对湿度

相对湿度是空气中实际水汽压与当时温度下的饱和水汽压之比，以百分数（％）表示。相对湿度的大小表明空气湿度离饱和状态的程度。内蒙古各地年平均相对湿度自东向西逐渐减少的趋势十分明显（图 2-10）。大兴安岭北段山区年平均相对湿度达 70％以上，是内蒙古年平均相对湿度最大的地区。大兴安岭东西两侧低山丘陵地区的年平均相对湿度为 60％～65％。由此向南和向北年平均相对湿度逐渐减小。兴安盟除大兴安岭山外地，其余地区年平均相对湿度为 55％～60％。通辽市和赤峰市南部北部年平均相对湿度为 50％～60％，而在两市中部，即科尔沁沙地中西部年平均相对湿度在 50％以下，是内蒙古年平均相对湿度较小地区之一。呼伦贝尔高原年平均湿度为 60％～68％，是内蒙古的最湿润的草原地区。锡林郭勒盟东部和东南部年平均相对湿度在 60％以上，由此向西北逐渐减小，至苏尼特右旗和二连浩特减小为 47％和 48％。阴山山地及前山地区年平均相对湿度在 55％以上。阴山北侧，越往北相对湿度越小，位于中蒙边境的达尔罕茂明安联合旗满都拉年平均相对湿度低于 45％。鄂尔多斯市东部年平均相对湿度在 50％以上，而鄂尔多斯市西北及乌海市降至 45％。巴彦淖尔市河套地区因灌溉年平均相对湿度为 50％～54％，而在乌兰布和沙漠地区以及后山地区降至 45％左右。阿拉善盟大部地区年平均相对湿度低于 45％，西部戈壁地区仅为 32％～35％，是内蒙古年平均相对湿度最小的地区，也是中国空气最干燥地区之一。内蒙古各地相对湿度年内变化具有双峰型特点。大兴安岭岭东至阴山山地及山南地区，由于受夏季东南季风影响显著，降水颇多，因此年内相对湿度的最高值出现在夏季(7～9月)，而次高值出现在冬季(11～1月)。各地相对湿度最低值均出现在春季，因为春季降水稀少，大风多，气温回升快，蒸发量迅速增加，致使空气呈现极度干燥状况。大兴安岭林区的春季相对湿度减小至50%左右，内蒙古其他大部地区的春季相对湿度为30%～40%，西部地区的相对湿度在30%以下。内蒙古年内相对湿度的次低值出现在秋季(10～11月)。秋季大兴安岭林区的相对湿度降至60%左右，其他大部分地区的相对湿度也降至40%～50%。内蒙古的春秋两季空气十分干燥，因此是森林、草原防火的重要工作时期。

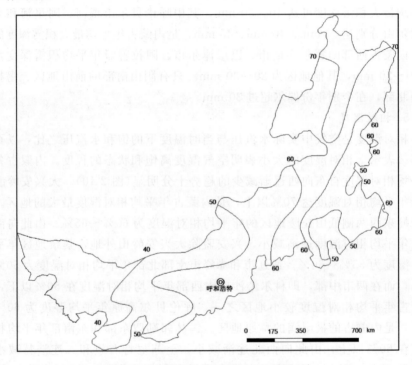

图2-10　内蒙古相对湿度分布示意图/%

(六)风

1. 风向

全区冬季处于蒙古高压的东南边缘地区，1月多偏西风、偏北风，静风率也不少。在春季，蒙古高压开始减弱，大陆低压开始形成。以4月为代表，呼伦贝尔市和兴安盟大部、通辽市及赤峰市北部、锡林郭勒盟和乌兰察布市北部以及阿拉善盟等地，以偏北风为主，其余地区风向较乱，偏南风居多。夏季受大陆低压和副热带高压影响，7月偏南风、偏东风，尤其在阴山以南和贺兰山、大兴安岭以东较为明显。秋季与春季相似。从地区差异看，山脉背风坡和盆地有较高频率的静风，如大兴安岭林区、土默特平原一带，年静风30%～40%，呼和浩特43%，丰镇35%，乌拉特中旗海流图为29%，阿巴嘎旗为25%。山口、河谷又常是风口，近山和大水域又有地方性风。

2. 风速

内蒙古风能储量丰富，约为 $3.1×10^8$ kW，约占中国总储量的1/5。年平均风速从东向西、由南到北逐渐增大。内蒙古高原的风能储量约为 $2.2×10^8$ kW，占全内蒙古风能储量的71%。同时强风也引起风蚀沙化，破坏植被，影响野外作业和农牧业生产，造成生命财产的损失。

时间分布上，内蒙古各地四季都会出现大风，但主要集中于冬、春两季，春季4、5月大风日数最多，占全年大风日数的1/3。在一日之内，日出后风速逐渐增大，10～17时达最大，峰值出现在14～16时。在四季中，冬季早，春秋略迟，夏季最晚，以后逐渐减弱，夜间风速最小。

地区分布上，内蒙古全年平均风速为2～6 m/s。其中阴山以北地区为4～6 m/s，呼和浩特周围小于2 m/s，其余各地都为2～4 m/s。全区大部分地区年最大风速为20～30 m/s，锡林郭勒盟的阿巴嘎旗和乌兰察布市集宁等地在30 m/s以上，乌兰察布市凉城县、清水河县和巴彦淖尔市磴口县等地均小于20 m/s(图2-11、2-12)。

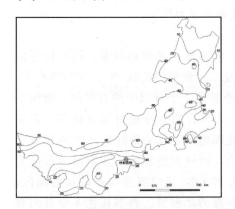 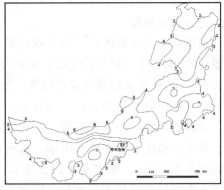

图 2-11　内蒙古年大风日数分布示意图/d　图 2-12　内蒙古年平均风速分布示意图/(m·s⁻¹)

3. 风灾

内蒙古气候的特点之一是多大风，是著名的大风地区之一。发生的风灾特点为：

(1)具有地区性。大风出现日数，对风灾的发生具有决定性意义，内蒙古大风日数有自东向西逐渐增多的分布规律。在大兴安岭以西，阴山山脉以北的内蒙古高原因地势较高，地形平坦，全年大风(风速≥17.2 m/s)日数都在40 d以上，尤以锡林郭勒盟中西部、乌兰察布市北部和包头市北部最多，可达70～80 d。在赤峰市中部、通辽市北部和兴安盟南部因处在风口一带，大风日数也在40 d以上。大兴安岭林区、河套平原、土默特平原、乌兰察布市前山地区一般在20 d以下。

(2)季节性强。内蒙古四季都会出现大风，但大风日数主要集中于冬春两季，占全年大风日数的70%以上。特别是春季，不仅大风日数多，风力大，而且降水少，地表植被稀疏，常造成风沙天气。冬季容易形成风雪天气。夏季大风日数较少，特别是7～9月明显减少。造成风灾时间集中在春季和初夏(3～6月)及冬季，尤以4～5月的大风和风沙出现频率最高，风灾的出现频率60%左右。

(3)年际差异大。内蒙古地区大风每年都发生，但由于年际变化大，各年大风日数的多寡相差甚大。锡林郭勒盟阿巴嘎旗年平均大风日数84.6 d，最多年166 d，最少年43 d，相差123 d。阿巴嘎旗北部那仁宝力高地区年平均大风日数83.4 d，最多年164 d，最少年29 d，相差135 d。

(4)风灾呈现递增趋势。据1950～1986年的统计，各年代出现风灾的顺序是，20世纪80年代(7年中)6次，70年代6次，60年代5次，50年代2次。20世纪60年代以前，全区风灾3～5年出现一次；70年代以后风灾出现次数明显增多，大约两年就有一次局地性或区域性风灾；80年代又有所增加，几乎年年都有不同程度的风灾发生，其危害也较为严重。

(七)四季划分

根据内蒙古自治区的自然景观特征，农事活动和物候现象，选用候平均气温≤5℃为冬季，候平均气温≥20℃为夏季，候平均气温5℃～20℃为春季，20℃～5℃为秋季来划分内蒙古四季。冬季长达7个月以上的有根河、海拉尔等呼伦贝尔市的北部地区，冬季长达6～7个月的有呼伦贝尔市南部、兴安盟、锡林郭勒盟、乌兰察布市、包头市北部地区，其余地区的冬季不到6个月。其中，通辽市和赤峰市南部、乌海市、阿拉善盟和鄂尔多斯市南部的冬季长度小于155 d。而根河市的冬季长达230 d，是内蒙古冬季最长的地区。全区冬季气候总特征为：漫长、严寒、寒潮活动频繁。春季长达3个月的有集宁地区，春季在80～85天的有呼伦贝尔市南部、赤峰市北部和鄂尔多斯市东部地区，70～75 d的有通辽市、赤峰市、锡林郭勒盟、呼和浩特市、包头市北部和东胜地区，其余地区基本为60～65 d，阿拉善地区的春天最短，仅有55 d左右。全区春季气候总特征为：降水少，"十年九春旱"，多大风，冷暖变化无常，气温日较差大。阿拉善地区的夏季长达105 d，是内蒙古夏季最长的地区。通辽市、赤峰市、包头和鄂尔多斯二市南部以及巴彦淖尔市夏季长达 75～85 d，是夏季较长，达两个半月以上的地区。呼伦贝尔市的根河、海拉尔等地的北部、大兴安岭北段林区、锡林郭勒盟东南部多伦以及乌兰察布市灰腾梁和大青山山地没有夏季，在集宁地区仅有 5 d 的夏季。其他地区的夏季只有两个月或两个月以下。全区夏季气候总特征为：短促、温热、降水集中。前面谈到的春秋两季相连的地区之外，乌兰察布市集宁地区以及包头市和鄂尔多斯市北部东胜、伊金霍洛地区秋季长达 75～80 d，即两个半月以上。兴安盟、通辽市、赤峰市、锡林郭勒盟、阿拉善盟以及巴彦淖尔市西部秋季为 50～55 d，其中锡林浩特市和额济纳旗秋季为 50 d，是内蒙古秋季最短的地区。而其他地区秋季为 60～70 d。全区秋季气候总特征为：气温剧降、霜冻过早来临、晴朗天多、秋高气爽。

四、内外流域兼有，高原湖泊星罗棋布

内蒙古自治区境内分布着数千条河流和近千个湖泊（图 2-13）。流域面积在 300 km² 以上的河流有 450 余条，湖泊在 200 km² 以上的有 4 处。水文地质结构复杂多样，各种类型的地下水均有分布。水资源的量与质均由东向西或由东南向西北呈有规律的变化，这种有规律的变化与气候、地质地貌等自然条件的变化相一致。

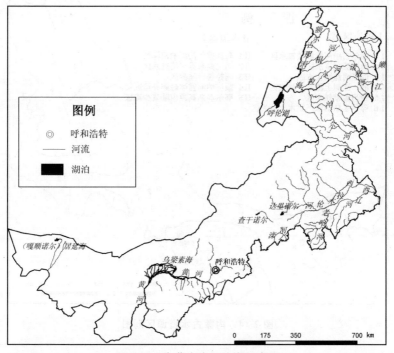

图 2-13　内蒙古水系分布示意图

(一)水系特征及流域划分

内蒙古河流广泛分布,其中流域面积在 1 000 km² 以上的有 107 条,东北—西南向的大兴安岭和中部东西向的阴山山地以及西部的贺兰山是内、外流水系的分水岭(图 2-14)。外流水系流域面积 61.34×10⁴ km²,占全区面积的 52.5%,内流水系流域面积 11.41×10⁴ km²,占全区面积的 9.8%,无流区分布于深居内陆的荒漠地区,面积约 44.09×10⁴ km²,占全区面积的 37.7%。大部分河流流向为西北—东南向,呈平行排列,其间距由东向西越来越大,河网结构类型分为树枝状、扇状、羽状、梳状、格状、线状等。内蒙古地区的河网密度相差悬殊,总的分布趋势是由东北向西南递减,这与降水量和径流深的分布线相吻合,河网密度最大地区是嫩江干流右岸、额尔古纳河右岸和海拉尔河上游的山区流域,乌兰察布南部浑河及鄂尔多斯南部纳林河流域等河网密度约 0.2~0.3 km/km²。其次是西辽河上游老哈河一带,河网密度为 0.15~0.2 km/km²。阴山山地南侧的山洪沟和黄河北岸支流以及乌兰察布南部土石丘陵区,河谷较多,河沟短小,河网密度居中等水平,为 0.1~0.2 km/km²;其余广大地区河网密度小,都在 0.05 km/km² 以下。

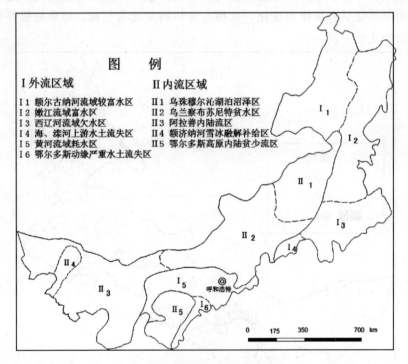

图 2-14 内蒙古水资源区划图

1. 外流区水系

大兴安岭、阴山山地和贺兰山以东、以南地区，以及大兴安岭北端的额尔古纳河流域，除个别封闭盆地外，大部分河流均为外流水系，外流水系自东向西有额尔古纳河、嫩江、辽河、滦河、永定河和黄河六个水系，流入太平洋水域的鄂霍次克海或渤海，构成外流区，是内蒙古水网分布区。

额尔古纳河流域是内蒙古第一大流域，河流全长 1 606 km，位于自治区境内的流域面积 15.77×10^4 km^2，占全区土地总面积的 13.5%，水系由额尔古纳河干流、上源海拉尔河和自南而北的哈拉哈河、乌尔逊河、克鲁伦河、本得那亚河以及由东北向西南的根河、得尔布干河、莫里道嘎河、阿巴河、贝尔茨河、乌玛达河、大司洛夫卡河等 1 800 多条大小支流组成。

嫩江流域是内蒙古第二大流域。从河源到三岔河口，全长 1 370 km，干流长 975 km，流域面积 28.27×10^4 km^2，区内流域面积为 15.32×10^4 km^2，占全区土地总面积的 13.1%。两岸的水系呈不对称扇形分布，右岸支流较多，左岸水系不发育。右岸支流由北向南的二根河、罕诺河、那都里河、多布库尔河、欧肯河、甘河、郭恩河、霍日里河、诺敏河、阿伦河、音河、雅鲁河、绰尔河、洮儿河、霍林河等支流组成。

辽河水系由老哈河、西拉木伦河、西辽河干流等河流组成，河流全长 830 km，流域面积 13.88×10^4 km^2。主要支流有新开河、教来河、乌力吉木伦河。

滦河水系发源于河北省丰宁县，较大支流有慧温高勒、乃仁高勒、吐鲁根河、羊肠子河等。河道蜿蜒曲折。在内蒙古自治区内河流全长 254 km，流域面积 0.69×10^4 km^2。

永定河水系属永定河北支洋河和南支御河的上游部分，流域面积 5 600 km^2，其主要支流有后河、银子河、饮马河。

黄河水系在内蒙古境内由黄河干流和较大的支流大黑河、浑河、纳林川、乌兰木伦河、悖牛川、红柳河、都斯图河以及昆都仑河等组成。流域面积 15.13×10^4 km^2。

2. 内流水系

分布比较零星，自东向西有达里诺尔、乌拉盖尔、查干诺尔以及黄旗海、岱海和内蒙古高原西部的塔布河、艾不盖河、额济纳河等水系，皆系无尾河，河川径流均消失于各自封闭的湖盆或洼地内。流域面积 11.41×10^4 km^2，占全区总面积的 9.8%。

乌拉盖尔河水系是内蒙古最大的内陆河水系，由乌拉盖尔河干流及其主要支流色也勒吉河、宝日嘎斯太河、音扎干河、高日罕河、巴拉格尔河以及伊和吉仁高勒河、锡林郭勒河等河流组成，其流域面积约 $6.88×10^4$ km²。

查干诺尔水系主要包括巴音河和恩格尔河，流域面积 $0.51×10^4$ km²。巴音河由高格斯台河、灰腾河汇合而成。

塔布河水系发源于包头市固阳县，汇入呼和淖尔湖。干流全长 316 km，流域面积约 $1.05×10^4$ km²。

艾不盖河水系发源于乌兰察布市达尔罕茂明安联合旗，最终归入腾格日淖日湖，全长约 205 km，流域面积 $1.21×10^4$ km²。

额济纳河为位于阿拉善盟额济纳旗境内的内蒙古西部荒漠区中的最大河流，发源于青海省祁连山南麓，上游为黑河和弱水，向北流入内蒙古境内称额济纳河，最终分别汇入嘎顺诺尔(居延海)、苏泊诺尔。河长 250 km，西侧有穆林高勒、赛汗高勒、乌兰艾立格高勒、克列图高勒和巴嘎高勒等 5 个支流分别汇入嘎顺诺尔(居延海)。东河下游有昂茨河、古尔本汗立河、哈拉素海河、达西敖包河、纳林河等 5 个支流。

(二)主要河流水文特征

1. 径流量

内蒙古各条河流的多年平均河川径流总量为 $370.96×10^8$ m³，全区河川平均年径流深为 32 mm。地区分布呈现自东北向西南逐渐递减的经度带状分布规律。发源于大兴安岭的东部河流年径流深在 200 mm 左右，在大兴安岭北端山脊地区最高可以达到 250 mm 以上，属于多水带。大兴安岭西麓至呼伦贝尔高平原径流深由 110 mm 降至 50 mm 以下。老哈河上游部分支流和西拉木伦河上游右岸部分支流，有的径流深达 150 mm。进入高原地区径流深急剧下降到 5 mm 以下，河道下游都出现渗透损失而形成无尾河。各水系河川径流量的分布是：额尔古纳河水系的多年平均径流量为 $120×10^8$ m³，占全区多年平均径流总量32.4%；嫩江水系为 $184×10^8$ m³，占总量的 49.6%；西辽河水系为 $31.03×10^8$ m³，占总量的 8.4%；海河、滦河水系 $3.93×10^8$ m³，占总量的 1.0%；黄河各支流水系为 $21.9×10^8$ m³，占总量的 5.9%；内流河水系为 $10.1×10^8$ m³，占总量的 2.7%。

2. 径流的年际变化

径流的年际变化通常以变差系数 Cv 表示，Cv 数值大表示径流的年际变化大，反之则变化小。内蒙古径流变差系数 Cv 值一般为 0.5～1.0，并且自东向西越来越大，丰、平、枯水的多年变化规律也是自东而西越来越明显。全区仅有大兴安岭及岭东、岭北地区径流的 Cv 值小于 0.5，为 0.25～0.5，Cv 值最大的地区是内蒙古高原的西北部，只有降水强度大、降水量较多时，地表径流才能产生。

3. 洪峰与枯水

内蒙古各河流的洪水主要集中在 7～8 月，其次是融冰、融雪形成的春汛，后者主要发生于大兴安岭两侧的河流及黄河干流，其他地区的河流不太明显。西部山区各河流的洪峰形状多属陡涨型，其特点是洪峰高、洪量小、洪水历时短、陡涨陡落。一般洪水历时 1～3 d，短小河流只有几小时；东部大兴安岭山区和锡林郭勒东北部草原区河流洪峰形状多为缓涨型，洪峰涨落平缓，洪水历时较长，一般洪水历时 10～20 d，有的河流达一个月以上。融雪洪水称为春汛。降雪较多的大兴安岭岭北地区的河流和锡林郭勒盟东部地区河流的融雪洪水大，并且较明显。春汛的洪峰流量和洪量均不大，但是持续时间较长，一般一次洪水可达一个月左右。其余地区河流的春汛不明显。此外黄河在内蒙古地段春季出现凌汛。

内蒙古地区河流枯水的出现与降水有着密切的关系。冬季是降水量较小的季节，同时气温低，河流封冻，而且大部分河流河槽切割深度小，所以出现枯水，流量很小或近于零。不少河流在春季也有一个枯水期，一般出现在 5～6 月。全区中西部地区河流的春季枯水期比较明显，枯水流量最小，是全年的最低值，而且枯水期较长。内蒙古地区河流的枯水流量与洪峰流量相差较大，相差几倍到几百倍，而且自东向西越来越突出。

4. 泥沙

内蒙古地区河流的含沙量普遍较高，但是差异很大。其分布规律是：东部小于西部，北部小于南部。大兴安岭两侧和锡林郭勒草原区河流含沙量最小，年平均含沙量一般都在 0.1 kg/m³ 以下；中部西辽河流域的含沙量明显地高于大兴安岭地区的河流，一般年平均含沙量为 20～100 kg/m³；西部地区河流的含沙量又普遍高于西辽河流域。全区河流含沙量的年内变化过程基本上与流量过程线一致，每当河流水量上涨时，含沙量也随之增大。

5. 冰冻

由于内蒙古的冬季气候寒冷，河流一般都有 3 个月以上的冰冻期，特别是北部各条河流的冰冻期可达半年以上。如嫩江一般在 10 月下旬出现流冰，持续时间一般为 10～16 d，11 月开始封河，稳定封冻期 104～175 d，平均为 135～155 d，多年平均最大冰厚 1.2 m；第二年春季 4 月上中旬开河，最迟在 4 月末流冰结束。春秋两季流冰期历时较长，冰块较大，如不能顺畅下泄，有形成冰塞、冰坝的可能。

6. 化学特征

以水的矿化度为主，总硬度为辅，内蒙古河流水化学特征可分为 5 个带：主要分布于雅鲁河以北、海拉尔河牙克石市和根河拉布达林镇以东地区的河流水质十分优良，属于极低矿化度（＜100 mg/L）、极软水带（总硬度＜1 mEq/L）；分布于绰尔河、洮儿河及霍林河上游，海拉尔河中下游，西辽河平原南部局部地区的水质皆为良好，属于低矿化度（100～300 mg/L）、软水带（总硬度1～3 mEq/L）；分布于西辽河流域、海拉尔高原的乌尔逊河以东，锡林郭勒高原的东乌珠穆沁旗—锡林浩特—正镶白旗一线以东的内流区，黄河河套平原，鄂尔多斯高原110°E以东地区大部属弱碱性水，属于中等矿化度（300～500 mg/L）、中等硬水带（总硬度3～6 mEq/L）；分布于呼伦湖水系诸河，锡林郭勒盟114°E以东地区，乌兰察布市的化德县、商都县、察哈尔右翼后旗及黄旗海、岱海水系，鄂尔多斯高原109°E～110°E地区属弱碱性或碱性水，是较高矿化度（500～1 000 mg/L）、硬水带（总硬度6～9 mEq/L）；分布于锡林郭勒盟西部，乌兰察布市和巴彦淖尔市的北部，鄂尔多斯高原内流区及都斯图河，阿拉善盟等地区的河水为碱性水或弱碱性水，属高矿化度（＞1 000 mg/L）、极硬水带（总硬度＞9 mEq/L）。

（三）湖泊与沼泽

1. 湖泊

内蒙古较大的湖泊一般称湖、海、池，较小的湖泊称泡子。淖尔或诺尔是蒙古语对湖、海、池、泡子的通称。湖泊是水资源的重要组成部分。淡水湖泊可用于农田草场林地果树的灌溉、人畜饮水、工矿供水、城镇供水、发展养殖业、旅游业以及调节气候等多功能。盐湖除了可生产大量天然碱、芒硝和食盐外，部分盐湖还含有钾、锂、硼、溴、碘等稀有元素，用途广泛。据统计，内蒙古大小湖泊有1 000余个，其中湖泊水面面积大于50 km²的有10余个。多年平均径流量0.42×10⁸ m³。

（1）分布

在降水较多、河网发育较密集的嫩江右岸、西辽河上游等少数地区，由于水蚀作用相对强烈，河网较多，因而湖泊分布极少。内蒙古湖泊主要分布在年降水量200～400 mm的呼伦贝尔高原、西辽河平原、锡林郭勒高原、乌兰察布高原和丘陵区、河套平原和鄂尔多斯高原等广大地区。它们所处位置远离海洋，降水少，气候干旱，水蚀作用微弱。乌拉山、狼山北侧的巴彦淖尔高原以及贺兰山西侧的阿拉善高原等地区，仅有个别的内陆湖泊零星分布，大部分地区出现大面积的无湖区。

（2）成因与类型

内蒙古湖泊根据其构造和水量补给可分以下5种类型。一是风蚀湖泊。风蚀湖泊是在下垫面由第四纪松散的物质和强大风力共同作用下所形成的。此类湖泊主要分布在沙区，湖水水量和水位一般较为稳定。如果风蚀洼地基底在潜水位以上，湖泊水量则以天然降水补给为主，属季节性湖泊，湖水面积小，水位较低，水量不稳定，此类湖泊较多，主要分布于高原上。二是河迹湖与尾闾湖。随着第四纪后期气候变干，地质历史时期发育的河网逐渐干涸，低洼古河道便形成了积水的湖盆，或河道的下游形成了河流潜水区形成现代湖泊。如锡林郭勒高原的扎格斯特诺尔、查干诺尔、呼和诺尔以及腾格尔诺尔等，其特点是湖面较大，水量补给相对充沛，水质较好。三是火山湖泊。火山湖泊是火山作用形成的火山口湖与岩浆堵塞河道而形成堰塞湖，如呼伦贝尔高原的小天池、达尔滨湖。其特点是湖泊部位较高，以上两个湖泊均位于大兴安岭山脉的分水岭上，居高临下，独具风格。四是构造湖泊。构造湖泊是指地质运动过程中形成的湖泊，如达里诺尔、白音库伦诺尔、呼伦池和岱海等。其特点是湖面面积较大，水较深，且由于有河水、地下水的大量补给，湖水水质较好，含盐量较低。五是人工湖泊。人工湖泊是人为改造而成的湖泊、水库，如乌梁素海等。在西辽河下游较多，不但数量多，质量高，而且对发展农田灌溉、养殖业、改造小气候等都具有重要的作用。

（3）水文特征

内蒙古湖泊具有一些显著的水文特征。一是湖面小。由于湖泊分布区内的地表径流补给少，水面蒸发又强烈，因而内蒙古的湖泊面积多数在几平方千米，或更小。1 000 余个大小湖泊中湖水面积 1 000 km^2 以上的只有呼伦湖，500～1 000 km^2 的有中蒙两国共有的贝尔湖，100～500 km^2 的有乌梁素海、达里诺尔、岱海、黄旗海等。二是湖水浅。湖水水深为 0.3～1.0 m，有许多湖泊还属于季节性湖泊，雨季湖水上涨，水量丰沛，非雨季尤其是春季，湖泊水很少，甚至干枯无水。只有少数湖泊大量接受河川径流或地下水补给，湖水深度较大，一般有 1.5～9 m，最深处可达 50 m。三是盐湖多。全区湖泊 80％以上属盐湖，是中国现代盐湖的重要分布区，地区分布上西部多于东部。如阿拉善地区的以面积大、储量多、易开采、产销历史悠久著名区内外的德吉兰泰盐湖雅布赖、中泉子；鄂尔多斯高原上的盐海子、北大池、苟池；锡林郭勒盟额吉诺尔盐湖、二连诺尔盐湖；呼伦贝尔高原的好吉尔、库库诺尔、察汗诺尔等碱湖。淡水湖分布比较零星，一般含盐量都小于 1.0 g/L。

2. 沼泽类型与分布

据 2003 年中国湿地资源总报告，内蒙古沼泽湿地有 5 种类型，分别是草本沼泽、内陆盐沼、森林沼泽、灌丛沼泽和藓类沼泽，总面积为 3 098 149 hm^2，占全区湿地面积的 73.0％。由于内蒙古自治区特殊的地理、气候条件和局部生境条件的变化，沼泽类型具有类型多样性，且分布极不均衡，既有大面积的草本沼泽广为分布，也有全国少见的藓类沼泽，在人烟稀少的大兴安岭还有森林沼泽、灌丛沼泽，在茫茫的荒漠戈壁更有成片的内陆盐沼。

草本沼泽：草本沼泽是内蒙古沼泽的主体，面积大、分布广，是内蒙古面积最大的湿地类型。分布面积为 230.9×10^4 hm²，共有 1 572 块，占沼泽湿地面积的 74.5%，占全区湿地面积的 54.4%。主要分布在大兴安岭北段及嫩江流域各支流两岸、呼伦贝尔高原以及锡林郭勒高原。

内陆盐沼：内蒙古中西部有最典型的、大面积集中分布的内陆盐沼，总面积 64.1×10^4 hm²，占沼泽湿地面积的 20.7%，占全区湿地面积的 15.1%。主要分布在阿拉善盟、锡林郭勒盟、鄂尔多斯市、巴彦淖尔市等地区。植被类型主要为盐爪爪群丛，多见于山前冲积平原和沙丘低洼地等有季节性积水的地方。

森林沼泽：森林沼泽主要分布在大兴安岭冷湿的宽谷或平缓低湿有永久冻层的落叶松生长不良的地段。分布面积为 9.24×10^4 hm²，连片分布的不多，只有 123 块，占沼泽湿地的 3.0%，占全区湿地面积的 2.2%，主要分布在呼伦贝尔市大兴安岭北段。

灌丛沼泽：灌丛沼泽分布在草本沼泽向森林沼泽的过渡地区，多分布在森林沼泽的边缘地带。该类沼泽共有 33 块，分布面积为 5.34×10^4 hm²，占湖泊湿地的 1.7%，占全区湿地面积的 1.3%，主要分布在呼伦贝尔市和兴安盟。

藓类沼泽：集中分布在高纬度地区，即只有呼伦贝尔市有藓类沼泽发育，分布面积为 2 160 hm²，面积占沼泽湿地的 0.07%。大面积集中连片的非常少，100 公顷以上的只有 7 块。

(四)地下水与温泉

1. 地下水

内蒙古自治区地下水分布广泛，埋藏较浅，开发利用较为方便，是内蒙古水资源重要的组成部分，现已广泛开采利用。内蒙古地域辽阔，影响水文地质条件的各种因素在时空上有较大差异，且互相交错，形成复杂多样的水文地质单元，并制约着各地区地下水的赋存条件和空间分布。

(1)总量

内蒙古自治区地下水平均年资源量为 253.52×10^8 m³，平均年模数为 2.2×10^4 m³/km²。而我国北方各省区地下水平均年资源模数为 4.8×10^4 m³/km²，是内蒙古地下水模数的 2 倍多，说明内蒙古地下水资源较贫乏。其中，内蒙古平原区(包括高平原、沙漠)面积为 511 396 km²，平均年地下水资源量为

$162.60\times10^8\ m^3$。内蒙古平原区地下水平均年天然补给总量中，降水入渗补给量占天然补给总量的 58%，是主要的补给来源。其次是地表水体（包括河道、水库、渠系渗漏补给及渠灌田间入渗补给）的渗漏补给量，占平原区地下水天然补给量的 25.1%。只有在黄河流域兰州至河口段，由于有河套平原灌区，引黄灌溉水量大，其地表水体渗漏补给量超过了该地区的降水入渗补给量，成为地下水的主要补给来源。而内蒙古山丘区面积是 639 012 km^2，地下水平均年资源量为 $115.19\times10^8\ m^3$。

（2）分布

内蒙古地域辽阔，气候条件差异大，由于受降水的制约和其他因素的影响，地下水资源的地区分布主要有两个明显的特征：①东部地区地下水资源比西部地区多。东部四盟市，地下水平均年资源模数为 $3.1\times10^4\ m^3/km^2$，而西部阿拉善盟地下水平均年资源模数仅为 $0.6\times10^4\ m^3/km^2$，东部四盟市地下水资源模数是阿拉善盟的 5 倍。②平原区地下水资源比周边山丘区多。东部松嫩平原和西辽河平原，地下水平均年资源模数分别为 $12.3\times10^4\ m^3/km^2$、$7.5\times10^4\ m^3/km^2$，周边大兴安岭岭东及赤峰南部山丘区地下水平均年资源模数为 $2.5\times10^4\sim5\times10^4\ m^3/km^2$；中部河套平原平均年资源模数为 $16.9\times10^4\ m^3/km^2$，阴山山丘区地下水平均年资源模数小于 $2.5\times10^4\ m^3/km^2$；此外，一些山间河谷平原及内陆闭合盆地平原，如岱海盆地、黄旗海盆地、商都盆地和乌珠穆沁盆地等，地下水平均年资源模数 $5\times10^4\ m^3/km^2$，周边山丘区地下水资源模数均小于 $2.5\times10^4\ m^3/km^2$。

（3）类型

根据内蒙古地区地下水埋藏状况和水力特征，可以分为裂隙水、上层滞水、潜水和自流水等主要类型。

第一，裂隙水。主要分布于全区山地、丘陵的基岩地带，如大兴安岭、阴山山地，构造裂隙发育，裂隙水广泛分布。贺兰山的古生界变质岩是裂隙水的主要含水层，山区沟谷发育，径流通畅，泉水出露较多，但是水量不稳定。海拉尔盆地西部及乌珠穆沁丘陵区的裂隙水分布于火山岩、花岗岩和变质岩中。内蒙古高原中部丘陵区的裂隙主要含于古生界变质岩及花岗岩中，泉水出露不多。内蒙古高原西部丘陵区，裂隙水的含水层为古生界变质岩、火山岩及花岗岩，埋藏深度不定。鄂尔多斯高原东胜丘陵区，裂隙水的含水层为上古生界和侏罗系的砂岩、砂砾岩，由于沟谷切割大，泉水较多。在内蒙古高原及山间盆地的第三系、白垩系的泥岩、砂岩、砂砾岩中，以及玄武岩地区亦有裂隙水的分布。其中玄武岩台地的裂隙水的水量较大。

第二，上层滞水。在内蒙古，地下水中的上层滞水主要分布于高原地区，其埋藏很浅，水量不大，只能作为季节性农牧业用水资源。

第三，潜水。广泛分布于高原区、平原区和沙漠区。高原区的潜水，主要埋藏于砂岩和砾岩的孔隙当中。高平原的河谷、旱谷及古河床地带，一般潜水较丰富，埋藏也很浅。分布于平原区的潜水，均埋藏于第四系松散沉积物中，构成冲积、洪积层孔隙潜水。平原区的潜水具有统一的、连续的自由水面，其埋藏深度较浅，同时潜水深度、径流、化学成分及排泄均自山前向平原下部呈现有规律的变化，即埋藏深度由深渐浅，矿化度由低渐高，径流状况逐渐变差，排泄形式由水平排泄逐渐变成垂直排泄等现象。内蒙古沙漠地区普遍有潜水分布，埋存于风积沙地的孔隙中，一般埋藏深度较浅，尤其是沙丘间洼地水位更浅，有时形成小型湖泊。沙地含水层的径流通畅，水质尚好。此外，在阴山山间盆地中潜水丰富，埋藏于第三系砂岩、砂砾岩或第四系的砂砾岩层的孔隙中。

第四，自流水。内蒙古自治区从东到西分布着若干构造沉降带及典型构造盆地，构成了自流水形成的基础条件。全区承压—自流水主要分布在海拉尔地区、乌珠穆沁地区、塔木钦塔—赛汉塔拉、浑善达克地区、乌兰西里地区、阴山北麓山间盆地、河套平原地区和鄂尔多斯盆地等地。

2. 温泉

内蒙古自治区构造沉降带边缘部分存在着大小不同，深度不一的裂隙或断裂，加上上升和下降运动使得水文地质条件出现差异，为矿泉的形成创造了有利条件。在内蒙古大兴安岭西麓及阴山南麓、主要山脉的山前低山丘陵地带分布的山间盆地都是矿泉水主要分布地区。

(1)阿尔山矿泉

该矿泉有 48 眼，分布在南北长 500 m、东西宽 70 m 的范围内。分冷泉、温泉、泉、高温泉 4 种。冷泉只有 1℃，温泉不凉不热，高热泉则像滚沸的开水，终年升腾着热气。温泉中含有铜、锰、锶、锂、钛、钼、铝、铍、铯、钡等多种微量元素及放射性元素镭、铀，对人体的运动器官、消化器官、心血管系统、神经系统、呼吸系统等疾病均有较好的疗效。特别像治疗风湿病、关节炎、外伤引起的腰腿疼、胃肠病、皮肤病、脱发病等，效果更显著。

(2)维纳河矿泉

该矿泉位于呼伦贝尔市鄂温克族自治旗东南部的维纳河林场境内，坐落在大兴安岭中段维纳罕山脉北侧群山中的一处草地上，海拔 1 070 m。维纳河矿泉产生于远古代火山活动旺盛的第三纪，是由火山喷射后岩浆形成的。矿泉水中含有大量的二氧化碳气体，还有较大比例的亚铁、铁等金属离子和 20

多种矿物质，对慢性胃炎、消化不良、胃溃疡、十二指肠溃疡、心脏病、偏头痛、神经性头痛、中耳炎、鼻炎、风湿病、皮肤病、皮炎及皮癣等几十种慢性病都具有明显疗效。这里有 8 处泉眼，泉眼之间有的相距二三米，最远的相距六七米。虽然距离很近，但泉水的颜色、水质、疗效大不相同。

(3)克什克腾旗热水温泉

该温泉开发利用已有一千多年的历史。热水主要分布在嘎拉达斯汰河北岸山前洪积扇裙上，热水稳定自流量 2 592 t/d。热水涌水量和承压性较大，补给来源充沛，主要是由大气降水、孔隙水、裂隙水沿断裂破碎带渗透、循环，在地壳深处受热后，又在导水花岗岩破碎带中汇集，沿裂隙上升涌至地表形成温泉，水温为 46℃～83℃。温泉水中含化学元素氟、镭，特殊气体氡、硫化氢，稀有元素镓、钼、钨、锂、锶等 47 种微量元素。热水温泉对治疗皮肤病、风湿、高血压和心脑血管疾病有独特疗效。因水中含镭元素，形成低放射水质，对治疗神经系统的疾病有特殊效果。

(4)宁城县热水镇温泉

该温泉地处宁城县热水镇的汤前山与秀山之间，是北北东—南南西走向的八里罕断裂通过地带。热水温泉地处七老图山山脉东缘山麓，分布面积为 0.42 km^2，日最大可采储量为 1 800～2 100 t，水温高达当地沸点 97℃，是全国水温最高的温泉之一。泉水中含有碳酸氯钠、硫化氢、二氧化硅、氡、氟、碘、硼、铜、银、钾、钛、钭、镁、锂、钙等十几种化学物质及微量元素，对神经衰弱、高血压、糖尿病、皮肤病、胃病、布氏杆菌痢、多发性神经炎、增生性脊柱炎、气管炎等 30 多种常见疾病有很好的疗效和较强的保健作用。

(5)敖汉温泉

该温泉是赤峰市三大温泉之一。地貌为低山丘陵谷地，中心地理坐标 41°55′58″N，119°57′51″E，海拔 695 m 左右。敖汉温泉水温 68℃，系高温泉，pH 为 8.03～8.30，属弱碱性水，温泉水清澈透明，略有 H_2S 味，洗浴时有滑润感，浴后感官效果非常好，是理想的疗养健身沐浴之水。水化学类型为 $SO_4 \cdot HCO_3$—Na 型，达到医疗价值浓度的成分有硅酸、氡、镭、重碳酸盐和硫酸盐。这些组分含量高，均达到了矿水命名标准，为 A 类医疗热水。根据水质成分可分别命名为氡水、小苏打水、硅水、芒硝水和镭水。水中含有二十余种人体必需的元素，其中最具疗效的氡的含量达到 232.47 Bq/L，属国内罕见，是独一无二的医疗氡性热水矿泉。它不但在洗浴时可穿透皮肤进入人体，洗浴后在皮肤表面形成一层放射性薄膜，能持续发生医疗作用约4小时。亦可随呼吸道、消化道(饮用)进入人体，并通过神经系统、循环系统，以促进血液循环，改善新陈代谢，从而提高机体防御机能和免疫功能，达到治疗疾病的目的。

(6)锡林浩特市阿尔善矿泉

该矿泉一年四季泉水涌流,年流量 $38×10^4$ m²,水中含有多种益于人体健康的微量元素和有机矿物质,水质清凉爽口,牧民称之为"圣泉",饮之有啤酒的味道,人们又称之其为"啤酒泉"。阿尔善矿泉地处熔岩地层之下,含有丰富的铁、铌等矿物质和微量元素,可治疗肠胃病、皮肤病和风湿性关节炎等病症。每逢夏季到来,人们云集到这里,饮泉水或做泉水浴。

(7)岱海温泉

又名马刨泉,位于岱海附近的三苏木乡中水塘村。过去这里一直是喇嘛、贵族沐浴和疗养的场所,日涌水量 2 732 t,水温 38℃,水中含有多种能人体有益的微量元素,对治疗各种皮肤病以及风湿性腰腿疼等具有良好疗效。

五、土壤类型多样,植被带状分布

(一)土壤特点

土壤是在地形、母质、生物、气候、时间等自然因素和人为活动的综合作用下形成的。故不同的生物气候带形成不同的土壤,即使在同一生物气候带内由于一个或几个成土条件的变化,土壤也随之发生变异。

1. 土壤形成过程钙积化强烈、有机质积累较多

风化壳和土壤元素的地球化学过程是土壤形成的基础,它受生物—气候条件、母岩组成、地形和风化壳成土年龄所制约。内蒙古的这些条件多种多样,其化学过程主要有淋溶过程、残积黏化过程、钙积化过程、盐渍化过程、潜育化过程等。其中钙积化过程是内蒙古地区最广泛的地球化学过程,它主要发生在半湿润气候的黑钙土区、半干旱气候的栗钙土和黑垆土区、干旱气候的棕钙土和灰钙土区。在内蒙古干旱、半干旱气候条件下,土壤形成的水分条件是季节性淋溶。这样,雨季来临时,成土母质风化释放出来的钙与植物残体分解过程中所释放出来的钙以重碳酸钙形式向土壤下层移动,但因降雨量的不充足和雨季的结束,不能完全淋失,在土壤剖面中下部发生大量淀积,年积月累,形成灰白色紧密的碳酸钙积聚层。

土壤中有机质主要来自于植物残体的分解,内蒙古有森林、草原、荒漠、沼泽等各种植被类型,他们对土壤有机质的积累起着一定的作用。林下土壤的有机质积累主要通过枯枝落叶的分解,但因内蒙古森林面积较小,气候寒冷,其分解程度较差。并且森林土壤分布区为山区,土壤母质层较薄,北部还分布着永冻层,因而森林的根系分布通常较浅,土壤腐殖层的厚度比较浅薄。草原草本植物一般根深可超过 50 mm,且草原植被的地下部分总量超过

地上部分的 5～20 倍，高者可超过 30 倍。内蒙古自治区内草本植物分布最广泛。因此内蒙古土壤有机质积累中草原土壤机质积累的影响更为深刻。荒漠的植被十分稀疏，生物积累过程显著削弱，缺乏明显的腐殖质层。

2. 土壤类型丰富多样

内蒙古土壤类型复杂，共计 11 个土纲、30 个土类、87 个亚类、293 个土属、720 个土种，是中国土壤类型丰富的省市自治区之一。在分布上东西之间变化明显，土壤带基本呈东北——西南向排列，最东为黑土壤地带，向西依次为暗棕壤地带、黑钙土地带、栗钙土地带、黑垆土地带、棕钙土地带、风沙土地带和灰棕漠土地带。主要分布的土壤类型有森林淋溶型土壤——暗棕壤、棕壤、棕色针叶林土、灰色森林土、褐土、灰褐土；森林草原土壤类型——黑土；草甸草原类型——黑钙土；典型草原土壤类型——栗钙土，荒漠草原土壤类型——棕钙土和灰钙土；荒漠土壤类型有灰漠土、灰棕漠土；森林向草原过渡的类型——栗褐土，初育类型土壤有新积土、龟裂土、风沙土、石质土、粗骨土；水成、半水成土壤有草甸土、山地草甸土、林灌草甸土、潮土、沼泽土、泥炭土；盐碱类型有盐土、漠境盐土、碱土；山地土壤有亚高山草甸土。

3. 土壤分布地带性强、钙层土广泛

不同土壤类型具有一定分布规律，表现在水平地带性和垂直地带性上。

（1）水平地带性

内蒙古土壤在地质地貌和气候、水资源的严格控制下形成了经向和纬向地带性分布规律。呼伦贝尔市海拉尔区，由于受东南季风和南北走向的大兴安岭地貌的影响，气候植被呈南北走向的带状变化，土壤由东部的黑土、暗棕壤、棕色针叶林土、灰色森林土、黑钙土到最西部的栗钙土带，土壤水平分布呈经度地带性。通辽市和赤峰市土壤分布呈纬度地带性特征，从南到北依次分布着褐土、棕壤、栗褐土、栗钙土、黑钙土、暗棕壤、灰色森林土，褐土和棕壤均属全国水平地带的西北缘，面积较少。在内蒙古高原上地形起伏不大，属层状或波状高平原，土壤从东北向西南依次分布着灰色森林土、黑钙土、栗钙土、棕钙土、灰漠土到灰棕漠土的水平带谱。鄂尔多斯高原除从东向西分布着黑垆土、栗褐土、栗钙土、棕钙土外，在和宁夏接界的西南端分布着灰钙土，属全国灰钙土分布的北缘。

（2）垂直地带性

内蒙古山地分布面积较大，在不同的纬度、经度和不同气候区均有分布，所以土壤垂直带谱也各异。在大兴安岭北段的土壤垂直分布东坡为：黑土、暗棕壤、棕色针叶林土；西坡为：栗钙土、黑钙土、灰色森林土、棕色针叶林土。大兴安岭南段的土壤垂直分布东坡为：栗钙土、黑钙土、暗棕壤、灰色森林土、山地草甸土；西坡为：栗钙土、黑钙土、灰色森林土、山地草甸土。

（3）钙层土分布广泛

在内蒙古 11 个土纲中，以钙层土分布最广，原因是内蒙古自治区大部分地区属半湿润、半干旱、干旱气候，土壤淋溶作用较弱，盐基物质丰富。植被以草原（森林草原、典型草原、荒漠草原）为主，分布面积占自治区总面积的一半以上。

（二）植物特点

1. 植物种类比较丰富

内蒙古境内植被由种子植物、蕨类植物、苔藓植物、菌类植物、地衣植物等不同植物种类组成。植物种类较丰富，已搜集到的种子植物和蕨类植物共计 2 351 种，分属于 133 科，720 属。其中引进栽培的有 184 种，野生植物有 2 167 种（种子植物 2 106 种，蕨类植物 61 种）。全区种子植物科的数目占全国种子植物科的数目的 38%，二种数却占全国的 9.6%。这就说明内蒙古植物种类反映着亚洲中部草原区和荒漠区植物区系的单种科属和寡种科属很多的特点。但和毗邻的半干旱、干旱地区相比，植物中的数量还是比较丰富，原因是内蒙古东西跨度大，处于我国东北、华北及蒙古等植物区系成分相互渗透的地区。

2. 植物种类分布不均衡

内蒙古自治区植物种类分布不均衡，山区植物最丰富。东部大兴安岭拥有丰富的森林植物及草甸、沼泽与水生植物。中部阴山山脉及西部贺兰山兼有森林、草原植物和草甸、沼泽植物。山地和丘陵区面积占全区总面积的37%，有种子植物和蕨类植物 2 000 多种。而高平原和平原地区面积占总面积的 62%，以草原与荒漠旱生型植物为主，含有少数的草甸植物与盐生植物，植物种类只有 1 500 种左右。

3. 草本植物种类多，分布广

内蒙古自治区境内的多年生草本植物种占全部种子植物和蕨类植物种的67%。其次为一、二年生草本，占 17%。灌木占 11%，乔木仅占 3%，还有3%的半灌木。木本植物种合计 320 种，占 14%。从地区分布看，乔木常组成山地森林植被，半乔木为荒漠建群种，中生灌木组成山地灌丛植被及林下灌木层片。旱生灌木除生于山地阳坡外，有时组成灌丛化草原。强旱生及超旱生灌木、半灌木是荒漠植被的主要生活型。因此这些生活型的植物分布区具有较强的局限性，而且适宜其生长的地区在内蒙古面积较小。而草原草甸及沼泽植被主要由多年生草本组成。一、二年生草本在沙地、摞荒地和其他裸地上大量繁殖。包括杂类草在内的草本植物种类多、适应能力强，在内蒙古自治区由东向西、从南到北各地区都有分布。

4. 旱生植物占优势

内蒙古植物具有从水生到超旱生各种水分生态类型。包括湿中生和旱中生植物的中生植物占全部种子植物和蕨类植物的66%。其次为旱生植物，占25%，湿生植物占8%，还有2%的水生植物。占内蒙古总面积2/3的干旱、半干旱区的植被是在干燥的大陆性气候影响下，经过长期的选择和适应而形成的，因此植被的生态—生物学组成以旱生植被为主。荒漠和大部分草原植物都具有对旱生环境的适应性状，植物常常为了减少水分的蒸腾而形成狭叶、细叶、针状叶和小叶，有的形成叶片深裂或退化消失，来适应干旱的生态条件。旱生植物包括中旱生、典型旱生、强旱生和超旱生，多为草原和荒漠植被的优势种及建群种。草原东部地区尤其在高原上以中旱生植物为主。中西部草原，特别是荒漠地区旱生植物的比例明显高于其他。强旱生和超旱生植物集中分布于半荒漠和荒漠地带。

5. 植被类型多样

内蒙古天然植被可分为8个植被型组，即针叶林、阔叶林、灌丛、草原、荒漠、草甸、沼泽及水生植被。

针叶林，是指以针叶树为建群种所组成的森林群落的总称。内蒙古针叶林，主要分布在大兴安岭、大青山及贺兰山，是内蒙古森林群落最重要的一个植被型组。内蒙古针叶林这一植被型组，又分为寒温型针叶林和温型针叶林两个植被型。寒温型针叶林植被型，分寒温型落叶针叶林植被亚型和寒温型常绿针叶林植被亚型。内蒙古寒温型落叶针叶林植被亚型有兴安落叶松林。内蒙古寒温型常绿针叶林植被亚型有红皮云杉林、白扦林、蒙古云杉林、青海云杉林和樟子松林。内蒙古温型针叶林植被型只有一个温型常绿针叶林植被亚型，有油松林和侧柏林。

阔叶林，是指以阔叶树为建群种所构成的森林群落的总称。内蒙古阔叶林，主要分布在山地、谷地和河岸，是森林群落的又一重要的植被型组。内蒙古这一植被型组只有一个阔叶林植被型，植被型下分3个植被亚型，即典型落叶阔叶林、山地杨桦林和河岸落叶阔叶林植被亚型。典型落叶阔叶林植被亚型有蒙古栎林、辽东栎林。山地杨桦林植被亚型有山杨林。桦木林群系组有白桦林和黑桦林。河岸落叶阔叶林植被亚型有胡杨林、钻天柳林、沙枣林。

　　灌丛，是指以灌木、蒿属的某些半灌木种类为建群种所构成的植物群落，建群种多为中生簇生灌木，群落盖度大于30%。内蒙古灌丛这一植被型组有3个植被型，即常绿针叶灌丛、常绿革叶灌丛和落叶阔叶灌丛。常绿针叶灌丛植被型有偃松灌丛和叉子圆柏灌丛。常绿革叶灌丛植被型有照山白灌丛和岩高兰灌丛。落叶阔叶灌丛植被型，分为高寒落叶阔叶灌丛和典型落叶阔叶灌丛两个植被亚型。高寒落叶阔叶灌丛植被亚型有毛蕊杯腺柳灌丛、鬼箭锦鸡儿灌丛和金露梅灌丛。典型落叶阔叶灌丛植被亚型有蒙古绣线菊灌丛、耧斗叶绣线菊灌丛、三裂绣线菊灌丛、土庄绣线菊灌丛、柳叶绣线菊灌丛、西伯利亚杏灌丛、榛灌丛、虎榛子灌丛、山刺玫灌丛、单瓣黄刺玫灌丛、胡枝子灌丛、黄柳灌丛、小叶锦鸡儿灌丛、中间锦鸡儿灌丛、黑沙蒿半灌丛、褐沙蒿半灌丛、差巴嘎蒿半灌丛、柽柳灌丛，红柳灌丛和西伯利亚白刺灌丛。

　　草原，是指以耐寒的旱生多年生草本植物为主（有的为旱生小半灌木）组成的植物群落。内蒙古草原这一植被型组只有一个植被型，即草原植被型。内蒙古草原植被型，又分为草甸草原、典型草原、荒漠草原及高寒草原4个植被亚型。草甸草原植被亚型有贝加尔针茅草原、羊草草原、白草草原、线叶菊草原。内蒙古典型草原植被亚型包括大针茅草原、克氏针茅草原、长芒草草原、羊茅草原、糙隐子草草原、冰草草原、洽草草原、亚洲百里香草原及冷蒿草原。内蒙古荒漠草原植被亚型包括戈壁针茅草原、小针茅草原、短花针茅草原、沙生针茅草原和无芒隐子草草原、碱韭草原、女蒿草原、菁状亚菊草原和紫花针茅草原。

　　荒漠，是指以强旱生半灌木、灌木及乔木为建群种所组成植物群落的总称，是一种最干旱不郁闭的稀疏植被类型。内蒙古荒漠这一植被型组只有一个植被型，即荒漠植被型。内蒙古荒漠植被型又分为小乔木荒漠、灌木荒漠和半灌木、小半灌木荒漠3个植被亚型。小乔木荒漠植被亚型有梭梭荒漠。灌木荒漠植被亚型包括膜果麻黄荒漠、霸王荒漠、泡泡刺荒漠、白刺荒漠、齿叶白刺荒漠、裸果木荒漠、沙冬青荒漠、绵刺荒漠、四合木荒漠、半日花荒漠、柠条锦鸡儿荒漠、垫状锦鸡儿荒漠、松叶猪毛菜荒漠、沙拐枣荒漠和阿拉善沙拐枣荒漠。内蒙古半灌木、小半灌木荒漠植被亚型包括红沙荒漠、驼绒藜荒漠、珍珠猪毛菜荒漠、蒿叶猪毛菜荒漠、合头藜荒漠、戈壁藜荒漠、短叶假木贼荒漠、尖叶盐爪爪盐漠、盐爪爪盐漠、细枝盐爪爪盐漠、盐穗木盐漠、白沙蒿荒漠、准噶尔沙蒿荒漠、戈壁短舌菊荒漠和中亚紫菀木荒漠。

草甸，是指以中生多年生草本植物为主体(有时为中生一年生或盐中生半灌木)所组成的植物群落的总称，是一种在适中水分条件下发育而成的非地带性植被类型。内蒙古草甸植被型组只有一个植被型，即草甸植被型。内蒙古草甸植被型分为典型草甸、高寒草甸、沼泽化草甸和盐生草甸4个植被亚型。典型草甸植被亚型有地榆草甸、黄花苜蓿、拂子茅草甸、假苇拂子茅草甸、无芒雀麦草甸、光稃茅香草甸、短穗看麦娘草甸、巨序剪股颖草甸、歧序剪股颖草甸、散穗早熟禾草甸、大油芒草甸、野古草草甸、披碱草草甸、寸草苔草甸和叉齿苔草草甸。内蒙古高寒草甸植被亚型有珠芽蓼草甸、嵩草草甸、高山嵩草草甸和矮生嵩草草甸。沼泽化草甸植被亚型有匍枝苔草草甸、无脉苔草草甸、华扁穗草草甸、槽秆荸荠草甸、牛毛毡草甸、小叶章草甸、大叶章草甸、牛鞭草草甸、荻草甸、芮草草甸和看麦娘草甸。盐生草甸植被亚型包括芨芨草草甸、星星草草甸、碱茅草甸、短芒大麦草甸、赖草草甸、獐毛草甸、马蔺草甸、苦豆子草甸、罗布麻草甸、白麻草甸、甘草草甸、花花柴草甸、西伯利亚蓼草甸、鹅绒委陵菜草甸和骆驼刺草甸。

沼泽，是指在土壤过湿、积水并有泥炭堆积的生境中以湿生植物为建群种所组成的植物群落的总称，是一种隐域性植被类型。内蒙古沼泽植被型组只有一个植被型，即沼泽。内蒙古沼泽植被型分为木本沼泽、草本沼泽和苔藓沼泽3个植被亚型。木本沼泽植被亚型有狭叶杜香、尖叶泥炭藓沼泽和柴华、羊胡子草沼泽。草本沼泽植被亚型包括乌拉草沼泽、水葱沼泽、薦草沼泽、芦苇沼泽、东方香蒲沼泽和杉叶藻沼泽。内蒙古苔藓沼泽植被亚型有泥炭藓沼泽。

水生植被，是指在水域环境中以水生植物为建群种所组成的水生植物群落的总称。内蒙古水生植被型组只有一个植被型，即水生植被。内蒙古水生植被型分为沉水水生植被、浮水水生植被和挺水水生植被3个植被亚型。沉水水生植被亚型有狐尾藻群落、竹叶眼子菜群落、龙须眼子菜群落、轮叶狐尾藻、狸藻群落和毛柄水毛茛群落。浮水水生植被亚型有槐叶苹群落、浮萍、品藻群落、苔菜群落和眼子菜群落。挺水水生植被亚型有野慈姑群落。

(三)植被与土壤的分布规律

陆地上各种类型的植被总是生长在一定的土壤上，从土壤中取得养分和水分。土壤的物理和化学性质，深刻地影响着植物的生长。因而，不同类型的土壤上具有不同类型的植被类型。反之，植物对土壤的作用也是非常重要的，植物是成土过程中生物小循环的担当者，是土壤养分的重要供给者，正是由于植物和微生物和主导作用，才使母质成为土壤。所以植物的不同特点都直接影响土壤的形成过程，而使土壤表现出不同的特征。

内蒙古自治区东西跨度大，东西斜长跨占 29 个纬度，基本上位于温带地区，南北热量虽有差异，但远不如东西方向上的水分差异。再加上大兴安岭、阴山山脉和贺兰山的影响，内蒙古植被—土壤带呈东北西南向排列，由东到西最东为森林草甸黑土地带，向西依次为阔叶林暗棕壤地带、针叶林漂灰土地带、森林草原黑钙土地带、典型草原栗钙土地带、暖温型草原黑垆土地带、荒漠草原棕钙土地带、草原化荒漠灰漠土地带和典型荒漠灰棕漠土地带(图 2-15)。

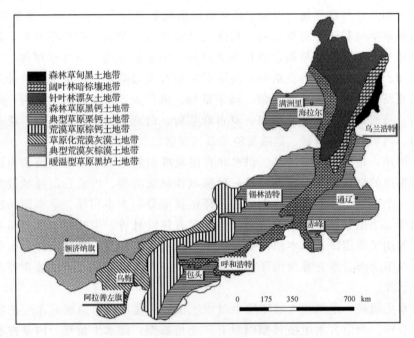

图 2-15　内蒙古自治区植被—土壤地带图
资料来源：石蕴琮等：《内蒙古自治区地理》，改绘

1. 森林草甸黑土地带

本带分布于全区最东段端，大兴安岭北段东麓、嫩江西岸平原地区，占自治区总面积的 0.9%。年降水量 450 mm 左右，年平均气温 0℃～2℃，≥10℃年积温 1 800℃～2 400℃，无霜期 80～120 d，冬季土壤冻结期长，冻层深达 1.5～2.0 m，湿润度 0.6～1.0，是由湿润向半湿润的过渡区。自然地带性植被除夏绿阔叶林外，有草甸、草甸草原和草原。草层高 50～60 cm，覆盖度 80%～90%。地带性土壤为黑土，是东北松辽平原黑土带的西缘，自然肥力很高，是内蒙古最肥沃的土壤。目前已大面积开垦。

2. 阔叶林暗棕壤地带

本带位于大兴安岭北段东麓低山丘陵地区，占自治区总面积的 3.65%。海拔 400～900 m，地势起伏较大。本区气候温凉湿润，年降水量 450～480 mm，湿润度 0.7～1.0。年平均气温 −1℃～2℃，≥10℃年积温 1 800～2 400℃，无霜期 75～110 d，土壤冻层深达 1.5～2.5 m，是中温带半湿润及湿润气候区。代表性植被是蒙古栎为建群种的黑桦、椴树林，林下灌木层发达，以胡枝子占优势，榛灌丛成团块状分布。林下草层也很密，植物种类丰富。本地由于人类活动的影响，蒙古栎林已被破坏，代之而起的是黑桦林、白桦林、山杨林、蒙古栎矮林、榛灌丛以及杂类草草甸等。发育的土壤为暗棕壤。有机质丰富，腐殖质积累过程强盛，腐殖质层厚为 10～20 cm，河谷沼泽化与草甸化过程均比较强烈。

3. 针叶林漂灰土地带

本带位于全区的最北端，分布于大兴安岭北部山地，呈北宽南窄的楔形延伸至北纬 47°，占全区总面积的 11.47%。海拔 900～1 100 m，气候寒冷湿润，年平均气温为 −4℃～−2℃，≥10℃年积温小于 1 600℃，无霜期 50～80 d，土壤冻结期长达 7 个月，冻层深度 2～3 m，并有岛状永久冻土层存在。年降水量 450～550 mm，湿润度大于 1.0。是寒温型湿润气候区。以兴安落叶松为主，其分布面积大约占兴安岭北部林地面积的 70% 左右。主要地理分异因素为垂直水、热差异所致。漂灰土分布于大兴安岭垂直带谱的上部，东坡为暗棕壤，西坡与灰色森林土相接。漂灰土有机质含量高，腐殖质层厚为 10～20 cm。

4. 森林草原黑钙土地带

本带位于半湿润土地区的最南部，分布在大兴安岭西麓和东南麓低山丘陵以及大兴安岭南端山地，向南直抵自治区边界，再沿阴山山地向西到包头之西。全带面积约占全区总面积的 15.33%。本地带东西狭长，地形起伏大，气候差异也大，气候在半湿润区中属温度较高，但偏干旱的区域，年降水量为 300～400 mm，≥10℃的有效积温为 1 800℃～2 600℃，湿润度 0.6～0.8。主要植被在山地阴坡为白桦、山杨、少数为蒙古栎林与残存的樟子松林，林下为灰色森林土，在阳坡与森林的外缘，则为草甸草原，具有森林向草原过渡的性质，主要建群种为羊草、贝加尔针茅、线叶菊等，草层高，一般在 50～60 cm，高者可达 1 m。覆盖度大，一般在 60%～85%。土壤为黑钙土，土层深厚，有机质丰富。从本带整体看，腐殖质积累过程虽很强盛，同时钙积化过程也明显。有机质、腐殖质层厚为 30～50cm。

5. 典型草原栗钙土地带

本带位于自治区中部地区，面积广阔，约为 37.75×10^4 km²，占全区总土地面积的 32.65%，是内蒙古分布面积最大的自然地带。属温带半干旱土地区，年平均气温为 $-2℃ \sim 2℃$，日平均温度 $\geqslant 10℃$ 年积温 $1\,800℃ \sim 3\,200℃$，无霜期 $80 \sim 110$ d。年降水量为 $200 \sim 450$ mm，湿润系数为 $0.3 \sim 0.6$，属于半干旱地区。风力强劲，大风（$\geqslant 8$ 级）日数可达 $40 \sim 100$ d。植被为典型草原，以大针茅、克氏针茅等为建群种，草群高度和密度为中等，平均高度 $30 \sim 50$ cm，盖度一般为 40% $\sim$ 60%，地表不能完全郁闭。土壤为栗钙土。整个地带最突出的地理过程为钙化过程，碳酸钙在土壤中淀积明显，腐殖质过程比半湿润区要弱，沙漠化过程在有些地方相当明显，甚至严重。盐化过程已明显出现。

6. 温带典型草原黑垆土地带

本带位于鄂尔多斯高原东南部边缘的黄土丘陵区，面积较小，只占全区总土地面积的 0.60%。本带为温带半干旱土地区较温暖的类型，年平均气温 $8℃ \sim 10℃$，$\geqslant 10℃$ 积温达 $2\,800℃ \sim 3\,200℃$，无霜期 $140 \sim 150$ d。年降水量大致为 $400 \sim 450$ mm，湿润系数为 0.4 左右。由于本区大部分属黄土区，现已开垦为农田，植被破坏、水土流失较为严重，残存的地带性植被为典型草原，主要建群种为本氏针茅、短花针茅与百里香等，盖度一般为 30% $\sim$ 50%。黑垆土是这里的地带性土壤，具有疏松深厚的腐殖质层，一般为 $60 \sim 90$ cm，但腐殖质含量不高为，为 1% $\sim$ 3%。钙化过程明显，没有盐化现象，剖面中部有黏化特征。

7. 荒漠草原棕钙土地带

本带位于内蒙古高原的中北部与鄂尔多斯高原的西部，占全区总土地面积的 9.95%，属草原向荒漠过渡的地带。气候干燥，湿润系数为 $0.3 \sim 0.13$，年降水量仅为 $150 \sim 250$ mm，但积温偏高，$\geqslant 10℃$ 积温达 $2\,600℃ \sim 3\,000℃$。植被为荒漠草原，主要建群种有短花针茅、砂生针茅、戈壁针茅及多根葱、蒙古葱等，草层高度一般在 $10 \sim 25$ cm，覆盖稀疏，一般为 10% $\sim$ 35%。土壤为棕钙土。由于气候干燥，流水侵蚀作用明显减弱，代之以干燥剥蚀作用，荒漠化过程，盐化过程等都明显加强，钙化过程仍很强烈，碳酸钙淀积部位抬高，出现在地面以下 $20 \sim 30$ cm 处。

8. 草原化荒漠灰漠土地带

本带位于整个荒漠地带的最东部，狼山西段与贺兰山以西，约占全区总土地面积的 12.09%。本带气候干旱，年降水量多为 $100 \sim 150$ mm，湿润系数 $0.10 \sim 0.13$。年平均气温 $6℃ \sim 8℃$，$\geqslant 10℃$ 积温达 $3\,000℃ \sim 3\,400℃$，无霜期 $140 \sim 160$ d。植被为草原化荒漠与灌木半灌木荒漠植被。主要建群种为：红砂、珍珠、藏锦鸡儿等。土壤为灰漠土，腐殖质含量多在 0.5%～1.0%，土质较粗松，表面多沙砾质化。在地下水位较高的地段，盐化现象严重。控制本带的地理过程主要为盐化过程、钙化过程、剥蚀过程等。腐殖化过程明显减弱，地面物质的活动性加强，土地贫瘠。

9. 荒漠灰棕漠土地带

本带位于内蒙古阿拉善荒漠的最西段，面积辽阔，占全区总土地面积的 13.90%。气候极端干旱，热量也很高。年均气温多在 7～9℃，≥10℃ 年积温在 3 200℃～3 700℃，大部分面积均超过 3 600℃。年降水量稀少，一般都在 30～100 mm，最干旱的弱水下游地区，年降水仅 25～30 mm，年总蒸发量却高达 3 000 mm 以上，最多达 3 800 mm 左右，湿润度 0.01～0.06。植物以超旱生半灌木、灌木和耐盐植物为优势成分，局部地区分布有梭梭与胡杨。主要建群种有：红沙、珍珠、沙冬青、木本猪毛菜、泡泡刺、膜果麻黄、刺旋花等。土壤为灰棕漠土，腐殖质含量多在 0.5% 左右或以下，土壤干燥疏松，富于粗骨性，表层以下常有成层石膏出现。控制本带的基本地理过程为强烈的荒漠化过程，基岩出露处剥蚀过程强烈。

第二节　资源特征

内蒙古资源丰富，既有光能、风能等清洁能源，又有煤炭、石油和天然气等能源资源；有丰富的水资源和动植物资源及优秀的旅游资源。

一、清洁能源

内蒙古的太阳能、风能资源丰富而稳定性好。丰富区与较丰富区的面积为总面积的 70% 以上，可利用区面积达 90% 以上。太阳能与风能互补性好。太阳能春末夏初最大，冬季最小。而风能最大值在冬、春、秋季，夏季最小，若两能匹配得当，一年四季均可获益。

(一)风能资源

根据中国气象科学院的估算：全区理论可开发风能储量为 78 690×10^4 kW，技术可开发风能储量为 6 180×10^4 kW，占全国总风能储量的 24.4%，处于全国第 1 位。其中中部和西部地区的理论可开发风能储量为 64 376×10^4 kW，技术可开发风能储量为 5 056×10^4 kW。东北部地区的理论可开发风能储量为 14 313×10^4 kW，技术可开发风能储量为 1 124×10^4 kW。内蒙古风能可利用面积占全区面积 80% 左右，年最长连续无效风速小时数低于 100 h，具有风能丰富区和较丰富区面积大、分布范围广，风能品位稳定度高、连续性好的优点。

1. 风速特点

内蒙古北部是全国年均风速最大的地区之一，也是风能资源最丰富的地区之一。锡林郭勒盟西部、乌兰察布市东部和北部、巴彦淖尔市北部常年平均风速达到 5 ～6 m/s，除了少数山口和海峡地区之外，我国其他地区都没有这里风多风大。大青山以南地区和大兴安岭林区风速却较小，特别是呼和浩特处于大青山和蛮汉山所形成的"死水区"内，年平均风速 1.8 m/s，是华北风速最小的地区之一。

内蒙古各季风速均较大，但冬春季节风速更大一些，尤其是春季因蒙古气旋活动频繁，经常造成大风天气，大青山以北地区平均风速超过 6 m/s。夏季风速相对小一些，北部地区平均风速仍超过了 3 m/s，只有呼和浩特和赤峰等地平均风速不到 2 m/s。

内蒙古各地风速都存在着年变化和日变化。逐时平均风速的最大值，一般出现在午后 13～17 时，尤以 14～16 时风速最大。入夜以后，随着动量下传的减弱，地面风也在减少，以清晨的风速最少。各地都以春季的风最大，而夏季的风最小。从 11 月份又常常出现月平均风速变化曲线的第二峰值点。

2. 分布及变化规律

内蒙古北部风能功率密度一般都在 200 W/m² 以上，全年可利用的小时数在 5 000 小时以上。内蒙古北部的风电场容量系数是我国最高的，在 20% 以上，达到国际能源技术委员会规定的最佳风电场场址要求，是最有利于风能开发的地区。南部风能功率密度为 150 W/m² 左右，全年可利用的小时数达 4 000 h 以上(图 2-16)。

内蒙古在冬半年干燥多风，但太阳辐射强度小；夏半年太阳辐射强度大，而风速减少。太阳能和风能的最大和最小值在内蒙古的出现时间恰好相反，互为补充。只要建成风能、太阳能互补发电系统，就可以大大提高供电质量。内蒙古中西部是我国唯一连成片的太阳能和风能都丰富的地区。而且两者在变化上又有很大的互补性，是综合利用太阳能—风能最优越的地区。东部地区太阳能和风能也较丰富。

3. 风能利用

内蒙古是中国风力发电的摇篮，是中国利用风力发电最早、规模最大的省区之一。早在 20 世纪 70 年代初，广大农牧民群众就开始尝试利用这里的风能资源，80 年代，大量户用微小型风力发电机的研制、推广和应用，初步解决了偏远农牧区的家庭生活用电问题。从 1989 年开始，内蒙古相继建成了辉腾锡勒、商都、锡林、朱日和、达里五个风力发电场。2007 年 9 月 24 日随着一台电机在辉腾锡勒草原吊装成功，内蒙古实现了风电 100×10^4 kW 的装机目标。这标志着内蒙古风电产业进入规模化阶段。至 2012 年底，内蒙古风电机组容量达到 368×10^4 kW。其中，辉腾锡勒风力发电场是我国目前最大的风电场，全场装机总容量超 40×10^4 kW，曾经承担着北京奥运会奥运村 20% 供电任务。

(二)光能

内蒙古光能资源丰富，且光质好，干扰少，极具开发价值。太阳能资源以太阳直达辐射为主，因为内蒙古中西部远离海洋，常年干旱少雨，中低云量很少，地势也相对较高，空气透明度好，太阳辐射总量大。年辐射总量普遍达到 1 700 kW·h/m² 以上，是仅次于青藏高原的太阳能丰富区；东部偏南地区，年辐射总量在 1 500～1 700 kW·h/m²，也属我国太阳能较丰富的地区。全区因气候干燥，多晴朗天气，年总辐射量为 $46 \times 10^8 \sim 64 \times 10^8$ J/m²。其中，巴彦淖尔及阿拉善盟系全国高值区，太阳能总辐射量高达 6 490～6 992 MJ/m²，仅次于青藏高原，处中国的第 2 位(图 2-17)。

内蒙古从冬天到夏天随着太阳高度角的逐渐增大和白昼时间的不断加长，接收到的太阳辐射量也逐渐加多。冬季环流形势比较单一，12 月是总辐射最小值出现的时间。夏季因受季风雨带进退时间早晚的影响，总辐射最大值出现的时间有早有迟，但通常是出现在 6 月。因受自然环境对辐射的影响，有个别年份出现在 7 月。

太阳辐射有一部分要被地面反射到天空。年平均反射率为 0.25～0.30。反射率随季节而变化，因冬季太阳高度降低，有积雪，反射度增大。1 月反射率为 0.40，因此太阳能资源冬季小，夏季大。

除大兴安岭地区外，内蒙古大部地区全年日照时数在 3 000～3 400 h，相对日照为 70% 以上，是我国日照最充足的地区。由于夏半年天空云量多于冬半年，所以虽然夏至日从日出到日落之间的时间比冬至长 6 小时左右，但 1 月与 6 月的日照时间相差却不到 100 h。阿拉善因云雨天最少，成为日照最多的地区。

2007 年 10 月，中国首座太阳能聚光光伏示范电站在内蒙古鄂尔多斯建成，这座由内蒙古本地企业——内蒙古伊泰集团投资的示范电站的建成，标志着中国聚光光伏电站建设迈出重要一步。该电站将对聚光光伏发电系统的经济性、可靠性进行检验，为中国的太阳能聚光光伏发电技术积累宝贵经验。

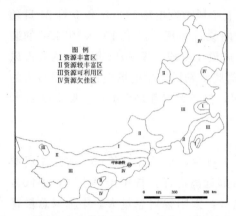

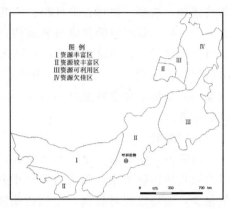

图 2-16　内蒙古风能资源分布示意图　　图 2-17　内蒙古年光能资源分布示意图

二、土地资源

内蒙古地域辽阔,自然条件错综复杂,光、热、水、土、气候、生物等基本因素的地域分异规律明显,从根本上影响了不同区域的水分与热量对比关系,深刻影响着内蒙古土地资源形成过程、表现特征和利用状况,从而决定了全区土地资源分布的基本格局与结构。

(一)土地资源特点

内蒙古自治区土地资源具有明显的特点:

1. 绝对数量大,人均占有量亦高于全国平均水平

全区土地总面积 118.3×10^4 km²,仅次于新疆、西藏,居全国第 3 位。从人均各类土地资源数量来看,全区人均土地面积为 4.90 hm²,相当于全国人均土地资源面积的 6.8 倍,远远高于全国平均水平。全区人均耕地 0.38 hm²,人均林地 0.88 hm²,人均牧草地 2.98 hm²,与全国相比分别高出 4.8 倍、4.2 倍和 12.6 倍。从此可以看出,内蒙古土地人均量总体的富裕性,预示着土地可开发潜力较大。

2. 土地类型多样

内蒙古自治区东西跨度大,气候区域差异显著。以综合分析与主导因素相结合为主要原则,将内蒙古土地资源划分为寒温带温带湿润半湿润土地区、温带半干旱土地区、温带干旱土地区三个土地区和寒温带针叶林—棕色针叶林土带、温带针阔混交林—棕色针叶林土、暗棕壤带、温带森林草原—灰色森林土、黑钙土带、典型草原栗钙土带、典型草原—绵土带、荒漠化草原—棕钙土带、草原化荒漠—灰漠土带和荒漠—灰棕漠土带等八个土地带。这些按自然地带来划分的土地资源类型,其开发程度、土地利用方式、土地产出

水平均有自己的特点。全区土地资源按地貌条件划分，可分为山地、丘陵地、高原地、平原地与滩川地、河流湖泊水面等类型，面积分别占自治区总土地面积的20.8％、18.3％、51.2％、8.5％和1.2％。如果按构成土地资源各要素之间的组合而形成的相对一致的土地单元进行分类，即使是在小比例尺地图上也能划分400多种土地类型。因此，无论从哪个角度对全区土地资源进行分类，内蒙古的土地多样性都能得到充分的体现。

3. 土地资源地区分布不均衡，地区差异明显

由于全区东西跨越5个自然地带，加之地貌、地表物质地域差异明显，以大兴安岭、阴山、贺兰山山地为界，内蒙古土地资源及其利用形成明显的地区差异。山地以西以北，以高平原地为主，镶嵌沙漠与沙地，其利用以牧业为主，牧草地占土地面积的85.08％，形成了中国重要的牧业生产基地；山地以东以南，则以丘陵地、台地及平原地为主，也有部分沙地和沙漠，土地利用为农牧林交错分布，其耕地、牧草地和林地占土地面积的百分比分别为12.60％、52.77％和20.11％，形成全国主要的农牧林交错带。其东、中、西部平原地是以灌溉农业为主，其耕地占土地面积的31.56％，形成粮油糖生产基地。山地以林地为主，其利用为林农牧交错分布，其中大兴安岭北部成为中国的重要林业生产基地，林地面积占整个土地面积的74.96％。

（二）土地利用特点

内蒙古自治区土地资源不仅在自然属性方面地域分布差异很大，而且在同一个土地资源地带内的利用方式也是多种多样，土地利用的空间分布差异也是非常明显。

耕地占全区土地总面积的6.0％，主要分布在地势平坦，土地肥沃，水资源比较富集，对于农业开发有利的平原、丘陵及河流两岸滩地。丘陵地区，特别是黄土丘陵区条件虽较平原区差，但其肥沃的土层及较好的耕作条件亦能保证当地人民的生活需求。耕地比重大的地区是：大兴安岭岭东岭南丘陵平原区、西辽河流域的丘陵平原区、阴山丘陵区、土默川平原区、河套平原区及鄂尔多斯丘陵区。

林地占全区土地总面积的16.40％，其中原始林地主要分布在大兴安岭山地北段，次生森林集中在大兴安岭南部山地、阴山山地和贺兰山山地的森林土壤上。此外，在三北防护林地带、平原丘陵区和沙漠区的有林地也在逐年扩大。

牧草地占全区土地总面积的59.86％，主要分布在呼伦贝尔草原、科尔沁草原、锡林郭勒草原、乌兰察布草原、鄂尔多斯草原和阿拉善草原区。地貌类型属高原区和荒漠区。

未利用土地占全区土地总面积的 13.85％，主要分布在戈壁、沙漠等荒漠自然类型区。水域和城镇建设、交通用地等其他用地遍布全区各地，占全区土地总面积的 2.57％，除水域外，其类型的分布多与经济发展及人口分布密切相关。

内蒙古土地利用特点：

1. 土地利用类型呈带状分布规律

全区土地利用类型在空间分布上突出表现出带状分布规律。大兴安岭—阴山山地是自治区农林牧业的天然分界线。西辽河平原与河套平原是农耕地集中分布区，大兴安岭与阴山山地为林业用地区，山地西侧为农牧林交错分布区，西北部为广阔的牧业用地。

2. 土地利用类型的农牧林交错性

气候、地貌、土壤、民族构成的交错性，决定了农牧林交错带与交错区在空间分布上呈现斑状的分布特征。自治区东、西两大平原区为农林牧交错区，山体东侧为农林交错区，山体西侧为牧林农交错区。

3. 土地利用结构的原始性及较大的地区差异性

从土地利用结构的数量看，首先表现出它的原始性，全区草地、未利用土地、林地三项用地总计为 90.10。从各盟市的土地利用结构数量看，这三项用地阿拉善盟总计最大达 98.90％，最小的呼和浩特市也达 58.16％。其数据与全国相应的数据对比，全国这三项用地总计为 80.20％，说明内蒙古土地利用结构的原始性。另外，地区差异性也非常明显。内蒙古东西跨越五个自然带，加以地貌、生物地域分异明显，因而各盟市土地利用结构也很不平衡，比例悬殊最大的是锡林郭勒盟、巴彦淖尔市均以草地占优势；呼伦贝尔市、阿拉善盟出现两个极端，前者林地比例最高，后者裸沙、戈壁占优势。

4. 土地退化普遍，农牧过渡地带土地退化更为严重

由于土地基本条件较为严酷，加之利用不当，土地退化在全区普遍发生，且类型多样，相互交替发生。其中水土流失面积占全区总面积的 23.59％，101 个旗县级单位中受水土流失危害的有 68 个，流失面积占全旗县总面积的 40％以上的就有 40 个。风蚀沙化面积所占比例为 64.57％，有 83 个旗县具有不同程度的沙化现象。草场退化占 21.87％，产草量比 60 年代减少 40％～60％。冻融侵蚀占 11.80％。盐渍化土地占 2.78％，在黄河、西辽河灌区和一些洼地都有不同程度的盐渍化现象，尤其河套地区盐渍化面积约占灌区面积的 70％。土地资源退化程度的严重性与类型复合的复杂性在农牧过渡地带更为突出。

(三)土地质量评价

土地质量是土地的综合属性,是指土地在一定的用途条件下,对该用途是否适宜以及适宜的程度,或生产力的大小或价格的高低。土地质量的差异主要体现在土地的适宜性与限制性因素的差异上。对土地质量进行评价,可为土地利用现状分析、土地利用结构和布局调整、土地分区等提供依据,对科学规划和充分合理地开发利用有限的土地资源具有重要意义。

由于水热等基本条件匹配程度的不同,内蒙古自治区土地质量的数量与分布也具有悬殊的地区差异,其总特征为:东部土地质量优于中西部;牧业土地资源优于农林业;耕地适宜等级状况亦是东部高于中西部;宜林土地东部多西部少;不宜农林牧利用的质量较差土地集中分布于西部。

1.耕地

全区 2012 年有耕地 714.9×10^4 hm²,占全区土地总面积的 6.0%,其中一等耕地占 39%左右。东部四盟市的耕地大部分为优质的一等耕地,占全区一等耕地的 73%。一等耕地占本盟市耕地 50%以上的地区有呼和浩特市、赤峰市、呼伦贝尔市、兴安盟、通辽市等五个盟市,其中呼伦贝尔市和兴安盟的一等耕地均占各自耕地总面积的 68%。锡林郭勒盟南部几个旗县的耕地虽然水热条件较好,但水土流失、沙化较严重,一等耕地仅占耕地面积的 35%。巴彦淖尔市所处气候带为温带干旱区,属无灌溉无农业的地区,因此其耕地几乎均为水浇地,一等耕地的比例在西部盟市是比较高的,约占耕地总面积的 40%。乌兰察布市一等耕地占耕地总面积的 16%。鄂尔多斯市的一等耕地仅占耕地总面积的 6%,乌海市的耕地全部为一等耕地。阿拉善盟耕地面积虽然很小,但绝大部分都集中在额济纳河两岸,一等地占耕地总面积的 25%。全区较好的二等耕地占耕地总面积的 27%,集中分布在中东部,占本盟市耕地面积 40%以上的地区有锡林郭勒盟和通辽市,分别为 48%、43%。巴彦淖尔市、兴安盟、赤峰市分别为 33%、29%、28%,其余盟市的比重小于全区平均水平。中等水平的三等耕地占耕地总面积的 16%左右。中西部分布的多,占本盟市耕地面积比重最大的地区是鄂尔多斯市,为 52%,其次是包头市和乌兰察布市,分别为 35%和 24%,这三个盟市的三等耕地占全区三等耕地的 62%。其他地区的都小于全区平均水平。质量较差的四等耕地占全区耕地总面积的 18%,除乌海市、呼伦贝尔市、兴安盟和阿拉善盟外,其他 8 个盟市都有分布。其中乌兰察布市、包头市、鄂尔多斯市和巴彦淖尔市的四等耕地占本盟市耕地面积的 42%、38%、24%和 23%,占全区四等耕地的 84%,其他 4 个盟市均有少量分布。自治区最差的五等耕地约占耕地总面积的 0.2%,数量不多,集中分布在阿拉善盟和鄂尔多斯市,分别占 67%和 33%。以上说明内蒙古现有耕地东部优于西部和中部，不宜继续耕种的耕地以中部最多。

2. 林地

全区现有森林面积 $2\,050.7\times10^4\,hm^2$，主要分布在呼伦贝尔市、赤峰市和兴安盟，其中一等林地占76%、二等林地占20%，三等林地仅占4%。此外从四、五等农耕地中有 $17.3\times10^4\,hm^2$ 后备宜林地，其中没有一等宜林地，二等宜林地 $10.8\times10^4\,hm^2$，占62.5%，三等宜林地 $6.5\times10^4\,hm^2$，占37.5%，分布在赤峰市、通辽市、乌兰察布市和鄂尔多斯市四个盟市。牧草地中也有 $1\,249\times10^4\,hm^2$ 的后备宜林地，其中一等宜林地占12.7%，分布于呼伦贝尔市、兴安盟、通辽市和锡林郭勒盟；二等宜林地占17.3%，除乌海市外其余盟市都有分布；三等宜林地占70%，主要分布在锡林郭勒盟、通辽市、赤峰市、呼伦贝尔市和鄂尔多斯市。

3. 牧草地

全区现有牧草地 $8\,666.7\times10^4\,hm^2$，占全区土地总面积的73%，其中一等牧草地占32%，二等地占25%，三等地占37%，还有6%为不宜牧业利用地。从区域分布规律看，全区宜牧土地质量具有自东向西呈递减的特点。即东部地区好的宜牧土地占有较大比重，其中呼伦贝尔市、锡林郭勒盟、兴安盟、赤峰市和通辽市一等宜牧地分别占本盟市宜牧地面积的62%、56%、47%、46%和23%。而中西部地区以中等与较差的宜牧土地所占比重较大，其中二等宜牧地占各盟市宜牧地面积的比例依次为乌兰察布市67%、呼和浩特市59%、鄂尔多斯市54%、包头市42%；巴彦淖尔市和阿拉善盟三等宜牧地分别达78%和93%。在四、五等质量较差的农耕地中也有超过 $110\times10^4\,hm^2$ 后备宜牧地，一等宜牧地占51.2%，分布于呼和浩特市、包头市、赤峰市、乌兰察布市、鄂尔多斯市和巴彦淖尔市；二等宜牧地占41.2%，主要分布在乌兰察布市和鄂尔多斯市；三等宜牧地只占7.6%，分布在赤峰市、通辽市、鄂尔多斯市和阿拉善盟。

(四)土地利用中存在的问题及应采取的对策

1. 内蒙古土地利用方面存在的问题

(1)土地生态环境日益恶化

土地退化在全区普遍发生，且类型多样，相互交替发生。据统计，全区土壤侵蚀面积占土地总面积的80.47%，其中土地风蚀面积占土地总面积的64.37%；水土流失面积占土地总面积的16.10%。沙化成为耕地面积减少的重要原因之一。部分地区农业用地广种薄收，盲目扩大耕地，造成风蚀沙化、水土流失、低洼地盐碱化，地力日趋下降。据全区第三次草场调查统计，退化草场面积已占可利用草场面积的39.4%。其中，轻度、中度和重度退化面积分别占退化总面积的 47%、35% 和 18%。退化的原因除了自然因素，如十年九旱、风沙大外，主要是不合理利用，超载过牧和乱垦滥挖所致。

（2）土地利用结构不合理

内蒙古土地利用结构单一，区域布局不平衡，盲目开发，没有形成多层次、结构合理、集约型的土地利用格局。全区耕地中不宜耕作的，坡度 >6° 的丘陵耕地比重较大。土地贫瘠、水土流失严重，本应作为林牧业用地，却用来发展农业，既恶化了生态环境，而且使农区的林草面积比例很小，使基本农田得不到有效保护。在全区的林地中，集中连片的林地分布在东北部的山地中，而广阔的中、西部草原、农区却是少林区，甚至是无林区。全区的牧草地面积辽阔，但由于供水设施分布不匀，使部分草场缺水或无水而未能得到利用。

（3）土地质量和产出水平较低

与国内其他省区相比，内蒙古土地质量与产出水平有较大的差距。难利用土地比重大，耕地中低产田比例较高，牧草地中低产退化草地比重大，土地产出水平的时段波动性规律十分显著。

（4）建设用地侵占耕地现象严重，土地污染日趋严重

随着能源、交通、工业和城市经济建设的迅速发展，建设用地占用肥沃良田、菜地的现象相当普遍，农村宅基地、乡镇企业、建设材料等方面的占地也越来越多。

（5）珍惜和合理利用土地的意识不强

部分干部对珍惜和合理利用土地的意识薄弱，土地法制观念不强，乱占、乱用耕地的现象时有发生。土地管理中，存在着"宽打窄用""早征迟用""多征少用""批此占彼"等任意浪费耕地、以牺牲土地来求得经济的增长，盲目兴办各级各类开发区和所谓的"经济长廊"等土地粗放利用现象。

2. 土地资源合理利用战略措施

（1）因地制宜，合理布局

以发挥土地资源的最佳效益为目的，按照土地适宜性用途，进行用地结构调整。总的方针是：保持耕地的动态平衡，控制建设用地的发展，扩大林地，稳定牧草地，合理布局其他用地。

（2）改善土地生态系统，提高土地综合效益

本着因地制宜、统筹规划、综合治理、养用结合、讲求实效的原则，采取以生物措施为主、工程措施为辅，通过人类行为的优化控制、合理改变和调整土地用途，协调和平衡人与自然、经济、生态的多种关系。

（3）加强用地管理，严格控制建设用地占用农用地

制定合理的建设用地开发政策，编制相关规划，协调处理好建设用地与农业用地之间的关系、征地单位和被征地单位之间的关系、建设用地与环境保护和生态系统之间的关系。建立和健全土地资源开发、利用、保护和整理的行政、政策、法律法规制度。

三、生物资源

（一）草地资源

1. 数量结构与分布

内蒙古草地资源以温带天然草原为主。据 2012 年《内蒙古统计年鉴》统计，内蒙古草原东起大兴安岭山地，西至居延海，东西绵延超过 2 000 km，总面积为 $8\,800\times10^4\ hm^2$，占全区总土地面积的 74.39%。全区可利用草原面积为 $6\,800\times10^4\ hm^2$，占草原总面积的 77.3%，占全国可利用草地面积 1/5 以上。内蒙古著名的草原有呼伦贝尔、锡林郭勒、科尔沁、乌兰察布、鄂尔多斯和乌拉特等草原。内蒙古草原草地主要是高平原草原，由典型草原、草甸草原和荒漠草原三大类型组成。草甸草原是重要的割草地和放牧场，主要分布在内蒙古高原的东北部地区；典型草原主要分布在内蒙古高原的中部、南部，占内蒙古草原总面积的 33.92%，为我国重要的天然草地；荒漠草原分布于阴山北部和鄂尔多斯高原西部，位于草原向荒漠的过渡地带。除了上述草原以外，内蒙古西部还分布有荒漠和草原化荒漠草地，在山地和低湿地还分布有山地草甸、低地草甸等草地类型。以植被类型划分的草地类型及其分布如下表 2.2。

表 2.2　内蒙古草地类型及分布

草地类型	所占比例/%	分布区域
典型草原与草甸草原	48.1	分布于呼伦贝尔市、通辽市、赤峰市、兴安盟以及锡林郭勒盟的东部
荒漠草原	13.1	乌兰察布市、巴彦淖尔市北部，锡林郭勒盟西部及鄂尔多斯市中部
荒漠与草原化荒漠	24.8	分布于阿拉善盟、鄂尔多斯市、巴彦淖尔市西部
山地草甸与低地草甸	14.0	分布于大兴安岭山地，也零星出现于高平原上的河谷、低地、湖盆

资料来源：章祖同：《内蒙古草地资源及其合理利用》，1980

2. 草地资源质量

内蒙古属典型的中温带大陆性季风气候，具有蒸发量大、降水量少、季节变化明显的显著特点，而牧草的生长和畜群结构受气候因子制约也具有明显的时空差异。

内蒙古地区降水量自东向西由 500 mm 递减为 50 mm 左右。与降水量地带变化相适应，自东向西依次分布着草甸草原、典型草原、荒漠草原和草原化荒漠、荒漠等草地类型。内蒙古草原地区太阳辐射强，日照时间长，日温差大，就决定了牧草品质具有蛋白质、脂肪和无氮浸出物高、粗纤维低的特点，特别是牲畜喜食的禾本科、豆科的牧草约占草原上饲用植物总数的 1/3，不仅适口性好，家畜也易上膘。但是，气候条件的异质性，使得不同草地类型的植物种类组成、结构、群落覆盖度、生产力都有很大的区别。同时，气候条件的年际变化也使得各草地类型的生产力在年际间有很大差异，造成了牧业生产的不稳定。

内蒙古地区寒暑干湿分明，季节变化明显，草地多采取分区轮牧；而季节草地的不平衡，使牧业生产中家畜呈现"夏壮、秋肥、冬瘦、春乏"的状况。冬春季多风、干旱，很容易引起草地沙化。而干旱、大风、降雪等容易造成"白灾""黑灾"等严重的牧业气象灾害。

据内蒙古第三次草地资源普查资料，内蒙古牧草地质量较好而产量较低。内蒙古天然草原平均每公顷产草量为 866.70 kg 干草，年产干草总量为 544.99×10^8 kg。其中，典型草原总产量居各类型之首，是重要的放牧场之一；低地草甸类和草甸草原类单位面积产量高，牧草总储量较高，是主要的优质打草地。

(二)森林资源

1. 数量结构与分布

内蒙古林业用地总面积为 $4\,394.93 \times 10^4$ hm^2，占全区土地总面积的 37.2%，在全国各省区中名列第一。全区森林面积 $2\,366.4 \times 10^4$ hm^2，占全国森林总面积的 11%，其中人工林保存面积 572.40×10^4 hm^2，均居全国之冠。活立木蓄积为 13.61×10^8 m^3，占全国总蓄积量的 10%，居全国第五位。人均森林面积 0.873 hm^2，高于全国 0.132 hm^2 的人均水平；森林覆盖率为 20%，接近全国 20.36% 的平均水平。

内蒙古森林资源主要集中分布于大兴安岭北部山地，大兴安岭林区在内蒙古境内的面积为 $1\,067 \times 10^4$ hm^2，占全自治区林地面积的 92.1%。其他如燕北、阴山、贺兰山等山地也生长着成片的天然次生林，形成罕山林区、克什克腾林区、茅荆坝等林区。内蒙古广大高原、平原和丘陵缺林少树，森林覆盖率较低。

内蒙古的森林资源地区分布十分不均衡。呼伦贝尔市地处湿润、半湿润区，是内蒙古森林资源最集中的盟市，森林蓄积量占全区总蓄积量的86%，这里分布着以兴安落叶松为主的寒温性针叶林，是我国重要的木材生产基地和生态屏障。分布在大兴安岭南部山地、燕山北部山地的兴安盟、赤峰市、通辽市，属温带半湿润、半干旱地区，多分布着一些以白桦、山杨、柞树、落叶松、油松为主的针、阔叶混交天然次生林；在松嫩平原地区，人工林发展也比较迅速，成为内蒙古森林资源较多的地区。锡林郭勒盟、乌兰察布市等其余8个盟市，属干旱、半干旱区，年降水量普遍低于400 mm，最西部的额济纳旗年降水量还不到50 mm，林木生长条件差，森林资源稀缺。除贺兰山、大青山、乌拉山、蛮汉山、宝格达山等山区有小面积残存的次生林外，主要是近些年发展起来的人工林，而且多属灌木林。因此，内蒙古森林资源的分布表现出明显的规律性，自东向西逐渐减少。

2. 森林资源质量

内蒙古森林资源总量、人均资源量均较丰富，森林资源在自治区国民经济中占有重要的地位。但随着生态环境的改善和人民生活水平的提高，人们对森林资源的需求与日俱增，森林资源的总量已远不能满足社会和经济发展的需要。由于内蒙古地域辽阔，干旱、半干旱地区占有较大面积，所以森林覆盖率较低，尚不足全国的平均水平，更低于世界29.60%的平均水平。一般认为，一个地区森林覆盖率应在25%以上，否则不仅木材不能自给，生态环境也难以保持平衡。再加上森林资源分布的极不均衡，内蒙古农牧业产区缺林少木，是农田、草原生态系统脆弱的主要原因之一。

内蒙古地处温带，干旱半干旱区面积大，地势起伏较少，林相结构简单，林下层次不发达，森林系统能量周转水平较低，抗病虫害能力差，生态系统十分脆弱。

内蒙古森林组成树种的生活型主要有常绿针叶乔木、落叶针叶乔木、落叶阔叶乔木和落叶灌木种类。常绿针叶乔木主要有松科的云杉、油松、樟子松，柏科的杜松、侧柏、圆柏等。其中，樟子松分布在大兴安岭北部及岭西沙地，形成我国最大的樟子松林区，面积达120×10^4 hm^2。落叶针叶乔木以兴安落叶松为主，是大兴安岭林区的建群树种。落叶阔叶林的主要树种为山杨、白桦、蒙古栎、辽东栎、白榆、五角枫等，成为山地次生林和沙地疏林的代表性植物。在内蒙古东西部的河流沿岸还分布有河岸林，黄檗、香杨、朝鲜柳、胡杨是主要的代表性树种。

根据全国第六次森林资源清查结果，内蒙古林木蓄积量为12.9×10^8 m^3，林分单位面积蓄积量为 68.60 m^3/hm^2，不足全国的平均水平(84.73 m^3/hm^2)；年均总生长量 3 720.09×10^4 m^3，年均生长率为 3.45%，林分生产力不高。从林种结构上看(表 2.3)，林分面积与蓄积量均以防护林占优势，而用材林比重有所下降。这样的林种结构反映出林业建设的重点以从单一木材生产为主向保护培育森林资源和生态建设转变。但薪炭林比重偏低，难以满足人们对薪柴的需求，必然要向其他林种索取而毁坏森林。

表 2.3　内蒙古自治区林种结构与蓄积

	面积/(10^4 hm^2)	比例/%	蓄积量/(10^4 m^3)	比例/%
防护林	999.55	62	63 803	57
用材林	502.51	31	37 281	33
特种用途林	87.05	5	8 232	7
薪炭林	22.30	1	1 228	1

内蒙古森林的幼龄林和中龄林面积占有很大比重，而成熟林、过熟林所占比重较小，近期内可采伐利用的森林资源偏少，难以实现森林资源的多种经营和永续利用。

(三)植物资源

内蒙古自治区共有维管植物 128 科、692 属、2 273 余种，分别占全国科、属、种数的 36.3%、21.7% 和 8.4%。其中有大量的植物种类可以为人类所利用。内蒙古珍稀濒危保护植物名录详见表 2.4。

1. 药用植物

内蒙古地区拥有不少药用植物的种类，而且是某些重要药材的主产区。凡是具有特殊化学成分及生理作用的植物往往均可供作药用。其中，双子叶植物种类最多，如豆科、毛茛科、菊科、蔷薇科、伞形科、远志科、唇形科、茄科、大戟科、五加科、龙胆科、萝藦科、桔梗科等。单子叶植物次之，如百合科、薯蓣科、天南星科等。裸子植物的麻黄科、松科、柏科和蕨类植物的石松科、卷柏科、木贼科等也有部分药用植物。

甘草广泛分布于全区的沙质草原和低湿地草甸，蕴藏量丰富，是我国甘草的主要产区之一。西伯利亚杏是内蒙古森林草原带东部的山地灌丛与灌丛化草原的优势种，其种子(杏仁)具有止咳祛痰和治疗支气管炎、哮喘等功效。知母、细叶百合、北马兜铃、北细辛、桔梗、党参、多种沙参、款冬、大花旋复花、狼毒、百里香等均为常用镇咳祛痰剂。麻黄、北乌头、北细辛、狭叶柴胡、兴安柴胡、防风、野薄荷、黄芩、百里香、茵陈蒿、北苍术等具有发散风寒的效用。分布在内蒙古西部干旱地区的肉苁蓉具有滋阴补阳的功效，有"沙漠人参"的美名，锁阳科的锁阳也具有相似的功效。黄芪属植物有多种滋补强壮植物，广泛分布于草原地带。牛蒡、鬼针草、狼把草、刺儿菜、野蓟、祁州漏芦、兴安一枝黄花等可治疗疮毒痈肿及某些炎症，狼毒大戟、地锦、钩腺大戟、委陵菜、翻白草、拳蓼、水蓼等为常见的清热解毒消炎药。曼陀罗、毛曼陀罗、天仙子、白屈莱、野罂粟、酸枣、兴安白芷等植物分别具有镇痛、镇静、安神之效。

2. 纤维植物

植物纤维原料也是本区的一项重要植物资源，其中包括造纸纤维原料，人造棉、人造丝等纺织纤维原料，绳索与编织纤维原料等。

内蒙古地区最常见的草类纤维植物主要集中在多年生禾本科草类之中，例如芦苇、芨芨草、小叶章、大叶章等。芦苇是当前我国主要造纸原料之一，广泛分布于湖滨、河滩沼泽地带。芨芨草的造纸纤维性能也良好，主要分布在半干旱区与干旱区的盐化草甸中。小叶章、大叶章是新发掘利用的造纸工业原料，生于大兴安岭森林区与森林草原区的低湿地上。除此以外，贝加尔针茅、大针茅、荻、羊草、赖草、野古草、大油芒、拂子茅、白草、鸢尾、野亚麻、香蒲以及罗布麻等也都是可以作为造纸原料或其他纤维用途的植物。

3. 淀粉及酿造原料植物

淀粉是工业上的一项重要原料，开发利用野生淀粉植物，也有很大的意义。壳斗科的几种栎树（蒙古栎、辽东栎、槲栎），种子富含淀粉。蓼科的许多植物，如拳蓼、何首乌、红蓼、珠芽蓼、皱叶酸膜均含丰富的淀粉，可供制粉及酿酒。含淀粉的资源植物还有毛百合、山丹、渥丹、玉竹、黄精、知母、野稗、沙枣、沙蓬等。

可以提供酿造原料的植物还有蔷薇科的山荆子、稠李、山楂、山刺玫、黄刺玫、美蔷薇、茅莓、东方草莓及杜鹃花科的笃斯、越橘，蒺藜科的白刺，葡萄科的山葡萄，胡颓子科的沙枣、沙棘等果实。这些植物大多在山地、沙地或河滩地有比较集中的分布，可提供造酒、制酱等原料。

4. 油料植物

文冠果是分布在内蒙古地区著名的木本油料植物，目前已经具有较大的栽培面积。除此以外还有西伯利亚杏、平榛、毛榛等，它们可以提取医药、制肥等工业用油。

5. 栲胶植物

在皮革工业、纺织印染、石油化工及医药工业中，栲胶是不可缺少的原料。它取源于鞣料植物。本区草本植物和木本植物中鞣料植物都相当丰富。

　　草本鞣料植物主要有地榆、小白花地榆、鹅绒委陵菜、蚊子草、龙芽草等，它们全草均含鞣质。木本栲胶原料植物具有众多种类，其中兴安落叶松、红皮云杉、云杉、樟子松、油松、黑桦、白桦、山杨、蒙古栎、辽东栎等树种，黄花柳、谷柳、沼柳、五蕊柳、小红柳、蒿柳、榛、毛榛、虎榛子、三裂绣线菊等多种灌木也含鞣质，成为制取栲胶的主要植物资源。

　　6. 芳香植物

　　内蒙古的芳香植物比较丰富，分布也十分广泛。

　　菊科的蒿属植物是用于香料工业的一项原料，种类丰富、蕴藏量大。主要种类有冷蒿、白莲蒿、沙蒿、蒙古蒿、狭叶青蒿、变蒿、牡蒿、大籽蒿、黄蒿以及相近属的栉叶蒿等。这些种分布较集中，便于采集利用。除此以外，藿香、香青兰、裂叶荆芥、多种黄芩、百里香、狭叶杜香、兴安杜鹃、照山白、岩败酱、山刺玫等也是主要的芳香植物资源。木本植物中的芳香植物主要集中在裸子植物中，例如，侧柏、杜松、圆柏、兴安圆柏及西伯利亚刺柏等均为良好的芳香植物。

　　7. 观赏植物

　　观赏植物具有很高的社会经济价值。内蒙古地区观赏价值较高的野生植物主要是观花植物，主要种类有大花杓兰、兴安杜鹃、照山白、多种百合、多种鸢尾、多种蔷薇、多种绣线菊、达乌里龙胆、大花飞燕草、蓝刺头、阿尔泰狗娃花、高山紫菀、多种锦鸡儿、野罂粟、二色补血草、柳穿鱼、接骨木、桔梗、东陵八仙花等。

表 2.4　内蒙古珍稀濒危保护植物名录

保护类别	植物名称
国家一级保护植物	琐琐、胡杨、四合木、沙冬青、半日花、绵刺
国家二级保护植物	斑子麻黄、樟子松、白杆、核桃楸、脱皮榆、水曲柳、黄檗、钻天柳、蒙古扁桃、贺兰山丁香、文冠果、葛枣猕猴桃、裸果木、东北岩高兰、革苞菊、猬实、瓣鳞花、戈壁藜、天麻、内蒙黄芪、膜荚黄芪、野大豆、白龙昌菜、戈壁短舌菊、北五味子、党参、手掌参、穿龙薯蓣、甘草、芍药、百花蒿、越橘、三叶蔾头尖、草苁蓉、肉苁蓉、狭叶瓶尔小草、单花郁金香、松下兰、中华糯蕨、发菜、猴头茹

(四)动物资源

　　1. 概述

　　内蒙古境内有森林、草原、沙漠、山地、湖泊及沼泽，生态系统复杂多样，为野生动物的繁衍生息提供了多样的自然环境。内蒙古野生动物不仅种类繁多，资源也很丰富。据动物学家调查，全区产有野生鱼类约90种，两栖类爬行类27种，鸟类370余种，兽类112种。其中有的动物在国内主要分布于内蒙古，例如，驯鹿、貂熊、黑嘴松鸡等就主要分布在大兴安岭北部。内蒙古高原的中东部地区是广阔的草原，它是欧亚草原区的重要组成部分，一些草原地带的代表动物集中分布于此，如蒙古百灵、大鸨、草原旱獭、黄羊、草原黄鼠等。内蒙古拥有众多的具有重要经济价值和科学价值的野生动物资源，如能科学地加以保护和利用，将会变成一项宝贵的经济资源。

2. 主要动物资源

(1) 害虫天敌动物资源

内蒙古分布有多种啮齿动物和看似经济价值不显著的两栖类及爬行类，但是他们可消灭大量害虫，他们的存在养活了很多有重要经济价值的猛禽和食肉类动物。内蒙古分布有猛禽、食肉类及其他主要以动物性食物为生的动物近400种，啮齿类和昆虫与以他们为食的肉食性动物的数量保持平衡，保护了物种或基因的多样性，也使有害动物的危害减小。赤峰市克什克腾旗境内的白音敖包自然保护区以保护珍稀树种沙地云杉为主，那里随处可见的灰椋鸟是真正的防虫卫士。

内蒙古虽大部分地处干旱和半干旱地区，但是湿地、沼泽也分布很多。雁鸭类等植食性动物在此生境中大量繁殖，以水生植物、藻类为食，避免了农田退水排入造成的富营养化现象，在湿地生态系统平衡中发挥着重要的作用。乌梁素海的白骨顶、达里诺尔自然保护区的大天鹅都起到这样的作用。

生存于林中的啄木鸟以林木体内的害虫为食，保护树木；啄木鸟每年筑建新巢，废弃的洞巢可以招引灰椋鸟、大山雀、柳莺等益鸟，在防治森林病虫害中，发挥了重要的作用。

(2) 珍稀动物资源

分布于内蒙古的国家一类保护动物有26种，二类保护动物有89种，被列入国际自然保护联盟保护的有51种，列入《濒危野生动植物国际贸易公约》的99种。内蒙古拥有的75种国家重点保护野生鸟类中，一级保护野生鸟类有18种，二级保护野生鸟类有57种。此外，内蒙古还分布有中国和日本两国政府"保护候鸟及其栖息环境协定"规定的128种保护候鸟，分布有中国和澳大利亚两国政府"保护候鸟及其栖息环境协定"规定的45种保护候鸟。主要的珍稀保护动物种类如表2.5所示。繁殖于内蒙古的珍禽主要有大鸨、黑鹳和白鹳，以及分布于内蒙古的6种鹤类，分别是蓑羽鹤、白头鹤、丹顶鹤、白枕鹤、灰鹤和白鹤。兽类中的珍稀种类首推蒙古野驴、双峰驼、梅花鹿、豹及雪豹。珍稀的尤其是内蒙古所特有的动物种类，可供科学研究和发展旅游等，其价值远非一般经济动物所能比拟。

表 2.5 内蒙古珍稀保护动物资源品种

保护类别	动物种类
国家一类保护动物	野马、野驴、野骆驼、丹顶鹤、白鹤、黑鹳、白鹳、梅花鹿、玉带海雕、大鸨、波斑鸨、雪豹、貂熊、北山羊、遗鸥等
国家二类保护动物	盘羊、马鹿、驼鹿、驯鹿、马麝、大天鹅、小天鹅、疣鼻天鹅、白枕鹤、白头鹤、蓑羽鹤、鸳鸯、土豹、兔狲、猞猁、棕熊、黑熊、秃鹫、雀鹰、草原雕、红隼、花田鸡、石貂、蓝马鸡、荒漠猫、石羊（岩羊）、青羊、雪兔、羚羊等
国家三类保护动物	山北羊、鹅喉羚羊、紫貂、石貂、白鼬、伶鼬、玉带雕、小鸨、细嘴松鸡、水獭、榛鸡等

（3）家养和可驯化饲养、观赏动物

内蒙古自治区在我国畜牧业综合区划属蒙新高原区，大牲畜优良品种主要有三河牛、三河马、鄂伦春马、乌珠穆沁马、阿拉善骆驼，小牲畜优良品种主要分布有内蒙古大耳猪、乌珠穆沁羊、沙毛山羊等。麝、鹿、貂、多种雉鸡、鹌鹑等，具有成为新式家畜、家禽的良好前景。有些珍稀的野生动物，由于其濒危状态及其在旅游、工艺或药用上的特殊价值，亦开始予以饲养驯化。

（4）水生动物资源

内蒙古水域中共有鱼类 110 种（含亚种），隶属 9 目 19 科，21 种为引入种，89 种为自然分布种，其中鲤科鱼类 62 种，鳅科鱼类 14 种，鲑科鱼类 4 种，鲶科 3 种，鲟科、塘鳢科、丽鱼科各 2 种，七鳃鳗科、茴鱼科、胡瓜鱼科、鮨科、狗鱼科、银鱼科、青将科、鳕科、刺鱼科、鮨科、虾虎鱼科、鳢科各 1 种。食用价值较大、具有捕捞意义的鱼类主要有鲤鱼、鲫鱼、草鱼、鲢鱼、鳙鱼、鳊鱼、蒙古红鲌、红鳍鲌、餐条、雅罗鱼、鲶鱼、狗鱼、细鳞、哲罗、白鲑、细鳞斜颌鲴等三十多种。

各水系水体中还分布有经济价值较高的甲壳类如秀丽白虾、河蟹、卤虫等。秀丽白虾（秀丽长臂虾）集中产地在呼伦湖。河蟹虽没有天然分布，引入蟹苗后在岱海、巴彦淖尔市、鄂尔多斯市等地投放，生长较好。内蒙古是世界著名的天然盐湖密集区，378 个盐湖中已知有卤虫分布的有 39 个。嫩江、西辽河水系及黄河流域还广泛分布有甲鱼。

此外，内蒙古各水系水体中还分布有大量的浮游生物和底栖动物，具有一定的开发利用价值。

四、矿产资源

内蒙古地域广阔，地层层序较为齐全，火成岩复杂多样，而又横跨"地台"与"地槽"两个一级大地地质构造单元，形成了比较有利的成矿地质条件。其一，地层出露齐全，从太古界至新生界地层都有出露；其二，岩浆活动频繁，侵入岩从加里东期、华力西期至燕山期各种侵入岩都有分布；喷出岩种类颇多，从侏罗纪的中、酸性喷出岩到第三纪、第四纪基性喷出岩都有广泛分布；其三，地质构造复杂，纬向构造带横贯内蒙古高原南缘；新华夏构造体系斜贯东部；经向构造体系和祁吕贺"山"字形构造体系展布于西部；其四，全区范围内古地理环境演变历史悠久，干湿变化剧烈，并有多轮回的趋势，与地质构造多旋回配合形成对应的一系列环境资源。内蒙古的矿产资源不仅矿种齐全，矿床类型多，而且储量较丰富(图2-18、图2-19)。

(一)能源矿产

内蒙古已发现的能源矿产有煤、石油、天然气、油页岩和铀。煤是最主要的能源矿产，是自治区的优势矿种之一。内蒙古的煤主要形成于石炭二叠纪、早侏罗纪、晚侏罗—早白垩世、第三纪等四个成煤期。煤炭资源分布普遍而又相对集中，内蒙古煤炭产地有330余处，全区3个盟9个市都有煤炭资源。鄂尔多斯市煤炭资源最为丰富，已探明煤炭储量$1\,212.1\times10^8$ t，超过全区探明储量的3/5，特大煤田东胜煤田和准格尔煤田分布在这里。锡林郭勒盟煤炭资源居第二位，探明储量369.5×10^8 t，有胜利煤田和白彦花煤田两个特大煤田。呼伦贝尔市探明储量282.9×10^8 t，大煤田有扎赉诺尔煤田、伊敏河煤田、大雁煤田和宝日希勒煤田。通辽市探明储量133.1×10^8 t，霍林河为特大煤田。乌兰察布市探明储量91.5×10^8 t。乌海市探明储量44.2×10^8 t，有海勃湾煤田和乌达煤田。赤峰市探明储量20×10^8 t，有平庄—元宝山煤田。其余盟市煤炭资源较少，其中包头市8.2×10^8 t，呼和浩特市0.6×10^8 t，兴安盟0.5×10^8 t。

从总体上看，内蒙古的煤种以动力煤为主，占全部储量的近95%，而优质焦煤和无烟煤缺乏。从煤质来看，不黏结煤储量最大，占总储量的48%，次为褐煤，占38.15%，长焰煤占8.35%，炼焦煤占5.5%。西部古拉本"白煤"煤田为罕见的低灰、硫、磷、高发热量的高变质无烟煤。分布于阿拉善盟，储量3.7×10^8 t，是出口创汇的畅销产品。乌海煤田探明的炼焦用煤储量极为丰富。鄂尔多斯市的东胜煤田，煤质较好，一般称为精煤，属低灰—特低灰、低硫、特低硫，高发热量、高挥发的动力用煤和化工用煤的不黏结煤。而东部几个盟市均以褐煤为主，也可以液化，其次也有无烟煤。

内蒙古煤炭开采条件良好，大煤田集中，大多可露天开采，并具有煤层厚、埋藏浅、构造简单的特点，利于采用现代技术，建设大型煤炭基地。小型煤田星罗棋布，便于地方小煤窑生产。内蒙古的煤炭资源将日益显示出资源支柱的重要地位。

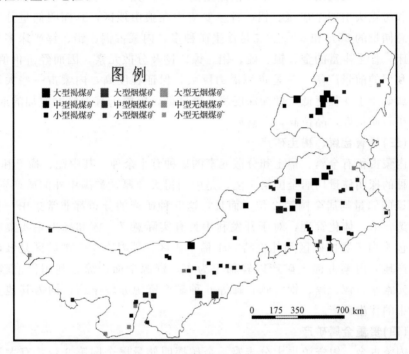

图 2-18　内蒙古煤矿分布示意图

(二)有色金属矿产

有色金属是内蒙古重要的优势矿产。我国五条重要的有色金属成矿带，有两条在内蒙古通过。有色金属资源十分丰富，已探明储量的有十余种，以铜、铅、锌、锡为主，具有一定的优势；钨、铋、钼具有相当潜力，在国内占有一定的地位；镍、钴矿物均为少量；铜矿探明储量居全国第 6 位，有大型矿床 2 处；铅矿探明储量居全国第 3 位，有独立大型的铅矿床 2 处；锌矿探明储量居全国第 2 位，有多金属锌大型矿床 6 处；钨矿探明储量居全国第 10 位，有大型伴生矿床 1 处；锡矿资源已探明储量居全国第 5 位，有大型伴生矿床 1 处；钼矿探明储量居全国第 8 位，有大型伴生矿床 1 处；铋矿探明储量居全国第 5 位；钴与镍探明储量分别居全国第 19 位和第 13 位，皆为小伴生矿床。

内蒙古有色金属矿产分布比较集中,主要分布区有狼山地区、白乃庙地区、额尔古纳河流域、赤峰市南部、突泉至锡林浩特一带,形成大兴安岭和内蒙古地轴北缘两条有色金属成矿带。

总体上看,内蒙古有色金属矿产有四个显著特点。一是矿床规模大,产地集中,便于大规模开采。全区铜储量的91.7%集中在炭窑口、霍格乞、白乃庙和努克头山四个矿区。铅、锌主要集中在狼山地区,其探明储量分别占全区总储量的65%和67%。二是伴生矿种多,内蒙古铜、铅、锌矿床多为综合矿床,伴生丰富的金、银、硫、钼、镍、铋及分散元素。因而经济价值高,综合利用的前景广阔。三是资源潜力巨大,保证程度高,内蒙古一些大型有色金属矿床工作程度低,勘探深度浅、密度低,资源仍有大幅度增加的前景。四是矿石质量好,品位高,多富矿。

(三)稀有金属、稀土矿产

内蒙古稀有金属、稀土和分散元素的矿种有十余种。其中铌、稀土和锆3个矿种的探明储量均居全国第1位,是中国得天独厚、誉满中外的矿产资源。钽和铍的储量均居全国第2位。而且,这5种矿产的分布都非常集中,易于采、选、冶一体化管理,对于开发利用具有实际意义。铌和稀土主要集中分布在包头白云鄂博矿区和扎鲁特801稀土矿区。鄂温克127铍矿区是铍矿的主要产地。内蒙古稀土矿产以轻稀土为主,资源全面,综合利用价值较高。分散元素锗、镓、镉、铟、硒、碲等6种矿产资源亦较丰富,均为其他金属矿床中的伴生矿产。

(四)贵重金属矿产

内蒙古金、银资源也十分丰富。金矿探明储量居全国第9位,有大型矿床2处。银矿探明储量居全国第4位,有大型矿床2处。

黄金矿区分布于呼伦贝尔额尔古纳河流域、赤峰南部、乌兰察布白乃庙和大青山四个集中区。赤峰和白乃庙以脉金为主,呼伦贝尔和大青山以砂金为主,近年来在固阳和白云鄂博地区也发现了两处中型脉金矿床。银矿均为有色金属和黄金共生、伴生矿床。

(五)黑色金属矿产

内蒙古已探明储量的黑色金属矿产有铁、铬、锰三种,其中铁、铬在全国占有重要地位。铁矿探明储量居全国第7位,大型矿床有4处。铬矿探明储量居全国第2位,是我国最早开展铬铁矿普查、勘探的地区,在国内占有重要地位,但因矿石品位和铬铁比值较低,至今开发甚少。

铁矿主要分布在包白铁路和集二铁路沿线以及兴安盟、呼伦贝尔和乌海市。铬矿主要分布在锡林郭勒盟北部和巴彦淖尔市索伦山一带。

(六)化工原料非金属矿产

内蒙古化工原料非金属矿产在区内外具有重要的优势。矿产十分丰富，具有矿床规模大、矿石品位高、产地集中、矿种齐全、伴生矿多等特点。

作为化工原料的盐湖矿床是内蒙古的一大特色，几乎分布于全区。其中，天然碱 Na_2CO_3 和 $NaHCO_3$ 的探明储量居全国第 2 位，芒硝探明储量居全国第 3 位。前者有全国第一个露天开采的大型察干里门诺尔天然碱矿，后者有世界级特大型芒硝矿——达拉特旗芒硝矿床。

硫铁矿探明储量居全国第 3 位，是内蒙古最有经济意义的化工矿产。主要分布在巴彦诺尔狼山、渣尔泰山一带，东升庙矿区属特大型矿床。与矿床伴生、共生的铜、铅、锌等金属及金、银储量也相当可观，综合开发、综合利用价值很高。

(七)建筑材料非金属矿产

内蒙古建筑材料非金属矿产种类多，分布广，质量好，现已探明的拥有一定储量的矿种主要有居全国第 1 位的建筑用橄榄岩和水泥配料板岩；居全国第 2 位的沸石和砖瓦用黏土，居全国第 3 位的云母、水泥配料黏土、膨润

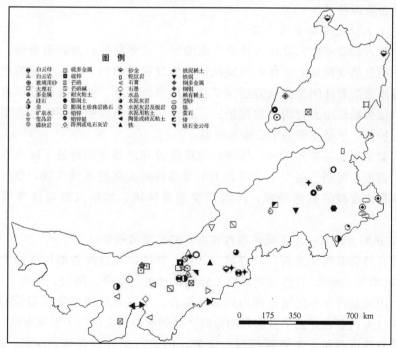

图 2-19 内蒙古矿产分布示意图

土与制灰用灰岩；居全国第 4 位的蛭石；居全国第 5 位的晶质石墨、建筑用砂、玻璃用石英砂等。其他陶瓷黏土、建筑石材等在国内都占有重要地位。

目前探明矿产的种类和储量反映矿产资源的现状，然而内蒙古的地质勘探工作程度远低于世界发达国家，也低于内地。随着 1∶50 000 区域地质调查工作的开展和普查—找矿工作的进行，新的矿产地将要大批地被探明。因此，内蒙古矿产远景将是可观的。

五、旅游资源

(一)内蒙古旅游资源的特点

内蒙古的旅游资源类型多样，资源丰富，主要具有以下特点：

1. 旅游资源具有多样性和独特性

从地域分布上看，各类旅游资源在全区地域上广泛分布，特别是在呼和浩特、鄂尔多斯、呼伦贝尔、锡林郭勒、赤峰等主要旅游区域，不仅主体景观资源个性突出，而且自然风光往往与人文古迹、民俗风情等紧密结合在一起，相互融合，相互烘托，为特色旅游景区的开发与建设提供了极为有利的资源条件，展现了内蒙古景观多样性、生物多样性、文化多样性、民族独特性等旅游资源特色。

2. 自然生态旅游资源丰富

内蒙古拥有草原、森林、沙漠及湖泊等丰富多样的自然旅游资源。这些原生态的自然景观加上纯朴的民族风情，为发展以回归自然为主题的生态旅游、探险旅游和休闲度假旅游提供了良好的资源基础。如锡林郭勒国家级自然保护区、通辽市大青沟自然保护区、赛罕乌拉自然保护区等既是各类生态系统保护区，也是重要的生态旅游资源。

内蒙古地处温带气候区，特殊的地理位置和地势变化造就了区内寒温带湿润、温带半湿润、温带半干旱和干旱等多样的大陆性季风气候，空气清新自然，加之奇特的自然景观，可以开发避暑休闲、娱乐及草原体育等旅游产品。

3. 旅游资源在一定区域范围内具有良好的空间组合性

从自然资源组合来看，以森林、草原、沙漠以及过渡类型构成的大地域（内蒙古东部、西部）自然景观环境差异和以沙漠、草原、湖泊、河流、温泉、森林、山地景观在小区域范围内的多元组合，不仅对旅游市场有很强的吸引力，而且为内蒙古开发丰富多彩的旅游产品和旅游活动提供了发展空间。

从自然资源和人文资源的组合来看，内蒙古草原、森林、沙漠、湖泊、河流等多样的自然景观，与各具特色的蒙古族、鄂伦春族、鄂温克族和达斡尔族等少数民族文化在地域上形成一定的组合，在很大程度上改变了自然旅游景观单一性与同质性给旅游产品多样性开发造成的约束。使不同地域上开发的旅游产品可以保持鲜明特点。

4. 与我国东部发达地区的旅游资源具有互补性

内蒙古旅游资源与其周边省区及我国东部地区具有很强的互补性。内蒙古自治区原生态的草原、沙漠、森林、冰雪等自然景观资源与蒙古族为代表的北方少数民族风情资源及其小空间范围内的组合都是周边省区、东部各省所不具备的。同时，现代旅游需求日益多样化和多层次化，寻求原生态、古朴，追求回归自然的旅游体验成为时尚和潮流，内蒙古所拥有的森林、沙漠、草原，原始、纯朴的民族风情、历史古迹等特色优势旅游资源，符合现代旅游需求的取向和发展趋势，从而使内蒙古与我国东部发达地区具有了资源和市场上的双重互补。

(二)内蒙古旅游资源类型

根据内蒙古旅游资源的主要特点，可分为形象类旅游资源和抽象类旅游资源两种类型。形象类旅游资源主要是指，在自然界和人类社会中可以被旅游者亲身参与或经历的有形的旅游资源。这类旅游资源主要包括由地质奇观和生态气候构成的自然旅游资源，以及由历史文化遗存构成的人文旅游资源。抽象类旅游资源主要是指，旅游者在参与和体验的过程中，需通过自身的感知而感受到的旅游资源。此类旅游资源虽然是无形的，但却能给人以想象空间和愉悦的身心体验，主要包括艺术、宗教、民俗等。

1. 形象类旅游资源

内蒙古有连绵起伏的崇山峻岭、广袤无垠的草原、水产丰富的河流、绿荫蔽日的森林、种类繁多的珍禽异兽、婀娜多姿的奇花异草和造型奇特的地质地貌，这些均为发展旅游业提供了良好的自然基础，并形成了独特的自然景观。自治区历史悠久、文化遗迹丰富、游牧文化积淀深厚。从远古时期，这里就有早期人类活动的足迹，匈奴、鲜卑、乌桓、突厥、契丹、蒙古族在这片富饶的土地上生存、壮大。内蒙古地区的各种文化遗址、陵墓、岩画以及宗教寺庙是记载着千年历史的活化石，这些都是珍贵的人文旅游资源(图2-20)。

(1)草原、森林景观

草原是内蒙古自治区自然旅游资源的支柱类型。内蒙古自治区几乎就是一个完整的天然草原博物馆，由于全区地跨寒温带、中温带和暖温带，因此，依据区域水热条件和植被特征的差异，内蒙古的天然草场从东向西，随着地势、气候、土壤等生态因素的各异，可划分为草甸草原、典型草原、荒漠草原与沙地草原四大类型，并形成了呼伦贝尔草原、科尔沁草原、锡林郭勒草原、乌兰察布草原、鄂尔多斯草原等五大草原景观区。内蒙古的草原景观在全国乃至世界范围内都具有独特性和不可替代性，草原与蒙古族民俗风情的融合，也使内蒙古自治区具备了形成中国草原旅游产品著名品牌的资源优势。

内蒙古的森林资源呈现从东向西渐少的分布趋势。森林景观是由乔本植物为主的植物群落和栖息其间的动物类群共同组成的环境景观类型。内蒙古的森林旅游资源主要分布在大兴安岭、阴山和贺兰山。按树种可分为针叶林、落叶阔叶林和针叶落叶阔叶混交林。其中，针叶林是内蒙古自治区最重要的森林旅游资源，主要树种有油松、樟子松、兴安落叶松、华北落叶松、侧柏林等。从森林旅游资源景观以其品位角度来看，内蒙古自治区的沙地针叶林景观（如沙地云杉）、白桦林、胡杨林为主体的落叶阔叶林景观、典型干旱区环境下的高山针叶林景观，在全国占有突出地位。

森林与草原景观的组合（大兴安岭西麓、克什克腾旗）、森林与火山熔岩景观的组合（阿尔山）、森林与湖泊景观的组合（达尔滨湖区）、森林与高山峡谷景观的组合（贺兰山），以及森林与鄂伦春、鄂温克和达斡尔民族（狩猎）风情的结合，不仅会极大地丰富内蒙古自治区森林旅游产品类型，而且也将使森林生态旅游成为内蒙古自治区旅游品牌产品中的重要组成部分。

（2）沙漠、沙地景观

内蒙古的沙漠与沙地位于我国整个沙漠带的东部与东北部，是我国沙漠与沙地景观类型最丰富的地区之一，沙漠和沙地呈现分布零散和小片集中的特点。内蒙古主要的沙漠与沙地景观有：东部的浑善达克沙地，南部的毛乌素沙地，西部的乌兰布和沙漠、黄河南岸的库布齐沙漠以及位于阿拉善右旗的巴丹吉林沙漠。其中，巴丹吉林沙漠是中国第三大沙漠，内蒙古第一大沙漠，还是世界最高大沙丘的所在地，拥有我国最大的鸣沙区和沙漠湖群，在世界上绝无仅有，旅游开发价值极高，具备开发沙漠探险旅游和极限沙漠娱乐运动的高品位资源基础。

（3）地质、地貌景观

内蒙古自治区的地质地貌旅游资源比较丰富。主要类型包括地质与构造、古生物化石、火山与熔岩、第四纪冰川遗存及派生的旅游资源，塑造了形态各异、观赏性很高的微地貌景观，如石林景观（阿斯哈图石林）、火山地貌等。火山与熔岩景观占有突出地位，分布地域相对集中于克什克腾旗、阿尔山市、鄂伦春旗及乌兰察布市和锡林郭勒盟的部分旗县。阿尔山市的火山与熔岩景观系列及其派生的旅游资源如温泉、植被演替过程等十分完整、丰富，具有极高的观赏与科普旅游价值。克什克腾旗也是该类旅游景观资源组合较好的集中展示地区。

（4）水域、矿泉景观

内蒙古自治区大部分地区虽处于干旱和半干旱地带，但特有的高平原地貌条件，使其成为我国湖泊的主要聚集地之一。全区共有大小湖泊1 000多个，主要分布在西辽河平原、内蒙古高原、鄂尔多斯高原。内蒙古的湖泊依据成因可分为风蚀湖和阻塞河成湖，以风蚀湖为主；根据水质类型可分为咸水湖、微咸湖和淡水湖，以咸水湖为主。咸水湖又分为盐湖、碱湖、硼砂湖、芒硝湖等，许多湖泊及周围茂盛的草丛芦苇，栖息着各种禽鸟，构成了草原上独有的水乡泽国风光，成为泛舟、垂钓、游泳、狩猎等旅游活动的理想场所。在盛产盐、碱、芒硝等矿产的湖泊周围晶莹如玉的盐或洁白如雪的碱堆积成山，构成内蒙古湖泊的又一壮美景观。

内蒙古自治区优良级风景河段主要集中在东部区的三个盟市，尤以呼伦贝尔市最为集中，风景河段也与森林、草原结合十分紧密。以莫尔格勒河"九曲回肠"、根河上游、伊敏河、哈拉哈河、激流河等河段景观为佳，与我国南方风景河段相比，品味、特色别具一格。

内蒙古矿泉资源比较丰富，主要分布在大兴安岭至集二线与集宁、丰镇、大青山山前一带。现已发现矿水点67处，主要分为碳酸矿水或含碳酸矿水（如阿尔山矿泉、维纳河矿泉等）；热矿水（即温泉，如克什克腾、敖汉、宁城、乌拉特前旗阿尔善矿泉及呼和浩特大瓦窑热矿水）以及偏硅酸矿水等类型。

（5）古生物化石和古人类文化遗址

内蒙古地区从远古时代就有许多生物栖息繁衍。由于特殊的自然地理环境，内蒙古地区保存了许多古生物遗址，并发现了大量的古生物化石。如呼伦贝尔市满洲里附近的扎赉诺尔猛犸象化石遗址，二连浩特市盐池地区的恐龙化石遗址和赤峰市巴林左旗的富河动物化石遗址。

内蒙古史前文化遗存十分丰富，尤其是石器时代的文化遗址在我国史前文化遗存方面占有重要地位。如大窑文化遗址、红山文化遗址、河套人以及萨拉乌苏文化遗址、夏家店下层文化遗址、夏家店上层文化遗址、岱海遗址群等代表石器时代的文化遗址，大多被列为国家级重点文物保护单位。

（6）古城与长城遗址

内蒙古自治区的古城遗址数量较大，仅列入国家和自治区级保护的就有22个，其中国家级8个，包括辽上京和辽中京遗址、元上都遗址、居延古城遗址等。

作为古代恢宏的建筑工程，古长城的遗迹也广泛分布在内蒙古地区，也可作为内蒙古人文旅游资源的组成部分。主要有秦长城、金界壕、明长城等。

(7)宗教遗存

宗教建筑及所遗存的召庙文化,在内蒙古自治区旅游资源中也占有突出地位。该类资源数量庞大、优良级比重较高。内蒙古自治区召庙建筑及其内部佛像造型和壁画也是我国古建筑的精华。例如,金刚座舍利宝塔(俗称五塔)即为慈灯寺的一部分,在塔后照壁上嵌有的蒙古文石刻天文图,为目前全国发现的唯一的一幅蒙文天文图石刻。包头市的美岱召兼具城堡、寺庙和府邸的功能,学术价值和艺术价值较高。五当召则是纯藏式寺庙,藏式建筑群重重叠叠,雄伟壮观,被称为"小布达拉宫"。

(8)古陵墓遗存

古墓类优良级资源虽然数量不多,但遗存的文化内涵深厚,在内蒙古自治区旅游资源中占有独特地位。成吉思汗陵、昭君墓已分别成为展示蒙古族历史文化和匈奴历史文化(和亲文化)的重要载体。以辽怀陵、庆陵为代表的辽墓群以及其辽文化,具有极高的历史文化品位和良好的鉴赏价值。

(9)岩画遗存

内蒙古自治区的岩画广泛见于阴山、贺兰山山地中。它反映了草原民族自石器时代以来各个时期,猎牧人群的生产、生活、崇拜、信仰的场景。目前召烧沟岩画和大坝沟岩画已列入自治区级重点文物保护单位。著名的还有

图 2-20 内蒙古形象类旅游资源分布示意图

阴山岩画和乌兰察布岩画。其中阴山岩画在全国乃至世界岩画中占有重要地位，其规模之大、风格之独特、内容之丰富，为现存岩画罕见，为研究北方民族的经济生活和社会生活提供了难得的材料。

2. 抽象类旅游资源

（1）艺术

内蒙古自治区的民族艺术类型，主要以蒙古族艺术为主。蒙古族是一个能歌善舞的民族。由于从事狩猎业和逐水草而居的游牧生活，蒙古族的音乐舞蹈等艺术类型具有鲜明的特色。蒙古族民间音乐不仅反映了不同历史时期的生产劳动和思维意识，而且在表现形式上，以集体性、群众性为基础，将歌、舞、乐有机地结合在一起，具有强烈而浓郁的抒情色彩。

蒙古族艺术的类型主要包括：民间乐器，如马头琴，是蒙古族传统乐器中具有代表性的乐器之一，在民间广为流传。民间舞蹈，如骆驼舞、驯马舞、安代舞、筷子舞等，反映游牧生活、生产劳动的舞蹈。民歌，如长调歌、短调歌、娱乐歌、劳动歌、祭祀歌、礼仪歌、叙事歌等，内容十分广泛。此外，还有岩画艺术，青铜艺术等，其中，岩画艺术是蒙古先民古老而灿烂的文化艺术宝库中的一个很重要的组成部分，堪称中国之最、世界之奇观，对后人了解我国北方游牧民族的历史文化，具有十分重要的意义。

（2）宗教

内蒙古宗教文化旅游资源中最重要的是藏传佛教，各地不但有大量的藏传佛教寺庙，具有广泛的群众基础，更形成了独特的宗教文化和艺术。萨满教也是蒙古族群众重要的宗教信仰之一，蒙古族群众认为萨满是神在人间的使者。此外，蒙古族还以一个普遍的信条蕴含于草原游牧文化当中，那就是"万物有灵"的意识观念。蒙古族"拜天祭地"，他们认为"天""地"主宰着一切，赐予他们幸福与困苦。而正是蒙古族对天、地、狼、鹰等自然物的图腾崇拜，才使他们保护着自己的家园——茫茫无际的大草原，千百年来富饶、美丽、神奇。蒙古族还崇尚祖先崇拜，主要表现在对家族祖先的崇拜和共同祖先的崇拜。蒙古族共同祭祀成吉思汗，有平日祭、月祭、季祭，每年阴历三月二十一日是蒙古族规模最大、最隆重的祭祀活动日。

（3）民俗

民俗文化是内蒙古自治区文化旅游资源中最重要的组成部分，是内蒙古自治区文化的特色所在，也是旅游资源中最具魅力和生命力的部分。其中，最具特色和旅游开发价值的是蒙古族民俗、达斡尔族民俗、鄂温克族民俗和鄂伦春族民俗。

民俗文化旅游资源特色主要从传统生产生活方式、结婚礼俗、祭祀与宗教文化、节庆活动和民间演艺等五个方面来展示。内蒙古民俗文化的精髓是草原牧业文化，蒙古族文化则是其典型代表。由于地域特点的差异及其潜移默化的影响，蒙古族民俗文化又表现出多元特质和地域性差异。形成了鄂尔多斯民俗、科尔沁民俗和察哈尔民俗等地域文化。

鄂伦春、鄂温克和达斡尔三个少数民族文化具有强烈地域文化特征，也是北方森林狩猎文化和渔猎文化特色与魅力集中的展示。鄂伦春、鄂温克和达斡尔三个少数民族文化与森林生态旅游资源开发有机结合，是内蒙古自治区民族文化旅游的重要亮点。

总体来看，内蒙古自治区民俗文化旅游资源特色鲜明，形式多样。尤其与大草原、大森林环境背景结合，可观性强，感受丰富，具有很大的开发潜力。

第三节　生态环境

内蒙古地域辽阔，东西跨度大，生态类型多样，功能显著，对于华北的生态屏障作用十分重要。由于内蒙古大部分区域属于干旱半干旱地区，特殊的地理环境决定了其生态系统的脆弱性，存在很多环境问题，生态安全面临挑战，因此，必须切实加强内蒙古的生态环境保护与建设。内蒙古高度重视生态环境保护与建设，较好地保护了良好的生态环境。

一、生态环境类型

(一)森林生态系统

森林具有保持水土、涵养水源、防风固沙、改良土壤、净化空气、调节小气候等作用，能有效保护区域自然环境，改善生态平衡，是影响生态环境的重要因素。内蒙古的森林资源丰富并分布相对集中，主要集中在东部的大兴安岭山地。大兴安岭北部拥有森林面积约 $1\,103\times10^4$ hm²，占自治区林地面积的 65.7%，大兴安岭南部林地面积 443.53×10⁴ hm²，占自治区森林面积的 26.4%，两地共拥有自治区 92.1% 的森林面积。大兴安岭林中的森林郁郁葱葱，树干笔直挺拔，山间河流纵横，沼泽湿地遍布，不仅是重要的林木生产基地，也是生物多样性的基因宝库。林区野生动植物资源十分丰富，已知有野生植物 192 科，650 属，1 810 种，其中国家珍稀濒危保护植物 16 种，自治区珍稀濒危保护植物 30 种；国家重点保护野生药材 11 种，自治区重点保护野生药材 5 种。有野生动物 4 门，14 纲，61 目，167 科，759 种，其中国家一级保护野生动物 16 种，国家二级保护野生动物 59 种。其中被列为国家一、二类保护的动物就有貂熊、雪兔、棕熊、黑熊、水獭、紫貂、猞猁、驼鹿、马鹿、原麝、天鹅、白鹤、白枕鹤、黑琴鸡、细嘴松鸡、花尾榛鸡、雷鸟等数十种野生珍禽异兽。

（二）草原生态系统

内蒙古草原面积广阔，是全国最大的牧场，且饲草种类丰富。到 2008 年年底，内蒙古草原面积为 8 666.7×10⁴ hm²，占全区土地面积的 73.26%，其中可利用草场面积 6 818.0×10⁴ hm²，占全区草场面积的 78.67%。内蒙古草原是我国重要的畜牧业生产基地。草原植物种类繁多，达 900 种以上，主要牧草种类有 200 余种。其中禾本科和豆科牧草约占总牧草量的 1/3。禾本科是天然牧草组成中的第一大科，具有较高的营养价值，是牲畜最喜食的优良牧草；豆科植物也是天然牧草中的主要组成成分，豆科植物含有大量的蛋白质，对提高草场质量有显著作用。菊科、百合科、莎草科等牧草约占牧草总数的 1/5。

草原是影响生态环境的重要因素，具有调节小气候、增加降雨、净化空气、减少污染、防风固沙、美化环境的作用。内蒙古草原是全区生态环境的绿色屏障，由于处于干旱、半干旱的地区，冬春季节大风频繁，容易形成沙尘天气。草原对风沙具有阻挡作用，保护了生态环境。草原上大部分植物根系发达，根冠比较大，根部一般是地上部分的几倍至十几倍。植物根系深深植入土壤，且分枝很多，能够牢牢地将土壤固定。草原植物还有耐旱、耐高温的特点，比较适应严酷的环境，植物群落结构比较稳定，对保护和改善环境具有重要作用。草地植被对防止风蚀、水蚀发挥着巨大作用。草地防止水土流失的能力高于林地和灌丛，草地拦蓄径流量和减少含沙量的能力比林地分别高出 58.8% 和 88.5%。草地保持水土的能力比一般裸地高达 28～38 倍。草地防风固沙，对保持土壤水分也有很大作用。

内蒙古草原的野生动植物资源丰富，为人们提供了许多绿色食品，还具有娱乐、观赏、美学等价值，开发利用潜力巨大。

（三）荒漠生态系统

荒漠景观区生物多样性的特点包括以下几个方面。

1. 植物区系的特有种较多，为中国种子植物特有属多度中心之一

据调查，阿拉善荒漠地区种子植物有 414 种，隶属于 62 科，206 属。绝对种数虽不丰富，但特有种较多。有 4 个特有科：裸果木科、半日花科、锁阳科、瓣鳞花科；有 5 个特有属：四合木属、绵刺属、百花蒿属、革苞菊属、连蕊芥属；有 40 多特有种，列入国家重点保护的有：四合木、半日花、沙冬青、绵刺、肉苁蓉等多种。东阿拉善—西鄂尔多斯被确认为中国种子植物 8 个特有属的多度中心之一，即"内蒙古中心"。

2. 植物区系中古老珍稀植物种残遗数量多

在阿拉善荒漠景观的植物中，有不少是第三纪甚至是白垩纪的残遗种类，古地中海干热植物的后裔成分占绝对优势。除四合木、绵刺、半日花、沙冬青之外，还有霸王属、裸果木属、白刺属等多种，都是比较原始的古老种。其中沙冬青是老第三纪亚热带常绿阔叶林的旱化残遗种的代表。

3. 植物生活型多种，适应方式多样，草群中夏雨型一、二年生植物旺盛

阿拉善荒漠景观植被的生活型组成以半木本型的半乔木、半灌木、小半灌木和短营养期的春雨型、夏雨型一二年生植物为主要类群。在适应干旱的方式上以落叶、落枝、脱皮、枝叶刺化和避旱为主要途径，而储水型肉质植物少见。戈壁地带性荒漠植被群落层片结构、独特的戈壁型气候生态特征和保持密切的协调适应性集中表现在夏雨型一年生植物层上，其发育明显，而且在夏雨型一年生植物中有一部分种群是戈壁荒漠的特有种。

4. 植物种群相互多次组合，形成独特而多样性的群落类型

如沙质荒漠生境中的柠条锦鸡儿群系、短脚锦鸡儿群系、籽蒿群系、油蒿群系、黄沙蒿群系、蒙古沙拐枣群系等；沙砾质—砾质荒漠生境中的绵刺群系、四合木群系、沙冬青群系、长叶红砂群系、泡泡刺群系、珍珠猪毛菜群系、膜果麻黄群系等；石质—碎石质荒漠生境中的短叶假木贼群系、合头藜群系、裸果木群系、霸王柴群系等；盐湿荒漠生境中的细枝盐爪爪群系、齿叶白刺群系、唐古特白刺群系等。

5. 与毗邻荒漠有共有群落

内蒙古荒漠景观植被群落除了具有各自的独特群落外，还与毗邻荒漠地区有一些共有群落，反映了区系发生学上的相关联系特征。如，红砂群系、梭梭群系、木本猪毛菜群系、松叶猪毛菜群系、戈壁藜群系、低湿盐渍荒漠景观中的胡杨和灰杨荒漠河岸林等。

6. 动物多样性特点

内蒙古荒漠景观区动物多样性特点是：啮齿类和爬行类丰富，两栖类很少，有蹄类很多。啮齿类中跳鼠科、仓鼠科沙鼠亚科较多。鸟类中猛禽较多。爬行类中常见的有沙蜥、荒漠麻蜥、变色沙蜥、密点麻蜥等。爬行类中的蛇类不多仅有 3~4 种，常见的有黄脊游蛇和中介蝮。两栖类十分贫乏，仅在西鄂尔多斯草原化荒漠中发现有花背蟾蜍。有蹄类在荒漠景观中居重要的独特地位，有野马、野驴、双峰驼、普氏原羚、藏原羚、盘羊、岩羊等，但数量较之前大量减少了。

(四)湿地生态系统

内蒙古境内有流域面积大于 300 km² 的河流 258 条，较大湖泊 295 个。

湿地资源丰富，总面积 42 450.48 km²，占全区土地总面积的 3.7%，列全国湿地资源第 3 位。

内蒙古自治区湿地类型多样，有河流湿地、湖泊湿地、沼泽湿地和人工湿地 4 大类，包括永久性河流、季节性或间歇性河流、洪泛平原湿地，淡水湖、咸水湖、季节性淡水湖、季节性咸水湖，藓类沼泽、草本沼泽、灌丛沼泽、森林沼泽、内陆沼泽，水库等。内蒙古自治区共分布有以上各类型湿地 2 643 块，其中 1 km² 以上的一般湿地 2 616 块，面积 35 449.22 km²，符合重点湿地条件的重点湿地 18 块，面积 7 001.36 km²。

内蒙古湿地内分布有高等植物和低等植物中的藻类植物，共有 111 科，306 属，802 种(含变种及变型)。其中湿地高等植物约有 103 科，293 属，763 种，分别占全区高等植物科、属、种的 53.1%、34.7% 和 29.1%。在湿地高等植物中，苔藓植物有 29 科，58 属，136 种，其中以柳叶藓科种数最多，其次是泥炭藓科；蕨类植物有 5 科，5 属，10 种，其中木贼科种数最多为 6 种；裸子植物有 1 科，3 属，3 种，分别是云杉属的红皮云杉、落叶松属的兴安落叶松和松属的偃松；被子植物有 68 科，227 属，614 种，以莎草科植物种最多，共计 108 种，其次是禾本科和菊科，分别为 68 种和 61 种，再次是毛茛科、蓼科、杨柳科和蔷薇科，种数均在 20 种以上(含 20 种)。

内蒙古湿地内分布有野生动物 420 种，动物种类包括兽类、鸟类、两栖类、爬行类、鱼类及无颌类。①兽类，在湿地和水域已记录的兽类有 14 种，占全区兽类总种数的 10%。主要有麝鼠、黑线仓鼠、东方田鼠、莫氏田鼠、布氏田鼠、狼、赤狐、沙狐、黄鼬、狗獾、水獭、狍等。其中麝鼠、赤狐、沙狐、黄鼬、狗獾、水獭、狍等为主要经济兽类。水域生存的为水獭和麝鼠。②鸟类，已记录的水鸟及湿地活动的鸟类有 194 种，隶属于 12 目，31 科，100 属。湿地鸟类中，属国家一级保护鸟类的有 11 种，主要是白鹤、黑鹳、东方白鹳、中华秋沙鸭等；属国家二级保护鸟类的有 28 种，主要有赤颈䴙䴘、角䴙䴘、黄嘴白鹭、斑嘴鹈鹕、白琵鹭等。属《中日候鸟保护协定》规定的有 134 种；属于《中澳候鸟保护协定》规定的有 45 种。内蒙古湿地鸟类有许多濒危种，其中属于《濒危野生动、植物物种国际贸易公约》所录的有黑鹳、白琵鹭、花脸鸭、灰鹤、白头鹤、丹顶鹤、白鹤、蓑羽鹤、大鸨、遗鸥以及隼形目和鸮形目的一些种类，共 48 种。③两栖类。已记录的有 9 种。主要有极北小鲵、东方铃蟾、中华蟾蜍、花背蟾蜍、无斑雨蛙、日本雨蛙、黑龙江林蛙、黑斑蛙、中国林蛙等。④爬行类。已记录的水生和在湿地附近活动的爬行动物有 5 种，分别为鳖、红点锦蛇、赤峰锦蛇、团花锦蛇、虎斑颈槽蛇。⑤鱼类，已记录的有 9 目 18 科 64 属 105 种及亚种，以鲤科鱼类为主，有 55

种；其次是鳅科，有 21 种。从主要生活水域和洄游习性来看，内蒙古鱼类大体分为 3 个类型。一是在江河、湖泊之间洄游的鱼类，称为半洄游性鱼类，该鱼类主要分布在额尔古纳河、嫩江、达里诺尔湖等地，如瓦氏雅罗鱼、鲫鱼等。二是在湖泊中生长和繁殖的鱼类，不作有规律的洄游活动，称为定居性鱼类，呼伦湖、达里诺尔、岱海、查干湖、乌梁素海等鱼类基本都属这类型，如鲤、鲫、鲌、鲶科等。三是河流、山溪定居性鱼类，如细鳞鱼、哲罗鱼、茴鱼、狗鱼、东北黑鳍鳈等。

至 2012 年，内蒙古自治区已有 50 块湿地建立了湿地自然保护区。其中国家级自然保护区 7 个，自治区（省）级自然保护区 17 个；盟（市）、旗（县）级自然保护区 26 个。部分湿地自然保护区建立了管理机构；各盟市、旗县林业局加强了湿地保护职能，配备了专职管理人员。2002 年内蒙古达赉湖国家级自然保护区和内蒙古鄂尔多斯遗鸥国家级自然保护区两处湿地被列入国际重要湿地名录。达里诺尔湿地、乌梁素海湿地、居延海湿地、察干湖季节性咸水湖湿地（鄂托克旗）、查干诺尔咸水湖湿地（阿巴嘎旗）、马哈兔淖咸水湖湿地（乌审旗）、岱海湿地、乌拉盖沼泽区、呼伦湖湿地、科尔沁湿地被列入国家重要湿地名录。2003 年内蒙古科尔沁国家级自然保护区列入了国家林业局白鹤 GEF 项目区（表 2.6）。

表 2.6 内蒙古自然区湿地状况一览表

类型		内容
河流湿地	黄河	一级支流：萨拉乌素河、水洞沟、都思兔河、赤老图河、毛布拉格孔兑、呼斯太河、窟野河、昆都仑河、大黑河、浑河等
	海拉尔河	一级支流：库都尔河、特尼河、莫日格勒河、免渡河、伊敏河
	额尔古纳河	一级支流：根河、德尔布尔河、莫尔道嘎河、激流河、乌玛河
	嫩江	一级支流：罕诺河、古里河、那都里河、多布库尔河、欧肯河、甘河、诺敏河、阿伦河、音河、雅鲁河、济沁河、罕达罕河、绰尔河、洮尔河
	西辽河	一级支流：西拉木伦河、老哈河、教来河
湖泊湿地	湖泊	湖面面积 0.5 km² 以上的湖泊有：达赉湖、乌梁素海、达里诺尔、岱海、黄旗海、查干淖尔
	水库	湖面面积 1 km² 以上的水库有：红山水库、孟家段水库、莫力庙水库、察尔森水库、乌拉盖水库等 34 座

续表

类型		内容
重要湿地	国际级	共 2 个，鄂尔多斯遗鸥国际重要湿地、达赉湖国际重要湿地
	国家级	共 10 个，达里诺尔湿地、乌梁素海湿地、居延海湿地、察干湖、查干诺尔、马哈兔淖湿地、岱海湿地、乌拉盖沼泽区、呼伦湖湿地、科尔沁湿地
湿地保护区	国家级	共 7 个，内蒙古达赉湖国家级自然保护区、内蒙古鄂尔多斯遗鸥国家级自然保护区、内蒙古科尔沁国家级自然保护区、内蒙古图牧吉国家级自然保护区、内蒙古达里诺尔国家级自然保护区、内蒙古辉河国家级自然保护区、内蒙古阿鲁科尔沁国家级自然保护区
	自治区(省)级	共 17 个，乌梁素海湿地水禽自然保护区、荷叶花湿地自然保护区、维纳河自然保护区、海拉尔西山自然保护区、南海子自然保护区、贺斯格淖尔自然保护区、黄旗海自然保护区、杭锦淖尔自然保护区、额尔古纳湿地自然保护区、乌拉盖自然保护区、白音库伦自然保护区、都斯兔河自然保护区、哈素海自然保护区、岱海自然保护区、小河沿湿地鸟类自然保护区、巴丹吉林沙漠湖泊自然保护区、莫达莫吉自然保护区
	盟(市)、旗(县)级	共 26 个，双合尔山自然保护区、莲花吐自然保护区、莫力庙水库自然保护区、赤峰市源水头自然保护区、胡列也吐湿地自然保护区、黄河北岸五原湿地水禽自然保护区、黄河北岸双河湿地自然保护区、乌拉特前旗沿黄湿地自然保护区、它拉干水库自然保护区、小塔子水库自然保护区、八大连池自然保护区、孟家段水库自然保护区、舍力虎水库自然保护区、库伦天然荷花湖自然保护区、左中海力锦湿地自然保护区、二卡湿地鸟类自然保护区、恩格尔河湿地自然保护区、欧肯河自然保护区、哈日干图响水泉自然保护区、霸王河自然保护区、牛耳河自然保护区、诺门罕湿地自然保护区、兴安里自然保护区、奎勒河自然保护区、牛耳河自然保护区、马布拉自然保护区
湿地公园	国家湿地公园	共 1 个，白狼洮儿河湿地公园
湿地植物	国家二级保护植物	共 1 种，钻天柳
	省级保护植物	共 8 种，偃松、黄芪、手掌参、东北蛔蒿、越橘、笃斯越橘、兴安落叶松、草苁蓉

续表

类型		内容
湿地动物	国家一级保护动物	共13种，白鹳、黑鹳、东方白鹳、中华秋沙鸭、白鹤、白头鹤、丹顶鹤、白肩雕、虎头海雕、白尾海雕、玉带海雕、大鸨、遗鸥
	国家二级保护动物	共28种，赤颈䴙䴘、角䴙䴘、黄嘴白鹭、斑嘴鹈鹕、白琵鹭、黑头白鹮、白鹮、白额雁、大天鹅、小天鹅、疣鼻天鹅、鸳鸯、白腹海雕、乌雕、白腹鹞、短趾雕、鹗、白尾鹞、鹊鹞、白头鹞、白枕鹤、蓑羽鹤、灰鹤、小杓鹬、小鸥、花田鸡、黑浮鸥、褐渔鸮

资料来源：内蒙古自治区林业厅

二、生态环境问题

内蒙古大部分区域属于干旱半干旱地区，自然条件脆弱，生态环境对外界干扰表现出极大的敏感性，特殊的地理环境决定了其生态系统的脆弱性，极易受气候变化和人类经济活动的影响。局部地区的生态环境恶化严重，生态系统功能深受损害，存在很多环境问题。第一，植被破坏严重，森林覆盖率低，沙漠和沙地范围的不断扩大，土地沙漠化严重，草场退化日趋严重，草原退化面积已占70%，低山丘陵区的水土流失在加重，发生沙尘天气和沙尘暴天数在增加，生态灾害频繁；第二，保护生态与经济发展的矛盾，如超载过牧、滥垦草地、大面积坡耕地、滥砍乱采等；第三，资源开发区生态环境问题十分突出。矿山开发、道路建设造成的生态破坏面积逐年增加，不少工程项目区生态功能衰退，生物多样性面临威胁，恢复植被任务艰巨；旅游开发区的旅游景区、景点的生态环境承受压力增大，景区生态环境质量下降以及"三废"污染问题的显露；内蒙古旱灾、洪涝灾、白灾、黑灾、风灾和沙尘暴等自然灾害频繁发生，生态环境恶化趋势仍很严峻。

三、生态环境建设

(一)实施重大的生态建设工程

根据内蒙古各地区的生态环境状况，选择重点地区实施国家和自治区及地方的生态建设工程，如退耕还林还草工程、防护林建设工程、防沙治沙工程、林业生态建设工程、水土保持治理工程、草原生态建设工程等建设项目，不仅工程区的生态状况得到明显的改善，而且具有一定的示范作用。通过这些成功的范例，带动全区域生态环境的保护与治理。

(二)重点抓好草原的保护与建设

草原是内蒙古生态系统中面积最大、占有重要地位的生态类型，草原生态的好坏基本决定着内蒙古生态系统的质量。因此，对草原的保护与建设在整个内蒙古生态建设中起着举足轻重的作用。一是，要严禁滥垦、滥砍、乱挖，要封育围栏，保护草场。二是，坚决实行以草定畜、草畜平衡，严禁超载过牧，实现减畜增效。三是，在生态环境严重恶化的地段，实行禁牧休牧，科学的确定其面积和时间，尽快恢复草原植被。四是，在治理方式上采取封育、飞播、人工种草相结合，以封育自然恢复植被为主；在治理内容上实行草灌乔相结合，以草灌为主，建立防风固沙带网；水土条件适宜地段，建设水、草、林、机、料五配套的饲草饲料基地，引进优质牧草，加大投入，建立高质量高效益的人工草场。五是，改良畜种，优化畜群结构，正确处理传承与创新的关系，改变不合理、低效益、粗放经营方式，建立科学、高效、集约经营方式。六是，建立防灾机制。内蒙古草原是旱灾、白灾、黑灾、风灾、火灾、鼠虫害频繁发生的地区，同时草原生态系统的抗灾能力十分脆弱，往往给畜牧业带来严重损失，因此建立和健全防灾预警的机制和抗灾保畜的体制，维护草原生态安全。

（三）植树造林，提高森林覆盖率

采取有力措施，加强封山育林，对天然林进行强有力地保护与抚育，杜绝人为毁林现象，积极预防和减少森林火灾与森林病虫害。要育采结合，以营林、抚育为主，促进森林的更新，严格控制采伐量，迅速恢复森林资源。在山地丘陵、陡坡地、沙地的宜林地段进行植树造林，建设人工林，大力营造护田林、护牧林、固沙林、水土保持林、用材林、薪炭林，使人工林成带、成网、成片，提高森林覆盖率，发挥绿色屏障的生态效益。

（四）治理水土流失

在水土流失较为严重的沟壑纵横地区，要生物措施与工程措施相结合。在沟头植树种草，乔灌结合，控制沟头的前进和沟沿扩宽；在沟内修筑塘坝和梯田，坡上挖水平沟和鱼鳞坑；在沟下筑坝修渠，引洪淤地。在石质丘陵区应以生物措施为主，结合对小流域的综合治理，主要进行植物建设，涵养水源、拦截泥沙、减少径流。在矿区，严禁乱挖乱采、乱堆矿渣、杜绝毁林毁草、堵塞河道等破坏生态的现象发生，严格执行复垦制度，恢复原地貌和植被，防止水土流失再发生。大力实行"山、水、田、林、草、路"综合治理，有效拦截治理区内的径流和泥沙，改善生态和农牧林业生产条件。

（五）建立自然保护区和特殊生态功能保护区

内蒙古有许多原始或近似于原始的森林、草原和湿地，这里是野生动植物生息繁衍的天然乐园，而许多动植物属国家珍稀、濒危物种，它们共同维系着区域的生态平衡。但由于整个生态环境的恶化和人为破坏，已使寥寥无几的原始环境受到干扰，生物多样性受到威胁。在内蒙古地区，除了保存好现有的生态环境外，更重要的是根据自治区境内的一些特有的生态系统逐渐失去其典型性和代表性、许多珍稀濒危物种面临消失的威胁、一些价值极高的自然历史遗迹正在遭到破坏的严峻形势，扩大原有自然保护区面积和建立新的自然保护区。加强自然保护区的建设与管理，从根本上解决"批而不建，建而不管，管而不善"等问题，通过重点保护和科学管理，使尚未遭到破坏的原始群落和物种得以有效保存，已遭到破坏的生态系统尽快得以恢复和持续发展。为保持流域、区域的生态平衡，确保内蒙古生态安全，在一些生态环境十分脆弱和具有重要生态功能区域，实施生态保护，建立特殊生态功能保护区，尽快遏制这些区域生态不断恶化的趋势，并努力使其快速恢复。

四、自然保护区建设

1980 年，内蒙古建立了白音敖包、大青沟、努登梭梭林和贺兰山等首批自然保护区。进入 20 世纪 90 年代，保护区建设发展较快，截至 2012 年年底，内蒙古自治区已建立包括森林、湿地、野生动植物、荒漠、地质遗迹等多种类型在内的各级各类自然保护区 185 处，自然保护区总面积为 1 372.82×10^4 hm^2，占内蒙古土地总面积的 11.6%，已超过世界平均水平。其中国家级自然保护区为 25 个，位居中国各省、自治区、直辖市之首；自治区级为 62 个，各地级市的为 98 个。其中，有 2 处保护区加入了联合国教科文组织的"人与生物圈"保护区网络，有 2 处被列入国际重要湿地名录(图 2-21)。内蒙古许多濒危珍贵野生动植物，如遗鸥、马鹿、天鹅及四合木、沙地云杉、樟子松等都被划入保护区里，并得到了良好保护。保护区内野生动植物基因资源的研究开发，对生命科学、生物技术和新资源、新能源、新材料的发展等，都具有难以估量的战略价值。

(一)自然保护区类型

自然保护区划分为自然生态系统类自然保护区、野生生物类自然保护区、自然遗迹类自然保护区三大类型，除此之外，还有综合性自然保护区。

1. 自然生态系统类自然保护区

(1)大青沟国家级自然保护区

该自然保护区位于内蒙古科尔沁左翼后旗境内，总面积 8 183 hm^2。大青沟保护区是科尔沁沙地中仅存的一块原始森林植物群落，生存着 709 种原始稀有植物树种，分属内蒙古、东北、华北三个植物区系，被联合国教科文组织列为世界科学考察项目，是内蒙古著名的珍贵阔叶林自然保护区。珍贵的水曲柳、黄菠萝、紫椴、白皮柳、黄榆以及稀有的药用植物金花忍冬、北五味子、东北天南星、桃叶卫矛等分布林间。野生动物中，野猪、狍子、狼、梅花鹿、黄羊、狐狸、花鼠、水獭等出没于沟间溪畔。区内森林、草原、沙漠、湖泊以及河流等各种地貌景观融合一处，形成它的独特之处。大青沟及大青沟地区原始完好的自然生态状况，是亿万年来地壳运动、气候变化、生态衍进、人类活动等因素共同作用的结果，是一笔十分宝贵的自然遗产。

（2）红花尔基国家级自然保护区

该自然保护区位于内蒙古自治区大兴安岭山地西麓的鄂温克族自治旗境内。其核心区红花尔基沙地樟子松林带，北起海拉尔河南莫和尔图地区，南经红花尔基进入新巴尔虎左旗，直达中蒙边境，连绵超过 200 km，面积约 $30 \times 10^4 \ hm^2$，是全国最大的樟子松母树林基地。保护区内樟子松林分密度大，生长量和蓄积量较高，林龄结构好，形成了独特的自然景观。

（3）黑里河自然保护区

该自然保护区位于内蒙古赤峰市宁城县的西南部，地处燕山山脉北麓七老图山中段。总面积为 27638 公顷。主要保护对象是以大面积天然油松林为代表的暖温型针阔混交林生态系统及生物多样性资源。保护区的森林资源在内蒙古自治区占有重要地位，是京津唐地区重要的天然屏障，保护区内的天然油松林，是我国面积最大、长势最好的油松种源重要繁育基地。保护区境内物种丰富，其中植物的黄檗（黄菠萝）、葛枣猕猴桃，鸟类的金雕、勺鸡，哺乳动物的金钱豹、黑熊等是极度濒危物种。

（4）内蒙古腾格里沙漠自然保护区

该自然保护区位于阿拉善盟阿拉善左旗境内，主要保护对象是以沙冬青、霸王为代表的荒漠珍稀植物，以鹅喉羚、荒漠猫、金雕、大天鹅等为代表的珍稀野生动物及其栖息生境以及沙漠湖泊湿地生态系统。

2. 野生生物类自然保护区

（1）额济纳胡杨林国家级自然保护区

该自然保护区位于内蒙古西部巴丹吉林沙漠西北部的额济纳绿洲，是目前世界上仅存的三大胡杨林基地之一，已被国务院批准列为国家级自然保护区。保护区总面积 26 253 hm^2，属野生植物类型自然保护区。保护区内共有维管束植物71种，分属20科，54属。有野生脊椎动物118种，分属5个纲21目43科。其中胡杨、梭梭、肉苁蓉、沙冬青、裸果木、瓣鳞花、野大豆等是国家重点保护的植物种类，蒙古野驴、野马、野骆驼、胡兀鹫、雪豹、波斑鸨、荒漠猫、猞猁、鹅喉羚、白琵鹭、疣鼻天鹅、白额鸭、苍鹰等是国家重点保护的动物种类。

(2)达里诺尔国家级自然保护区

该自然保护区位于内蒙古中部赤峰市克什克腾旗西部,总面积
119 413.55 hm²。在此范围内集中分布了草原、湖泊、湿地、沙地等多种景
观生态类型,为保护区的野生动物资源的多样性提供了优越的环境条件。保
护区主要的野生动物资源为鸟类资源,是我国北方候鸟迁徙的通道和集散地。
在该保护区记录的鸟类有16目,36科,160种,其中有白鹳、黑鹳、丹顶
鹤、大鸨、玉带海雕、遗鸥国家一级保护鸟类6种,大天鹅、白枕鹤、蓑羽
鹤、灰鹤、黄嘴白鹭、白琵鹭等国家二级保护鸟类22种。

(3)内蒙古贺兰山国家自然保护区

该自然保护区位于内蒙古西部阿拉善盟阿拉善左旗,地处荒漠、半荒漠
地带,保护区总面积67 710.2 hm²,内有以青海云杉为主的天然次生林
24 000 hm²,是内蒙古西部最大的天然次生林区。1995年加入"中国人与生物
圈保护区网络"。保护区内有维管束植物690种,脊椎动物177种,是重要的
模式标本产地,被誉为天然基因库,有较好的科研教学价值。贺兰山以其特
殊的地理位置、丰富的动植物资源、重要的水源涵养、防风固沙、水土保持
功能和独特的生态旅游资源,发挥着巨大的生态、社会和经济效益。

(4)西鄂尔多斯国家级自然保护区

该自然保护区位于内蒙古鄂尔多斯市西部和乌海市境内,地处鄂尔多斯
高原的荒漠草原向半荒漠地带的过渡带,总面积555 849 hm²。保护区是古地
中海孑遗植物四合木、半日花、绵刺、沙冬青、革苞菊、蒙古扁桃、胡杨等
集中分布的地区。区内现已查明有高等植物335种,其中特有古老残遗种及
其他濒危植物有72种,占全部植物种数21.79%,被列为国家重点保护的野
生植物有7种,特别是四合木和半日花仅分布于保护区的小面积范围之内,
具有极高的保护和科学研究价值。保护区的建立,不仅在生物多样性的就地
保护方面具有极为重要的意义,而且对研究生物的起源、发展演变以及地质
构造和古地理环境均有着深远的意义。

(5)鄂尔多斯遗鸥自然保护区

该自然保护区位于内蒙古鄂尔多斯市中部,总面积为14 770 hm²,核心
区面积为4 753 hm²。保护区始建于1998年,2001年经国务院批准晋升为国
家级自然保护区。保护区内鸟类资源丰富,主要保护对象是以国家一级保护
野生动物遗鸥为主的83种鸟类。除遗鸥外,属国家一级保护动物的还有东方
白鹳、白尾海雕2种,属国家二级保护的动物有角䴙䴘、赤颈䴙䴘、白琵鹭、
大天鹅、鸢、大鵟、红脚隼、蓑羽鹤、仓鹰、黑浮鸥等10多种。同时具多种
典型的草原哺乳类动物及爬行类动物,如蒙古野兔、艾鼬、黄鼬、赤狐、兔

狲、刺猬、蒙古黄鼠、五趾跳鼠、田鼠和草原沙蜥等。

3. 自然遗迹类自然保护区

(1)鄂托克恐龙地质遗迹自然保护区

该自然保护区位于内蒙古西部鄂尔多斯市鄂托克旗境内,总面积7 700 hm²,主要保护对象为区内分布广泛的多种类型的恐龙足迹化石,以及恐龙骨骼化石等。区内化石种类多,数量大,分布面积广,鄂托克旗恐龙足迹化石及古脊椎化石,是一种罕见的自然地质遗迹,其典型性、稀有性及代表性十分突出,极具科研价值。

(2)马鬃山古生物化石自然保护区

该自然保护区位于内蒙古西部阿拉善盟额济纳旗境内保护区面积52 698 hm²,建立于1998年12月,属自治区级自然保护区。保护区内早白垩纪地层中的古脊椎动物化石和石炭纪地层中的古脊椎动物化石是国内罕见的地质遗迹。主要的保护对象为早白垩纪地层中的恐龙骨架化石、恐龙足迹化石及其蛋化石、龟鳖类化石、鳄类化石等古脊椎动物化石,同时还包括石炭纪地层中的古脊椎动物化石。此外,含恐龙化石地层中能反映其生活时代及埋藏时代的古地理、古环境、古生态学等方面的各种沉积相标志也是重要的保护对象。

4. 综合性自然保护区

(1)达赉湖自然保护区

该自然保护区位于内蒙古东北部满洲里市境内,地处呼伦贝尔草原西部。面积740 000 hm²。2002年被纳入世界生物保护区网络。达赉湖,也称呼伦湖、呼伦池,是我国第五大湖,内蒙古的第一大湖。达赉湖是一个以保护珍稀鸟类、湿地生态系统及其草原为主的综合性自然保护区。保护区内有种子植物448种,鱼类30种,兽类35种,鸟类297种(包括丹顶鹤、白头鹤等国家一级保护鸟类8种,白琵鹭、大天鹅等国家二级保护鸟类28种)。

(2)赛罕乌拉自然保护区

该自然保护区位于内蒙古赤峰市巴林右旗北部,是一个以保护森林、草原、湿地等多样生态系统、珍稀濒危野生动植物及西辽河上游水源涵养林为主的山地综合性自然保护区,总面积为100 400 hm²。2002年被纳入世界生物保护区网。赛罕乌拉自然保护区物种资源十分丰富,风景秀丽多姿,是我国大兴安岭南部山地景观的缩影,是华北地区落叶阔叶林向大兴安岭寒温带针叶林和温带草原地带过渡的地带,也是华北植物区系向兴安植物区系的过渡带,成为联系各大植物区系的纽带和桥梁,对研究各大植物区系相互影响、相互交流有重大意义。

(3)科尔沁自然保护区

该自然保护区位于内蒙古东部兴安盟科尔沁右翼中旗境内，地处大兴安岭东南麓低山丘陵与科尔沁沙地的过渡地带，总面积为 126 987 hm^2。始建于 1985 年，1995 年 11 月被国务院批准为国家级自然保护区。保护区主要保护对象为水禽湿地生态系统，灌丛、疏林草原及典型的科尔沁草原自然景观。区内各类型的湿地有 45 500 hm^2，占保护区面积的 35.8%。高等植物 65 科，种子植物有 452 种；有鸟类 16 目，167 种，是内蒙古自治区境内发现珍禽种类最多、分布最集中的地区；有兽类狼、狐狸、貉等。国家保护动物有 30 种，其中一级保护动物有白鹳、黑鹳、丹顶鹤、白鹤、白头鹤、大鸨、金雕；二级有白枕鹤、蓑羽鹤、大天鹅、白琵鹭、苍鹰等。

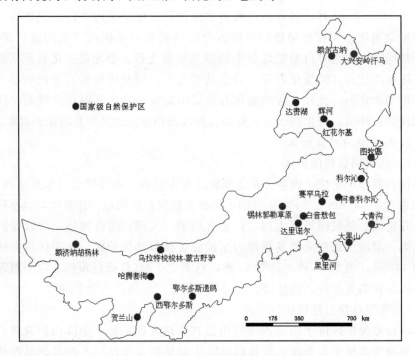

图 2-21　内蒙古自然保护区分布示意图

(二)存在问题及改进措施

当前，内蒙古自然保护区建设存在着一系列的问题。其中突出的有：自治区境内连续多年的干旱少雨，使众多湖泊干涸，湿地面积锐减，大大减少了赖以生存于此的珍贵的生物资源；在保护区内从事农牧业生产或矿产资源开发等生产经营活动，严重破坏了生态环境和生物栖息环境；无序开展旅游开发和产业化经营等，追求休闲娱乐的功能，严重干扰生物多样性和自然景观的保护，甚至造成了保护区功能和主要保护对象的严重破坏；保护区存在管理体制不健全，管理经费不足，监测技术落后，基础科研工作薄弱，宣传、认识不到位等问题。上述诸因素制约了自然保护区为国民经济和社会发挥应有的作用。

为了提高自然保护区保护和管理水平，使自然保护区建设能够适应国家社会整体发展对自然保护区的要求，应采取以下对策。

1. 把自然保护区建设纳入地方社会经济总体规划

建立自然保护区是自然保护事业的重要组成部分，是为了人类的长远发展所进行的保护资源和环境的必要投资。建设保护区所需的资金和设备应列入经济、社会发展计划，统筹安排。保护区建设应与地方实施的资源开发、城市发展建设规划相协调，对保护区的总体布局和功能区进行合理划分，避免保护的目标和地方经济社会发展的目标相冲突，以实现保护和发展"双赢"的目的。

2. 以保护为主，保护和经营统筹规划

要充分发挥保护区可利用资源的潜力和优势，提高经济效益，实现保护区和社会经济的共同发展。然而，对于利用自然保护区内资源优势的经营活动，如生态旅游、加工业等，都应基于保护的基础之上，为保护自然资源服务；开展的观赏性、娱乐性旅游项目不得影响和破坏自然景观与生态环境，不得影响或干扰保护管理工作和科学实验活动。

3. 加强自然保护区的科学研究和监测工作

自然保护区是物种基因库，是特定生态系统的代表，保护、管理好这个基因库和生态系统是自然保护区的首要责任。开展科学研究和监测，是自然保护区有效管理的基础，只有搞清自然保护区的基本情况，主要保护对象的生存需求，才能开展有的放矢的保护管理。如自然保护区本底资源的调查、重点保护对象的调查、栖息地情况的调查等都是保护管理工作必需的基础研究活动。在自然保护区监测方面，以生态环境监测、野生动植物的资源监测等监测内容为主。

4. 加强自然保护区管理

在充分认识自然保护区的现状和存在问题的基础上，建立健全管理体制，严格执法，加大管护力度，对于各种威胁和破坏自然保护区及其保护对象的违法犯罪行为，依法严肃查处。加强对自然保护区管理的同时，更要对管理工作进行监督检查。对于因管理不善造成资源破坏的自然保护区，要追究相关管理人员的责任。

第四节 经济特征

一、总经济增长迅速，产业结构趋于合理

据 2012 年统计，全区生产总值达到了 15 880.58 亿元。经过 60 余年的发展，特别是改革开放以后，西部大开发政策的落实，国民经济结构发生了深刻的变化，产业结构不断完善和提升，各大部门比例趋于协调，初具规模，比较完整的国民经济体系现已基本形成（表 2.7）。

表 2.7　内蒙古自治区 1952～2012 年主要年份经济情况

年份	生产总值/亿元	人均生产总值/元	产业结构/%		
			第一产业	第二产业	第三产业
1952	12.16	170	71.10	11.30	17.60
1958	28.10	300	44.70	34.30	21.00
1979	64.40	343	32.80	44.20	23.00
1993	532.70	2 386	28.20	39.10	32.70
2001	1 545.79	6 502	23.20	40.50	36.30
2003	2 150.41	9 037	19.50	45.30	35.20
2005	3 895.55	16 324	15.10	45.50	39.40
2007	6 091.12	25 326	12.50	51.80	35.70
2008	7 761.80	32 157	11.70	55.00	33.30
2009	9 740.25	39 735	9.54	52.50	37.95
2010	11 672.00	47 347	9.38	54.56	36.06
2011	14 359.88	57 974	9.10	55.97	34.93
2012	15 880.58	63 886	9.12	55.42	35.46

新中国成立以来，内蒙古经济增长迅速，特别是改革开放以来，内蒙古经济发展突飞猛进，创造了省区经济发展奇迹。2002 年至今，连续 12 年经济增速居全国之首。总体来说，内蒙古经济发展经历了三个阶段。

（一）经济复苏阶段（1949～1978 年）

1949～1978 年，内蒙古自治区生产总值由 7.08 亿元上升到 58.04 亿元，

28年翻了3番多,经济年均增长9.7％。新中国成立初内蒙古农牧业比重高达74.6％,是典型的传统农牧业省区,到1978年产业结构中第一产业仍占1/3,并且高于第三产业,产业结构处于低水平,1978年三次产业结构比例调整为32.7：45.4：21.9,1949年人均GDP118元,1952年为170元,1978年为317元,产业结构处于初级阶段,整体经济水平较低。

(二)稳步发展阶段(1978～2000年)

1978～2000年,自治区生产总值由58.04亿元上升到1 539.1亿元,经济年均增长12.1％,1979年三次产业比例调整为32.8：44.2：21.0。工业在地区经济中的主导地位开始确立,第三产业的比重也明显提升。人均GDP由1978年的317元到2000年超过6 000元,区域经济步入了经济总量和质量全面发展的快车道。

(三)快速发展阶段(2000～2012年)

2000～2012年,地区生产总值由1 539.1亿元上升到15 880亿元,经济年均增长21.5％,2002年以来连续12年增速居全国第1位,是自治区经济发展最快的历史时期(图2-22)。2012年经济总量为1949年的1 306倍,经济总量居全国各省(区、市)第15位,由全国后列进入中列。2012年三次产业比例调整为9.12：55.42：35.46,二次产业在经济发展中地位明显高于其他产业,第三产业也明显高于第一产业,现代农牧业、现代工业及新型服务业产业体系日益完备。

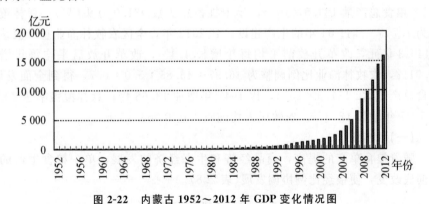

图2-22 内蒙古1952～2012年GDP变化情况图

产业结构不断调整,三产比例结构由1952年的71.1：11.3：17.6变为2012年的9.12：55.42：35.46。第一产业比例明显减少,第二、第三产业比例增加,产业结构趋于合理(图2-23)。

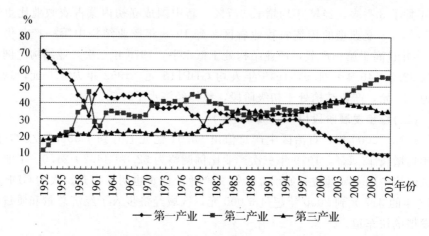

图 2-23 内蒙古自治区产业结构比例动态变化图

二、农牧为主，农牧林渔并举

内蒙古自治区的农牧林渔业是其国民经济的基础，是其长治久安的基础产业。自治区成立以来，特别是改革开放后，农牧林渔业生产建设取得了举世瞩目的成就，农牧林渔业生产条件逐步改善，综合生产能力不断增强，产业结构日趋合理，经济效益稳步提高。内蒙古自治区成立初的 1947 年，全区农牧林渔业总产值仅为 4.72 亿元，农牧林渔业比例为 79.1∶20.7∶0.1∶0.1，粮食总产量 184.5×10^4 t，年中牲畜总头数 931.9 万头（只），森林覆盖率为 7.7%。经过 64 年的生产建设，到 2012 年，全区农牧林渔业总产值达到 2 449.3 亿元，改革开放前平均每年增长 4.4%，改革开放后平均每年增长 49.91%，农牧林渔业比例调整为 46.97∶45.85∶5.0∶0.7，得到全面发展，粮食总产量达 $2 131.3 \times 10^4$ t，比 1947 年增加 13.68 倍；森林覆盖率达 20%，比 1947 年增长 12.3%。农牧民人均纯收入达 6 968.15 元。

（一）种植业

随着粮食单产的提高，商品经济和生态经济的发展，单一粮食生产的局面彻底改变，使粮经比例协调发展（表 2.8）。

表 2.8 全区种植结构变化/%

	1947 年	1979 年	2000 年	2003 年	2007 年	2008 年	2012 年
粮食作物	91.7	82.8	75.0	70.5	75.5	76.6	77.8
经济作物	5.9	10.8	20.8	18.0	12.7	16.1	15.8
其他作物	2.4	6.4	4.2	11.5	11.8	7.3	6.4

数据来源：《内蒙古统计年鉴 2013》

1. 粮食作物

(1)粮食作物种植结构

内蒙古自治区的粮食生产以玉米、小麦、水稻、大豆、马铃薯五大作物和谷子、高粱、莜麦、糜、黍、绿豆等杂粮杂豆为主。近年来,通过不断调整和优化作物内部结构,粮食生产逐步向优势产区集中,现已初步形成了体现不同地域特点和优势的粮食生产基地。粮食生产结构发生了很大变化(表2.9)。

表 2.9 粮食生产结构变化比较表（面积/10^4 hm^2 产量/10^4 t）

	小麦		玉米		水稻		大豆		马铃薯		谷子		莜麦	
	面积	总产	面积	总产	面积	总产	面积	总产	面积	总产	面积	总产	面积	总产
1947	7.1	5.4	6.0	10.3	0.3	0.7	4.6	3.4	4.7	8.0	19.1	23.6	10.0	9.2
1983	23.7	21.6	12.9	25.5	0.4	0.7	5.7	4.3	6.6	7.5	14.6	14.1	11.7	3.7
1996	24.7	27.0	25.2	41.0	2.0	3.0	12.5	8.1	9.4	5.8	5.7	4.4	2.9	1.1
2003	7.8	5.8	39.3	65.3	1.7	3.3	17.2	3.9	13.2	12.8	3.5	1.6	1.1	0.4
2007	11.3	9.7	39.4	64.1	2.1	4.5	14.6	4.7	12.2	8.5	2.7	1.3	0.4	0.1
2008	8.6	7.2	44.5	66.6	1.8	3.3	12.7	4.9	13.3	9.2	2.7	1.4	0.4	0.1
2009	9.7	8.6	45.2	67.7	1.9	3.3	15.5	5.2	12.3	8.1	2.8	0.7	0.9	0.1
2010	10.7	7.7	45.2	67.9	1.7	3.5	14.8	6.2	12.6	7.9	3.2	1.2	0.8	0.1
2011	10.2	7.2	48.0	68.4	1.6	3.3	12.4	5.7	12.9	8.5	2.5	1.2	0.7	0.1
2012	10.9	7.5	50.7	70.6	1.6	2.9	11.0	4.8	12.2	7.3	2.5	1.6	1.1	0.4

数据来源:《内蒙古统计年鉴2013》

(2)粮食作物布局

自治区各盟市粮食作物种植结构差别较大。根据其作物组合特点和比重,可将其划分为四大类型区。第一类以小麦为首的地区,包括呼伦贝尔市和巴彦淖尔市,两市合占全自治区小麦种植总面积的63.5%,分布比较集中,其余盟市都有种植,但比重都很小,都在7%以下。第二类是玉米和水稻并重的地区,包括东部的呼伦贝尔市、兴安盟、通辽市和赤峰市四个盟市,玉米种植面积合占全区的69.3%,水稻种植面积合占全区的99.8%,是全区主要的玉米、水稻种植。玉米全区各盟市都有种植,其余盟市都在8%以下,水稻其余盟市大多没有种植或很少。第三类是以谷子、莜麦、糜子、马铃薯为主的地区,其中又可分四种情况:一是马铃薯、莜麦、谷子、糜子型的乌兰察布市、呼和浩特市和包头市；二是谷子、糜子、莜麦、马铃薯型的赤峰市和通辽市；三是糜子、马铃薯、谷子、莜麦型的鄂尔多斯市；四是只有莜麦、马铃薯的锡林郭勒盟，有马铃薯、糜子、谷子而没有莜麦的呼伦贝尔市。第四类是大豆为主的地区，为东北地区的呼伦贝尔市，播种面积占全区的 3/4，是自治区大豆主产区，另外兴安盟和通辽也有一定的种植，各约占 10%。从上述分析中可看出粮食生产的地区专业化方向已凸显出来（表 2.10）。

表 2.10　各盟市粮食作物种植结构/%

地区	小麦	玉米	水稻	大豆	谷子	莜麦	糜子	马铃薯
呼和浩特市	5.1	6.1	—	0.7	7.1	19.3	6.0	14.0
包头市	3.3	4.6	—	—	0.3	0.1	2.3	11.4
呼伦贝尔市	44.9	10.5	11.5	76.6	0.2	—	1.1	13.5
兴安盟	5.8	15.0	22.5	9.0	6.6	—	17.5	3.5
通辽市	4.5	25.6	34.6	10.1	12.1	—	13.7	0.5
赤峰市	6.9	18.2	31.2	2.7	69.7	9.3	9.7	6.3
锡林郭勒盟	5.5	0.6	—	—	—	53.2	—	4.1
乌兰察布市	3.4	4.0	—	0.6	—	17.8	0.6	42.8
鄂尔多斯市	1.2	8.0	0.2	0.3	1.7	0.1	48.9	3.2
巴彦淖尔市	18.6	6.5	—	—	0.1	—	0.2	0.5
乌海市	0.2	0.2	0.1	—	—	—	—	—
阿拉善盟	0.5	0.6	—	—	—	—	—	—

数据来源：《内蒙古统计年鉴 2013》

(3)粮食产量

全区粮食总产量有波动增加的趋势，2012 年粮食总产量达 $2\,528.5 \times 10^4$ t，比 1947 年增加 11.9 倍。人均粮食产量由 1949 年的 378 kg 到 2012 年的 1 093 kg。

按各盟市粮食状况来看，通辽市在粮食总产和人均占有粮食方面居首位，粮食自给有余，是自治区主要的商品粮基地之一。2012 年，通辽市粮食总产量达 608×10^4 t，占全自治区粮食总产量的 1/4，人均占有量超过 1 900 kg。呼伦贝尔市、兴安盟和赤峰市也是自治区重要的粮食生产基地，总占有量在 10% 以上，人均占有量 1 000 kg 以上。其余盟市除了包头市、锡林郭勒盟和乌海市外都自给有余（表 2.11）。

表 2.11 2003 年和 2012 年各盟市粮食产量比较

粮食产量比重 地区	2003 年		2012 年	
	粮食总产占 全区比例/%	人均粮食 /(千克/人)	粮食总产占 全区比重/%	人均粮食 /(千克/人)
呼和浩特市	6.86	429	4.48	413
包头市	4.93	316	3.74	372
呼伦贝尔市	0.17	56	20.78	2 231
兴安盟	18.13	543	12.51	2 118
通辽市	25.51	1 105	22.34	1 941
赤峰市	5.67	559	18.38	1 159
锡林郭勒盟	4.84	240	1.20	314
乌兰察布市	11.51	941	3.25	416
鄂尔多斯市	1.09	155	5.33	724
巴彦淖尔市	10.14	502	7.18	1 171
乌海市	10.66	810	0.14	69
阿拉善盟	0.49	364	0.66	750

数据来源:《内蒙古统计年鉴 2013》

(4)主要粮食作物

①春小麦。春小麦是内蒙古种植面积最大的粮食作物之一,在内蒙古有悠久的栽培历史。近十多年,广泛采用优良品种、配方施肥、模式化栽培和间套种等适用技术,种植面积和产量,尤其是单产不断跃上新台阶。最多时播种面积占粮食播种面积的 35%(1992 年),产量占粮食总产量的 30%(1992年)。内蒙古小麦品质优良,用其加工的面粉质量好,受到消费者欢迎,远销国内外。小麦产量主要集中在呼伦贝尔市,2012 年占全区总产量的 44.3%,还有巴彦淖尔市、兴安盟也较多,分别占 22.4%和 8%,合占约 74.7%,其他盟市较少。河套平原和土默川平原是优质小麦的主要种植基地。

②玉米。玉米是内蒙古重要的粮饲兼用作物,也是全区种植面积最大的高产优势作物。2012 年全区玉米播种面积为 283.4×10^4 hm²,占当年全区粮食播种面积的 50.7%,产量为 $1 784.4 \times 10^4$ t,占全区粮食产量的 70.6%。

内蒙古玉米籽粒饱满、匀称、色亮、营养丰富、品质优良,是畅销全国的农产品。产区主要集中在东四盟市和西四市,尤其是东四盟市的通辽市产量占全区玉米产量的27.8%,呼伦贝尔、兴安盟和赤峰分别占10%以上,西部巴彦淖尔占7.8%,鄂尔多斯、呼和浩特、包头也分别占6.5%以上。

③水稻。内蒙古地区在新中国成立前就有少量水稻种植,20世纪80年代中后期东部地区兴安盟、哲里木盟(今通辽市)、赤峰市、呼伦贝尔市开始大面积开发。进入20世纪90年代,水稻生产进一步向集约化发展,广泛采用了旱育种、机械插秧、节水灌溉、配方施肥、化学除草等适用增产技术,特别是大面积推广了优良品种和旱育稀植,推动水稻生产迅速发展。内蒙古水稻属于单季粳稻,用其加工的大米洁白如玉、晶莹剔透、口味香甜、营养丰富、品质优良,受到国内外消费者喜爱,有的被评为自治区优质产品。2012年水稻播种面积占全区粮食播种面积的1.6%,产量占2.9%。

④大豆。内蒙古种植大豆历史较早,是国家的优质大豆生产基地之一。集中产于东部地区。呼伦贝尔市播种面积和产量分别占全区的50%以上,兴安盟、赤峰市、通辽市居第2、第3、第4位。

⑤谷子。谷子是内蒙古各地普遍种植的粮草兼用作物,主产区赤峰市种植面积约占全区种植面积的60%左右。谷子栽植历史悠久,由于抗旱、耐瘠等优点,曾经是内蒙古种植面积最大的作物之一。种植面积现在次于玉米和小麦,处在第3位。

⑥莜麦(裸燕麦)。莜麦是内蒙古自治区高寒旱地区传统的粮草兼用作物,名牌农产品。主要分布在内蒙古的阴山北部丘陵区,包括乌兰察布市、锡林郭勒盟、呼和浩特市、包头市和赤峰市部分旗县,其中乌兰察布市播种面积和产量居各盟市之首,约占全区总量的一半左右。内蒙古莜麦营养丰富,品质优良,为糖尿病、高血压患者及老年人的保健食品,颇受消费者青睐。用优质莜麦加工的燕麦片等产品远销国内外,很有发展潜力。

⑦糜、黍。内蒙古种植糜、黍的历史悠久,是国家糜、黍主产区之一。糜、黍是内蒙古主要的杂粮作物,小日期糜、黍是重要的救灾作物,糜子还是蒙古族喜食的"炒米"的原料。全区大部分地区均有种植,糜子最大产区是鄂尔多斯市,黍子最大产区是赤峰市,两地的播种面积占全区总播种面积的一半左右。内蒙古糜、黍播种面积曾列全国第1位,近年来播种面积有所下降。

⑧马铃薯。马铃薯是内蒙古重要的粮菜兼用作物,名牌农产品。全区各地均有种植,是全国马铃薯主产区之一,还是全国脱毒种薯及商品薯重要生产基地之一。播种面积和总产量最大的盟市是乌兰察布市和呼伦贝尔市,分

别占 1/3 左右。赤峰市、呼和浩特、包头和鄂尔多斯市的面积、产量也比较大。马铃薯用途十分广泛，既是城乡居民直接食用的粮菜，也是加工淀粉、酒精和小食品等轻工业产品的重要原料。内蒙古马铃薯品质优良，深受区内外消费者喜爱，每年均大量调往区外。

2. 经济作物

如前所述，内蒙古经济作物比重逐年增加并有种类增多的趋势。经济作物以油料作物为主，1947 年时，其种植面积占经济作物面积的 91.7%，2012 年占48.87%，另外蔬菜占 18.4%，果用瓜占 4%，甜菜占 2.8%，还有烟叶、麻类等。

（1）油料作物

内蒙古的油料生产以向日葵、油菜、胡麻、蓖麻等为主。全区大部盟市均有种植。2012 年种植面积为 76.5×10^4 hm²，总产量 145.1×10^4 t，达到最高水平，最高的播种面积 2000 年达到了 87.9×10^4 hm²。2005 年，油料人均占有量达到 51.2 kg，为全国各省区之首。油料作物的种植面积和产量结构 60年间发生了很大变化。自治区成立到改革开放前的 20 年胡麻籽种植面积和产量一致占油料作物总量的一半左右。改革开放后，胡麻籽的面积和产量逐年减少而葵花籽的种植面积和产量逐年增加，到 2012 年时，葵花籽的种植面积占油料作物的 52.1%，油菜籽占 35.4%，而胡麻籽只占到 7.7%；其产量中葵花籽占 73.8%，油菜籽占 21.1%，而胡麻籽只占 2.5%（表 2.12）。

表 2.12   油料作物构成变化/%

种类 时间	葵花籽		胡麻籽		油菜籽	
	面积	产量	面积	产量	面积	产量
1979 年	13.6		45.6		16.9	
2000 年	41.6	59.4	11.4	5.6	33.6	26.2
2007 年	49.3	61.3	7.1	3.1	28.5	16.1
2012 年	52.1	73.8	7.7	2.5	35.4	21.1

数据来源：《内蒙古统计年鉴 2013》

第一，葵花籽。向日葵是内蒙古第一大油料作物，全区各地均有种植，以巴彦淖尔市、赤峰市、鄂尔多斯市、包头市、兴安盟等盟市为主，其中巴彦淖尔市产量占全区总产量的一半左右。过去，内蒙古只有少量种植，主要用于嗑食的向日葵（称食葵或花葵），20 世纪 70 年代中期开始，大力开发向日葵生产，使向日葵生产水平和生产能力不断提高。2012 年产量达到 107.1×10^4 t，达到历史最高水平，使内蒙古成为国家重要的向日葵生产基地之一。葵花籽是内蒙古名牌农产品。葵花籽分食用、油用和兼用三种类型。葵花籽提炼的食用油纯正，清香，富含亚油酸和不饱和脂肪酸，对降低血压和胆固醇、防止动脉血管硬化等具有良好的保健作用，是人造奶油、巧克力等食品的辅助原料。还可提炼加工成工业用油。籽饼是家禽的精饲料。炒制后的葵花籽是人们喜爱的小食品。

第二，油菜籽。油菜是内蒙古第二大油料作物，也是极好的密源作物。主产区分布在阴山丘陵地区和大兴安岭岭北高寒地区，锡林郭勒盟和呼伦贝尔市的种植面积最大。内蒙古油菜籽分两种类型，锡林郭勒盟和乌兰察布市为芥菜型，芥酸含量较高；呼伦贝尔市岭北20世纪70年代末引进单、双低油菜(低芥酸、低代葡萄糖甙)，是内蒙古名牌农产品。

第三，胡麻籽。胡麻籽是内蒙古自治区一大特产，名牌农产品。内蒙古种植历史悠久，是中国胡麻的主要种植区。内蒙古主要产区在乌兰察布市、锡林郭勒盟、呼和浩特市、包头市和鄂尔多斯市，其中乌兰察布市的种植面积较大。胡麻胶又是优质的食物添加剂。

第四，蓖麻籽。蓖麻是内蒙古主要的非食用油料作物、名牌农产品。主要集中分布在通辽市，蓖麻种植面积约占全区种植面积的90%，产量占全区的1/4。相邻的兴安盟也有少量种植。内蒙古历来就是蓖麻的主要产区，其产品在国际上享有盛誉。

第五，黑瓜籽。黑瓜籽是内蒙古名牌农产品，俗称打瓜籽、籽瓜籽。内蒙古的巴彦淖尔、包头、鄂尔多斯、赤峰市、通辽等市和兴安盟均有生产。产品深受消费者青睐，并有出口。

(2)糖料作物

甜菜是内蒙古主要的糖料作物，内蒙古从1955年开始规模种植甜菜，几十年来甜菜产业得到了长足的发展。20世纪90年代发展达到高峰期时，面积达到$10×10^4$ hm^2以上，产量达到$200×10^4$ t～$300×10^4$ t。除锡林郭勒盟、阿拉善盟和乌海市外，其他盟市都大面积种植。内蒙古甜菜品质优良，块根含糖量高的达到16%～17%，是国家重要的糖料生产基地之一。但1999年以后由于受国际市场的影响，甜菜生产出现了滑坡。2012年种植面积、总产量分别只有$4.4×10^4$ hm^2、$167.9×10^4$ t。

(3)瓜果蔬菜作物

第一，瓜类。瓜类是内蒙古自治区主要经济作物之一，以西瓜、蜜瓜、籽瓜为主。近年来，随着种植业结构调整的不断深入，种植面积逐年扩大，产量和经济效益也都有了较大提高。2012年果用瓜种植面积、总产量分别达到了$6.3×10^4$ hm^2和$228.1×10^4$ t。巴彦淖尔市河套蜜瓜是内蒙古西部传统名牌农产品，该产品兼有多种水平味，含糖量高，走俏国内外。巴彦淖尔市西瓜也是内蒙古名牌农产品,质地脆沙、含糖量高,深受区内外人们喜爱,在北方大中城市一直占有很大市场。

第二,果树。内蒙古果树栽培历史较短,但近年来发展较快,主要以苹果梨、葡萄、苹果为主。2012年全区果树栽培面积达到了 7.1×10^4 hm^2,总产量 55.4×10^4 t。目前全区建成了巴彦淖尔市河套苹果梨基地、乌海市和托克托县葡萄基地、赤峰市南部商品果基地,库伦旗奈曼旗等地的大苹果生产基地。其中巴彦淖尔市河套苹果梨、鄂尔多斯市红星苹果曾被评为全国优质产品。乌海市葡萄、巴彦淖尔市河套苹果梨、鄂尔多斯市红星苹果等都是内蒙古名牌农产品。

第三,蔬菜。近年来,随着人民生活水平的逐步提高和种植业结构调整的进一步深入,内蒙古蔬菜生产得到了快速发展,特别是保护地生产更是以其高产、高效受到了农民的欢迎。到2012年,全区蔬菜种植面积、总产量已分别达到了 28.8×10^4 hm^2 和 1476.3×10^4 t。其中设施栽培面积逐年增加。

3. 商品生产基地建设

根据国内消费需求量大,生产有潜力,通过扶持和发展,能够有效抵御进口产品冲击的原则,以资源条件好、生产规模大、市场区位优、环境质量佳为依据,内蒙古坚持按比较优势和市场需求布局,优先规划优势作物的优势区域,积极争取投资,优先重点扶持6种作物的商品基地建设,提高市场竞争力。

(1)玉米基地建设

重点建设以饲用玉米和加工专用玉米生产为主的玉米优势生产基地。东部西辽河流域主要基地在通辽市的科尔沁区、科尔沁左翼中旗、科尔沁左翼后旗、开鲁县、奈曼旗、库伦旗、扎鲁特旗,赤峰市的松山区、宁城县、敖汉旗、喀喇沁旗、翁牛特旗、阿鲁科尔沁旗、巴林左旗以及兴安盟的扎赉特旗、科尔沁右翼中旗、科乐沁右翼前旗、突泉县等地的饲用玉米和加工专用玉米生产基地;西部土默川、河套平原主要布局在呼和浩特市的赛罕区、土默特左旗、托克托县和林格尔县,包头市的土默特右旗,乌兰察布市的丰镇市、商都县、兴和县、察哈尔右翼前旗、卓资县、凉城县,巴彦淖尔市的杭锦后旗、临河区、五原县、乌拉特前旗,鄂尔多斯市的准格尔旗、伊金霍洛旗、达拉特旗等地的饲用专用玉米生产基地。

(2)高油大豆基地建设

重点建设东部高油大豆商品生产基地,主要布局在呼伦贝尔市的莫力达瓦旗、阿荣旗、鄂伦春旗、扎兰屯市,兴安盟的扎赉特旗、科尔沁右翼前旗、科尔沁右翼中旗,通辽市的科尔沁左翼后旗、扎鲁特旗和赤峰市的巴林左旗等地以及海拉尔、大兴安岭 2 个农管局。

（3）小麦基地建设

重点建设大兴安岭沿麓和河套土默川平原两个专用小麦商品生产基地。大兴安岭沿麓优质强筋小麦生产基地，主要布局在呼伦贝尔市的牙克石市、鄂温克旗、陈巴尔虎旗、额尔古纳市 4 个旗市及海拉尔农管局；河套土默川平原灌溉区优质中筋小麦生产基地，主要布局在巴彦淖尔市的杭锦后旗、临河区、五原县、乌拉特前旗，鄂尔多斯市的达拉特旗，呼和浩特市的土默特左旗，包头市的土默特右旗等地。

（4）优质马铃薯基地建设

重点建设阴山南北麓马铃薯商品生产基地和大兴安岭东南马铃薯商品生产基地。阴山南北麓基地主要布局在呼和浩特市的武川县、和林格尔县，乌兰察布市的四子王旗、察哈尔右翼中旗、察哈尔右翼后旗、商都县、卓资县、丰镇市、察哈尔右翼前旗、凉城县、兴和县、化德县，包头市的达尔罕茂明安联合旗 13 个旗县市；大兴安岭东南基地主要布局在兴安盟的科尔沁右翼前旗、呼伦贝尔市的阿荣旗、扎兰屯市等地。

（5）油料基地建设

内蒙古的油料作物主要有向日葵、油菜籽、蓖麻籽、胡麻籽等。向日葵生产基地重点布局在河套土默川平原及西辽河流域，主要有呼和浩特市土默特左旗，包头市土默特右旗，鄂尔多斯市达拉特旗、杭锦旗，巴彦淖尔市的临河区、五原县、乌拉特前旗、杭锦后旗，赤峰市松山区、翁牛特旗，兴安盟的科尔沁右翼前旗、扎赉特旗以及通辽市的科尔沁左翼中旗等地。"双低"油菜籽商品生产基础重点布局在呼伦贝尔市额尔古纳市、牙克石市、鄂温克旗、陈巴尔虎 4 个旗市。蓖麻籽商品生产基地重点布局在通辽市的科尔沁右翼中旗、科尔沁区和科尔沁左翼后旗 3 个旗县。

（6）蔬菜基地建设

根据内蒙古蔬菜生产实际和国内外市场需求，重点发展西芹、中早熟甘蓝、洋葱、胡萝卜、花椰菜、保护地果类菜、根茎类、叶类蔬菜，以 4 个栽培区为主，建设夏淡季蔬菜商品生产基地及出口蔬菜生产基地。一是重点发展针对俄罗斯出口的蔬菜生产，主要布局在呼伦贝尔市的扎兰屯市、牙克石市、阿荣旗 3 个旗市。二是重点发展针对京津沈等大城市夏淡季蔬菜市场以及通辽市的红干椒生产，主要布局在赤峰市的宁城县、松山区、翁牛特旗、喀喇沁旗，通辽市的科尔沁区、开鲁县、科尔沁左翼中旗、奈曼旗，锡林郭勒盟太仆寺旗、多伦县，乌兰察布市的丰镇市、商都县、兴和县、察哈尔右翼中旗等地。三是重点发展呼和浩特市和包头市的蔬菜供应基地，主要布局在呼和浩特市的赛罕区、土默特左旗，包头市的九原区等地。四是重点发展脱水蔬菜、果菜榨汁等蔬菜生产基地，主要布局在巴彦淖尔市的临河区、乌拉特前旗、杭锦后旗、磴口县，鄂尔多斯市的达拉特旗等地。

(二)畜牧业

改革开放以来，内蒙古的畜牧业包括草原畜牧业和农区畜牧业取得了长足发展，实现了历史性跨越。一是畜牧业生产持续快速发展，经济效益明显提高。2012年，畜牧业总产值达到1 118.86亿元，占全区农牧林渔业总产值的比重由1978年的29.7%上升到45.68%。牧业年度全区牲畜存栏头数1978年为4 162.30万头(只)，1989年突破$5 000 \times 10^4$头(只)，1995年突破$6 000 \times 10^4$头(只)，1997年突破$7 000 \times 10^4$头(只)，2012年$11 263 \times 10^4$头(只)，牲畜头数位居全国五大牧区之首，草食牲畜数量位居全国第2位。二是畜牧业布局不断优化，在草原畜牧业稳定发展的同时，农区畜牧业得到快速发展。近年来，农区牲畜头数占全区牲畜总头数的比重提高到2/3左右。三是主要畜产品产量大幅度增加。2012年，内蒙古自治区肉类产量245.9×10^4 t，其中羊肉产量88.69×10^4 t，居全国第1位，牛肉产量51.22×10^4 t，居全国第5位，禽蛋总产量54.48×10^4 t；牛奶产量910.18×10^4 t，居全国第1位；绵羊毛产量10.42×10^4 t，居全国第1位；山羊绒产量7 642吨，居全国第1位。四是草原畜牧业稳定发展。草原保护和建设继续加强。"畜草双承包"和草牧场"双权一制"的贯彻实施，实现了草原"用管护"和"责权利"的统一，从根本上巩固了牧区家庭经营的地位，极大调动了广大牧民保护和建设草原的积极性。

1. 牧畜头数及分布

据2012年(牧业年度)统计，全区大小畜总头数为$11 263 \times 10^4$头(只)，存栏猪$1 418 \times 10^4$头。各盟市分布情况如下表(表2.13)。

表2.13 各盟市大小牲畜数量(2012年)

地区	大牲畜/(万头)	羊/(万只)	猪/(万头)
呼和浩特市	79.22	276.40	41.81
包头市	34.22	307.60	42.44
呼伦贝尔市	209.97	1 453.43	169.80
兴安盟	78.17	676.91	121.99
通辽市	268.22	983.62	464.59
赤峰市	323.76	1 192.21	340.38

续表

地区	大牲畜/(万头)	羊/(万只)	猪/(万头)
锡林郭勒盟	126.58	1 044.80	7.15
乌兰察布市	46.65	570.35	88.98
鄂尔多斯市	33.31	1 097.28	77.82
巴彦淖尔市	25.07	841.00	56.84
乌海市	0.39	8.30	3.65
阿拉善盟	13.18	153.50	3.42

数据来源：《内蒙古统计年鉴 2013》

从表 2.13 可以看出，以大小畜总头数而言，赤峰名列各盟市之首，通辽、呼伦贝尔市和锡林郭勒盟分列其后。猪的饲养主要分布在农区和半农半牧区，所以农业比重大，而人口多的盟市养猪多，如通辽市和赤峰市分别养猪 $464.59×10^4$ 头和 $340.38×10^4$ 头，而牧业比重大或城镇人口多的盟市养猪少，如锡林郭勒盟和乌海市分别只有 $7.15×10^4$ 头和 $3.65×10^4$ 头。

2. 畜群结构及地区差异

根据 2012 年（牧业年度）统计资料，全区大畜总数为 $1 238.7×10^4$ 头，在全国名列第四，占全区大小总头（只）数的 12.58%，全区小畜总头数为 $8 605.4×10^4$ 只，在全国名列第 1 位，占全区大小总头数的 87.42%。

从全区牲畜总体结构来看（表 2.14），牛占总数的 10.3%，占大畜的82%；马占总数的 0.81%，占大畜的 6.41%；驴占总数的 1.04%，占大畜的 8.27%；骡占总数的 0.27%，占大畜的 2.11%；骆驼占总数的 0.15%，占大畜的 1.2%；绵羊占总数的 63.45%，占小畜的 72.58%；山羊占总数的 23.97%，占小畜的 27.42%。内蒙古畜牧业以养羊业为主，其中以绵羊居多，大畜中以牛为主。

从全区范围来看，区内各地区畜群结构的地区差异很大。总的来说，东部地区大畜比重高，尤以牛的比重更突出，马也是东部比重高，西部比重少，但骆驼东部很少，西部地区更集中，牧区旗县驴骡比重少，而农区旗县市驴骡比重高。西部地区小畜比重高，尤以山羊的比重更加突出。以盟市为单位畜群结构的地区差异具体表现在以下方面。第一类是羊牛马组合区，主要有呼伦贝尔市和锡林郭勒盟，这是典型的草原牧区结构。第二类是羊牛驴组合区，主要有呼和浩特市、包头市、赤峰市、巴彦淖尔市、乌兰察布市和兴安盟，前三个为城市亚类，牛当中奶牛比重高，后三个为农区亚类，大畜种驴骡的比重很高。第三类是羊牛马驴组合区，主要有通辽市，这是比较典型的农牧交错型结构。第四类是山羊为首的组合区，这是荒漠地区特征的结构，主要有乌海市、鄂尔多斯市和阿拉善盟，其中阿拉善大畜中以骆驼为主，这里是中国著名的骆驼之乡。

表 2.14 各盟市畜群结构比重表(2012 年)

地区	大畜占大小畜总数比重/%	在大畜中的比重/%					小畜占大小畜总数比重/%	在小畜的比重/%	
		牛	马	驴	骡	骆驼		绵羊	山羊
呼和浩特市	22.28	93.45	0.32	3.33	2.85	0.05	77.72	78.67	21.33
包头市	10.01	90.13	1.96	4.89	2.19	0.83	89.99	66.49	33.51
呼伦贝尔市	12.62	89.39	9.79	0.56	0.14	0.12	87.38	85.55	14.45
兴安盟	10.35	86.31	7.88	5.68	0.13	—	89.65	73.92	26.08
通辽市	21.43	85.01	6.88	6.37	1.74	—	78.57	50.43	49.57
赤峰市	21.36	70.68	5.07	20.80	3.41	0.04	78.64	79.58	20.42
锡林郭勒盟	10.81	88.05	10.60	0.34	0.02	0.99	89.19	90.02	9.98
乌兰察布市	7.56	87.59	2.38	5.44	3.51	1.08	92.44	91.97	8.03
鄂尔多斯市	2.95	84.78	3.62	5.66	4.83	1.12	97.05	46.77	53.23
巴彦淖尔市	2.89	60.99	4.10	11.84	14.85	8.22	97.11	72.21	27.79
乌海市	4.51	85.34	1.63	8.07	4.96	—	95.49	27.68	72.32
阿拉善盟	7.91	20.98	1.32	1.47	0.20	76.03	92.09	30.91	69.09

数据来源:《内蒙古统计年鉴 2013》

3. 牲畜品种及家畜改良

目前，内蒙古自治区符合品种要求的家畜品种共有 96 种，根据其来源和形成过程大体可分为三类。其中地方品种 12 种，培育品种 25 种，引入品种 59 种。

自治区地方品种有 12 种，它们是蒙古牛、蒙古马、蒙古羊、百岔马、乌审马、滩羊、布特哈奶山羊、河套大耳猪、金宝屯猪、库伦驴、驯鹿和边鸡。

培育品种 25 种，其中选育品种有 9 种，育成品种 16 种。选育的 9 种品种为：三河牛、三河马、阿拉善双峰驼、乌珠穆沁羊、苏尼特羊、呼伦贝尔羊、内蒙古白绒山羊、乌珠穆沁白绒山羊、罕山白绒山羊。育成的16种品种为：草原红牛、中国黑白花奶牛(荷斯坦牛)、科尔沁牛、锡林郭勒马、内蒙古细毛羊、敖汉细毛羊、鄂尔多斯细毛羊、中国美利奴(科尔沁型)细毛羊、科尔沁细毛羊、内蒙古半细毛羊、兴安细毛羊、乌兰察布细毛羊、呼伦贝尔细毛羊、内蒙古黑猪(品种群)、乌兰哈达猪和内蒙古白猪(新品系)。

引入主要品种有15种，它们是：短角牛、西门塔尔牛、利木赞牛、安格斯牛、海福特牛、夏洛来牛、荷斯坦牛、澳洲美利奴细毛羊、德国美利奴羊、多赛特羊、萨福克羊、茨盖羊、特克赛尔羊、苏白猪和迪卡—沃伦鸡。此外，还有少量引进的品种有：林肯羊、罗姆尼羊、安格拉山羊、巴克夏猪、约克夏猪和长白猪等。

内蒙古自治区自20世纪50年代开始畜禽改良以来，良种和改良种畜禽数量不断增加，质量稳步提高，畜禽生产性能和畜产品质量和数量大幅度稳步提高。到2012年(牧业年度)，全区良种和改良种牲畜达到 $9\,326.51\times10^4$ 头(只)，比重为93.64%。基本实现了改良化。大畜中牛良种化比重达到81.93%，小畜中羊良种化比重达到94.46%，生猪改良比重为63.25%。

经过60年的不懈努力，内蒙古正式育成了26种家畜新品种，成为全国家畜育种工作成效最显著的省区之一，培育家畜品种数量居全国首位。特别是内蒙古白绒山羊、阿拉善双峰驼、苏尼特肉羊、乌珠穆沁肉羊、鄂尔多斯细毛羊、中国美利奴细毛羊、科尔沁牛等优良品种所产的绒、肉、毛畜产品质量上乘，享誉国内外，畅销国际市场，成为内蒙古出口创汇的拳头产品。畜种改良所生产的优质毛、绒、奶等畜产品成为内蒙古现代化大型龙头企业崛起最主要的依托优势资源。每年全区家畜改良所创造的社会效益达几十亿元。

4. 主要畜产品

(1)肉类产量

2012年全区肉类总产量 245.9×10^4 t。肉类中猪牛羊肉占86.99%，其中猪肉占30.08%，牛肉占20.83%，羊肉占36.08%；禽肉占13%。

表2.15 各盟市肉类产量比较(2012年)

地区	肉类总产量占全区/%	人均占有量/斤	猪肉占全区/%	羊肉占全区/%	牛肉占全区/%	禽肉占全区/%
呼和浩特市	4.05	68.60	3.76	3.66	5.96	5.97
包头市	6.35	115.96	6.23	7.31	7.28	5.26

地区	肉类总产量占全区/%	人均占有量/斤	猪肉占全区/%	羊肉占全区/%	牛肉占全区/%	禽肉占全区/%
呼伦贝尔市	9.94	195.72	5.15	11.36	16.93	7.43
兴安盟	7.53	233.91	11.52	7.36	4.17	3.73
通辽市	20.72	330.17	35.57	7.55	18.19	10.62
赤峰市	18.35	212.33	17.79	9.60	17.55	60.01
锡林郭勒盟	9.89	474.43	1.09	13.40	20.03	0.89
乌兰察布市	8.39	196.77	5.47	13.81	5.25	2.58
鄂尔多斯市	6.01	149.79	7.46	8.66	2.77	1.30
巴彦淖尔市	7.60	227.29	4.38	15.70	1.68	1.55
乌海市	0.55	50.08	1.30	0.30	0.09	0.62
阿拉善盟	0.62	130.29	0.28	1.30	0.10	0.06

数据来源：《内蒙古统计年鉴 2013》

从表 2.15 中可以看出，肉类总产量通辽市和赤峰市位居各盟市前 2 位，总产量都超过 $40×10^4$ t，锡林郭勒盟，乌兰察布市和呼伦贝尔市位居其次，总量都在 $20×10^4$ t 以上，阿拉善盟和乌海市都在 $10×10^4$ t 以下。人均占有量锡林郭勒最多，人均约 474 斤；通辽市居第 2 位，人均约 330 斤；呼和浩特市和乌海市较低人均都不到 100 斤；乌海市只有 50.08 斤。猪肉主要集中在通辽市和赤峰市，两市和占全区的 53.36%。牛肉主要集中在东部盟市，通辽市、赤峰市、呼伦贝尔市和锡林郭勒盟合占全区牛肉产量的 70% 以上，锡林郭勒盟就占全区牛肉产品的 1/5。羊肉主要集中在巴彦淖尔、乌兰察布市和锡林郭勒盟，合占全区羊肉产量的 44%。禽肉主要集中在赤峰市和通辽市，合占全区禽肉总产量的 70.6%，赤峰更占到全区 60%。

（2）奶类产量

2012 年，全自治区奶类总产量达到 $923.1×10^4$ t，总量居全国第 1 位。奶类中牛奶占 99.04%。

在各盟市中，呼和浩特市奶类产量居第 1 位，并且全部是牛奶，占全区奶类总产量的 33.7%，包头市、呼伦贝尔市和乌兰察布市位居第 2 位，分别占全区奶类总产量的 17.06%、14.62% 和 8.63%，并且以牛奶为主，占 99% 左右，是内蒙古重要的奶源基地。通辽市、赤峰市、兴安盟、巴彦淖尔市、锡林郭勒盟和鄂尔多斯市奶类也不少，分别占全区奶类总产量的 5.01%、

4.07%、4.67%、4.14%、8.63%和1.79%，并且也以牛奶为主，占88%以上。乌海市和阿拉善盟奶类较少，只占全区奶类总产量的0.06%也以牛奶为主，占88%以上。

内蒙古奶类除了牛奶还有羊奶和马奶，尤其是马奶有广阔的国际市场和开发远景。医用和保健价值非常高。

(3)毛、绒产量

2012年，全区绵羊毛产量达到10.49×10^4 t，其中细毛占54.23%，半细羊毛占13.73%。绵羊毛占全国第1位。呼伦贝尔市、赤峰市和兴安盟是内蒙古绵羊毛主要产区，三盟市合占全区的48%。其次乌兰察布市、锡林郭勒盟、通辽市、巴彦淖尔市和鄂尔多斯市绵羊毛也比较多，并且细毛、半细毛比重比较高(表2.16)。

全区山羊毛总产量为1.24×10^4 t，山羊绒总产量为7 748 t。鄂尔多斯市和通辽市山羊毛、山羊绒最多，两市合占全区山羊毛、山绒总产量的40%以上。其次是是赤峰市、锡林郭勒盟、兴安盟、巴彦淖尔市和呼伦贝尔市；其他盟市比较少。

驼绒产量主要集中在阿拉善盟，占全区总产量的2/3以上，巴彦淖尔市、锡林郭勒盟和呼和浩特市也占一定比重，其他盟市很少。

表2.16　各盟市毛绒产量比较(2012年)

地区	绵羊毛占全区/%	山羊毛占全区/%	山羊绒占全区/%
呼和浩特市	3.48	2.35	1.68
包头市	2.80	1.68	2.14
呼伦贝尔市	19.96	8.17	8.45
兴安盟	9.81	12.95	10.35
通辽市	9.02	47.03	14.97
赤峰市	18.34	8.72	13.53
锡林郭勒盟	7.91	0.61	4.41
乌兰察布市	9.30	0.39	1.03
鄂尔多斯市	11.31	15.11	32.90
巴彦淖尔市	7.52	0.61	6.54
乌海市	0.07	0.64	0.18
阿拉善盟	0.48	1.76	3.81

数据来源：《内蒙古统计年鉴2013》

（三）林业

1. 基本情况

（1）概况

内蒙古自治区是全国林业大省区之一，林业用地占全区总土地面积的37.2％。野生动物资源丰富，有鸟类436种，兽类138种，湿地资源也较丰富。内蒙古的森林资源虽然丰富，但由于东西跨度大、自然条件差异大，地理分布很不均衡，总体上从东向西呈递减状态。全区有1片原始森林和11片次生林区，主要树种有杨树、落叶松、油松、樟子松、云杉、白桦、柞树、柳树、沙棘、红柳等。

（2）在全国生态建设中的地位和作用

内蒙古自治区林业在全国占有重要地位。林业用地和宜林地均居全国第1位；森林面积占全国的1/10，活立木蓄积居全国第5位，国有林场经营面积、有林地面积均居全国第1位，全区人均有林地及人均蓄积量居全国第2位。内蒙古是生态建设大省区，是全国年均人工造林面积最多的省区，是全国唯一的国家实施林业"六大工程"全区覆盖的省区。国家"六大工程"启动后，内蒙古每年承担全国人工造林1/10的任务。"三北"防护林建设工程，内蒙古承担了近1/3的任务，在"三北"地区的13个省市区中居首位。退耕还林工程全国实施后，内蒙古承担全国近1/9的任务，居全国首位。

加强生态建设，维护生态安全，是内蒙古经济社会可持续发展的重要基础。林业是一项重要的公益事业和基础产业，承担着生态建设和林产品供给的重要任务。林业是生态建设的主体，肩负着优化生态环境和促进经济社会发展双重使命。林业在带动山区沙区综合治理开发、促进"三农"问题的解决、增加就业中都有重要作用。生态建设、沙产业的发展必将成为内蒙古的一个大产业。林业生态建设是内蒙古实现农牧林业产品结构调整、增加农牧民收入、全面建设小康社会的重要产业。内蒙古横跨"三北"，邻近京津地区，地形狭长，特殊的地理位置构成了祖国北部的天然生态屏障。建设和保护好内蒙古的生态环境，不仅关系到内蒙古的生态安全，而且也关系到"三北"地区的生态改善和首都北京的环境质量。

（3）林业发展

在历史上，内蒙古曾是森林茂密、水草丰美的地方。在地质历史上的大兴安岭到阿拉善高原，到处都有茂密的森林。现在的煤田正是古代森林存在的遗迹。19世纪末到20世纪初，由于外国侵略者的疯狂掠夺，自治区森林资源急剧减少，尤其是优质木材减少的更多。到自治区成立时，全区有林地面积仅913.33×10^4 hm^2，其中原始林628.5×10^4 hm^2，天然次生林280×10^4 hm^2，

人工林 4.5×10^4 hm²，零星树木 $1\,103 \times 10^4$ 株，森林覆盖率 7.7%。

自治区成立后，党和政府十分重视林业建设，保护森林资源，大力植树造林，林业生产逐步得到恢复和发展，有三次林业建设的高峰期。一是 20 世纪 50 年代，全区掀起了首次造林绿化的高潮，着重抓了条件较好地区的防护林营造和沙漠治理。在东部的昭达盟(现赤峰市)、哲理木盟(现通辽市)两盟规划营造防护林带；西部开始治理沙漠，营造防风固沙林，从磴口县到杭锦后旗营造了超过 300 km 的乌兰布和沙漠防沙林带。全区普遍开展了封山育林，年造林任务最高达 37×10^4 hm²，为 1950 年的 7 倍。恢复并建设了森工企业，确定了"以林为主，多种经营，综合利用，全面发展"的林区生产建设方针，年木材生产能力提高到 400×10^4 m³ 左右。二是 20 世纪 80 年代，特别是党的十一届三中全会后，随着国家经济体制改革和农林牧区改革的发展，内蒙古林业改革也不断深化，进入了一个以实现林业现代化为目标的振兴、发展时期，林业建设的步伐、质量和效益都超过以往的任何年代，取得了显著成效。三是进入 21 世纪以来，特别是西部大开发战略的提出和实施，大范围退耕还林(还牧)工程的实施，为内蒙古优美山川的建设带来了巨大的推动作用。

2. 造林绿化工程

(1)天然林保护工程

1998 年，国家首先启动了重点国有林区天然资源保护工程，包括内蒙古大兴安岭林业管理局库都尔等 25 个林业局和相关企业事业单位，岭南次生林区的巴林等 8 个林业局。2000 年，国家又启动了黄河中上游天然林资源保护工程，内蒙古的呼和浩特市等 7 个盟市的 35 个旗县市及相关事业单位被列入建设范围，"天保"工程区占全区总土地面积的 34.4%。2003 年，黄河中上游工程区已累计完成公益林建设合格面积 61.24×10^4 hm²，其中飞播造林 49.13×10^4 hm²，封山沙畜林 12.11×10^4 hm²。区域内森林覆盖率新增 1.5%。

(2)退耕还林工程

自 2000 年内蒙古 11 个旗县纳入退耕还林试点到 2002 年工程全面启动，工程共涉及 88 个旗县(市、区)3 个国有农场、$1\,334$ 个苏木乡镇、$9\,337$ 个行政村，126 万户农牧民。国家下达内蒙古退耕还林累计任务 154.33×10^4 hm²，其中退耕地还林 63.6×10^4 hm²，荒山荒地造林 90.73×10^4 hm²。2012 年退耕地造林 4×10^4 hm²，占当年造林封育面积的 5.9%。

(3)京津风沙源治理工程

自 2000 年 5 月在内蒙古 53 个旗县紧急启动京津周边地区内蒙古风沙源治理工程，到 2001 年国家正式启动京津风沙源治理工程，国家共向内蒙古投资 23.78 亿元。其中林业投资约 9.3 亿元。2012 年一年完成京津风沙源治理工程造林、封山育林任务 42.16×10^4 hm^2。

(4)"三北"防护林建设工程

1978 年实施的"三北"防护林工程，经过三期工程建设，全区共完成人工造林累计保存面积 514.8×10^4 hm^2，飞播造林 31.3×10^4 hm^2，封山(沙)育林 101.6×10^4 hm^2，超额完成了规划任务。2001 年，"三北"防护林四期工程启动，2012 年，封山育林 35.9×10^4 hm^2。

(5)野生动植物保护工程

2001 年，国家实施"全国野生动植物保护及自然保护区建设工程"，国家规划的基础上，内蒙古编制了《内蒙古自治区野生动物保护及自然保护区建设工程(2001～2010)总体规划》。到 2012 年，全区共建设自然保护区 134 处，其中国家级自然保护区 23 处，自然保护区面积为 940.79×10^4 hm^2，占自治区土地总面积的 10.33%。

(6)速生丰产用材林基地建设工程

2002 年，全国启动了速生丰产用材林基地建设工程。目前，内蒙古已申报兴安盟、巴彦淖尔市、鄂尔多斯市的 15 个速生丰产用材林建设项目。国家投入扶持资金 80 万元，主要用于兴安盟五岔沟林业局、鄂尔多斯市机械化造林总场的优良种苗开发推广。

(四)渔业

1. 发展概况

内蒙古的渔业发展历史悠久，最早可追溯到旧石器时代晚期。但中华人民共和国成立以前，内蒙古的渔业仍然十分落后，年捕捞量只有 2 000 t 左右，新中国成立后发展很快，可分为三个阶段。第一阶段是 1949～1965 年，上升阶段，水产品捕捞量由 1949 年的 2 317 t，上升到 1965 年的 16 574 t，增长了 7.2 倍。第二阶段，是 1966～1976 年，渔业生产滑坡，水产品总量到 1977 年为 13 985 t。第三阶段是 1978 年以后，全区渔业进入全面调整，改革和发展时期。水产品总产量由 1978 年的 1.1×10^4 t，上升到 2012 年的 10.4×10^4 t，年增长率达到 8.4%。

2. 渔业生产

(1)池塘养殖

2003 年，全区池塘养殖面积 8 467 hm^2，主要集中在巴彦淖尔市、鄂尔多斯市、呼和浩特市、包头市、通辽市、赤峰市等地。池塘养殖水产品产量 2.4×10^4 t。20 世纪 80 年代末，原自治区农业厅渔业局在全区推广"上粮下鱼""鱼、畜、禽""渔、农、牧"相结合的池塘综合养殖技术，取得了显著成效。

（2）天然水面养殖

全区天然水面 63.13×10^4 hm²，占可利用水面的 96.6%，在 9.63×10^4 hm² 养殖水面中，天然水面 8.59×10^4 hm²，占 89.1%，天然水面水产品养殖产量 1.9×10^4 t，占养殖总产量的 43.5%。天然水面养殖包括大中型水面鱼类资源增殖、小水面养殖和网箱、网围栏养殖等。

（3）稻田养殖

水稻田种植主要分布在西辽河和嫩江流域，总面积为 9.6×10^4 hm²，其中西辽河流域 6.4×10^4 hm²，嫩江流域 3.2×10^4 hm²，适合发展水产养殖的占总面积的 50% 左右。该技术于 1991 年开始在内蒙古推广，2003 年全区稻田养殖发展到 2 467 hm²，产量 966 t。

（4）捕捞

中华人民共和国成立以前，内蒙古的渔业纯属于捕捞业。20 世纪 50 年代末，在湖泊、水库发展人工养殖，捕捞业实际上属于养捕结合型。目前主要的捕捞水域有呼伦湖、达里诺尔、岱海、乌梁素海等。全区捕捞水面 42×10^4 hm²，2003 年全区捕捞产量 2.8×10^4 t。

3. 主要渔业区

（1）额尔古纳河流域渔业区

本渔业区有大小河流 1 851 条，可利用水面 29.8×10^4 hm²，其中湖泊 25.9×10^4 hm²，河沟 2.5×10^4 hm²，苇田 1.4×10^4 hm²。鱼类 40 余种，代表性种类包括鲟、鳇、鲶、细鳞、哲罗、江鳕、白鲑、狗鱼、陈旗鲫、鲌属和红鲌属的鱼类，其中细鳞鱼、哲罗、鲟鱼、鳇鱼在《内蒙古自治区实施〈渔业法〉办法》中列为禁止捕捞品种。

（2）嫩江流域养殖渔业区

本区渔业可利用水面 3.8×10^4 hm²，其中湖泊面积 1.4×10^4 hm²，水库总面积 1.1×10^4 hm²，河沟 1.2×10^4 hm²，池塘 933 hm²，另有稻田 3.2×10^4 hm²。鱼类 30 余种，代表性种类有哲罗鱼、细鳞鱼、江鳕、白鲑、大银鱼及水獭等。

（3）西辽河流域渔业区

渔业可利用水面 4.5×10^4 hm²，湖泊 1.7×10^4 hm²，水库 2.5×10^4 hm²，池塘 1 000 hm²，另有稻田 6.4×10^4 hm²。鱼类 40 余种，代表性种类有鲤、鲫、鲶、红鳍鲌、赤眼鳟、黄桑页、雅罗鱼等。

（4）内陆湖、库渔业区

渔业可利用水面 13.5×10^4 hm²，养殖水面 3.49×10^4 hm²，其中池塘 570 hm²，湖泊 2.9×10^4 hm²，水库 5 333 hm²。盐碱湖泊 100 多处，总面积

超过 2×10^4 hm²。本区有鱼类 40 余种，代表性种类有鲤、鲫、鲶、泥鳅、乌鳢、雅罗鱼、大银鱼、池沼公鱼及河蟹、卤虫等。

(5)黄河流域渔业区

渔业可利用水面 12.9×10^4 hm²，养殖水面 1.94×10^4 hm²，其中池塘 6 400 hm²(占全区池塘总面积的 80%)，湖泊 6 667 hm²，水库 6 333 hm²，另有苇田 2.2×10^4 hm²，盐碱水面 2.7×10^4 hm²。本区鱼类 30 多种，代表性种类有黄河鲤、兰州鲶、鲫、鳊、鲂、淡水青虾、罗氏沼虾、甲鱼、河蟹、卤虫等。

(6)阿拉善渔业区

渔业可利用水面 1.2×10^4 hm²，盐碱水面 2.3×10^4 hm²。代表性鱼类有鲤、鲫、条鳅、草、鲢、鳙、卤虫等。

内蒙古各盟市差异明显，渔业主要集中于呼伦贝尔市和巴彦淖尔市，产值分别占全区的 43.1% 和 12.65%，合占全区 55% 以上(表 2.17)。

表 2.17　2013 年各盟市渔业总产值比较

地区	总产值/万元	比重/%	地区	总产值/%	比重/%
呼和浩特市	24 497	9.26	锡林郭勒盟	1 672	0.63
包头市	8 606	3.25	乌兰察布市	7 161	2.71
呼伦贝尔市	114 059	43.10	鄂尔多斯市	16 591	6.27
兴安盟	16 202	6.12	巴彦淖尔市	33 472	12.65
通辽市	20 738	7.84	乌海市	421	0.16
赤峰市	20 090	7.59	阿拉善盟	1 134	0.43

数据来源:《内蒙古统计年鉴 2013》

三、工业

(一)工业发展与布局概况

1. 工业发展

内蒙古的工业基本上是中华人民共和国成立后建设发展起来的。现已初步形成门类比较齐全、结构比较合理，具有民族特色、地区特色和时代特色的工业经济体系。

(1)具备了相当规模的生产能力

2012 年，内蒙古自治区工业总产值达到 21 933.29 亿元，占 GDP 的比重为 48.7%，1947 年工业总产值占 GDP 的比重为 11.3%，增长了 37.4 个百分点。

经过 60 年的建设，原有工业产品产量大幅增长，如原煤，2012 年产量达 10.66×10^8 t，居全国第 1 位，比 1947 年增长了 2 000 多倍；比 78 年增长了 49 倍；发电量达 3 341.4×10^8 kW·h，居全国各省区第 3 位，比 1947 年增加了 25 000 多倍，比 1978 年增加了 83 倍；原盐比 1947 年增加了 39 倍，比 1978 年增加了 4 倍。

还有几百个工业产品从无到有，并达到了相当规模的生产能力。如全区钢产量 2012 年达到了 1 734.14×10^4 t，在全国各省区中居 12 位，生铁第 15 位，成品糖第 7 位。

(2)工业门类比较齐全、结构日趋合理并提升

2012 年，内蒙古规模以上工业企业分属 40 个行业，其中采矿业中包括煤炭开采和洗选业等 6 个行业，制造业中包括黑(有)色金属冶炼及压延业加工、食品工业和化学原理及化学制品制造业等 31 个行业，电力、燃气及水的生产和供应业中包括电力、热力的生产和供应等 3 个行业。全国划分的主要工业行业内蒙古基本上都有。

内蒙古自治区成立之初只有 9 个小型发电厂，1 个半机械化小毛纺厂，4 个半机械化小煤矿，8 个半机械化小面粉厂和 600 多个手工作坊，产品不过几十种，工业基础十分薄弱。1947 年全区轻重工业产值比重为 82∶18。

内蒙古自治区成立后，特别是新中国成立以来，内蒙古的工业生产建设突飞猛进，取得了巨大成就。从第一个五年计划开始，国家在自治区先后建立了包头钢铁联合企业等重工业企业，以及开发大兴安岭林区发展森工企业，到 1957 年，轻重比重和农工比重上升到 55∶45 和 64∶36。"二五"时期(1958~1962 年)，全区工业发展经历了大上大下、大起大落的曲折过程。"文化大革命"时期(1966~1975 年)，内蒙古的经济几起几落，历尽艰难。与调整时期(1963~1965 年)相比，工业发展速度明显下降，工业企业管理混乱，出现了大面积亏损。1975 年，包钢亏损额高达 1.18 亿元。

中共十一届三中全会以后，内蒙古工业迎来了全面发展的新阶段。改革开放初期(1978~1985 年)，工业与农业、工业内部经济关系初步得到了调整。"七五"时期(1986~1990 年)，普遍推行了企业承包经营责任制和厂长(经理)负责制，逐步建立了企业内部管理责任制。这一时期，全区工业，特别是能源、原材料等工业得到了长足发展。"八五"时期，是内蒙古历史上工业经济增长较快的时期。农工比重和轻重比重上升到 45∶55 和 35∶65。工业经济进入了经济发展的快车道。"十五"时期(2000~2005 年)，加强了工业的主导地位。贯彻"全党抓经济，重头抓工业，突出抓效益"的指导方针，抓住信息技

术飞速发展的机遇，用信息化带动工业化。全区大力推进农畜产品加工业、能源工业、冶金工业、化学工业、机械工业、建材工业等传统工业的升级改造，加快稀土产业、生物技术产业、新材料产业等高新技术产业的发展，努力提高工业的市场竞争力。

2012 年，全区有大中小型工业企业 126 057 个，其中国有及国有控股企业 608 个(国有控股企业为 357 个)，集体企业 1 037 个，个体企业 108 685 个，其他经济类型企业 16 084 个；规模以上工业企业 4244 个，大型企业 152 个。工业总产值中国有及国有控股企业占 28%，重工业占 70%。职工人数，中国有占 13.3%，集体占 0.93%。

2. 工业布局

全区工业发展与布局很不平衡，地区差异比较明显。以盟市而言，据 2012 年统计，包头市、通辽市、鄂尔多斯三地工业总产值之和占全区工业总产值的 52.93%。阿拉善盟和兴安盟分别只占全区工业总产值的 3.9% 和 1.4%，工业生产十分薄弱。其他盟市除呼和浩特市和赤峰市工业有一定基础外，其余盟市的工业经济也较弱，呼和浩特市和赤峰市分别占全区 7.59% 和 8.87%。

以地区而言，内蒙古工业集中在内蒙古中西部黄河两岸，资源、技术和资金富集的"呼包鄂"金三角地区。另一方面，工业主要集中分布于南部、东部铁路沿线的大中小城市。

(二)能源工业

内蒙古的能源工业依托丰富的煤炭、天然气和原油资源，加快发展步伐，已成为内蒙古的优势产业，初步奠定了内蒙古作为国家重要能源基地的地位。

1978 年，国家在包头、乌达、海勃湾、扎赉诺尔、平庄、大雁等地有采煤企业，全区煤炭产量 2 194×10⁴ t、发电装机仅有 101×10⁴ kW、发电量 37.8×10⁸ kW·h。经过 30 多年的发展，到 2012 年，全区煤炭产量达到 10.66×10⁸ t，原油产量 197.84×10⁴ t，天然气产量 259.17×10⁸ m³，发电量已达 3 341.4×10⁸ kW·h，能源生产总量构成以煤炭为主，占 92.44%，原油占 0.44%、天然气占 5.38%、水电占 1.73%。

1. 煤炭工业

内蒙古的煤炭工业，初步形成大、中、小结合，以煤炭生产为主，洗选加工、多种经营、综合利用为辅和地质勘探、设计、科研、施工等较为完整的煤炭工业体系。形成了乌达、海勃湾、包头、平庄、大雁、扎赉诺尔、霍林河、伊敏、准格尔、神东 10 个国有重点煤矿生产区，宝日希勒、万利、胜利、白音华 4 个国家重点建设规模矿区；古拉本、弓家塔 2 个重要地方产煤矿区。煤炭深加工的焦化、超纯煤、煤液化等产业正在兴起。此外，黄铁矿回收系统、矸石电厂、矸石砖厂等煤炭资源综合利用产业也在逐步扩大。

内蒙古煤炭工业今后发展方向主要在煤转电和实现煤炭液化方面，通过开发建设，内蒙古将会成为国家重要的煤电能源基地和煤化工基地。

2. 电力工业

由于地理原因，内蒙古目前没有形成统一的电网。现有主要电网有：与华北电网联网运行的内蒙古西部电网，与东北电网联网运行的赤峰、通辽电网，兴安电网和呼伦贝尔电网。其中，内蒙古西部电网、兴安电网、呼伦贝尔电网由内蒙古电力（集团）有限责任公司负责运行管理，赤峰、通辽电网由国家电网公司东北分部负责运行管理。

内蒙古西部电网（简称蒙西电网）覆盖的范围为内蒙古中西部地区，从西到东包括阿拉善东部地区、乌海市、巴彦淖尔市、鄂尔多斯市、包头市、呼和浩特市、乌兰察布市和锡林郭勒盟。供电面积占全自治区面积的60%。

电力工业是自治区支柱产业，自治区发展电力工业的资源和区位优势十分突出，有十分丰富的煤炭资源，远景资源量 1.2×10^{12} t，居全国第2位；水力资源充足，可用于水电建设的水能资源装机超过 1.4×10^8 kW；风能资源居全国之首，可利用功率 1.01×10^8 kW；土地空间资源广阔，太阳能资源也有很大的开发潜力。地跨"三北"，承东启西，向京津唐地区送电经济便利；有稳固的电力东送通道，输出电力距离较短，成本较低。区内、外两个市场空间较大。

3. 天然气

内蒙古是我国陆上四大气区之一，目前的勘探结果表明，鄂尔多斯盆地天然气总资源量为 11.14×10^{12} m^3，其中内蒙古境内 $4.6\times10^{12} m^3$，占全盆地总量的41%。鄂尔多斯盆地的乌审气田、大牛地气田、苏里格气田都在内蒙古境内，其中苏里格气田和乌审气田是我国最大的整装天然气气田，并列入世界知名气田之列。

到2012年，全区天然气产量 $259.17\times10^8 m^3$，乌审气田和苏里格气田由中国石油天然气集团长庆石油勘探局勘探开发。

（三）冶金工业

冶金工业是生产原料材料的工业部门，也是内蒙古的基础工业部门。据2012年统计，全区规模以上工矿企业就有858个，冶金工业总产值占全区工业总产值的17.96%。冶金工业包括黑色金属和有色金属两大部分。

1. 钢铁工业

内蒙古的钢铁工业是从50年代包头钢铁公司的建设开始起步的，经过50

多年的发展，现已建成钢铁生产的完整的生产流程。形成了以包头钢铁公司为龙头，包括大、中、小型企业的钢铁工业体系。建成了我国重要的钢铁工业基地包钢和全国最大的稀土生产科研基地。创造了中国钢铁和稀土工业十项第一：生产了我国第一支 60 kg/m 重轨，第一支 75 kg/m 重轨，第一支轻型薄壁大型工字钢，第一支国产石油套管，第一支 60 kg/m 铌稀土硅铁合金等。从 1959 年出铁，1960 年出钢，1968 年生产第一支钢轨至今，内蒙古钢铁工业产品品种有了长足发展，品种、质量、结构日趋优化，到 2012 年，可生产线材、棒材、无缝管、重轨、轻轨、焊管、带钢、热轧板、大型工槽钢、中小型工槽角钢等稀土系列产品的 65 个钢铁品种，53 个稀土品种，2 217 个规格的产品。

(1)包头钢铁工业基地

包钢是新中国第一个五年计划期间建设的 156 个重点项目之一，是国家重要的钢铁工业基地和最大的稀土工业基地，是我国少数民族地区最大的冶金工业企业。

包钢是在独特的资源优势和区位优势基础上发展起来的工业企业。白云鄂博铁矿和乌海煤矿是包钢的重要原料和燃料基地，包白线和包兰线是重要的物质输送通道。白云鄂博铁矿是世界级的铁、稀土、铌等多元素共生矿，其稀土储量居世界第一位，钍、铌量居世界第二位，独特的资源优势形成包钢的冶金行业中以钢铁、稀土为主业的独特产业优势。钢铁产业已形成一、二炼钢两大体系，板材、管材、重轨(型钢)、线(棒)材四条钢材精品线的生产格局，可生产热扎薄板、无缝钢管、重型钢轨及大型材、高速线材等 63 个品种、1 970 个规格，是全国冶金企业中品种规格最全的企业之一，是全国三大钢轨生产基地之一和品种规格最全的无缝钢管生产基地之一。稀土产业形成原料、功能材料、应用产品三个系列，主要产品包括稀土精矿、稀土化合物与稀土金属、钕铁硼永磁体、稀土抛光粉、镍氢动力电池等 53 个品种、155 个规格，是全国最大的稀土生产、科研基地和重要的稀土信息中心，稀土矿产品占全国市场的 70%，钕铁硼、负极粉、抛光粉等功能材料占全国市场份额的 20% 以上，稀土氧化物总量占全国市场份额的 40%。非钢产业中，可生产焦炭及其副产品 27 个品种、31 个规格。

包钢产品被广泛地应用于运输、石油、化工、煤炭、轻工、机械制造、航天等行业，并在国家重点工程中发挥了作用，稀土产品应用于国民经济 13 个领域 40 个行业，不但销往全国各个省、市、自治区，还远销美国、英国、法国、德国、日本等 30 多个国家和地区。

(2)中小钢铁工业

地方中、小钢铁工业初具规模，使当地自然资源得到有效利用。呼和浩特钢铁厂是全区唯一的全国中型骨干钢铁企业之一。乌兰浩特钢铁厂已建成小型钢铁联合企业，包括矿山、选矿、炼铁、炼钢和轧钢。此外，赤峰钢铁厂、呼和浩特炼钢厂、千里山钢铁厂、包头市东风钢铁厂和扎兰屯钢铁厂也有一定的钢铁生产能力。

2. 有色金属工业

内蒙古有色金属工业是从 1958 年兴建包头铝厂之后，依托丰富的原料和能源条件而逐步发展起来的。经过近半个世纪的建设和发展，已经形成一定规模的采、选、冶炼和加工综合生产体系，并成为自治区经济发展的重要产品。目前，全区有色金属工业主要产品为铜、铝、铅锌等，其中电解铝占有色金属产品总量的 80% 左右。2004 年，全区规模以上有色金属工业企业 109 个，其中矿山企业 43 个，冶炼加工企业 48 个（重金属冶炼 11 户、稀土及其他冶炼企业 37 户），从业人员 43 766 人，资产总额 145 亿元。

内蒙古有色金属工业产品分 3 类，一类为铜精矿粉、铅精矿粉、锌精矿粉、钨砂等产品；一类为铝锭、电解铜、锌锭、金属镁、金属钙、工业硅及伴生元素金、银等稀有金属冶炼产品；一类为稀土电工用铝、电工圆铝杆—铝合金、铝型材、元氧铜杆、铜线等深加工产品。

(四)机械工业

内蒙古的机械工业主要是在新中国成立后在钢铁工业基础上发展起来的，现已成为内蒙古工业重要的支柱产业。内蒙古机械制造业是 20 世纪 50 年代以后才发展起来的，主要分布在呼和浩特市和包头市。按照国家行业分类标准划分，主要集中在通用设备制造业、专用设备制造业、交通运输设备制造业、电气及器材制造业四大行业。

内蒙古汽车工业是 20 世纪 90 年代逐步发展起来的。目前主要生产重型汽车，还有少量改装车和汽车配件。

包头北方奔驰重型汽车有限责任公司和内蒙古北方重型汽车股份公司是两家整车生产企业，已形成年载重汽车 6 000 台、非公路用矿用汽车 3 000 台的生产能力。北方奔驰在全国 24 户重型载货车企业中排名第 7 位，产销增幅居第 1 位，市场占有率为 1.48%。北方股份在全国矿用车生产企业中居第 1 位。

(五)食品工业

1. 乳品工业

内蒙古自治区奶源丰富，发展乳品工业具有原料优势，2012 年全区奶总

产量为 931×10^4 t。全区共有规模以上乳品加工企业 47 户，日处理鲜奶超过 2×10^4 t。内蒙古成为全国重要的乳制品生产基地之一。伊利、蒙牛两大集团均进入自治区 20 户大型企业集团之列，成为全国 520 户重要企业之一，并获得全国驰名商标称号。同时，上海光明、北京三元、福建长富、黑龙江完达山等全国知名乳品企业落户内蒙古。

乳制品生产遍及内蒙古自治区各地区，奶类产品以牛奶为主，占奶类产品的 98%。乳制品工业主要分布在呼和浩特市、包头市、呼伦贝尔市、乌兰察布市等地。

2. 肉类加工业

内蒙古的肉类加工历史悠久，但是最近几十年才形成产业。经过近几年的迅速发展，尤其是依据草原畜牧业的资源优势和区位优势，形成了一批具有市场竞争力的名牌产品和加工企业。由于肉源基础建设滞后，商品畜的出栏率较低，个体生产性能差，尚不能完全满足加工企业的需求。2012 年，全区肉类总产量 245.9×10^4 t，其中羊肉 88.7×10^4 t、牛肉 51.2×10^4 t、猪肉 73.9×10^4 t。

内蒙古肉类加工企业存在的主要问题是加工企业屠宰加工整体水平相对粗放，设备设施落后。肉源基础存在的问题是生产规模小，技术水平差，个体产量低，缺乏优质高效生产模式。

3. 制糖工业

内蒙古有着发展甜菜生产得天独厚的自然环境条件，东起大兴安岭，西至河套平原都适于甜菜种植。全区气候冷凉，昼夜温差大，日照时间长，十分有利于甜菜生长和糖分积累。内蒙古的制糖工业是新中国成立后发展起来的。主要企业有包头华资实业草原糖业集团有限责任公司、赤峰富龙糖业（集团）有限公司、林西冷山制糖有限责任公司、内蒙古天露糖业有限公司、乌兰浩特化资雪峰糖业有限责任公司、扎兰屯兰田制糖有限责任公司、宝龙山仁龙制糖有限责任公司、通辽燕怡制糖有限责任公司。

2012 年，全区甜菜产量 167.9×10^4 t，产糖 31.14×10^4 t。采用的制糖工艺为碳酸法，行业技术装备在国内属中等水平。主要产品有绵白糖、白砂糖、精糖，主要副产品有颗粒粕、糖蜜、酒精等。产品除在本区销售外，主要销往京、津、冀、鲁、东北地区，副产品颗粒粕绝大部分出口。

制约内蒙古甜菜制糖行业发展的主要问题是原料问题，甜菜单产相对较低，含糖量下降趋势，农民种植积极性不高，这也是甜菜糖与甘蔗糖竞争中处于劣势的原因。

4. 酿酒工业

酿酒业是内蒙古民族工业的重要组成部分。自治区成立后，特别是改革开放以来，酿酒工业得到了长足发展。基本形成了包括白酒、啤酒、奶酒、葡萄酒、果露酒、黄酒和酒精在内的酿酒工业体系，成为自治区和地方旗县财政收入的重要来源，在一定程度上满足了不同消费者的需求，并且一批具有地方特色、民族特色的知名品牌走向全国和国际市场。

全区酿酒行业利税超过千万元的白酒企业有河套、鄂尔多斯、骆驼、科尔沁王、草原等企业，尤其是河套酒业集团增长强劲，其利税列全国白酒行业第9位，河套商标被评为中国驰名商标。啤酒行业利税超过千万元的企业有燕京赤峰、燕京包头、海拉尔、金川、巴特罕、通辽雪航、塞北星等。

近年来，随着地区乳业的迅猛发展以及人们对天然、绿色保健饮品日益增长的需求，内蒙古奶酒业得到了较快发展。据不完全统计，现有奶酒企业20多户，生产能力超过 2×10^4 t。龙驹、昂格利玛、乳香飘、孝庄等奶酒产品在市场已有一定知名度。

5. 制盐工业

内蒙古地处内陆高原，幅员辽阔，资源丰富，在漫长的地质作用过程中，形成了众多的内陆盐湖，是我国现代盐湖分布较多的省区之一。全区有大小湖泊 1 500 多个，总面积 4 220 km²。面积在 1 平方公里以上的湖泊 620 多个，其中盐湖 370 多个，面积超过 1 500 km²。其中以阿拉善盟、鄂尔多斯市、锡林郭勒盟、乌兰察布市、呼伦贝尔市的盐湖数量最多。气候干旱，有的一年四季有卤水，称"卤水湖"；有的常年干涸，雨季才有少量湖表卤水，称为"干盐湖"；有的已被流沙覆盖成了"沙下湖"。盐类矿床有单层沉积和多层沉积，盐层有薄有厚，薄的几厘米，厚的多达十几米。固盐分来源不同，化学沉积各异，形成了不同类型的盐、碱、硝等矿床，互相伴生，现盐湖中已发现包括石盐、天然碱、水碱、苏打、重碳钠石、单斜钠钙石、氯碳钠镁石、方解石、白云石、石膏、天青石、芒硝碱、无水芒硝、芒硝、白钠镁矾 15 种盐类矿物，其中食盐探明储量 3.46×10^8 t，另外还有卤虫、杜氏盐藻、螺旋藻等盐湖生物。

内蒙古盐湖多为干湖或沙下湖，无湖表卤水，晶间卤水一般属硫酸盐型硫酸镁互型。湖盐生产方式主要有两种，一种是采掘，另一种是滩晒。目前，内蒙古除个别盐场外，大部分盐场已实现了采盐机械化，其生产方式和装备水平在全国湖盐区处于领先地位，但同国外相比，还有一定差距。内蒙古著名的盐场有吉兰泰盐场等。2012 年全区生产原盐 253.46×10⁸ t。

(六)化学工业

内蒙古自治区能源和化学矿产资源丰富,为发展化学工业提供了得天独厚的物质条件。内蒙古化学工业是从20世纪50年代开始发展起来的。经过60年的发展,已形成了一定规模的化学工业体系。内蒙古现有规模以上化工企业300多户,工业总产值占全区规模以上工业总产值的5.7%以上。内蒙古天野化工(集团)公司年产30×10^4 t全成氨、年产52×10^4 t尿素生产装置具有国际20世纪90年代初的先进水平;吉兰泰纯碱厂年产20×10^4 t氨碱法纯碱、伊化集团年产20×10^4 t天然碱制纯碱、内蒙古三联化工股份有限公司离子膜烧、兰太实业年产1×10^4 t金属钠生产装置,均具有国内先进水平;通辽市通华蓖麻化工公司是亚洲最大的蓖麻籽深加工企业。

电石年生产能力706×10^4 t,全年生产444×10^4 t,居全国第1位。

(七)纺织工业

内蒙古规模以上纺织工业有184个企业,其产值占全区工业总产值的4.4%。全区纺织工业的行业结构特点是以毛纺织工业为主体,包括棉纺、丝绸、针织、化纤、制毡等较齐全的行业结构。

内蒙古是我国重要的畜牧业生产基地,发展毛绒产业有着得天独厚的资源优势,特别是羊绒产业,是内蒙古畜牧产品中最具国际竞争力的产业之一。白绒山羊是内蒙古的主要畜种之一。2012年,羊绒产量达到了7 642 t,占全国羊绒产量的38%,世界羊绒产量的1/3以上,山羊存栏和绒产量均居全国第1位。良种绒山羊有"内蒙古白绒山羊""乌珠穆沁白绒山羊"和"罕山白绒山羊"三个品种,是内蒙古独特的畜种资源。其羊绒纤维细、强度大、匀度好、光泽洁白、导热性小的特点,被誉为"纤维宝石""软黄金"。

鄂尔多斯羊绒制品股份有限公司是全国3户上市羊绒企业之一,全区已形成羊绒设计加工2.3×10^4 t的规模。羊绒制品、销售收入、出口交货值均列全国第一。鄂尔多斯、鹿王、维信、东达蒙古王、盘古、春雪、大兴、银源等一批羊绒加工企业形成了内蒙古独特的"羊绒兵团",在世界羊绒市场具有很强的竞争力。

内蒙古毛纺织工业企业主要集中在呼和浩特市,成为全区最大的毛纺织工业基地,其他有赤峰、东胜、通辽、海拉尔、巴彦浩特等毛纺织基地。棉纺织工业集中于包头市,包头棉纺总厂是全区大型棉纺企业之一。丝绸工业集中分布在呼伦贝尔市岭东地区和兴安盟,扎兰屯是内蒙古丝绸工业基地。针织工业主要分布在呼和浩特市、赤峰市、呼伦贝尔市、兴安盟和包头市等地。

(八)建材工业

内蒙古自治区成立后,特别是改革开放以来,内蒙古的建材工业得到快速发展,形成了一个多行业、多品种、多层次的独立工业体系。

1. 水泥

内蒙古拥有较丰富的水泥生产的原材料资源。全区水泥用灰岩上表矿区42处,保有储量 9.8×10^8 t。水泥用灰岩除阿拉善盟外,全区各盟市均有上表的资源储量,主要分布在通辽市、鄂尔多斯市、呼伦贝尔市、乌海市和乌兰察布市,占全区资源总储量的81.4%。全区水泥行业中,形成了乌兰、西水、蒙西以及赤峰远航等几个大企业集团,已成为内蒙古的骨干企业,最大规模熟料生产能力可达每年 300×10^4 t。赤峰远航和蒙西日产 2 500 t 水泥生产线投产,填补东部大型生产线,区域布局更加合理。

2. 玻璃生产

内蒙古有丰富的玻璃生产原料资源,玻璃用石英岩储量 164×10^4 t,玻璃用砂 $4 121 \times 10^4$ t,还有玻璃用纯碱。

3. 陶瓷工业

内蒙古是建陶资源较丰富的地区,探明陶瓷土储量 $1 690.4 \times 10^4$ t,可用于生产陶瓷产品的其他矿物也较丰富。陶瓷工业虽有一定基础,但总体规模偏小。

4. 新型建材工业

新型建材工业是建材工业的重要组成部分,是建材工业的新兴产业。内蒙古的新型建材工业发展相对落后,主要表现在产品品种少、质量低、配套性差、竞争力差、技术装备落后、规模小等方面。主要产品有:混凝土、空心砌块、加气混凝土、烧结空心砖、结煤矸石砖、塑料门窗、建筑材料、改性沥青、防水卷材、高分子防水卷材、岩棉等。

(九)高新技术产业

至 2012 年年底,全区已有各级各类工业开发区(园区)110 多个,包括国家级开发区 8 个,自治区级开发区 56 个,包头稀土高新技术产业开发区是全国唯一以"稀土"冠名的高新技术开发区,是国家级重点开发区之一。目前,自治区已形成以新材料、生物技术与特色制药、电子信息、光机电一体化、新能源五大领域为构架的高新技术产业基本格局。

1. 稀土产业

内蒙古稀土工业是 20 世纪 60 年代以后建立和发展起来的新兴产业,经过 50 多年的开发建设,现已具备了相当的规模和生产能力,形成了矿产品、冶炼加工产品到深加工产品的生产、研发到推广应用比较完整的稀土工业体系，其产品在国内外市场占有重要地位。内蒙古已成为世界最大的稀土原料生产基地。全区各类稀土企业80％以上集中分布在包头市，其余分布在呼和浩特市、鄂尔多斯市、乌兰察布市等地。

2. 生物制药

内蒙古的中蒙药材资源丰富，其中药用植物 1 198 种，药用动物 120 种，药用矿物 40 多种。主要药用植物如甘草、麻黄、防风、黄芪、远志、肉苁蓉等 140 多种，总蕴藏量约为 12×10^8 kg；其中，蕴藏量在 1×10^8 kg 以上的有甘草、麻黄等 4 种，$1\,000\times10^4\sim1\times10^8$ kg 的有赤芍、黄芪、狼毒等 15 种，$1\,000\times10^4\sim1\,000\times10^4$ kg 的有黄芪、桔梗、防风等 30 种，$10\times10^4\sim100\times10^4$ kg的有枸杞、肉苁蓉、银柴胡等 37 种。10×10^4 kg 以下的有枣仁、罗布麻等 45 种。

内蒙古医药行业已形成一批具有特色的优势名牌产品，如金双歧三联活菌片、金霉素、麻黄素、甘草浸膏、土霉素碱、灰黄霉素雷蒙欣、动物疫苗、皮炎宁酊、复方鳖甲软肝片、血栓通注射液、鸿茅药酒、苁蓉药酒、良咽以及如意珍宝丸、华凤通络丸、沙日嘎-4、强筋宝等蒙药系列产品。

3. 电子信息产品制造业

内蒙古电子信息产品制造业以生产新型消费类电子信息产品为主，生产基地主要集中分布在呼和浩特市。全区现有电子信息产品制造企业 16 户，其中大型企业 2 户、中型企业 1 户、小型企业 13 户。TCL 移动电信(呼和浩特)有限公司和 TCL 王牌电器(呼和浩特)有限公司是 TCL 集团在内蒙古建立的两家电子消费类产品制造企业，主要生产手机和电视机。

四、交通运输业与邮电通信

(一)发展与构成

内蒙古自治区成立以前因地域辽阔、环境复杂、战事频繁、人口密度小，交通极不发达。西部黄河流域主要靠羊皮筏和木帆船运输。东部草原腹地主要靠勒勒车和驼运。东清铁路等虽然过境较早，但 5 条伸入内蒙古的铁路和 2 条铁路支线，总长仅 0.6×10^4 km。仅有 4 个小型简易飞机场，建区时已破败不堪。1947 年全区公路通车里程仅有 0.2×10^4 km，民用汽车 86 辆。内蒙古自治区成立后，交通运输和邮电通信业得到迅速发展，现已形成了以呼和浩特市为中心和枢纽的铁路、公路、民航运输组成的综合运输网。全区已有 19 个城市通了火车，8 个盟市通了飞机，101 个旗县区全部实现油路连通，乡镇(苏木)基本实现了通公路，81.3％的行政村(嘎查)通公路。

1. 运输线路和密度不断增长但分布不均

2012 年全区公路通车里程为 163 763 km，比 1947 年增长了 83 倍，铁路通车里程 8 973 km，比 1947 年增长了 5.76 倍，民航线路里程从无到有，现达到了 3 904 050 km。

全区公路运输线路密度为 1 379 千米/万平方千米，最高的是乌海市 5 235 千米/万平方千米，最低的是阿拉善盟，300 千米/万平方千米，总体上来看在偏远地广人稀的牧区密度相对较低，如呼伦贝尔市，锡林郭勒盟和阿拉善盟分别只有 821 千米/万平方千米、883 千米/万平方千米和 300 千米/万平方千米。

2. 线路技术等级和运输工具不断改善

新中国成立后，自治区交通线路数量不断增长，而且技术状况与质量也不断提高。交通运输工具由以前的勒勒车、汗板车、畜力车、驮畜等发展到今天的汽车、火车和飞机，路面状况大为改善，由解放初期的晴通雨阻路到今天的高速公路，铁路技术装备也进行了大规模更新改造，列车无线调度电话、机车自动报警、红外线测轴温、电气集中控制、电子计算机等新技术和新设备得到广泛应用，装卸、养路、施工机械化程度不断提高，安全生产手段不断改善，运输能力明显增强。

3. 客货运量和周转量明显增加

2012 年，全区客运量为 28 188 万人，客运周转量为 435 亿人公里，分别比 1978 年增长了 8.24 倍和 13.68 倍。全区货运量为 168 078 万吨，货运周转量为 5 582 亿吨千米，分别比 1978 年增长了 20.46 倍和 24.86 倍。客运量和货运量均有大幅度增长，运输能力不断提高，但运量与运力之间的矛盾仍很突出。表现在客货超载现象比较普遍，随着西部大开发战略的实施，运量与运力矛盾将更加突出。

4. 运输结构不断改善，但仍以公路运输为主

从运输线路里程结构来看，2012 年全区公路、铁路线路结构为：公路占 94.8%，铁路占 5.2%。

从货运量结构来看，1980 年公路、铁路和航空的货运结构为 45.88%、54.12% 和 0.00%，而到了 2012 年这一比重改变为 74.5%、25.5% 和 0.00%，货运以公路运输为主。

从客运量结构来看，1980 年公路、铁路和航空的客运结构为 51.99%、47.91% 和 0.00%，而到 2012 年改变为 82.69%、15.16% 和 2.15%，以公路为主的趋势更加明显，航空运输比重也明显上升。

(二)铁路

内蒙古自治区第一条铁路——中东铁路本部干线(滨洲线)1903 年 7 月开

通后，到中华人民共和国成立前，境内仅有 6 条干线（滨洲线、平齐线、大郑线、叶赤线、白阿线、京包线），长约 1 884 km。5 条分布在东部区，中西部仅有京包线。

中华人民共和国成立后，内蒙古铁路建设进入大发展时期。在中西部地区，集二线于 1955 年建成通车，包兰线、包白线、包石线、京包复线、包头枢纽相继完成。在东部地区，相继有嫩林线、伊加线、通让线交付运营，牙林线向北延伸 300 km。至改革开放前，共建成干、支线 18 条，总长 2 374.3 km。

改革开放以来，在国家的支持下，内蒙古的地方铁路迅速发展，先后建成正线全长 945 km 的连接"三北"又一大通道——集通（集宁至通辽）线、全长 172 km 的包神（包头至神木）线、全长 215 km 的单线电气化铁路丰准（丰镇至准格尔）线、全长 143 km 的呼准（呼和浩特至准格尔）线、全长 153 km 的桑锡（桑根达来至锡林浩特）线等。到 2012 年年底，内蒙古铁路正线总延展长度为 8 973 km。跨越自治区十市二盟的 70 余个旗、县、市、区。有出区铁路通道 12 个，出国通道 2 个，对外经过二连、满洲里口岸与蒙古、俄罗斯接轨；对内通过东北、华北、西北地区，与内地铁路联成路网。

（三）公路

内蒙古交通的有史记载可以追溯到先秦时期，但直到自治区成立前，内蒙古地区仍然交通闭塞，全区几乎没有一条畅通的公路，至 1947 年全区公路通车里仅有 1 974 km，民用汽车当时仅有 86 辆破烂不堪的"万国牌"汽车，全区大部分地区还一直沿用着勒勒车、汗板车、畜力车、驮畜等传统的运输工具。

自治区成立后近六十年来，特别是改革开放以来，公路里程大幅度增加，公路标准、性能，通过能力都有了明显的提高，公路网布局日趋合理，初步形成了四通八达的公路交通运输网。

截至 2012 年年底，全区等级公路 151 046 km，占总通车里程的 92.23%，包括高速公路 3 110 km，一级公路 4 666 km，二级公路 14 092 km；还有等外路 12 717 km，占总通车里程的 7.77%。全区 101 个旗县全部实现油路连通，乡镇（苏木）基本实现了通公路，90% 的行政村（嘎查）通公路。自治区成立后，特别是十一届三中全会以来，全区公路客货运输呈较快的发展势头。

自治区公路密度地区差异明显，以盟市而言，乌海市、呼和浩特市、通辽、巴彦淖尔市较高，为 3 000 千米/万平方千米，赤峰市、乌兰察布市、鄂尔多斯市、包头市为 2 000～3 000 千米/万平方千米，兴安盟为 1 000～2 000 千米/万平方千米，锡林郭勒盟、呼伦贝尔市、阿拉善盟在 1 000 千米/万平方千米以下，阿拉善盟公路密度最低，为 300 千米/万平方千米（表 2.18）。边远牧区公路密度低，大城市和以农为主的地区公路密度较高。

表 2.18　各盟市公路运输基本情况比较表

地区	公路里程/km	比重/%	密度/（千米/万平方千米）	等级路/km	等外路/km	客运量/（万人）	旅客周转量/（万人千米）	货运量/10⁴ t	货物周转量/万吨千米
呼和浩特市	6 723	4.11	3 908.72	6 364	359	1 721	429 614	12 790	4 317 665
包头市	6 862	4.19	2 477.26	5 780	1 082	1 417	162 663	26 951	7 119 745
呼伦贝尔市	20 788	12.69	821.66	19 533	1 255	3 243	231 963	7 052	2 842 283
兴安盟	9 949	6.08	1 663.71	9 645	304	1 056	115 088	2 789	739 788
通辽市	18 140	11.08	3 048.74	16 683	1 457	2 830	207 300	5 160	1 201 000
赤峰市	23 825	14.55	2 647.22	22 915	910	5 066	435 800	9 360	3 044 700
锡林郭勒盟	17 896	10.93	883.32	17 207	689	1 321	307 320	9 081	2 749 410
乌兰察布市	12 682	7.74	2 305.82	12 657	25	1 769	156 179	5 021	1 520 842
鄂尔多斯市	17 822	10.88	2 053.21	16 315	1 507	2 423	335 000	33 973	6 561 100
巴彦淖尔市	20 068	12.25	3 116.15	15 223	4 845	1 944	158 500	3 515	1 328 800
乌海市	890	0.54	5 235.29	880	10	314	62 167	7 118	693 000
阿拉善盟	8 118	4.96	300.44	7 844	274	206	38 800	2 450	879 900

数据来源：《内蒙古统计年鉴 2013》

内蒙古自治区境内公路分为国道主干线、国道、省道、县道、乡道、边防公路、专用公路、林业道路等，国道主干线、国道、省道为干线公路，县、乡道为地方公路，干线公路和地方公路实行分级管理。其中国道主干线有 3 条、国道有 14 条从自治区境内穿过，省道有 42 条（图 2-24）。

1. 国道主干线

G015 绥芬河—满洲里是国家"五纵七横"国道主干线中的第一横线。在内蒙古境内与 G301 并行，起于呼伦贝尔市阿荣旗与黑龙江省的交界处阿甘界，经音河、牙克石、海拉尔、巴彦库仁，终点止于国内最大的陆路口岸满洲里口岸。是连接"欧亚大陆桥"的重要通道。

G025 丹东—拉萨是国家"五纵七横"国道主干线中的第二横线，在内蒙古境内与 G110 并线。起于乌兰察布市兴和县与河北省交界处老爷庙，经集宁、呼和浩特、包头、临河、乌海市，终点止于乌海市与宁夏回族自治区交界处的麻黄沟，是自治区境内最重要的一条东西大通道。

G040 二连浩特—河口是国家"五纵七横"国道主干线中的第四条纵线，在内蒙古境内与 G208 并行，起于锡林郭勒盟二连浩特口岸，经赛汉塔拉、集宁、丰镇，终点止于乌兰察布市丰镇市与山西省交界处的德胜口。

2. 国道

北京至拉萨的 G109，由清水河县十七沟进入内蒙古，经大饭铺、东胜、查干淖、深井，于宁夏石嘴山市出境并与 G110 相接，境内全长 584 km。

北京至银川的 G110，由兴和县老爷庙进入内蒙古，经集宁、呼和浩特、包头、临河、乌海市至麻黄沟出境，全长 838 km。

北京至加格达奇的 G111，由赤峰市兴巨德进入内蒙古，经通辽、乌兰浩特、扎兰屯至加格达奇，全长 1 494 km。

明水至沈阳的 G203，经通辽市的岗岗村、查日苏、三眼井，全长 43 km。

锡林浩特至海安的 G207，起于锡林浩特市，经灰腾梁、哈叭嘎、宝昌，从三号地入河北省张家口市，全长 307 km。

二连浩特至长治的 208，起于二连浩特口岸，经赛汉塔拉、集宁、丰镇，由德胜口入山西省，全长 425 km。

呼和浩特至北海 G209，经昭君坟、和林、清水河，由川峁入山西省，全长 175 km。

包头至南宁的 G210，经树林召、东胜、阿腾席连、兰家梁，由榆林入陕西省，全长 199 km。

绥芬河至满洲里的 G301，从阿荣旗阿甘界进入内蒙古，经音河、牙克石、海拉尔、巴彦库仁至满洲里口岸，全长 610 km。

图们至乌兰浩特的 G302，从吉林省界石头井进入内蒙古，全长 32 km。

集安至锡林浩特的 G303，从吉林省界巴西进入内蒙古，经通辽市、赤峰市、达锡林浩特市，全长 718 km。

丹东至霍林河的 G304，由辽宁省界浩勒宝入内蒙古境内，经甘旗卡、通辽、舍伯吐、鲁旭达霍林河煤田，全长 423 km。

庄河至林东的 G305，由大里山进入内蒙古境内，经贝子府、新惠、哈拉道口、红山、玉田皋、海日连抵达林东，全长 332 km。

绥中至经棚山 G306，由南三十家子入内蒙古境内，经大明、小城子、赤峰、杜家地、土城子达经棚镇，全长 347 km。

3. 省际大通道

省际大通道是国家实施西部大开发建设的 8 条公路干线之一的阿荣旗至乌海省际通道。其中的一段，北起于内蒙古自治区呼伦贝尔市那吉屯，经扎兰屯,兴安盟的乌兰浩特、突泉,通辽市的鲁北,赤峰市的大板,锡林郭勒盟的桑根达来,乌兰察布市的化德、白音察干、集宁,利用 G205 高速公路,经呼和浩特市,包头市接 G210,经东胜止于蒙陕交界处的苏家河畔。主线为:集宁至那吉屯和东西通道中乌海市乌达至阿拉善盟巴彦浩特,路线全长 1 544 km,连接线为:鲁北至通辽、通辽至赤峰、赤峰至大板和桑根达来至锡林浩特,计 717 km,主线和连线合计 2 261 km。

4. 省道及区内大通道

全区省道合计 31 条,其中首府放射线 4 条,南北纵线 19 条,东西横线 8 条,全长 7 486 km。"十五"期间修建的头关至满洲里的大通道,对自治区公路运输网的建设,对东西部的物质交流和人员往来,对自治区社会经济整体水平的提升带来了明显的效应。

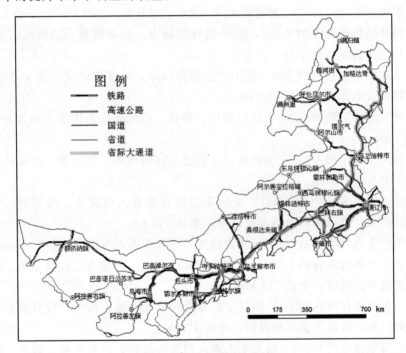

图 2-24 内蒙古交通示意图

(四)水路

内蒙古自治区主要河流有黄河、嫩江、西辽河、额尔古纳河、根河、激河、绰尔河、哈拉哈河等,均可发展水上交通。内蒙古属非水网省区,河流少而分布不均,水量少而冬季河流封冻期长,航道通航能力差,没有长航运输,内河运输也很落后,只有少量的渡运和季节性的旅游船舶,分布在全区

11个盟市大小不一的湖泊水库中。内蒙古航道通航里程，1979年全国内河航道普查时仅为602 km。改革开放以后，特别是"七五"至"九五"期间，自治区航道建设发展很快，2002年第二次全国内河航道普查时通航里程达2 402.76 km，2012年内河航道里程达到2 517 km，民用运输船1 018艘。

1. 黄河航运与航道

20世纪50年代黄河航运事业迅速发展，黄河在自治区境内有846 km河段，航运历史悠久。但60年代初，在巴彦淖尔市磴口修建三盛公水利枢工程时没有同期建设通航设施，从此彻底断了长航运输。目前，黄河内蒙古段水运主要是以架设浮(舟)桥及渡口运输为主。

根据地形、河床地质构造及河床比降航道尺度除(浅)情况等自然条件，黄河内蒙古段可分为五段：石嘴山至乌达35 km，航道现状为七级，有碍航线滩4处，河窄流急，少有船舶航行，可通50 t以下船舶，年通航240 d；乌达至二盛公110 km，河床形态微弯，分叉较多，但大部分河段主流明显，滩槽稳定，航道现状为六级，中洪水可通航3 000 t级船队，年通航期210 d；三贤公至三湖河口220 km，处于三盛公水利枢纽下游，河宽且浅滩多，游荡性河段，个别河段航行条件较差，航道基本达到六级；三湖河至喇嘛湾航道354 km，属槽河，航道基本达到六级；喇嘛湾至山西的河曲(万家寨)127 km，属山区性河流，其中上游航道基本达到六级，下游喇嘛湾大桥至万家寨82 km属万家寨库区段，目前已达五级航道。

2. 嫩江航运与航道

嫩江在内蒙古境内的航道起点为七站至莫力达瓦，全长397 km，河道较窄，滩多流急，可季节性通航。嫩江至汉尔古河160 km，基本达到七级航道标准。由于航道等级低，嫩江在内蒙古境内仅有一些渡口和季节性通航。

3. 额尔古纳河航运与航道

额尔古纳河航道(黑山头至河口段)总里程为683 km，是自治区境内的中俄界河，其中黑山头至室韦253 km属为中游丘陵地区河流，此段航道定为五级；室韦至奇乾至河口276 km属下游山区河流，定为六级航道。额尔古纳河除三个(黑山头、室韦、胡列也吐)水路口岸由于进行边境贸易和旅游有一些水路运输外，基本没有开展长航运输。

(五)民用航空

内蒙古的民用航空运输业最早可追溯到1931年，当时欧亚航空公司为开辟满洲里至上海航线，在内蒙古地区修建了满洲里机场，这是内蒙古最早建设的机场。1950年3月，中苏民航股份有限公司开通了北京—沈阳—海拉尔—赤塔航线，这是新中国成立后最早开通的国际民用航线之一，海拉尔机场成为全国最早的口岸机场之一。1958 年，呼和浩特、通辽、赤峰和锡林浩特机场建成并通航。

新中国成立以来，内蒙古境内航路建设也进入一个大发展时期，现已形成以自治区首府呼和浩特为中心，通达区内 7 个机场及北京、武汉、广州、上海、深圳等国内 28 个城市和香港、蒙古国乌兰巴托、俄罗斯赤塔的航线网络。2012 年，自治区拥有机场 13 个，运输线路长度 163 763 km，客运量总计 1 177 万人。

另外，内蒙古民航 50 多年来，在防治农作物病虫害、种树、种草、防风固沙、改良草场、森林防护以及抢险救灾等也发挥了特殊作用，为内蒙古及华北地区农牧林业发展和改善生态环境做出了重大贡献。

(六)邮电

2012 年，内蒙古自治区邮电业务总量达 2 702 939 万元，占当年自治区生产总值的 1.7%。其中邮政业务总量为 112 076 万元，占 4.14%，电信业务总量为 2 590 863 万元，占 95.86%。

内蒙古邮政通信始于秦代，秦、汉、唐、宋，各个时期都在今天内蒙古地区建设有驿路和设有驿站。成吉思汗在统一蒙古各部和建立蒙古帝国过程中，因军事、政治、经济和通信的需要，在今内蒙古地区广设站赤(驿站)。元朝建立后，"凡在属国，皆设驿站，星罗棋布，脉络贯通，朝令夕至，声闻必达"。元朝全境有驿站 1 万多所，驿马 20 万匹。元代还在大都(今北京市)至上都(今内蒙古锡林郭勒盟正蓝旗境内)，上都至京北(今西安市)设急递铺，递送重要文书。清代驿路达内蒙古地区 6 盟 49 旗。清末内蒙古地区归化、包头、丰镇、多伦等地区出现民信局数家。1897 年，沙俄利用修建中东铁路的机会，在内蒙古的满洲里、海拉尔、扎兰屯等地设立"客邮局"和"战地邮局"。

内蒙古近代邮政创办于清光绪二十八年(1962 年)，清政府在归化厅、绥远厅(今呼和浩特新城区)设立两处邮寄代办所，是内蒙古地区最早的自办邮政通信机构。到 1949 年末，全区仅有邮电局所 114 处，邮电业务总量 109 万元，邮路长度 11 783 km，全区乡镇苏木通邮面为 5.1%。

新中国成立后，内蒙古邮政事业在管理上实行"邮电合一"体制，业务上实行"邮发合一"，利用邮政网络开办报刊发行业务。改革开放以来，邮政业进入提高通信质量、改善服务，提高经济效益，加强经营管理，使邮政业务步入持续、稳定、协调发展阶段。到 1998 年，全区邮政部门实现业务收入 4.7 亿元，全员劳动生产率达到 3.46 万元/人，固定资产总额达到 12.55 亿元，全区干线邮路达 2.6×10^4 km，邮政局所 324 处，邮政储蓄计算机网点 517 处，储汇中心 120 处。全区旗县以上营业窗口全部实现电子化，一个综合利用火车、汽车、飞机运输的邮运网基本形成，全区乡镇（苏木）通邮率达到 100%。

1998 年，中国邮政在经营机制和运作机制等方面作了一系列改革，完成了全国的邮电分管。内蒙古邮政独立运行以来，全区邮政业务收入由 1998 年的 4.7 亿元，增加到 2012 年的 11.21 亿元。截至 2012 年，全区有邮路 1 702 条，农村投递路线总长度 109 253 单程公里。

1998 年以来，经过一系列改革和重组，内蒙古自治区电信发展模式实现了由垄断经营向竞争开放转变，在各个业务领域引入了竞争机制。截至 2012 年，在内蒙古从事基础电信业务的企业有中国网通集团内蒙古通信公司、中国联通内蒙古分公司、中国移动通信集团内蒙古移动通信公司、中国电信集团内蒙古分公司、中国铁通内蒙古分公司和中国卫星通信内蒙古分公司 6 家，从事增值电信业务的企业有 77 家，全区电信市场形成了不同规模、不同业务、不同所有制企业相互竞争、优势互补、共同发展的格局，市场竞争的出现和逐步深化，有力地促进了全行业的持续快速发展，广大消费者也有了更多选择，电信服务水平也得到了进一步提高。

五、旅游业

（一）内蒙古旅游业发展历程

内蒙古旅游业的基础是在 20 世纪六七十年代打下的，当时以政治性的外事接待为主，基本没有经济收益。20 世纪 80 年代后，内蒙古旅游业开始起步。20 世纪 90 年代开始大发展，逐渐发展成为一个经济产业部门。因此。内蒙古旅游业走过了自身发展阶段（1990 年以前）、规模扩张阶段（1991~1999 年）和快速发展阶段（2000 年以后）的三个阶段。

1. 自身发展阶段（1990 年以前）

自身发展阶段，即旅游活动处于自发阶段，是旅游业的兴起阶段。本阶段的时间跨度很大，从新中国成立初期到 1990 年之前都属于这一阶段。具体表现为：

旅游需求主体是因公来内蒙古的国内外人员，在公务之余，参观游览，引发的需求。特点是客源单一，需求量少。旅游活动内容主要是自然、人文景观的游览。景点都是具有游览价值的原生态的自然与人文景观。旅游接待性质以接待性的国际旅游为主，旅游业由外事部门负责，大多数是政府行为，以扩大内蒙古的对外影响力为目的。期间接待了大批国际友人及政界要人。

这一时期内蒙古自治区没有专门的旅游行业管理机构。景区建设的重点是草原景区的开发，建设了辉腾锡勒、希拉穆仁和格根塔拉三处较为著名的草原旅游区。受交通和服务设施等方面的制约，旅游活动主要集中在呼和浩特、包头、锡林浩特和满洲里等少数几个中心城市和口岸城市。20世纪80年代前后，内蒙古开始注意到旅游业的创汇问题，先后成立了三个旅行社，即内蒙古中国国际旅行社、内蒙古中国旅行社和内蒙古中国青年旅行社。1979～1990年，内蒙古自治区共接待海外游客13.74万人次，创汇925万美元。国内旅游未受重视，也未作相应的数据统计。

2. 规模扩张阶段(1991～1999年)

产业规模扩张，即产业初创期和产业形成期。其本质特征是以外延的扩大再生产为主的速度发展型。内蒙古旅游业的规模扩张阶段，主要表现为：

(1)旅游经济运行规范化

随着与邻国蒙古、俄罗斯双边关系的改善和沿边开放政策的实施，经国务院批准，内蒙古开办了中俄、中蒙边境贸易旅游。自治区政府和各盟市政府逐渐重视旅游业的发展。1992年，自治区政府在外事办下设旅游局；1995年，旅游局作为独立的厅级机构成立；1998年，内蒙古自治区首次将旅游业纳入全区国民经济计划，内蒙古旅游经济运行趋于规范化。

(2)旅游需求全面扩大

这一时期，俄、蒙两国来内蒙古的旅游人数迅速增加，全区接待海外游客的人数由1991年的6.11万人次上升到1999年的37.5万人次。在国际旅游大发展的同时，异军突起的国内旅游热潮也给内蒙古旅游业带来了新的发展机遇。内蒙古良好的自然风光、浓郁的民族风情吸引了大批来自全国各地的旅游者。接待国内游客的人数持续增加，从1991年的140万人次提高到1999年的650万人次，旅游需求成倍增长。

(3)旅游经济地位上升

1991～1999年，内蒙古自治区国际旅游创汇额由1 220万美元提高到12 027万美元，国内旅游收入也由1.2亿元猛增到12亿元。旅游业对全区国民经济的贡献日益增加。1999年，旅游总收入已相当于全区GDP的1.73%，成为自治区最具发展潜力的新的经济增长点，从而确立了内蒙古旅游业的经济地位。

(4)旅游企业逐步扩张，旅游产品逐步形成

截至1999年年底，全区共有旅游企事业单位300多家，已经建成一定规模的旅游景区(点)38处，旅游饭店200多家(其中星级饭店56家)，旅行社67家，新开发旅游景区(点)近100处，旅游汽车公司9家，拥有各类旅游汽车120多辆，旅游商品定点生产企业6家。旅游从业人员3万多人(其中持证导游人员312名)，主要分布在呼和浩特、满洲里、海拉尔、包头、东胜、赤

峰等城市。旅游产品方面,形成了东西两条旅游线路:西部旅游线路以呼和浩特为中心,辐射包头市、乌兰察布市、鄂尔多斯市,以草原、沙漠、蒙古族风情为特点;东部旅游线路以海拉尔区为中心,辐射呼伦贝尔市全线,以自然风光、鄂伦春、鄂温克、达斡尔民族风情、口岸风景为特色。

3. 快速发展阶段(2000年以后)

旅游经济快速发展阶段,即在具备一定的产业规模基础上,通过内涵的扩大生产,提高产业经济的快速增长阶段。

进入21世纪以来,内蒙古旅游业进入快速发展阶段。自治区政府和旅游行政管理部门相继出台了《内蒙古自治区旅游业发展总体规划纲要》《内蒙古自治区旅游管理条例》等一系列法律、法规和政策,提出要像抓工业、抓农牧业一样,抓好旅游工作。从此,内蒙古旅游业进入快速发展时期,突出表现为:

(1)加大对景区(点)投入,完善基础设施建设,提升档次

2000年国家投入3 700万元,用于四个重点旅游区的基础设施和环境保护建设。各地引进区外资金5 000万元,开发建设旅游项目6个。

(2)大力推进旅游精品工程,加大旅游产品的开发

本阶段,初步形成了以精品旅游景区为龙头的独具特色的旅游产品群,如以成吉思汗陵旅游精品区为龙头的蒙古族历史文化旅游产品群;以阿尔山温泉度假旅游区为龙头的温泉、冰雪旅游产品群等。初步构建了呼伦贝尔—兴安盟草原、森林生态旅游线路,锡林郭勒—克什克腾—喀喇沁草原风情、地质奇观旅游线路等四条旅游精品线路。同时,工农业旅游、红色旅游等专项旅游产品也得到大力发展。这些旅游精品线路和产品的形成,为自治区旅游从资源优势转化为产品优势,进而形成经济优势起到了推动作用。

(3)国际旅游市场持续增长,接待人数和旅游收入连创新高

国际旅游市场在保持俄罗斯、蒙古边境客源稳定的同时,加大了对东南亚等地区的市场开发。2000~2005年,累计接待入境旅游者305.43万人次,与2000年相比,接待人数增长了2.56倍,旅游外汇收入也高达10.26亿美元。此间国内旅游保持着良好的上升势头。累计接待国内旅游者6627万人次,国内旅游收入508.47亿元。

(二)内蒙古旅游业发展现状

1. 旅游业在国民经济中的地位逐渐确立

2012年,内蒙古旅游业总收入达1 128.51亿元,同比增长26.9%,接待入境旅游者159.17万人(次),入境旅游创汇77 196万美元,接待国内旅游者5 887万人(次),国内旅游收入1 080.65亿元。旅游业占第三产业的比重已超过20%,已成为国民经济名副其实的新增长点和第三产业的支柱。

2. 旅游产业体系日益完善

内蒙古旅游产业体系建设取得重大进展，旅游景区、旅游中心城市和旅游线路建设成效显著。以旅游景区为吸引核心、以旅游中心城市为节点，以旅游线路为纽带的区域旅游发展格局日趋完善。截至 2012 年年底，全区有各类旅游企事业单位 2 866 个，旅行社 835 家，旅游景区 639 家，其中 A 级景区 263 家；旅游餐饮单位 1 018 家，星级饭店 320 家，旅游运输单位 61 个，旅游商品销售单位 313 个。全区旅游业直接从业人员 23.6 万人，间接从业人员 117.86 万人。

3. 旅游基础设施和服务设施不断完善

重点旅游景区的交通、住宿、供电、供水、垃圾与污水处理，以及景区生态环境保护条件得到极大的改善，旅游景区的综合接待能力和水平得到很大的提升。旅游交通形成了民航、铁路、公路立体发展的格局：主要景区的旅游专业公路和游览道路建设加快，重点旅游景区（点）的交通状况得到明显改善。形成了以北京为起始点的东西两条铁路旅游大通道，新开通满洲里到赤塔的国际列车；以呼和浩特、银川、北京和海拉尔为枢纽的内蒙古航空旅游交通网络也已形成。

4. 多元化的旅游产品体系基本构建，四条旅游精品线路正在形成

在对传统的草原观光旅游产品进行档次升级的基础上，不断开发新产品，旅游产品种类日益丰富，形成了适应多层次市场需求的多元化旅游产品体系。沙漠旅游、边境旅游、民俗旅游迅速发展，共同成为主体旅游产品；温泉度假旅游、森林度假旅游、冰雪旅游、红色旅游等新兴旅游产品迅速兴起。

同时，内蒙古自治区根据旅游资源地理上的分布特点及其资源特色，对旅游资源进行整合，确定了四条精品旅游线路。即呼—包—鄂、乌兰察布、巴彦淖尔民族文化、民俗文化、草原沙漠游；呼伦贝尔、满洲里、阿尔山草原森林、火山温泉、民族风情游；锡林浩特、克什克腾、喀喇沁地质奇观、民族文化、草原风情游；阿拉善、乌海大漠秘境、岩画访古、航天科技游。目前围绕着这四条精品旅游线路展开的旅游基础设施建设和宣传促销取得成效，四条精品线路初步形成。

5. 旅游季节正在向两端延长

受气候条件的限制，内蒙古的旅游旺季一般集中在 7～9 月，在旅游淡季旅游设施只得长期、大量闲置。冬季旅游产品的开发，对解决旅游业中长期存在的季节性难题，促进旅游业的进一步发展，有着非常重要的作用。同时，温泉旅游、工农牧业旅游及红色旅游等专项旅游产品也在一定程度上解决了旅游季节性的问题。

（三）旅游业发展中存在的主要问题

内蒙古的旅游业，虽已奠定了一定的发展基础，但在总体上，仍处于初始发展阶段，该阶段固有的缺陷和问题也是突出的，主要表现为：

1. 旅游产品开发整体水平不高

与旅游发达地区已形成的观光、度假和特种旅游并存的多元化产品结构相比，内蒙古现有的旅游产品结构仍以观光旅游为主，与旅游业发达地区形成较大差距。即使在观光旅游产品中也仍存在着大量的重复建设、相互之间简单模仿的现象，致使旅游产品间的特色无法有效互补，产品的市场吸引力在相互抵消中下降。旅游景区（点）档次普遍较低，活动内容单调，服务质量较差。资源优势尚未转化为产品优势和经济优势。

2. 旅游企业规模小，缺少龙头企业

内蒙古旅游企业伴随着旅游业的快速发展而迅速成长，目前已形成了一批符合市场需求，经济效益较好的旅游景区、旅游饭店和旅行社，但总体来看，还没有形成能够带动全区旅游行业发展的龙头企业。主要体现在以下几个方面：第一，企业规模较小，效益低下；第二，缺少名牌企业，旅游企业的发展缺乏活力；第三，产品雷同，低价竞争，服务质量无法控制；第四，管理制度不健全，不能合理配置企业现有资源。

3. 旅游交通存在"瓶颈"，制约问题突出

内蒙古自治区为了增加旅游景区的可进入性，加大了对旅游交通的投入，但是全区各主要旅游城市的交通问题还是比较突出。旅游旺季航线和航班少，铁路客运铺位紧张，旅游城市距离景区（点）较远，道路等级低，运输工具落后等问题，都已成为严重制约内蒙古旅游业发展的因素。

4. 旅游资源与环境保护形势依然严峻

目前，内蒙古相当一部分热点旅游景区污染严重，主要表现为水体污染、空气质量下降、局部生态环境受到破坏。如希拉穆仁、辉腾锡勒、格根塔拉等开发较早的旅游景区，都由于过度开发和保护不当，出现了草原景观和生态环境严重退化等问题，自然环境变得十分脆弱。

5. 旅游宣传促销力度不足

内蒙古的草原风光、民族风情虽在国内外具有一定知名度，但从总体上看，将内蒙古众多的旅游项目作为整体进行宣传、促销，还十分薄弱。近两年，自治区政府明显加大了对旅游业的宣传营销力度，但与旅游业发达的省区相比，差距还比较大。由于旅游宣传、促销经费较少，只能组织一些小规模的促销活动，导致促销力度小、方式少、频率低、针对性弱、效果欠佳。由于缺乏自我推销和招揽游客的有效手段，造成了内蒙古旅游市场知名度偏

低，客源市场范围狭窄，游客的重游率低的局面。

(四)内蒙古旅游业发展的主要任务

1. 强化旅游中心城市职能

以建设旅游目的地城市为目标，积极引导旅游中心城市的建设，全面提升旅游中心城市的旅游服务功能和旅游设施水平，强化交通枢纽作用和客源集散能力，形成全区的旅游客流组织和中转中心。以中心城市和核心旅游区为节点，以旅游交通网络为纽带，构建几个在国外有影响力的旅游产业核心组团。

2. 培育一流的旅游目的地系统

重点进行呼和浩特—包头—鄂尔多斯、海拉尔—额尔古纳—满洲里—阿尔山、锡林浩特—克什克腾—西乌珠穆沁、乌海—额济纳四个核心旅游圈的建设，使之成为国内一流、国际知名的旅游目的地。

3. 建设精品旅游景区

发展以草原游、沙漠游、民族文化和宗教文化游为主要内容的观光旅游产品，大力推动以温泉、森林、湖泊、自驾车越野、边境旅游、红色旅游等专项旅游产品。继续完善以成吉思汗陵、阿斯哈图石林、阿尔山温泉、额尔古纳森林草原，以及边境口岸为代表的世界级旅游产品系列。

4. 着力打造四条精品旅游线路

内蒙古自治区以四条精品旅游线路为轴线，配套完善沿线的基础设施和旅游服务设施，建设一批核心旅游景区和特色旅游中心城镇，打造多条游线连接四条精品旅游线路，成为在国内外具有相当影响力的旅游环线。打破行政区域，按照四条精品旅游线路框架，积极推进多层次、全方位的区域合作。

(五)内蒙古旅游客源市场

1. 客源市场现状

目前，内蒙古国内旅游客源市场主要以本地、周边邻近省市区和经济发达地区客源为主体，具有接待总量小、发展势头强、旅游收入呈快速上升态势等特点，很具发展潜力。

内蒙古海外客源市场规模逐步扩大，接待海外旅游者占全国海外旅游者的比例逐年提高，已经形成欧美远程客源逐年增加，日韩及东南亚等市场日益巩固，中、俄、蒙边贸入境旅游稳步发展的格局。周边国家和地区是内蒙古海外客源市场的主体市场，处在第一位的是蒙古和俄罗斯市场。

2. 客源市场发展趋势

(1)国内旅游市场

未来区内市场是基础市场；京、津及环渤海地区、长江三角洲地区、珠江三角洲地区市场是加大力度、集中力量开拓的主攻市场。

第一，内蒙古自治区市场。近年来，内蒙古经济快速发展，居民收入水平迅速提高，居民国内旅游需求已经具备了经济基础，但与我国经济发达地区相比，内蒙古总体的出区旅游能力较低，因此，自治区内市场基本属于近距离的大众旅游市场。从长远发展来看，内蒙古本地市场仍然是自治区国内旅游市场的主体，旅游产品需求指向正在由观光向城郊休闲度假、商务、会议旅游等产品转变。

第二，京津冀市场。内蒙古自治区与京津冀地区相邻，而京津冀地区是国内旅游三大客源地之一。这一地区人口数量庞大，经济收入较高，人们出游愿望强烈，为内蒙古旅游奠定了客源基础。因此，京津冀地区成为内蒙古自治区重要的客源市场。未来这一地区的经济还将快速发展，居民收入水平还将进一步提高，以个性化旅游消费需求为主的趋势，休闲、自驾车旅游、度假旅游、会议旅游、商务旅游市场有相对较大的发展潜力。

第三，长江三角洲市场。包括上海市、浙江省和江苏省。在经济方面，以上海为中心的长江三角洲是全国城市化水平最高的地区，也是经济最活跃的地区。游客出游能力强，旅游支出水平高。

对长江三角洲居民来说，内蒙古属于远距离目的地，内蒙古依托特色的自然、人文旅游资源开发的旅游产品对这一地区的旅游者具有较强的吸引力，观光团队和个性化消费者的发展空间均较大。随着内蒙古旅游精品景区的开发和建设，品牌的打造，基础设施的完善与旅游服务水平的提高，这一市场将成为内蒙古重要的客源市场。

第四，珠江三角洲市场。珠江三角洲是目前我国城市化水平最高的地区之一，城镇人口总数逾4 000万，城市化水平超过70%，是全国人口最为密集的地区之一。对珠江三角洲地区的居民来说，内蒙古属远距离的目的地之一，交通费用高，是不利因素。但内蒙古大草原、蒙古族为代表的民族风情产品与这些地区的旅游产品具有很强的差异性，对这一市场具有较强的旅游吸引力。观光、度假、商务旅游市场潜力大。

第五，山西、陕西、宁夏、甘肃市场。山西、陕西、宁夏、甘肃是我国经济发展相对落后的省份，人均GDP、城镇居民消费水平处于中下游。但是，由于与内蒙古旅游资源存在优势互补性，以及相互接壤的地势优势，山西、陕西、宁夏和甘肃成为内蒙古中、西部地区重要的客源市场，也是其他客源市场进入内蒙古中西部重要的入口。

第六，东北三省市场。东北三省与内蒙古东部毗邻，是内蒙古重要的国内客源市场,其中辽宁省是内蒙古第三大国内客源市场。这一地区出游能力较高,旅游消费水平也较高,沈阳、大连尤为突出。这一市场与内蒙古相距较近、交通方便,出游费用较低,大众化旅游市场的基数较大,组合开发的旅游产品对这一市场的吸引力较强。

(2)海外旅游市场

内蒙古入境旅游是中国入境旅游的重要组成部分,除边境旅游客源市场由自身特殊地理位置而形成外,入境旅游市场结构变化很大程度上取决于全国入境旅游市场的总体变化。俄、蒙边境旅游市场是自治区入境旅游市场的基础,随着内蒙古经济的发展,应着力于这一市场向常规旅游市场的延伸。

第一,俄罗斯、蒙古。内蒙古自治区与俄罗斯、蒙古国接壤,边境线长达 4 221 km。随着中国与俄罗斯、蒙古国对外政治、经济交往的加强,边境口岸的开放力度加大,由边境口岸入境的俄罗斯、蒙古国商贸游客仍然是自治区主要海外客源市场。随着有针对性旅游产品体系的形成,这一市场中的商贸旅游市场将进一步向休闲娱乐市场延伸。

第二,日本、韩国。1999 年以来,日本、韩国游客在自治区海外客源市场中一直排在第 3、第 5 位,是内蒙古重要的常规旅游客源市场(相对边境商贸游客而言)。内蒙古独特的自然和民族文化类旅游资源对日本、韩国游客有极强的吸引力。近年来,内蒙古作为旅游目的地的综合条件逐步改善,加之中国与日本、韩国的航线增多,运力增大,到内蒙古旅游成为方便选择。特别是草原文化、沙漠生态教育旅游市场、商务旅游市场具有较高的市场潜力。

第三,新加坡等东南亚各国。以新加坡为代表的东南亚各国与中国在文化上有着很大的相似性,加之华人聚居,构成中国重要的旅游客源市场。随着自治区经济的发展,对外合作与交流的增加,旅游基础设施、旅游接待设施的完善,这个市场逐渐成为内蒙古重要的旅游客源市场之一。内蒙古境内的黄河景观、草原景观、沙漠景观及民族风情对这一市场极具吸引力,这一市场也是内蒙古生态旅游产品的潜力市场。

第四,美国、英国、德国等欧美国家。这些国家旅游业发达,是成熟的客源市场。这一市场总体上崇尚自然和真实,视旅游为完善自我的机会和过程,在旅游购买过程与消费时注重独特经历的获得。内蒙古独特的自然生态旅游资源,悠久灿烂的少数民族历史文化,富有传奇色彩的宗教文化为旅游者获得特殊旅游经历提供了基本素材。未来随着内蒙古旅游业的深入发展,旅游体系的不断完善,这一市场是最具开发潜力的市场。

第五节　人口与文化特征

一、人口发展

内蒙古自治区是人类最早栖息和开发的地区之一，从东北到西南都有石器时代的遗址，大约在 30 万年前，就一直有先民在这里繁衍生息。从远古至战国时期，在内蒙古地区主要居住着以游牧、狩猎为生的北方少数民族，流动性大，人口稀少。秦朝开始，由于汉族移民进入而增加，人口形势有所变化。公元前 215 年，秦始皇为开发和巩固北疆，推行移民人口政策。西汉时期，公元前 127 年和前 119 年分别两次向内蒙古西部地区大规模移民，使内蒙古人口大幅度增长。到公元 2 年时，内蒙古地区的汉族人 100 万、匈奴人及其奴隶 30 万、乌桓人 10 万、鲜卑人 35 万，总人口达 175 万人，形成历史上第一个高峰。魏晋南北朝大动荡之际，匈奴、乌桓、鲜卑、高车等在内蒙古经修整和发展，其中一部分逐鹿中原，在长期的混战中大量死亡而人口减少。到唐朝，高度发展的物质文明不断吸引少数民族入塞，鄂尔多斯成为它们集中的聚居区。天宝元年(公元 742 年)内蒙古地区总人口达 153.3 万人，形成人口发展史上的又一高峰。辽五代金元时期，随着生产力的发展，内蒙古人口和全国人口一样有很大的增长，并在人口分布、构成方面出现新的情况。据推测，统和十八年(公元 1000 年)内蒙古总人口达 200 万人，并在人口构成方面出现新的情况，契丹、女真、蒙古族相继强壮，到元代鼎盛时期，蒙古族人口约达到 400 万，其中居住在内蒙古的有近 100 万人。此时，在人口的区域分布上，也改变了历史上内蒙古定居人口以鄂尔多斯为中心，西重东轻的现象，在东部区发展农业、畜牧业和手工业。到元朝后期，各种矛盾尖锐，人口流动频繁，人口数量下降。明成化十六年(公元 1480 年)达延汗统一蒙古各部，内部战争减少，经济发展，加上蒙古贵族不断掠夺人口和中原人因饥馑陆续来到内蒙古，人口数量再度增加，明隆庆四年至万历十年(公元 1570～1582 年)达 179.5 万人，达明代的最高峰。明末开始，因战乱征兵，蒙古族人口急剧下降，清初、中叶时才出现稍有回升和稳定趋势。汉族人口以"走西口""闯关东"形式，在"借地养民"政策下，大量移民迁入内蒙古定居，到 19 世纪初，内蒙古汉族人口最少也有 100 万，总人口达到 215 万人。此后，蒙古族人口连年下降，从 19 世纪初的 103 万人，减少到 1912 年的87.8 万人，1937 年的 86.4 万人，1949 年的 83.5 万人。与此相反，在此期间，内蒙古的汉族人口和总人口增长速度很快，汉族人口主要因移民而从 19

世纪初的 100 余万人，增加到 1912 年 155 万人，1937 年的 371.9 万人和 1949 年的 515.4 万人。内蒙古总人口也结束了始终徘徊在 200 万上下的局面，从 19 世纪初的 215 万人，增加到 1912 年的 240.3 万人，1937 年的 463.1 万人和 1949 年的 608.1 万人。新中国成立后各民族人口发展很快，到 2012 年时已达 2 489.85 万人。总之，内蒙古人口史，是以人口迁移增长为主的历史，如秦汉时期的大量汉族人口的迁移以及清代的移民实边、新中国成立后以建设大型工矿企业、垦荒、知识青年安置等为主要原因的迁移。从分布上看，在历史上就有内蒙古人口分布不均衡的现象，高原上人口稀少，大部分集中在阴山以南、大兴安岭以东地区，人口密度差异悬殊。阴山以南、大兴安岭以东地区是不同朝代、不同民族拉锯式进退迁移的地带，这也是造成当地历史上人口几度增减的主要原因。

二、人口构成

人口构成是人口总体内部的各种属性特征的数量和比例关系。它反映国家各地区人口的质量(素质)和经济发展水平。根据人口构成因素的特点和作用的分类方式，常见的是分为三大类：人口自然构成、人口社会构成和人口地域构成。内蒙古人口构成方面的历史记载很少，根据新中国成立后的统计资料和五次人口普查数据，可看出现代内蒙古人口构成特点。

(一)人口自然构成

人口自然构成是人口自然属性的反映，包括年龄构成和性别构成。现在的人口自然构成是过去长期人口出生率和分年龄死亡率变动的结果，又是今后人口再生产的规模和速度的基础。同时人口自然构成对社会经济发展也有重要影响，不同性别、年龄构成的群体对社会经济发展的作用和要求也不相同。

1. 人口性别构成

人口性别构成是男性与女性人口数量在总人口中的比例关系。最常用的表示方法是性别比，即男性人数对女性人数的百分比。性别构成与经济发展、劳动力供应、就业安排等有密切关系，性别比例平衡也是维持社会安定和正常运转的基本保证。

1949 年新中国成立前，内蒙古重男轻女，在男尊女卑的封建思想影响下，性别比例严重失调。1912 年绥远省人口性别比竟高达 145.10。直到 1947 年内蒙古自治区成立时，全区人口性别比还达 126.67。新中国成立后，由于开发边疆，内地大量人口迁入内蒙古，特别是 1953～1960 年的 8 年间，从其他省市调来大批职工，其男性比重大。据迁入本区人口最多的 1959 年和 1960

年统计，两年迁入和迁出相抵后，人口增加了 162.23 万，其中男性占
62.18％，女性占 37.82％，迁移增加人口的性别比为 164.39，人口性别比一
直居高不下。20 世纪 60 年代初，我国因自然灾害实行精简职工和压缩城市人
口的政策，内蒙古自治区人口又大量外迁，男性比例下降，使人口性别构成
又发生了变化。这一下降趋势延续到 20 世纪 80 年代中期。此后到 2012 年为
止徘徊在 108～105，逐步向稳定、合理方向发展(图 2-25)。

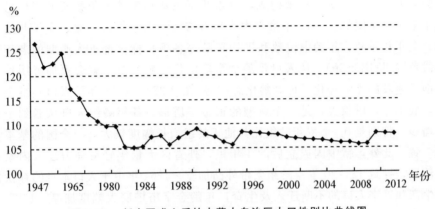

图 2-25　新中国成立后的内蒙古自治区人口性别比曲线图

数据来源：《内蒙古统计年鉴 2013》

　2. 人口年龄构成

　　年龄构成是指各年龄组人口数量在总人口中的比例关系，是人口群体最
基本、最重要的特征之一。人口金字塔是最形象、直观地表现人口年龄构成
的表达方式。衡量年龄构成的指标还有：老年人口系数、老年化系数、少年
儿童系数、抚养指数、年龄中位数等，分别从不同侧面反映人口群体的年龄
构成特征。年龄构成是研究人口的出生、死亡、婚姻、再生产等一系列生命
现象所不可缺少的依据，是确定劳动力与被抚养人口的基本指标，也是国家
制定各项政策，如生产、消费、就业、教育、兵役、社会福利等的重要依据。

　　从新中国成立以来 6 次人口普查资料可以看出，内蒙古人口年龄构成类
型，发生了巨大的变化。1953 年第一次人口普查时，全区老年人口系数和老
年化系数两项指标，属年轻型人口；少年儿童系数和年龄中位数两项指标，
属成年型人口，但年龄中位数很接近年轻型人口，人口年龄构成属于不完整
的年轻型人口。从第一次人口普查到 1964 年第二次人口普查的 11 年间，由
于人口没有控制地盲目增长，出生率很高，死亡率迅速下降，使人口年龄构
成进一步向年轻型发展，从不完整的年轻型过渡到完整的年轻型人口。从第
二次人口普查到 1982 年第三次人口普查的 18 年间，由于计划生育工作的开

展，控制人口增长取得了较为显著的成效，人口年龄构成发生了较大的变化，虽仍属年轻型人口，但已开始向成年型人口过渡。从第三次人口普查到1990年第四次人口普查的8年间，人口年龄构成从总体上看，接近于成年型，4项指标中，年龄中位数属成年型人口，老年人口系数和老年化系数两项指标，属年轻型人口，但接近成年型人口；少年儿童系数为老年型人口。2000年第五次人口普查时已踏入成年人口型的后期，老年型已经在望了，中老年人口系数和老年化系数属成年型构成，少年儿童系数和年龄中位数两项指标已超出了老年型下限值。2010年第六次人口普查时，老年人口系数、少年儿童系数、老年化系数、年龄中位数和平均年龄等各项指标全部进入典型的老年型阶段范围里(图2-26)。从人口年龄金字塔图作逐龄考察，就会更加鲜明地了解前已述及的先年轻化、再老龄化总趋势(图2-27)。1953年的人口年龄金字塔，底部宽，塔顶尖，是一个典型的正金字塔形。各年龄组人口从老到小逐渐增多，特别是0~4岁年龄组比其他年龄组增长幅度较大，与全国的基本特征一致。此外，新中国成立后的4年里，外省区大量年轻劳动力迁入内蒙古自治区，导致15~20岁年龄组条带外凸加宽。1964年由于人口本身的补偿性再生产和外来人口的不断迁入及生育，年龄金字塔塔底大幅度加厚。1982年因大力开展计划生育工作和1978~1982年部分知青、兵团战士、农民、科技、教学人员和职工带着家眷返回家园、调回内地，迁移人口出现逆差，金字塔底开始明显收缩。1990年最宽的凸出部分继续上移到15~25岁年龄组，塔顶呈三角形，缩进的底部少儿人口比重没有明显增加，塔身较平直，整个年龄金字塔呈蘑菇状。2000年人口金字塔塔底仍在继续收缩，塔的最宽部分上移到30~35岁，呈为纺锤形，表明人口在迅速走向老龄化。2010年人口金字塔最宽部分进一步上移，塔尖变宽，塔底收缩，呈典型的纺锤形。

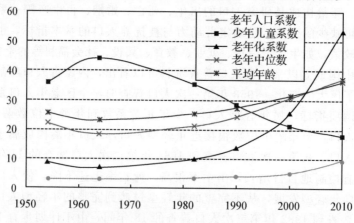

图2-26　新中国成立后内蒙古自治区人口年龄构成变化曲线图

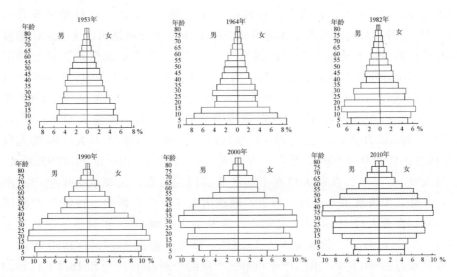

图 2-27　新中国成立后内蒙古自治区不同时期人口年龄金字塔

(二)人口社会构成

1. 人口劳动构成

劳动构成,反映一个地区能够参加社会生产的人口数量的劳动适龄人口情况,与一定时点上在劳动年龄内的人口总数中有劳动能力的人口数及不足或超出劳动年龄,但实际经常参加社会劳动、并取得劳动报酬或经营收入的劳动力资源,在不同行业、职业中的分配情况。据 1953~2010 年的六次人口普查资料,内蒙古自治区劳动适龄人口分别占总人口的 55.06%、47.24%、55.23%、62.12、67.18%和 70.23%,随着年龄构成从年轻型向老年型发展趋势,除了 1953~1964 年,劳动适龄人口比重也因大量劳动适龄人口迁出和出生率过高,而死亡率迅速下降,使人口显著年轻化,劳动适龄人口比重下降,此后的 46 年间该比重不断攀升。以 5 个普查间隔期作对比,第一个间隔期的 11 年中,劳动适龄人口年均增加 150 554 人,占总人口增加数的 34.8%;第二个间隔期的 18 年中,年均增加 267 719 人,占总人口增加数的 69.4%;而第三个间隔期的 8 年、第四个间隔期的 10 年和第五个间隔期的 10 年中劳动适龄人口每年增加 335 384 人、234 125 人和 166 069 人,劳动适龄人口的增加量大于总人口的增加量,这种增长势头给劳动市场造成了巨大压力。据 2010 年的人口普查资料,16 岁及以上人口中具有经济活动能力的人口有 1 321 004 人,非经济活动人口 627 119 人,分别占 16 岁及以上人口的 67.8%和 32.2%。有经济活动能力人口中,暂未工作人口和失业人口有 134 405 人,占具有经济活动能力人口的 10.17%。未工作人口以毕业后未工作者最多，占 26.97%；因单位原因失去工作的占 21.20%；料理家务者占 14.82%；因本人原因失去工作的占 9.35%；承包土地被征用而失去工作的占 3.36%；离退休人员占 1.33%；其他占 22.97%。从在业的劳动力资源情况来看，据统计年鉴和人口普查资料，内蒙古自治区在业人口 1947 年 246.3 万人，占总人口 43.85%；1953 年 330.3 万人，占总人口 43.55%；1964 年 460.2 万人，占总人口 37.31%；1979 年 661.4 万人，占总人口 35.72%；1982 年 906.3 万人，占总人口 47.02%；1990 年 1 119.2 万人，占总人口 52.16%；1999 年 1 056.7 万人，占总人口 44.74%；2010 年 1186599 万人，占总人口 51.35%。在业人口在不同产业部门的分布，主要取决于生产力水平，此外，经济政策及人口、历史、地理因素等也很有影响。1947 年自治区成立时，在业人口中 98.58% 是第一产业从业人；到 1982 年时第一产业从业人占 68.5%，第二产业从业人占 15.8%，第三产业占 15.7%；1990 年第一产业从业人占 64.8%，第二产业和第三产业的分别占 17.0% 和 18.2%；2000 年第一产业和第二产业人比重已下降到 61.8%、14.1%，第三产业人数比重上升到 24.1%；到 2012 年年底时第一产业从业人占 44.70%，第二产业和第三产业人分别占 18.10% 和 37.2%。

2. 人口民族构成

人口民族构成对一个地区社会、经济、政治状况均有很大影响。内蒙古自治区是以蒙古族为主体，以汉族居多数的 49 个民族杂居地区。蒙古族先民大约在公元 7 世纪前便出现在额尔古纳河南岸的密林里。据全区第六次人口普查数据统计，汉族 1 965.1 万人，占总人口的 80%。其他少数民族人口从新中国成立后，尤其是 1982 年以后，均得到了很大的发展。2010 年的第六次人口普查数据为：蒙古族 422.6 万人，回族 22.1 万人，满族 45.3 万人，朝鲜族 1.8 万人，达斡尔族 7.6 万人，鄂温克族 2.6 万人，鄂伦春族 3 632 人。到 2012 年时全自治区汉族 1 917.7 万人，占总人口的 77.96%；蒙古族 450.2 万人，占总人口的 18.3%；回族 21.8 万人，占总人口的 0.89%；满族 53.4 万人，占总人口的 2.17%；朝鲜族 2 3784 人，占总人口的 0.10%；达斡尔族 83 653 人，占总人口的 0.34%；鄂温克族 31 248 人，占总人口的 0.13%；鄂伦春族 4 664 人，占总人口的 0.02%（图 2-28）。

3. 人口地域构成

内蒙古人口地域分布受自然条件和社会经济等因素的综合影响，表现出以下几个特点。一是人口垂直分布差异大，平原多高原少。在不同海拔高度，不同地貌单元地区存在着不同的自然条件和经济发展差距，人口分布也有明显的差异。内蒙古境内，海拔高度为 150～2 500 m，山地占全区总面积不到

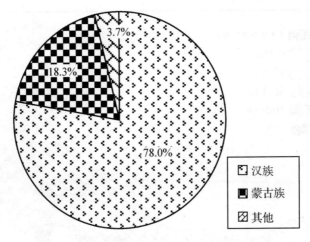

图 2-28　2012 年内蒙古人口民族构成图

1/4，分布着约占全区 1/5 的人口。高原约占全区总面积的 3/5，分布着不足全区 1/5 的人口。平原面积最小，仅占全区总面积稍多于 1/6，却有全区 3/5 以上的人口。二是人口水平分布不平衡，东多西少。东部地区自然条件优越于西部，因此东部区人口多于西部。各盟市分布情况为：2012 年年底西部的呼和浩特市 294.88 万人、包头市 273.16 万人、乌海市 54.84 万人、锡林郭勒盟 104.06 万人、乌兰察布市 212.94 万人、鄂尔多斯市 200.42 万人、巴彦淖尔市 166.92 万人、阿拉善盟 23.88 万人；而东部的赤峰市 431.3 万人、通辽市 313.25 万人、呼伦贝尔市 253.47 万人、兴安盟 160.73 万人。东部各盟市中除了面积小的兴安盟外，其他盟市人口均 250 万以上，西部区除了呼和浩特市和包头市两大城市外其余各盟市人口均 250 万以下。此差异在人口密度上显得更为突出。最东部的呼伦贝尔市、兴安盟、通辽市和赤峰市 4 个盟市，2012 年人口平均密度为 25.1 人/平方千米，高于全区人口密度。而呼和浩特市、包头市和乌海市三大城市外其余西部各盟市人口平均密度为 10.4 人/平方千米，约全区人口平均密度的一半。最西部的阿拉善盟仅 0.88 人/平方千米。各旗县之间人口相差更为悬殊(图 2-29)。人口最多的县是科尔沁区，近 89 万人，最少的是阿拉善盟额济纳旗，人口 1 万余人，相差近 50 倍。而人口密度，杭锦后旗和宁城县，分别为 182 人/平方千米和 141 人/平方千米，额济纳旗不足 0.15 人/平方千米，高低相差几百倍甚至上千倍。三是具有带状分布和岛状分布特点。沿铁路带状分布的人口较多，全区约有一半以上的人口分布在铁路沿线的各城镇、旗县和村庄，呈现出带状分布特点。这条人口带，靠近交通枢纽、铁路、公路线的地方人口密度大，背向远处人口则逐

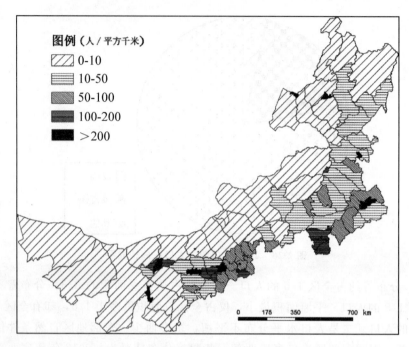

图 2-29　内蒙古自治区人口密度分布示意图

渐变稀。此外，城镇人口密集，农村牧区相对稀少；在西部沙漠地区的河流两岸、井、泉等有水可用的地方，出现人口绿洲岛状分布特点。

三、人口文化素质地域差异

　　人口文化素质是人口整体素质的重要组成部分，是人们在生产实践和社会实践中积累的劳动生产经验，以及在教育培训中学到的文化科技知识的总和。人口文化素质是提高城市竞争力、保障经济社会可持续发展的关键因素，在一定程度上决定着社会经济的发展程度。衡量一个国家或一个地区的人口文化素质的指标，主要是受各种教育的人口在总人口中的比重，科技研究人员的比重，劳动者的文化构成，职工技术等级构成等。新中国成立以来，内蒙古的人口文化素质有了很大提高（表 2.19）。

表 2.19　内蒙古自治区各盟市人口文化程度构成表/人（2010 年）

地区别	≥6 岁人口	未上过学	小学	初中	高中	大学专科	大学本科	研究生
呼和浩特市	2711408	134122	566798	944443	468021	314182	260263	23579
包头市	2518850	121818	533047	1008374	483023	220289	145204	7095

地区别	≥6 岁人口	未上过学	小学	初中	高中	大学专科	大学本科	研究生
乌海市	504953	23592	99636	207671	102392	51696	19224	742
赤峰市	4074105	160990	1332645	1654637	627250	197451	98981	2151
通辽市	2950622	93874	842115	1388045	423815	129003	71579	2191
呼伦贝尔市	2435105	62137	562890	1191617	383611	160136	73010	1704
兴安盟	1519369	57690	535694	625057	202209	67618	30296	805
锡林郭勒盟	975310	47439	276086	374326	169105	73419	34142	793
乌兰察布市	2043568	182421	641203	796691	280924	114008	27596	725
鄂尔多斯市	1814646	122560	462309	708595	294982	154565	68852	2783
巴彦淖尔市	1594909	114401	378626	710879	260831	95336	33597	1239
阿拉善盟	219834	10227	47769	79197	44136	25146	13016	343

数据来源：2010 年人口普查（全国第六次）

四、人口迁移

人口迁移是一个国家或地区的社会、经济和人口发展的结果，其数量多少或总变动率的大小可作为一个国家或地区社会、经济发展水平的标志之一。人口迁移是除人口自然变动外，影响人口总量变动的主要因素。影响人口迁移的因素很多，其中起决定性作用的主要有：社会因素、经济因素和政治因素。内蒙古资源较丰富、相对人口密度较低，自古以来是内地农民、商人及手艺人仰慕的富庶之地，每逢饥荒战乱，内地来内蒙古"闯关东""走西口"的流民更是络绎不绝。

60 余年来，内蒙古总人口增加量中迁移占 20％多。可见，迁移人口是影响内蒙古人口总量增加的不可忽略的因素，在某一时期内，它也可能成为人口总量变化的主要因素。根据人口迁移原因、迁移特征、迁移者的意愿等，对内蒙古 1949 年以来的人口迁移情况进行分类，主要有：工矿企业型、城建制搬迁型、移民屯荒型、自发性移民安置型、屯垦戍边型、知识青年安置型、投亲靠友型、务工经商型、随迁家属和学习培训型等。以上人口迁移属迁入型，具有波浪形发展的特征。人口迁移及其发展过程则受自然条件、社会、经济、政治、文化因素等多方面的影响。根据内蒙古人口机械变动在发展过程中表现出的发展方向、速度，可分为 6 个阶段（图 2-30）。

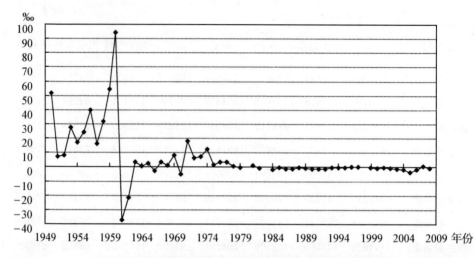

图 2-30　内蒙古净迁移人口变化曲线（1949～2009 年）

数据来源：据《中国人口内蒙古分册》《内蒙古资源大辞典》《内蒙古统计年鉴 2012》整理

　　20 世纪 50 年代，即第一、第二阶段是自治区人口迁移规模最大、速度最快的时期，1950～1960 年的 11 年中净迁移变动人口达 346.26 万，超出了近 50 年净迁移变动人口的合计 320.49 万。第一、二阶段的年均净迁变动率分别为 25.04‰ 和 61.91‰，第二阶段成为近 50 年全区迁移人口增长的高峰。这 11 年也是内蒙古的经济恢复并进入大规模建设的时期，为了促进自治区的社会主义建设，国家不仅在财力、物力方面予以大力支持，还调配了大量科技、工程技术人员和劳力，支援内蒙古的建设。除此之外，部分自流人口也因各种原因进入区内各盟、市，使全区迁移人口进一步增长。第三阶段（1961～1962 年），内蒙古迁移变动人口出现负增长。这是自治区经济调整时期，由于大规模调整、巩固国民经济，区内部分中小企业开始"关、停、并、转"，随之大批职工精简回乡，加之连年发生的自然灾害，促使区内人口往外迁。仅 2 年内，净迁出人口达 68.99 万，年均净迁移变动率为 −29.3‰，成为全区人口迁移下降的低谷，与第一、第二阶段形成了鲜明的差异。第四阶段（1963～1977 年），内蒙古国民经济开始复苏，随之迁移人口也回升。从 1966 年开始"文化大革命"，人民的生产、生活受到影响，人口迁移很频繁、波动较大，1970 年净迁出 17.33 万人，而到 1971 年净迁入 16.04 万人，此后 2 年净迁入人口均超过 4 万人，1974 年净迁移人口增加了 14.38 万，1975 年为 −2.56 万。以上 15 年净迁移人口为 28.24 万，年均净迁入 1.88 万人，年均净迁移率为 1.26‰。第五阶段（1978～1982 年），内蒙古迁移人口出现逆差。由于部分知青、兵团战士农民返回家园，科技、教学人员和职工调回内地，人才外

流等原因，使该阶段全区净迁移人口迅速减少，5 年的净迁移变动人口为
－19.43 万，年均净迁出 3.89 万人，年均净迁移率为－2.08‰。第六阶段
(1983～2009 年)，是自治区经济结构合理调整时期，也是全区迁移人口平稳
发展时期，该阶段随着社会经济的快速发展及国内外的广泛交流，全区迁移
人口更加频繁，但其总量变化不大，年均净增长率为－0.78‰。

五、人口城镇化进程

人口城镇化是指农村人口不断向城市转化和集中，城镇人口占总人口的
比重逐渐提高的动态过程。城市化过程是人类社会经济发展现代化过程，城
镇化水平反映着经济发展水平，与经济发展水平的高低呈正相关。

内蒙古自治区成立后的人口城镇化发展大体经历了以下几个阶段。

(一)1947～1953 年的沿袭时期

1947 年内蒙古自治区成立，辖有呼伦贝尔盟、纳文慕仁盟、兴安盟、察
哈尔盟和锡林郭勒盟，全区共有海拉尔市、满洲里市和乌兰浩特市 3 个县级
市，1951 年又设立了通辽市。镇数从 0 增加到 29 座。城镇人口由 1947 年的
68.4 万人增加到 1953 年的 101.9 万人，人口城镇化率由 12.2% 提高
到 13.4%。

(二)1954～1966 年的初步发展时期

1954 年，经国务院批准，撤销绥远省建制，将绥远省所辖呼和浩特市、
包头市、平地泉行政区、河套行政区、乌兰察布盟、伊克昭盟划归内蒙古自
治区管辖。至此，全区有呼和浩特市、包头市、海拉尔市、满洲里市、乌兰
浩特市、通辽市等 6 座城市。1956～1966 年，设立了集宁市、赤峰市、海勃
湾市、乌达市和二连浩特市，撤销了乌兰浩特市。到 1966 年底，自治区共有
10 座城市。此期间城镇人口由 115.3 万人增加到 273.3 万人，12 年间增加了
158 万人，人口城镇化率从 14.4% 达到 20.6%。

(三)1967～1978 年的挫折时期

1969 年 7 月，中央决定将呼伦贝尔盟、哲里木盟、昭乌达盟分别划归黑
龙江省、吉林省和辽宁省管辖，将巴彦淖尔盟的阿拉善左旗和阿拉善右旗的
一部划归宁夏回族自治区管辖，将阿拉善右旗另一部与额济纳旗划归甘肃省
管辖。这一重大行政区划变更使内蒙古自治区地域范围缩小。1975 年 8 月，
经国务院批准，将乌达、海勃湾合并为乌海市。1978 年，自治区只有 5 个城
市。即：呼和浩特市、包头市、乌海市、集宁市和二连浩特市。这 11 年间虽
然城镇座数减少，但城镇人口由 282.8 万人增加到 397.5 万人，共增加了
114.7 万人，人口城镇化率从 20.6% 提高到 21.8%。

(四)1979 年以来的正常发展时期

1979 年 5 月，中央决定将呼伦贝尔盟、哲里木盟、昭乌达盟以及阿拉善地区重新划回内蒙古自治区。行政区域范围的扩大，以及改革开放后经济的迅速发展，使内蒙古城市化的步伐得以加快。1980 年 7 月，经国务院批准恢复乌兰浩特市。1983 年后设立了赤峰市、牙克石市、扎兰屯市、锡林浩特市、东胜市、临河市、霍林郭勒市、丰镇市、根河市、额尔古纳市、阿尔山市，并于 2001 年开始撤盟建市增加了鄂尔多斯市、呼伦贝尔市、乌兰察布市等地级市。内蒙古自治区城市的数量得以增加，城市的规模也在不断扩大。到 2012 年，自治区共有 9 个地级市、21 个市辖区、11 个县级市、243 个街道、490 个镇。城镇人口由 408.5 万人增加到 1 437.6 万人，33 年间增加了 1 029.1 万人，人口城镇化率从 22.1% 提高到 57.7%。

六、人口问题

人口问题始终是制约全面协调可持续发展的重大问题，是影响经济社会发展的关键因素。内蒙古人口问题较复杂，正确认识、统筹解决人口问题可促进区域社会经济发展，推动国家边疆稳定、构建和谐社会。内蒙古目前面临的人口问题如下。

(一)人口存量与容量的矛盾

人口数量对资源、环境和社会的压力表现为两个方面。一是内蒙古人口作为消费者，为获取生存最基本的生活资料，曾大面积开垦、超载放牧、滥砍滥挖，使土地生产力急剧下降，最终导致沙漠化。这种以破坏脆弱生态环境而获取生存、生活资料的代价是十分沉重的。另外，土地生产潜力是有限度的，土地单位面积的产量提高了很多，而人口总量增长速度比土地产量的提高速度更快，且将持续很长时间，这些都影响了本地社会的可持续发展。二是人口作为生产者，内蒙古自治区劳动年龄人口的增加虽然丰富了劳动力资源，为扩大再生产提供了巨大潜力，但是劳动年龄人口的增长超过经济社会发展所能提供的就业机会的增长，就将带来失业、待业等社会安全隐患，这也体现了人口现存量、未来人口的增加量与社会容量之间的矛盾。

(二)人口地域分布差异与土地承载力地域分布差异的矛盾

内蒙古 2012 年平均人口密度为 30.0 人/每平方千米。就地区分布而言，人口密度总的趋势是东部高于西部，南部高于北部。各经济类型中城市人口密度达 323 人/每平方千米；农业区人口密度 65 人/每平方千米，仅次于城市而高于其他类型区；半农半牧区的 28 人/每平方千米，林业区的 7 人/每平方千米，牧业区的最低，仅 3 人/每平方千米。这种人口密度差异虽然与土地承载力差异的地域分布总体趋势基本一致，但其差距不完全一致，在人类不适宜居住的地区和资源贫瘠、环境极其脆弱、土地生产力极低的地区仍然居住着生活水平低下的相当一部分人口。

（三）人口老龄化问题严重

进入 20 世纪 90 年代后，内蒙古人口的年龄结构完成了由年轻增长型向成年稳定型的转变，2007 年开始已提前迎来了老龄化阶段。人口老龄化，首先，导致劳动年龄人口减少，增加老年抚养比例，从而影响储蓄与投资增长，影响经济发展。其次，老龄化使社会的生产生活节奏变慢，对医院、保健、家庭及社会保障事业形成巨大压力。

（四）人口性别比持续走高、地区发展不平衡

2012 年年底，内蒙古常住人口性别比为 107.79，但新生婴儿的性别比高达 112，与正常值 104～107 有偏离，人口性别比还是持续走高。总人口性别比基本特点是东部低、西部高，城市低、乡村高。全区乡村人口性别高达 111.21，其中阿拉善盟 162.75、鄂尔多斯市 153.38、乌海市 126.13、锡林郭勒盟 118.95、巴彦淖尔市 117.76、包头市 111.69、呼伦贝尔市 110.01、乌兰察布市 108.97、赤峰市 108.26、呼和浩特市 107.53、兴安盟 107.22、通辽市 104.44，环境恶劣的边境地区和工矿区的人口性别比明显偏高，且居高不下。这对于人口再生产和社会、经济、文化的稳定与发展都有重要影响。

（五）人口产业结构不合理

内蒙古的经济和产业结构虽然得到了长足的发展并初具规模，但总的经济基础薄弱于沿海发达地区。从 2010 年的第 6 次人口普查抽样调查资料可知，内蒙古自治区第一产业在业人口比重最大，达到总在业人口的 50.34%。第二产业人口占 22.71%，第三产业人口占 26.95%，第一产业从业人员比重过大，加剧了人地矛盾，造成对土地、森林、草场等资源的掠夺式开发，致使生态环境恶化。同时导致第一产业劳动力资源的极大浪费和劳动生产率的低下。

（六）人口文化素质偏低

据 2010 年第 6 次人口普查资料，在全区人口中，具有小学以上文化程度的人口占总人口的 95.15%，其中具有大学文化程度的占 10.8% 左右，具有中专及高中文化程度的占 16% 左右，具有初中文化程度的占 41.48%，具有小学文化程度的占 26.88%，还有 15 岁及以上的文盲、半文盲人口为 113.23 万人，占总人口的 4.85%。人口文化素质低，已成为内蒙古自治区经济腾飞和社会进步的主要障碍，与发展高新技术产业和农业现代化对劳动力技术水平的需求不相适应。同时，人口文化素质低，也直接导致超生和多生，影响

人口安全和社会稳定。

七、人口对策与可持续发展

人口问题既是社会问题，也是经济问题。面对严峻的人口形势，只有采取积极的措施遏制人口总量的增长，不断提高人口素质，合理平衡人口结构，才能促进自治区经济、社会的可持续发展。

(一)控制人口数量，实现全区人口总量适度

严格控制人口增长，坚定不移地实行计划生育，是全区实现可持续发展的关键措施。控制人口数量首先要抓好宣传体系建设，组建宣传队伍，配套必要设备，充分利用传媒，开展计划生育基础知识的公益性宣传，努力营造计划生育工作的社会氛围。在此基础上继续抓好计划生育家庭奖励扶助制度的落实。要严格执行政策、制度，突出计划生育奖励优惠政策的特点，让自觉实行计划生育的群众真正体会好处，得到更多更大的实惠。探索建立计划生育奖励优惠政策体系，逐步建立育龄群众自愿落实长效节育措施奖励制度，同时抓好流动人口计划生育管理。认真落实流动人口计划生育管理政策和法规，加快建立以现居住地管理为主的工作机制，把计划生育工作纳入社区管理服务体系，做到组织健全、责任明确。

(二)实现可持续发展所要求的合理人口布局

实现合理的人口布局：一方面，减轻对资源、环境造成的压力；另一方面有利于提高人口素质和控制人口过快增长，对经济社会的可持续发展具有重要意义。人口超载的城乡差异、地区差异，在内蒙古自治区很突出。加速城市化是平衡城乡人口分布的必然途径，应注意的是城市化水平的提高应与经济社会发展水平相一致，既要合理引导农牧民进城，同时要制定合理的农转非政策。适当地进行人口转移，是平衡农村牧区人口分布不均衡状况及解决自然资源负载过重、生态环境破坏问题、优化农村牧区人口地区分布的重要措施之一。在具体实施过程中，需要认真调查研究，经过专家科学论证，通过有效的、长期稳定的经济制度、法律制度建设来调节和疏导人口转移的规模、走向，逐步形成牧区人口规模、布局、流动的良性循环机制。

(三)提前做好人口老龄化的社会保障工作

随着社会的进步、科学技术的发展和生活水平的提高，在人口发展过程中，出现老龄化趋势是不可逆转的。延缓老龄化，一方面要制定科学的控制生育率和合理调整人口年龄结构方案，缓解老龄化的冲击；另一方面，要完善各种社会保障机制，提供适宜老年人就业的机会，充分发挥老年人的余热，变负担为财富。加强社会福利保障和文体娱乐活动，使老年人老有所为、老

有所养。在农村牧区，通过加强老年人的社会经济保障工作，改变"养儿防老"的传统习俗，推动"生男生女都一样"计划生育政策的贯彻落实。

(四)提高人口素质、变人口压力为人才优势

内蒙古人口压力大，生产力水平低的实际情况，决定了全区经济发展只能走以人的能力开发为依托的道路，争取变人口压力为人才优势。提高全民素质要明确政府责任，保障教育投入，合理分配教育资源。注重对残疾儿童、家庭贫困学生等弱势群体的扶助和关照，通过各项政策和措施对最少受益者和条件最差者进行补偿，增加他们的教育机会。同时加大政府对职业教育的投入和统筹力度，极力推动全民掌握实用知识和技能，积累人力资本。重视人才，引进人才要营造浓厚的人才舆论环境，强化激励措施，不拘一格用人才来激发现有人才活力。

(五)加强人口发展战略研究，制定人口可持续发展规划

高度重视和加强人口发展战略研究，把握人口发展规律，把人口发展战略规划摆在更加突出的位置，纳入国民经济和社会发展总体规划，科学编制区域人口发展规划，统筹人口与经济社会协调发展和人与自然和谐发展同步规划、同步落实。同时还要建设人口发展综合监测预警系统，监测评估人口可持续发展规划实施进程，预测人口未来发展走势，评价对资源、环境、经济、社会的影响，构建人口可持续发展的指标体系，以引导和规划人口发展。

八、内蒙古民族和民俗

内蒙古自治区是个多民族聚居区，有汉族、蒙古族、达斡尔族、鄂伦春族、鄂温克族、满族、朝鲜族、回族等少数民族，是民族民俗文化资源非常丰富的地区。全区共居住有 49 个民族。人口在 100 万以上的有汉族、蒙古族；人口在 10 万以上的有回族和满族；人口在 1 万以上的有朝鲜族、达斡尔族、鄂温克族；人口在 1 000 以上的有鄂伦春族、壮族、锡伯族、俄罗斯族；人口在 1 000 以下的有藏族、维吾尔族、彝族、布依族等 38 个民族。

(一)蒙古族

蒙古族发祥于额尔古纳河流域，自称"蒙古"。"蒙古"这一名称较早记载于《旧唐书》和《契丹国志》，其意为"永恒之火"。别称："马背民族"。

蒙古族是东北亚主要民族之一，也是内蒙古的主体民族之一。蒙古族人口主要集中在蒙古国、中华人民共和国的内蒙古自治区和新疆及临近省份以及俄罗斯联邦。全世界蒙古族人约为 1 000 万人，语言为蒙古语。其中，一半以上居住在中国境内。

"那达慕"大会是蒙古族历史悠久的传统节目，一般都在农历六七月间举

行，这个时候正时水草丰茂，牛羊肥壮的黄金季节。摔跤、赛马、射箭是传统的三项竞技。古代的蒙古族信仰萨满教，萨满教崇拜多种自然神灵和祖先神灵。成吉思汗信奉萨满教，崇拜"长生天"。其中尤以"祭敖包""祭成吉思汗"最为著名，并一直保留至今。

"祭敖包"是蒙古人自古流传下来的宗教习俗，在每年水草丰美时节举行。敖包是石堆的意思。祭敖包的时间通常都在农历七八月份的金秋季节。如今，随着时代的变迁，祭敖包由单纯的祭祀行为渐渐发展成为集物资交流、文艺活动、体育比赛等功能于一身的综合性集会。

农历的三月二十一日是成吉思汗的大祭日，其仪式包括灵帐起行、祭台布置、洒马奶、分福分、晚祭等。

蒙古族的婚姻为一夫一妻制，实行同姓不能结婚的习俗。新中国成立前，除了扎萨克王公的姑娘不能嫁给平民外，贵族和平民之间是可以通婚的。有些家庭由于劳动力不足，也有招婿入赘的。

在长期的历史发展过程中，蒙古族在不同的历史时期实行过不同的葬俗，主要有野葬、土葬、火葬。如今，在内蒙古聚居区，火葬已普遍施行，这也是同国家的有关法律法规相一致的。

草原上蒙古族牧民，为了便于骑马放牧，无论男女老少，至今都有穿长袍束腰的习惯。它大约是从鲜卑时代开始的。蒙古族服饰主要包括首饰、袍子、腰带、靴子四个部分。首饰大致可分为头饰、项饰、胸饰、腰饰、手饰五大类。

蒙古族以牛、羊肉及奶食为主，奶品有奶豆腐、奶疙瘩、奶酪、奶油、酸奶等，以粮食、蔬菜为辅。牧民多住圆形的蒙古包，但新中国成立以后，牧区开始定居，牧区也增加了新房舍。蒙古族传统的交通工具是牛拉的勒勒车和骆驼。

蒙古族的民间文艺和民间工艺是非常丰富的。蒙古族英雄史诗《江格尔》享有很高的社会声誉。长调民歌被列入"人类口头和非物质遗产代表作"。还有丰富多彩的歌舞、音乐等。民间工艺类型很多，金银器具工艺和皮毛加工技艺都很有名，此外，还有刺绣、雕刻、赶毡、剪纸等。

（二）达斡尔族

达斡尔族主要生活在内蒙古地区的呼伦贝尔市和东北地区的嫩江两岸，从事农业和畜牧业、渔猎业。"达斡尔"是"耕耘者"之意。相传达斡尔族人祖先居住在东北地区，清朝时被调到西域，从而在内蒙古一代一代定居下来，会说蒙古语。在新疆长期和哈萨克族人杂居的达斡尔族人都会讲哈萨克语，而孩子们多数进入汉语学校学习，精通双语，被称为"天生的翻译"。

达斡尔族信仰萨满教，少数人信仰喇嘛教。他们的传统服饰近似蒙古族。女子旗袍和罩褂的领口、袖口和襟摆上，贴绣各种花纹的镶边，男女皮袍的襟摆沿边配上各种图案的装饰。新中国成立后，男性多着制服、西服。达斡尔族最大的节日是春节。腊月三十要祭祖、扫墓。除夕，欢乐通宵。晚辈一起向长辈拜年请安，然后男女老少，逐户互拜，一直热闹到正月十五。清明、端午、中秋节和十月初十的千灯节亦是达斡尔族的传统节日。

达斡尔族以面食为主，喜食牛、羊肉和奶制食品，普遍食用蔬菜。

达斡尔族居住"介字房""蔓字炕"，达斡尔族的村落座落在依山傍水、风景秀丽的地方，房舍院落修建整齐，多用红柳、桦木杆或柞条编织的篱笆围起来。房屋脊突出，形成"介"字，故称"介字房"。达斡尔人传统习俗以西为贵，西屋为居室，内有南，西，北三铺大炕相连，组成所谓的"蔓字炕"。

达斡尔族的文化艺术十分丰富，其中尤以民间舞蹈历史悠久。他们创造了许多舞蹈，用来歌颂生产劳动，抒发生活理想。

（三）鄂伦春族

鄂伦春族的祖先是森林人，元代称之为"林中百姓"，他们游猎于外兴安岭以南、乌苏里江以东、西起石勒喀河，东至库页岛的广阔地区。如今鄂伦春族主要分布在内蒙古自治区呼伦贝尔市鄂伦春自治旗、布特哈旗、莫力达瓦达斡尔族自治旗，以及黑龙江省呼玛、爱辉、逊克、嘉荫等县。主要从事狩猎和农业。其使用鄂伦春语，属阿尔泰语系满—通古斯语族通古斯语支。没有本民族文字，一般通用汉文、也有部分鄂伦春族用蒙古文。每年腊月二十三和春节的早晨，鄂伦春族家庭都要拜火神，向篝火烧香，并扔进一块肉和洒下一杯酒。当客人来拜年时，也要先拜火，然后往火里扔一块肉和一杯酒（多由客人自带）。鄂伦春族信仰具有自然属性和万物有灵观念的萨满教。这种宗教与该民族特有的原始观念是紧密地结合在一起的。在长期的游猎生活中，鄂伦春人独具匠心，创造了极富民族特色的狍皮服饰文化。狍皮不仅经久耐磨，而且防寒性能极好。不同季节的狍皮，可以制作各种不同的衣着。如秋冬两季的狍皮毛长而密，皮厚结实，防寒力强，适宜做冬装。夏季的狍皮毛质稀疏短小，适宜做春夏季的衣装。鄂伦春族的服装以袍式为主，主要有皮袍、皮袄、皮裤、皮套裤、皮靴、皮袜、皮手套、皮坎肩、狍头皮帽等，最具特色的是狍头皮帽。鄂伦春人创造了丰富多彩的精神文化，有口头创作、音乐、舞蹈、造型艺术等。"仙人柱"是鄂伦春语，意为"木杆屋子"。它是一种用二三十根五六米长的木杆和兽皮或桦树皮搭盖而成的很简陋的圆锥形房屋。

（四）鄂温克族

主要分布在中国东北黑龙江省讷河市和内蒙古自治区。鄂温克的意思是"住在大山林里的人们"。大部分鄂温克人以放牧为生，其余从事农耕。驯鹿曾经是鄂温克人唯一的交通工具，被誉为"森林之舟"。鄂温克族的民间文学十分丰富，他们能歌善舞，民歌优美动听，风格独特，即景生情，即情填词。纯畜牧业生产区的鄂温克族以乳、肉、面为主食，每日三餐均不能离开牛奶，不仅以鲜奶为饮料，也常把鲜奶加工成酸奶和奶制品。主要奶制品有：稀奶油、黄油、奶渣、奶干和奶皮子。最常见的吃法是将提取的奶油涂在面包或点心上食用。鄂温克族服饰的原料主要为兽皮。大毛上衣斜对襟、衣袖肥大，束长腰带。短皮上衣、羔皮袄，是婚嫁或节日礼服。无论男女，衣边、衣领等处都用布或羔皮制作的装饰品镶边，穿用时束上腰带。鄂温克族人在森林中没有固定的住所，"撮罗子"是他们的传统民居。"撮罗子"，鄂温克语叫"希椤（luó）柱"，它的外形如同鄂伦春族的"仙人柱"，高约3米，直径约4米，是一种圆锥形建筑物，实际上是用松木杆搭成的圆形窝棚，也是一种非常简单的帐篷。主要节日有祭敖包、阴历年和米阔勒节。鄂温克族的民间文学十分丰富，有历史传说、神话、故事、谚语、谜语等，生动感人，例如，"人类来源的传说"对他们的迁徙历史、古代生活和自然景象都做了朴素的描绘和解释。

鄂伦春和鄂温克人的桦树皮具及其工艺都很有名，纹饰多样，工艺精巧，用途广泛。

第三章　地理区划

章前语

内蒙古地域辽阔，地理环境复杂多样，区域差异明显。为了深刻认识区域特征，明确区域优势和劣势，因地制宜开发区域资源和制定区域开发方向，有效进行区域管理，根据地域分异规律和劳动地域分工理论，结合地域文化历史和区情，从不同地理层面对内蒙古自治区进行区域划分，找出不同区域发展的有利条件和不利因素，指出各个区域的发展方向和对策措施。

关键词

自然差异；自然区划；经济区划；地理分区

第一节　自然地理差异

一、经度地带性差异

内蒙古地处亚洲中纬度的内陆地区，东西跨度大，受海陆位置影响，降水量由东向西呈递减趋势，内蒙古的经度地带性景观从东向西依次形成了森林景观、草原景观和荒漠景观等类型。

（一）东部以森林景观为主

内蒙古自治区是我国森林资源的主要分布地区，据《内蒙古统计年鉴》统计，2012 年全区森林面积为 $2\,366.4\times10^4\ hm^2$，森林覆盖率为 20%。内蒙古的森林主要分布在大兴安岭山地、阴山山地、贺兰山山地以及燕山北麓山地等地。

1. 大兴安岭山地森林景观

大兴安岭山地森林资源丰富，保留有大面积的以兴安落叶松为建群种的寒温性针叶林，森林覆盖率达 47.8%。大兴安岭从北向南贯穿内蒙古东部，北起黑龙江南岸，南至西拉木伦河上游谷地，绵延 1 400 km，宽 200～450 km，

面积约 $32.72 \times 10^4 \ km^2$。大部分海拔 $1\,000 \sim 1\,600$ m，最高山峰黄岗梁为 $2\,029$ m。

大兴安岭北段是大兴安岭的主体，山地东侧较陡，相对高度1000m左右，气候严寒，年平均气温大都在 $-4\,℃$ 以下，一月份平均气温在 $-24\,℃$ 以下，极端最低气温可低于 $-50\,℃$（漠河最低气温为 $-52.3\,℃$，1969 年 2 月 13 日），七月份平均气温为 $16\,℃ \sim 18\,℃$。由于处于夏季风的迎风坡，降水量相对丰富，年平均降水量可达 500 mm 以上（扎兰屯 513 mm）；山脉西侧地势较缓和，相对高差约 500 m，降水量较少，年平均降水量多在 350 mm 以下。森林茂密，覆盖率达 60% 以上，植被以寒温带针叶林为主，代表树种为兴安落叶松；采伐迹地常形成以白桦、山杨为主的次生夏绿阔叶林。山地的东麓由于气候温和，降水增多，形成了以蒙古栎、黑桦等为主的夏绿阔叶林带。

大兴安岭南部为温带半湿润、半干旱气候。年平均气温 $-4\,℃ \sim -2\,℃$，1 月平均气温 $-14\,℃ \sim -20\,℃$。7 月平均气温 $18\,℃ \sim 22\,℃$，$10\,℃$ 以上活动积温 $2\,000\,℃ \sim 3\,000\,℃$，无霜期 $100 \sim 130$ d。年降水量 $300 \sim 400$ mm，降水的季节变率比较明显。由于多年的采伐和破坏，原生植被已基本消失，现存的植被以白桦、山杨次生林为主，零星分布有蒙古栎、白榆、五角枫、蒙椴、蒙桑等落叶阔叶林，在本区的最南部可出现华北落叶松和辽东栎等温性树种。

2. 燕北山地森林景观

主要位于自治区赤峰市南部与河北省的交界处，地处燕山山地与大兴安岭交接地带，是内蒙古高原向华北平原的过渡地带。林区属中山地貌类型，阳坡陡峭，阴坡缓和，海拔为 $1\,300 \sim 1\,700$ m，最高峰达 $1\,890$ m，相对高度为 $200 \sim 400$ m，平均坡度 25° 左右。自然景观具有从温带针阔叶混交林向温带草原地带过渡的特征，是西辽河与滦河两大水系的分水岭。

气候类型属于中温带半湿润大陆性季风气候。四季分明，冬季寒冷多雪，春季干燥多风，夏季炎热多雨，秋季天气晴朗，年温差与日温差均较大；年平均温度 $4.7\,℃$，1 月份平均气温 $-11.1\,℃$，7 月份平均气温 $19.6\,℃$，极端最高气温 $36\,℃$，极端最低气温 $-31\,℃$；年平均降水量 480 mm，主要集中分布在 $6 \sim 8$ 月，季节变率较大；年日照时间在 $2\,900$ h 左右，$\geqslant 10\,℃$ 积温 $1\,800\,℃ \sim 3\,000\,℃$，无霜期 130 d 左右。

自然植被在海拔相对较高的山地阴坡，主要以白桦、山杨天然次生林为主，常见伴生树种还有糠椴、辽东栎、柞栎、五角枫、黄檗等阔叶树种；阳坡除了散生的侧柏、杜松等针叶树种外，还分布有大果榆、刺榆、臭椿等阔叶树种和小花溲疏、小叶鼠李等灌木；山地顶部可见少量的青杆、白杆；在海拔偏低的半阴坡主要分布有油松、蒙古栎针阔叶混交林。在海拔较低地段，阴坡常分布有虎榛子和土庄绣线菊为主的灌丛，在阳坡常分布有白莲蒿灌草丛，局部地方可见到华北地区具有代表性的酸枣、荆条等喜暖次生灌丛。在山麓地带基本上是华北落叶松人工林和草原植被。主要土壤类型是灰褐土、淋溶褐土等，山地东坡和山麓多分布黑钙土和栗钙土，山地顶部主要是山地草甸土。

（二）中部以温带草原景观为主

1. 环境条件及分布

温带草原景观主要分布在内蒙古高原、鄂尔多斯高原、大兴安岭山地西麓、嫩江右岸平原、西辽河平原以及大兴安岭南段山地和阴山山地。中部草原处于温带季风气候，以多年生旱生草本植物为主体，最主要的是丛生禾草，其次是根茎禾草、杂类草及一些旱生小灌木。据内蒙古统计年鉴统计，2012年全区草原面积为 $8\,800\times10^4$ hm^2，占内蒙古自治区总土地面积的 78%。其中可利用草原草地面积为 $6\,800\times10^4$ hm^2，占草原总面积的 77.27%。

内蒙古大部分地区为高原地貌，面积约为 60×10^4 km^2，占总土地面积的 51.18%。大体上由两大部分组成：大兴安岭以西，阴山、河西走廊北山以北，贺兰山以西，西至马鬃山为内蒙古高原；西南部被黄河所围绕的为鄂尔多斯高原。高原地区地形平坦开阔、起伏和缓，地面完整、分割轻微，没有高峻的山岭和深沟峡谷，低缓山丘和宽浅平地交错分布，自然景观比较单一。由于内蒙古地域东西狭长，内蒙古高原大部分分布于自治区中部，当海洋气团到达时，水汽大部分被消耗，大陆性气候显著，年降水量自东向西逐渐减少，而热量则自东向西逐渐增多，$\geqslant10℃$ 的积温为 $1\,600℃\sim3\,600℃$，蒸发量为 $1\,000\sim4\,000$ mm，湿润度为 $0.13\sim0.6$，可以满足牧草生长的需要。呼伦贝尔高原年降水量为 $250\sim400$ mm，土壤主要为栗钙土、黑钙土，土层厚，自然肥力好。此外还有草甸土、沼泽土、盐土等，草原面积占 $80\%\sim90\%$，草场生产力高，是以羊草和针茅为主的草甸草原和典型草原。锡林郭勒高原东部和南部、鄂尔多斯高原东部年降水量为 $200\sim350$ mm，土壤主要是栗钙土，植被基本上属于典型草原，以干旱丛生禾草为主，伴生有旱生杂草和灌木。锡林郭勒高原中部、乌兰察布高原南部、鄂尔多斯高原中部和西部的湿润度为 $0.13\sim0.3$，是干旱地区，属于荒漠草原。

2. 草原景观类型

内蒙古的草原类型和景观的地带性十分显著。由于内蒙古地区地域辽阔，东西狭长，又受季风气候的影响程度不同，降水自东向西逐渐减少，从而自东向西形成了草甸草原—典型草原—荒漠草原的经度地带性草原景观分布格局。

(1)草甸草原景观

草甸草原景观是发育在半湿润气候条件下,以黑钙土—草甸草原为基质,以多年生中旱生和广旱生植物占优势,并混生有大量中生或旱中生杂类草的草原类型。由于它处在森林和草原的过渡地带,森林和草原镶嵌分布,所以又被称为森林草原景观。在内蒙古主要分布在大兴安岭山地两侧山麓高原地带及低山丘陵地区,其中以分布于呼伦贝尔高平原东部和锡林郭勒高平原东部的面积最大。其面积为 862.87×10^4 hm²,可利用面积 760.49×10^4 hm²,分别占内蒙古草原景观面积和可利用面积的 10.9% 和 12.0%。该类草原植物种类比较丰富,牧草主要以禾草和杂类草为主,草地生产力高,群落覆盖度多在 50% 左右,是内蒙古重要的天然牧草地。

(2)典型草原景观

典型草原景观是半干旱气候条件下,以栗钙土—典型草原为基质,以多年生旱生丛生禾草占优势,并混生一定数量的旱生根茎苔草及旱生杂类草的草原类型,处在草原景观带的中心部位,主要分布在呼伦贝尔高平原中西部、锡林郭勒高平原大部、鄂尔多斯高平原东部、阴山北麓丘陵地带、西辽河平原以及土默特平原。它是内蒙古草原景观的主体,是草原景观带最基本的类型,也是欧亚大陆草原景观的重要组成部分,总面积为 $2\,767 \times 10^4$ hm²,占全区草地总面积的 35.12%,可利用面积为 $2\,422 \times 10^4$ hm²,占可利用面积的 61.04%。典型草原景观以多年生旱生草本植物为优势的草地类型,主要优势植物有大针茅、克氏针茅、羊草、冰草、冷蒿、百里香等。该类草原绝大多数植物可供牲畜采食,草地生产力较高,群落覆盖度在 30% 左右。

(3)荒漠草原景观

荒漠草原景观是在半干旱、干旱气候条件下,以棕钙土—荒漠草原为基质,以强旱生丛生禾草占优势,混生有大量强旱生小半灌木植物的草原类型。这类草原处在草原景观带向荒漠景观带过渡的地区,往往与半荒漠景观镶嵌分布。它在典型草原和荒漠之间呈狭长带状分布,以锡林郭勒高平原西北部、乌兰察布高平原西北部和鄂尔多斯高平原西北部为主体,总面积约 842×10^4 hm²,可利用面积约 765.3×10^4 hm²,分别占内蒙古草原景观总面积和可利用面积的 18.7% 和 19.8%。这类草原的建群植物分别由小针茅、戈壁针茅、短花针茅以及沙生针茅等旱生丛生小禾草组成。该类草地植物适口性好,采食率较高,粗蛋白质含量较高,群落覆盖度为 10%~15%。荒漠草原的优良畜种也较多,有苏尼特肉羊、内蒙古白绒山羊、鄂尔多斯细毛羊等。

内蒙古草场的生产力稳定性差,由于年降水量变率大,所以草场产量变化也大,降水量充足时产草量高,降水少时产草量低,各地年变率也不同。

如森林草原草场年变率为 30％～40％，干草原草场为 50％左右，荒漠草原草场为 60％～70％。产草量年变率过大，是畜牧业生产不稳定的原因之一。另外，一年内，各个季节草场植物营养物质含量不平衡，是造成牲畜夏壮、秋肥、冬瘦、春乏的主要原因，导致生产力不稳定。

（三）西部以荒漠景观为主

荒漠景观是内蒙古的第二大景观，是内亚荒漠区的一个组成部分，它集中分布于阿拉善高原和鄂尔多斯高原西部以及阴山山脉的西北部，构成内蒙古西部景观的基质。荒漠景观向西与河西走廊荒漠、南疆和北疆荒漠以及蒙古阿尔泰戈壁荒漠区连接为一个整体，形成亚洲中部内陆腹地一个独特的超旱生生态系统占绝对优势的生物地理景观区域。据《内蒙古资源大辞典·草地资源》统计，内蒙古荒漠面积为 $2\,227.98×10^4\ hm^2$，占内蒙古总土地面积的 18.83％。而 20 世纪末生态环境遥感调查统计，荒漠面积为 $2\,895×10^4\ hm^2$，占内蒙古总土地的 24.47％。在内蒙古荒漠景观中，面积最大的是分布在阿拉善西部地带的典型荒漠景观，面积为 $1\,226×10^4\ hm^2$，占内蒙古荒漠景观面积的 42.35％。

1. 典型荒漠景观

以超旱生的半灌木为主所组成的草地类型，其建群植物以藜科、蒺藜科和菊科数量最多，例如，梭梭、珍珠柴、盐爪爪、白刺、霸王、大籽蒿以及短脚锦鸡儿、沙冬青、红砂、刺旋花等。荒漠植被稀疏，生产力很低。典型荒漠景观土壤为灰棕漠土。

2. 草原化荒漠景观

为荒漠草原景观与荒漠景观的过渡类型，主要分布在西鄂尔多斯、东阿拉善和阴山高原的北部，其面积为 $838×10^4\ hm^2$，占荒漠景观面积的 28.95％。草原化荒漠景观的建群植物多为具刺或肉质叶超旱生、旱生灌木和半灌木，如豆科的多种锦鸡儿、沙冬青、藜科的珍珠柴、驼绒藜、盐爪爪及其他科的霸王、白刺、四合木、红砂等，草本层主要是针茅属和隐子草属的一些小禾草。草原化荒漠景观的植被较稀疏，产草量低。草原化荒漠景观土壤为灰漠土。

3. 沙漠景观

主要分布于巴丹吉林沙漠、腾格里沙漠、乌兰布和沙漠、雅玛利克沙漠、巴音温都尔沙漠和库布齐沙漠西部，其面积为 $831×10^4\ hm^2$，占荒漠景观面积的 37.30％。沙漠景观植被以旱生、超旱生、沙生、盐生的灌木、半灌木和小灌木及矮小的禾本科、菊科、藜科植物为主，其土壤为荒漠风沙土。沙漠景观中固定沙丘景观面积为 $265×10^4\ hm^2$，占沙漠景观的 32％；半固定沙丘景

观面积为 $126 \times 10^4 \ hm^2$，占15%；流动沙丘景观面积为 $440 \times 10^4 \ hm^2$，占53%。

4. 盐渍荒漠景观

是极干旱气候条件下土壤水分与盐分密切相关而形成的高度盐渍化的一种荒漠景观。其中梭梭群系、盐爪爪群系和白刺群系最有代表性的盐渍荒漠景观。梭梭荒漠群落是骆驼的优良牧场，具有防风固沙和保护绿洲的生态功能，是荒漠地区的重要生态保障，还是名贵中药材肉苁蓉的寄主，又是高能优质燃料，因此遭受严重人为破坏。一些盐爪爪、白刺群落往往是梭梭群落遭受破坏后派生的盐渍荒漠群落。

5. 极旱荒漠景观

分布于荒漠景观生态区最中心部位，在阿拉善荒漠最西端，居延低地和诸敏戈壁的广大戈壁台地、干燥剥蚀丘陵低山相互排列而构成的地区，是内亚极旱荒漠的一部分。这里气候极端干旱，年降水量小于 50 mm，相对空气湿度在40%以下；≥10℃积温 3 500℃～4 000℃，大风日数 44 d 以上，年平均风速 4 m/s，植被组成和结构极为简单，常常由一种或少数植物种群形成非郁闭极为稀疏的群聚，并沿雨后形成的流水线呈树枝状"绿脉"网纹形沿河道分布。广大高原和残山丘陵均为黑砾石覆盖，成为陆地生态第一性生物量极贫区。额济纳绿洲是在极旱荒漠中唯一适合于人类生存和发展的景观环境，其余广大的极旱荒漠景观不适宜于人类居住的景观环境。

广大的荒漠景观地区降水量极少，水资源奇缺且分布极不均衡，荒漠景观环境主要依赖于水。而荒漠景观中的水资源主要通过其廊道——河流获得，因此在河流两岸及河流末端形成绿洲。廊道功能能否正常发挥，主要取决于河流上游对水资源利用的正确与否。如果河流上游开发利用不当，则处于河流下游的绿洲将会消失，荒漠景观遭到破坏，其景观斑块面积变大，特别是流动沙漠景观斑块面积迅速增大，荒漠景观结构发生变化。

二、南北地带性差异

内蒙古自治区不仅有东西横向的景观差异，而且南北纵向的景观差异也很明显。表现在如下诸多方面。

农业生产方面。北部以畜牧业生产为主，主要分布在蒙古族聚居的呼伦贝尔高平原、科尔沁沙地、锡林郭勒高平原、乌兰察布高平原、巴彦淖尔高平原、阿拉善高平原和鄂尔多斯高平原。生产方式以放牧为主，生产对象主要以草原"五畜"为主，生产者主要以蒙古族为主，生态以自然生态为主。中部农牧业交错分布，农业主要分布在河套平原、土默川平原、西辽河平原、嫩江西岸平原和缓丘地带；畜牧业以半舍饲半放牧并用，生产者以蒙、汉各族人民杂居为特色，生态以自然生态和农业生态并存，地形以山地丘陵为主。南部以农业生产为主，水土条件充裕，地形低平，降水较为丰富，生产者以汉族为主，生态以农业生态为主，是内蒙古主要的粮食生产基地。

人居环境与聚落方面。土地初级生产力低下，水资源缺乏，居民点稀疏，居民点规模都很小，只有东部有较大河流经过的地方有大城镇存在，并且在广大草原上有游牧民族专用的蒙古包星罗棋布；中部区居民点增多，间距变小，规模也有所扩大，并且以定居为主。盆地，山间谷地和河流沿岸是聚落集中分布地区。农牧交错区居民住户之间要保持一定的距离，住宅区包括一部分牲畜圈舍。南部土地初级生产力较高，地形开阔，居民点连片分布，城镇数量明显增多，大部分城市分布在这里，尤其是大城市都集中分布在南部地带。

自然方面。北部是平坦的高原连绵不断，中部是山地丘陵起伏不断，南部以平原为主。北部属于内流区，河网密度稀疏，尾闾湖较多；南部属于外流区，河网密度较稠密，水资源较丰富；中间为内外流的交错地带，侵蚀作用较明显。

第二节　人文地理差异

进入 21 世纪，文化的战略地位日益提升。文化的引领作用，传承作用，以及文化的娱乐、教育和对社会大众的凝聚作用越来越被人们所重视。内蒙古自治区地域辽阔，是个多民族聚居的地区，因此文化类型的划分可以增强民族凝聚力，促进民族团结，社会稳定，经济繁荣，是构建和谐社会的根基。那么，我们首先要明确文化类型是如何界定的。

一、文化类型的界说

简而言之，文化类型乃是历史上形成的各种文化共同体最本质的特征。具体而言，应从以下三个方面来理解。

首先，文化类型是由众多文化要素构成的文化体系。文化要素（即特质）具有多样性和可感性的特点，这是文化研究中丰富而又实在的基点，因而又是将整个人类文化划分为不同的文化类型的基本单位。但是，划分文化类型的基本单位不是文化要素，而是由众多文化要素构成的文化体系。一定的文化体系，总是与一个具有一定规模的、较为稳定的人类共同的文化活动相联系的，是这一共同体在长期的文化活动过程中把人的创造能力转化为一定现实的必然结果。所以，文化体系作为文化要素的一定规模的整体结构，它在一定程度上完整地反映着文化的本质，从而决定了它必然是人类文化的基本单位。因此，文化类型的确立，就是人们在从事文化研究时，以文化体系为单位，并对各种文化体系进行比较归类的结果。

其次，不同的文化类型是各种文化体系结构与功能差异的结果。人类不同的社会群体，包括民族的、国家的及地区的各种人类共同体，他们依据一定的自然环境和社会环境共同参与劳动及社会事务，他们不仅创造了别具特色的物质基础、经济生活、工艺技术，也创造了特殊的风俗、习俗、伦理、道德以及宗教、语言、制度等行为文化、制度文化与精神文化，这些文化特质在历史的发展中，不断实现功能上的整合，于是就构成一种文化体系。一般而言，文化共同体是受社会的物质生产方式制约的，但是，它作为一种历史的遗产，有很大的独立性。由于历史上各种因素的长期交互作用，文化体系的结构与功能是有很大差异的，于是就形成了各种不同的文化类型。

最后，文化类型是指各种文化体系中最具特色、最能显示一种文化本质属性的特征，而不是指它的全部特征的总和。这一点主要表现在不同文化精神及价值体系方面。虽然物质文化特色在文化类型中具有很重要的因素，但文化学家、人类学家、历史学家和社会学家等在论及人类不同文化类型时，总是更多地是指涉不同民族文化精神及其价值取向。譬如，人们在谈论印度文化类型时，主要是指它所具有的"超脱"的达摩文并且使一种文化共同体区别于另一种文化共同体，从而构成不同的文化类型。

二、内蒙古自治区的文化区划分

内蒙古自治区疆域辽阔，特定的地形、地貌、气候、土壤、水文、植被分布情况等自然环境，不同的民族、宗教、民俗社会环境的差异，决定了这一地区人们的生产生活方式差异，形成独特而且多样化的内蒙古文化类型。

由于社会的变革，经济的发展，各民族间的融合与交流，各种文化相互冲突、碰撞、激荡、渗透，逐步形成具有鲜明地域特色，内涵丰富的二元文化——草原游牧文化和平原农耕文化。以构成内蒙古高原地貌的脊梁大兴安岭、阴山（狼山、色尔腾山、大青山、灰腾梁）、贺兰山三大山脉为界，在大兴安岭东麓的嫩江西岸平原、西辽河平原，阴山脚下的土默川平原、河套平原和黄河岸边的黄河南岸平原为农耕文化区，其余地区为草原游牧文化区。

平原农耕文化区地势平坦、土质肥沃、光照充足、水源丰富，是内蒙古的粮食和经济作物主要产区。根据降水、气温、土质的不同，可分为东、西部平原农耕文化区。东部农耕文化区，位于大兴安岭东侧的辽嫩平原，呈扇形状分布在西辽河和嫩江流域，总面积约 5×10^4 km^2，多为肥力甚高的黑钙土或栗钙土，水源丰富，灌溉便利，成为自治区东部"谷仓"和重要经济作物产区。西部农耕文化区包括阴山脚下的土默川平原、河套平原和黄河岸边的黄河南岸平原，宽广舒长，肥沃平坦，田连阡陌，渠如蛛网，是自治区主要商品粮食和经济作物产区，素有"黄河百害，唯富一套"和"塞上江南"之誉。

草原游牧文化是蒙古高原地域文化和民族文化的典型代表。草原文化区由于受满、汉文化的影响程度不同，降水的不同，草原文化区形成如下布局。

(一)东部呼伦贝尔、科尔沁文化区

位于大兴安岭西麓的草原地区，包括呼伦贝尔市、通辽市和赤峰市。此文化区首先在满族文化、然后在汉文化的影响下，形成独特的呼伦贝尔、科尔沁草原文化形态。

呼伦贝尔草原文化区位于大兴安岭西麓的呼伦贝尔草原地区，地跨森林草原、草甸草原、典型草原三个地带。多年生草本植物是组成呼伦贝尔草原植物群落的基本类型。呼伦贝尔草原文化区地处欧亚大陆东南端中高纬度地带，大部分地区属于温带大陆性季风气候。气候特点是：冬季寒冷漫长，夏季温凉短促，春季干燥风大，秋季气温骤降霜冻早；热量不足，昼夜温差大，有效积温利用率高；无霜期短，日照丰富，利于绿色植物光合作用，缩短了生长期；降水量不多，降水集中在七八月份，雨量较充沛。文化区内河流稀疏，呼伦湖周围河流呈单一型，地表径流微弱，遍布大小湖泊和泉泡。文化区分布着蒙古族、鄂温克族、鄂伦春族、达斡尔族等少数民族，每个民族都有各自文化特质和模式，各民族内部也有一定的文化习俗差异，构成了内蒙古地区乃至全国少有的文化异质性较高的多民族文化。呼伦贝尔草原是至今在全中国不多的受污染和破坏较少的原生态环境地区之一。呼伦贝尔草原之所以还能保持原貌，在一定程度上也取决于自然地理生态环境中形成的民俗生态文化。草原民族独有的开放性文化，各民族之间在广阔的地理空间和悠久的历史进程中建立起持续而稳定的社会文化互动关系。在漫长的生存斗争中，各民族选择的是逐水草而居的游牧经济文化模式。许多部落因受到自然生态环境的限制和社会制度压制而经常游动和迁徙。在迁徙活动过程中，各民族加大社会交往，进一步扩大生存空间。因此，呼伦贝尔草原文化的包容性很强，是多元的、多民族文化高度融合的草原生态文化区。

科尔沁草原文化区位于内蒙古草原的东南端，具有典型的温带草原景观，是中国北方草原的主要代表之一，主要分布在通辽市和赤峰市。科尔沁文化是蒙古族独特的地域文化之一，具有多元性、开放性等诸多特征。科尔沁草原文化是在诸多蒙古部落之间相互融合中形成并发展的，是在平和形式和流变矛盾中进行的。科尔沁文化多样性是由其组成部分的多元性质决定的。科

尔沁部落的形成过程较漫长，演变极其复杂。诸多蒙古部落、氏族的文化自然融合，丰富了科尔沁草原文化。民族习惯的典型性，共同文化思维的本质和凝聚力是形成科尔沁草原文化多元性的内在动力。科尔沁草原文化的融合其他文化及更新传统文化的能力，证明了该文化的开放性，说明了科尔沁文化具有自然调节能力和旺盛的生命力。科尔沁文化的变迁是受满、汉文化影响而形成的，在和谐与对立的矛盾中日趋丰富。满族文化主要影响了科尔沁王公、台吉、贵族等上层社会，影响范围不大。满族文化只影响了用具、服饰等文化表层和体制等中层文化，然而对科尔沁草原文化的深层并没起到深刻影响。汉文化对科尔沁文化的影响是极其深刻的。清朝末期，随着新政的推行，蒙禁被取消，许多汉族移民涌入，传播农耕技术，促进了科尔沁农业的发展，也促进了科尔沁草原文化新的演变。17世纪末，汉族手工艺者、工匠陆续迁入该地区，无疑影响了蒙古族传统手工艺，加快了科尔沁地区手工业的发展，促进了蒙汉人民的商品之间的流通。科尔沁人接受了先进的汉文化和艺术，从而使蒙古族在文化、教育、说书艺术等方面得到了新发展。

（二）中部游牧文化区

位于锡林浩特市，几乎没有受到满汉文化影响，保留了原锡林浩特地区的游牧文化传统，还保留了部分察哈尔宫廷文化传统。与其他地区相比，游牧或牧业生活方式更为突出。锡林浩特草原位于内蒙古中部地区，地形多是平坦草原或丘陵沙化地带，大河流少，适合农耕的地域不多，更适合于游牧生活。一直到目前，部分地区仍保留着逐水草而牧的传统游牧生活方式。传统的游牧文化是一种生态文化，生态学的内涵和思想贯穿于整个游牧过程中。游牧是草原畜牧业的最佳选择，是经得住历史考验的生产模式。牧民积累经验，找到了既能保护草原生态系统的稳定，又可以避免自然灾害的科学方法。他们不断轮换草场，对草场资源实现最优利用，降低草场牲畜承载量，避免局部草场的破坏，使大范围内的草地得到合理的利用。可以说游牧是一种经验生态学，其经济性、可持续性等在当今草原研究和保护具有重要参考价值。

（三）西部蒙汉混合文化区

锡林浩特市以西的地区，包括呼和浩特市、包头市、鄂尔多斯市、乌海市、阿拉善盟、巴彦淖尔市、乌兰察布市七个盟市。该地区少受满文化影响，接受汉文化影响较深，形成了蒙汉文化混合形态。此地区气温低，降水少，河流少，干旱，部分地区沙漠化，植被覆盖少，自然环境恶劣，因此这以地区只能以畜牧业为主要生计，并用适应大自然的游牧生产方式来从事生产生活。游牧民族在与严酷的草原环境的抗争中创造了高度的物质基础的同时还创造了相应的文化体系。

内蒙古地域文化作为具有鲜明地域特色的文化类型，是中华文化资源重要组成部分，为中华文明的演进不断注入生机和活力。

第三节　社会经济发展差异

改革开放以来，内蒙古经济得到了迅速的发展，特别是 2000 年以来，全区经济发展开始加速，然而，各盟市的经济发展并不均衡，区域差异明显。

一、各盟市经济构成及差别

据 2012 年统计，国内生产总值 2 000 亿元以上的有呼和浩特市、包头市和鄂尔多斯市 3 个市；1 000 亿～2 000 亿元的有呼伦贝尔市、通辽市和赤峰市 3 个市；500 亿～1 000 亿元的有乌海市、乌兰察布市、巴彦淖尔和锡林郭勒盟 4 个盟市；300 亿～500 亿元的有兴安盟、阿拉善盟 2 个市。各盟市生产总值差距比较悬殊。

从人均国内生产总值来看，鄂尔多斯市处于领先地位，达到 182 680 元，处于最后一位的是兴安盟，仅 23 944 元，差距明显。人均 GDP 超过 50 000元的有鄂尔多斯、阿拉善、包头、乌海、通辽、锡林郭勒盟、呼伦贝尔市、呼和浩特市 8 个盟市，30 000～50 000 元的有赤峰市、乌兰察布市、巴彦淖尔市，20 000～30 000 元的有兴安盟。

根据各盟市的三次产业比重，尤其是工、农业两大部门的比重，将全区12 个盟市的经济结构特点可归结为五大类：①以工业经济为主体。该类盟市工业产值占生产总值的 50%，属于这一类型的有包头市、锡林郭勒盟、鄂尔多斯市、乌海市和阿拉善盟，为自治区主要的工业地区和工业发展较快的地区。②经济发展较均衡。该类盟市第一产业占 1/5 左右，第二产业占 1/2 以下，第三产业占 1/3 不到，属于这种类型的有通辽市、赤峰市和巴彦淖尔市三市。均为自治区重要的农业基地和工业基础比较好的地区。③城市型经济结构特征明显。该类盟市第二产业比重超过 50%，第一产业比重小于 10%，并且第三产业比重也都超过 1/3 以上，属于这一类型的盟市有：呼和浩特市、包头市、乌海市和鄂尔多斯 4 个市，它们的第三产业都比较发达。④以农业为国民经济主体。属于这一类型的盟市，第一产业比重超过 1/3，并高于第二产业，工产产值不到 30%，属于这一类型的盟市有兴安盟 1 个盟。⑤以工业为国民经济主体，第一产业比重相对高。属于这一类型的盟市有巴彦淖尔市，乌兰察布市、呼伦贝尔市 3 个市，为自治区主要的农牧业大盟市地区。

二、各旗县市(区)级经济构成及差别

内蒙古自治区有 101 个旗(县)级行政区划单元，经济发展差异明显，从 2012 年国民经济总量上来看，超过 200 亿以上的旗县有 26 个，主要分布在"呼包鄂"地区；GDP 总量为 100 亿～200 亿的旗县有 28 个，GDP 总量为 50 亿～100 亿的旗县有 30 个，GDP 总量为 50 亿～100 亿的旗县个数较多，占全区的 27%；有 1 个旗县 GDP 总量低于 20 亿元，主要分布在东北部地区(表 3.1)。

表 3.1　2012 年各旗县国民生产总值

生产总值/亿元	旗县个数	旗县名称
≥200	26	鄂尔多斯市准格尔旗、包头市昆都仑区、鄂尔多斯市东胜区、包头市青山区、通辽市科尔沁区、鄂尔多斯市伊金霍洛旗、呼和浩特市新城区、鄂尔多斯市达拉特旗、包头市东河区、呼和浩特市赛罕区、鄂尔多斯市鄂托克旗、阿拉善盟阿拉善左旗、呼和浩特市回民区、鄂尔多斯市乌审旗、通辽市霍林郭勒市、包头市九原区、包头市土默特右旗、赤峰市红山区、呼和浩特市玉泉区、巴彦淖尔市临河区、呼和浩特市托克托县、呼伦贝尔市海拉尔区、乌海市海勃湾区、赤峰市元宝山区、呼和浩特市土默特左旗、赤峰市松山区
100～200	28	锡林郭勒盟锡林浩特市、呼伦贝尔市牙克石市、通辽市开鲁县、呼伦贝尔市满洲里市、乌海市乌达区、乌海市海南区呼和浩特市和林格尔县、包头市达尔罕茂明安联合旗、通辽市扎鲁特旗、呼伦贝尔市扎兰屯市、乌兰察布市集宁区、通辽市科尔沁左翼后旗、通辽市科尔沁左翼中旗、赤峰市敖汉旗、赤峰市宁城县、通辽市奈曼旗、巴彦淖尔市杭锦后旗、兴安盟乌兰浩特市、呼伦贝尔市阿荣旗、乌兰察布市丰镇市、锡林郭勒盟东乌珠穆沁旗、赤峰市克什克腾旗、巴彦淖尔市乌拉特前旗、赤峰市翁牛特旗、包头市固阳县、巴彦淖尔市乌拉特中旗、锡林郭勒盟西乌珠穆沁旗、赤峰市巴林左旗

生产总值/亿元	旗县个数	旗县名称
50～100	30	巴彦淖尔市五原县、鄂尔多斯市鄂托克前旗、呼伦贝尔市鄂温克族自治旗、赤峰市阿鲁科尔沁旗、包头市石拐区、呼伦贝尔市莫力达瓦达斡尔族自治旗、呼伦贝尔市陈巴尔虎旗、乌兰察布市察哈尔右翼前旗、兴安盟科尔沁右翼前旗、乌兰察布市凉城县、鄂尔多斯市杭锦旗、兴安盟扎赉特旗、锡林郭勒盟二连浩特市、乌兰察布市察哈尔右翼后旗、锡林郭勒盟多伦县、呼伦贝尔市新巴尔虎右旗、巴彦淖尔市乌拉特后旗、赤峰市喀喇沁旗、呼和浩特市武川县、通辽市库伦旗、赤峰市巴林右旗、赤峰市林西县、呼和浩特市清水河县、兴安盟突泉县、乌兰察布市兴和县、乌兰察布市卓资县、呼伦贝尔市鄂伦春自治旗、锡林郭勒盟正蓝旗、巴彦淖尔市磴口县、乌兰察布市商都县
20～50	25	赤峰市林西县、呼和浩特市清水河县、兴安盟突泉县、乌兰察布市兴和县、乌兰察布市卓资县、呼伦贝尔市鄂伦春自治旗、锡林郭勒盟正蓝旗、巴彦淖尔市磴口县、乌兰察布市商都县、锡林郭勒盟阿巴嘎旗、兴安盟科尔沁右翼中旗、乌兰察布市四子王旗、阿拉善盟额济纳旗、锡林郭勒盟苏尼特右旗、乌兰察布市化德县、乌兰察布市察哈尔右翼中旗、锡林郭勒盟镶黄旗、锡林郭勒盟太仆寺旗、呼伦贝尔市额尔古纳市、锡林郭勒盟苏尼特左旗、阿拉善盟阿拉善右旗、呼伦贝尔市根河市、呼伦贝尔市新巴尔虎左旗、包头市白云矿区、锡林郭勒盟正镶白旗
≤20	1	兴安盟阿尔山市

从人均 GDP 来看，内蒙古自治区区域差异显著，呼包鄂地区、阿拉善地区部分旗县人均 GDP 超过 20 万元人民币，经济实力非常雄厚。人均 GDP 在 10 万～20 万元的经济较发达旗县分布在中部锡林郭勒盟；人均 GDP 小于 5 万元的欠发达地区集中分布在兴安盟、乌兰察布市及呼伦贝尔市林区。总体来看蒙东区经济较为落后，中西部较为发达，呼包鄂地区是内蒙古经济发展的龙头(图 3-1)。

从经济结构来看，各旗县也有明显的差异，可以归结为四种类型。

第一类，为直辖市区型行政单元，第二、第三产业占绝对优势，第一产业比重小于 10%，有 22 个市区。

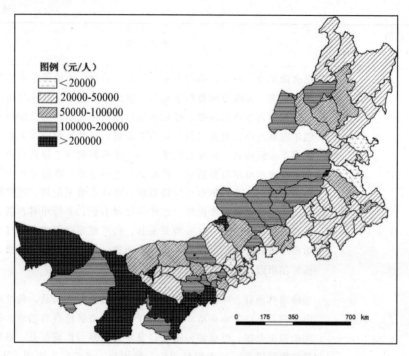

图 3-1　内蒙古人均国民生产总值区域差异示意图

　　第二类，为以工业为主体，其工业总产值占生产总值的比重在 55％ 以上，农业总产值低于 20％，有 4 个旗县市区。

　　第三类，为工农业型，其工业总产值比重大于农业总产值，并且农业总产值比重大于 20％，有 20 个旗县市区。

　　第四类，为农主经济型，其农业总产值占生产总值的 30％ 以上，有 55 个旗县市。

　　从上述类型分析中看出，除去市辖区和直辖市类型的经济结构以第二、第三产业比重占绝对优势，工业为国民经济主体的旗县只占 5％，以农业为国民经济主体的旗县占 70％，工农业型经济类型的旗县占 25％。

三、各区经济发展综合实力评价

　　根据内蒙古社会科学院课题组的研究成果，综合实力有三个层次组成，具体指标选取见表 3.2。

表 3.2　内蒙古各区域经济发展综合实力指标体系

第一层次	第二层次	第三层次
A1 经济发展水平	B1 经济规模	C1 地区生产总值
		C2 地方财政收入
	B2 经济基础	C3 人均地区生产总值
		C4 人均地方财政收入
		C5 农牧民人均纯收入
		C6 城镇职工平均工资
	B3 社会发展水平	C7 每千人拥有医院、卫生院床位数
		C8 每千人拥有医院、卫生院技术人员数
A2 自我发展能力	B4 增长速度	C9 GDP 增速(本年/上年)
		C10 全部工业增加值增速
	B5 投资与消费	C11 人均社会消费品零售总额
		C12 人均固定资产投资
	B6 对外经济	C13 出口总额与 GDP 之比(GDP=100)
	B7 产业结构	C14 农牧业比重(一产增加值/GDP,逆指标)
		C15 第二产业占 GDP 比重
	B8 财政实力	C16 地方财政收入占地区生产总值比重
		C17 财政自给率
A3 地区发展潜力	B9 生产效率	C18 农牧业劳动生产率
		C19 工业劳动生产率
	B10 基础设施	C20 公路密度(公路里程/土地面积)
		C21 等级公路比重
	B11 文化教育	C22 每个教师负担中学生数(逆指标)
		C23 人均地方财政的科教文卫事业费支出

按照各盟市经济发展综合实力得分由高到低进行排名,依次是包头市、呼和浩特市、鄂尔多斯市、阿拉善盟、乌海市、锡林郭勒盟、呼伦贝尔市、通辽市、兴安盟、巴彦淖尔市、赤峰市、乌兰察布市。前三名都是中部盟市,最后几名中则除巴彦淖尔市属于西部外,其他全部位于东部。

内蒙古区域经济差距的总体状况：内蒙古各区域间经济发展总体呈现出"中部突起、两翼滞后"的局面，以呼包鄂金三角组成的中部地区经济水平最高，西部次之，东部地区最低。区域经济差距总体呈一直扩大趋势，2000 年以后扩大速度进一步加快。西部地区这一时期发展速度小幅加快，而东部六盟市经济发展速度总体呈逐渐放慢趋势。中部地区在产业结构、生产效率、经济发展潜力方面均明显优于其他区域。

第四节　地理分区

一、综合自然地理区划

综合自然地理区划是自然综合体之间的相似性和分异性科学研究的结果，是自然综合体客观存在有规律的地理特征。通过综合自然地理区划，阐明自然条件对经济建设利弊关系，并提出利用自然、改造自然的科学决策，为国土规划和农业区划提供科学依据。

(一)区划原则与命名

内蒙古综合自然地理区划，首先根据水热组合条件并在实地客观反映土壤植被相对一致性。

区划命名：一般区采用植被和土壤相结合的方法来命名，采用土壤名前面冠以植被名称连接成综合自然地理区域名。亚区采用当地常用的区域名称和地貌类型相结合的方法来命名，前段用区域地名称，后段用地貌类型名称，连接成亚区名。

(二)区划内容提要

将全自治区划分成 5 个综合自然地理区，然后再以各地域的地貌标志，细分成 26 个亚区(图 3-2)。

1. 针叶林生草灰化土区

本区位于内蒙古的东北部，西北至中俄边界，东北至黑龙江和内蒙古自治区界，南临洮儿河。本区以针叶林为植被主要特征，土壤以山地生草灰化土为主体构成比较单纯的地带性景观。

2. 森林草原、草原黑土区

本区位于针叶林外围，包括大兴安岭西侧的低山丘陵，洮儿河以南，霍林河以北，以及大兴安岭东侧丘陵和台地。区内主要有嫩江和额尔古纳河水系，河流多，水源足，自然植被由森林向草原过渡地带，以草甸草原为主，土壤以黑土为主，构成本区的主要特征。由于大兴安岭山地分割将本区又分

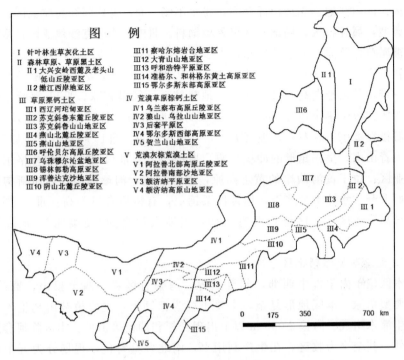

图 3-2　内蒙古综合自然地理区划示意图

为两个自然亚区。Ⅱ1 大兴安岭西麓及老头山低山丘陵亚区：西部以牧为主，南部以林为主，部分隐域性地块可以农作。Ⅱ2 嫩江西岸台地亚区：自然条件较好，为全农牧业提供条件，今后应利用水源，扩大灌溉防涝。

　　3. 草原栗钙土区

　　本区位于内蒙古中东部和南部，自然植被以禾本科为主，牧草营养价值较高，约有一半牧草可供牲畜食用，有害、有毒的植物极少。由于面积大，区域内的差异明显，所以又划分为 15 个自然亚区。Ⅲ1 西辽河坨甸亚区：地下水位浅，水源比较充沛，灌溉条件好，农业发达，但春旱和多风沙，应防治土壤盐渍化和风烛。Ⅲ2 苏克楚鲁山东麓丘陵亚区：地势西高东低，垂直分布明显，坡地从林，无林地从牧。Ⅲ3 苏克楚鲁山山地亚区：地势高，山体岩石裸露，植被不良，平坦山顶或盆地，水草较好。Ⅲ4 燕山北麓丘陵亚区：地面物质疏松，河流众多，水蚀严重，今后应在坡地营造防护林，促进林牧综合发展。Ⅲ5 燕山山地亚区：位于西拉木伦河以南、赤峰西南山区，海拔为 1 000～1 800 m。Ⅲ6 呼伦贝尔高原丘陵亚区：北、西、南三面临蒙、俄，中部为塔拉，分布着优质草场，是内蒙古最优良的天然牧场。Ⅲ7 乌珠穆尔沁盆地亚区：区内洼地、湖泊沼泽众多，排水不畅。Ⅲ8 锡林郭勒高原亚区：区内草场典型，属纯牧区，局部地区可种植饲料。Ⅲ9 浑善达克沙地亚区：区内地带植被属草甸草原，但沙地广布，大多为固定沙丘。今后应利用和防治并重，封沙育林育草，开辟水源，严防沙化。Ⅲ10 阴山北麓丘陵亚区：由乌兰花至多伦一带，是山地向高原过渡地带。地势较高，气温较凉。Ⅲ11 察哈尔熔岩台地亚区：位于集宁以东熔岩台地，多为草原植被。Ⅲ12 大青山山地亚区：山地海拔在 2 000 m 左右，坡度大，水土流失严重。Ⅲ13 呼和浩持平原亚区：位于大青山南，呈三角形的冲积平原，地势平坦。Ⅲ14 准格尔和林格尔黄土高原亚区：位于黄河两岸的黄土高原，地势崎岖，沟壑纵横，地质新构造促使地面上升。水蚀十分严重，地带性栗钙上，有机质含量不高。Ⅲ15 鄂尔多斯东部高原亚区：本区地形略有起伏，当地人称之为"硬梁地"，地表物质松散。

4. 荒漠草原棕钙土区

本区位于内蒙古中西部，北至国界，南临省区界，西至狼山、贺兰山，东连典型草原。本区地形复杂，主要土壤为棕钙土，主要植被由丛生禾本科与旱生灌木组成。海拔 2 000 m 以上出现云杉和油松等植被。本区除河套适宜种植外，其余全为牧区，在生产利用上，南北各具特色，现划分为五个自然亚区。Ⅳ1 乌兰察布高原丘陵亚区：牧草低矮，产草量低，由于过牧出现草场退化。Ⅳ2 狼山、乌拉山山地亚区：包括狼山、色尔腾山和乌拉山，均系中山海拔为 1 300～2 300 m，植被垂直分布显著，阴坡植被好于阳坡。Ⅳ3 后套平原亚区：是湖积冲积平原，地势平坦，坡降小，排水不畅，引黄灌溉，适宜农作。Ⅳ4 鄂尔多斯西部高原亚区：系沙石质高原，封山育林中恢复植被。Ⅳ5 贺兰山山地亚区：山地主要为片麻岩和砂页岩组成，海拔为 2 800～3 300 m，山地景观垂直分布明显。

5. 荒漠灰棕荒漠土区

本区位于自治区最西部，亦是亚洲中部荒漠的东南边缘，主要特征是干旱、风蚀。由于强烈干燥剥蚀面造成荒漠景观。沙漠广布，戈壁滩多，植被稀疏，除额济纳河流域水土条件较好外，大部分为荒漠原野。根据地形水量分布特点差异，又可分为 4 个自然亚区。Ⅴ1 阿拉善北部高原丘陵亚区：气候干燥异常，植被稀疏，砾石遍布，许多地方没有植物生长，成为一片光秃的戈壁滩。水土条件稍好一点的地方生长梭梭，地广人稀。Ⅴ2 阿拉善南部沙地亚区：本区是内蒙古沙漠面积最大的地方，著名的巴丹吉林、腾格里、乌兰布和等大沙漠都分布在这里。沙丘有流动、固定和半固定多种类型，沙区盐湖众多。Ⅴ3 额济纳平原亚区：由于额济纳河的水资源，使荒漠中出现绿洲。

在砾质灰棕漠土上，胡杨、红柳常形成林，芦苇和芨芨草也常出现。Ⅴ4 额济纳高原山地亚区：地貌呈低山丘陵间有盆地，海拔在 1 000 m 左右。由于深居内陆，温差大，风力强，降水少，蒸发盛，异常干燥，呈石漠景观。

二、经济地理分区

内蒙古经济地理分区依据下列原则：一是区内自然条件的类似与自然资源组合特点；二是区域经济特征与专门化的特点；三是经济中心城市通过交通网络与区内各地有较密切的经济联系。按照这些原则，内蒙古地区大致可分为东部、中部和西部 3 个大经济地理区与 8 个经济地理区(图 3-3)。

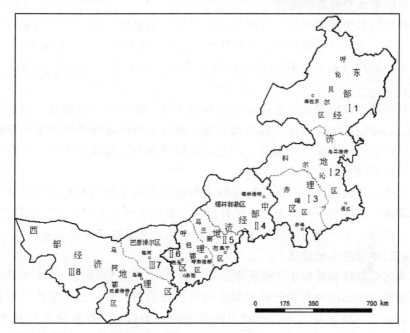

图 3-3　内蒙古经济地理区划示意图

Ⅰ　内蒙古东部经济地理区

Ⅰ1　呼伦贝尔经济地理区

Ⅰ2　科尔沁经济地理区

Ⅰ3　赤峰经济地理区

Ⅱ　内蒙古中部经济地理区

Ⅱ4　锡林郭勒经济地理区

Ⅱ5　乌兰察布经济地理区

(一)东部经济地理区

内蒙古东部经济地理区位于自治区东部,西北与蒙古、俄罗斯交界,东和南与东北三省、河北省相邻。其范围包括呼伦贝尔市、兴安盟、通辽市和赤峰市以及锡林郭勒盟的东、西乌珠穆尔沁旗。本区与我国东北三省经济联系密切,经济的发展需要得到东北三省经济技术的支援,东北振兴也需要获得本区的能源和资源的支持。

呼伦贝尔经济地理区。本区是呼伦贝尔市的整体范围,位于内蒙古自治区东北部。南与兴安盟毗邻,东与黑龙江相接,西与北与蒙古和俄罗斯交界。本区产业结构以林业、种植业、畜牧业为主,以农畜产品加工和能源工业为辅。

科尔沁经济地理区。本区东与吉林省为邻,南与辽宁省毗连,西、北与赤峰市、呼伦贝尔市相连。包括兴安盟、通辽市和锡林郭勒盟的东乌珠穆尔沁旗。科尔沁区农业生产发达,产业结构以种植业、畜牧业为主,农畜产品加工、能源建材工业为辅。

赤峰经济地理区。本区包括赤峰市和锡林郭勒盟的西乌珠穆尔沁旗。位于内蒙古自治区的东部偏南。本区种植业、畜牧业开发较早,基础条件优越,农畜产品加工生产能力比较雄厚,煤电和有色金属采掘业发展迅速。

(二)中部经济地理区

本区包括呼和浩特市、包头市、乌兰察布市、锡林郭勒盟 10 个旗县市以及鄂尔多斯东部四期市和巴彦淖尔市的乌拉特前旗。本区是内蒙古经济比较发达的地区,特别是工业,产值占内蒙古的一半以上。煤炭资源极其丰富,是我国重要的能源化工基地。

锡林郭勒经济地理区。本区位于内蒙古自治区东偏北部,包括锡林郭勒盟的锡林浩特市、二连浩特市、阿巴嘎旗、苏尼特左、右旗、太仆寺旗、镶黄旗、正镶白旗、正蓝旗和多伦县,是自治区畜产品、石油和碱的主要产区。

乌兰察布经济地理区。位于内蒙古自治区中部,包括乌兰察布市的集宁、察哈尔右翼前、中、后旗、四子王旗、卓资、商都、化德、兴和、丰镇、凉城县共 11 个旗县市。本区虽然交通位置较为优越,但人多地贫,农牧业为主,轻工业较为发达。

呼包鄂经济地理区。包括呼和浩特市、包头市、巴彦淖尔市的乌拉特前旗、包头市的达尔罕茂明安联合旗及鄂尔多斯市的东胜区、达拉特、准格尔和伊金霍洛旗。本区经济发达，以工业为主体，煤炭、石油化工、电力、冶金产业在全国占有举足轻重的地位。

（三）西部经济地理区

本区包括乌海市、阿拉善盟和巴彦淖尔市（不含乌拉特前旗）以及鄂尔多斯市西部四个旗，是自治区人口稀疏的地区。本区地域辽阔，黄河沿岸的河套平原与内蒙古高原差异较大。

巴彦淖尔经济地理区。本区范围包括巴彦淖尔市的临河区、杭锦后旗、磴口、五原县、乌拉特中、后旗以及鄂尔多斯的杭锦旗。本区是内蒙古粮、油、糖、畜产品和硫铁矿的重要产区。

乌阿鄂经济地理区。本区西和南与陇、宁、陕三省毗连，北与蒙古国交界，东与巴彦淖尔和呼包鄂区相连。本区是自治区人口最少、土地面积最大、出产煤、盐、建材和畜产品的经济地理区。

三、综合地理分区

（一）主要依据

第一，自然景观的一致性与差异性。内蒙古东西的延伸、跨越不同的景观带，经度地带分异明显。

第二，区域的一体化与产业结构的完整性。区域可持续发展主要强调区域的整体协调发展。

第三，区域开发方向和区域发展程度的相似性。各地区的区位优势和环境资源优势决定了不同区域各自的发展方向和发展程度。

第四，行政区域的完整性。地理分区界限以盟市行政区界为划区界线，保持统计数据与分区数据的一致性。

（二）划分方案

基于内蒙古地理分区的划分原则和依据，内蒙古自治区划分为蒙东区、蒙中区和蒙西区三个综合地理单元。蒙东区包括呼伦贝尔市、兴安盟、通辽市和赤峰市 1 盟 3 市，共辖 39 个旗县市区；蒙中区包括包头市、呼和浩特市、乌兰察布市和锡林郭勒盟 3 市 1 盟，共辖 41 个旗县市区；蒙西区包括鄂尔多斯市、乌海市、巴彦淖尔市和阿拉善盟 3 市 1 盟，共辖 21 个旗县市区（图 3-4）。

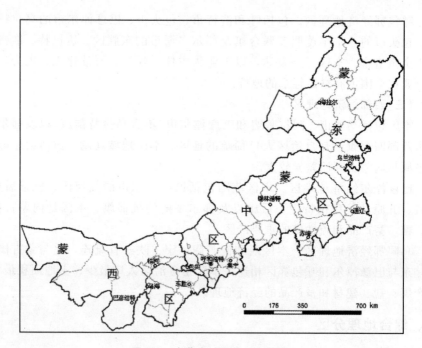

图 3-4　内蒙古地理分区示意图

第二篇　分　论

第四章 蒙东地区

章前语

    蒙东地区位于内蒙古自治区东北部，包括呼伦贝尔市、兴安盟、通辽市和赤峰市三市一盟。蒙东地区是自治区自然条件比较优越、资源条件比较好、人口比较稠密、经济比较发达的地区。这里地势比较低，雨热同季，土地较肥沃，森林广布，耕地连片，农牧业生产比较发达，是自治区农业产业化、经济工业化和人口城市化程度比较高的地区，有国家重要的肉奶生产基地、粮食生产基地和能源工业基地。协调人地关系，退耕还林还牧和节能减排成为本区和相邻地区社会经济协调可持续发展的关键工程。

关键词

    大兴安岭；西拉木伦；西辽河平原；嫩江西岸平原

第一节 区域特征

一、位置和范围

    蒙东地区位于内蒙古自治区东北部，115°31′E～126°04E′、41°17′N～53°20′N之间。东部与吉林省四平市、白城市、黑龙江省的齐齐哈尔市毗邻，西与锡林郭勒盟交界，南部与河北省承德市、辽宁省朝阳市、铁岭市和阜新市交界，北及西北与俄罗斯和蒙古国接壤，边境线总长 1 849.81 km。土地总面积为 46.23×10⁴ km²，占自治区土地总面积的 39%；截至 2012 年年底，该区总人口 1 158.75 万人，占自治区总人口的 46.53%；GDP 总量为 4 970.97 亿元，占自治区 GDP 总量的 28.19%。辖 22 个旗、4 个县、8 个市、5 个区。

二、资源环境特征

(一)地势西高东低、中间凸起，高原、山地、平原相间分布

该地区处在中国地势第二阶梯和第三阶梯的过渡地带，西部为高原，北

面是呼伦贝尔高原(又称巴尔虎高原),南面是锡林郭勒高原的东部边缘;中间是大兴安岭(又称内兴安岭、西兴安岭)。山地纵贯全境南北,南面是燕山山地与辽西山地边缘,地势较高,海拔1 000~1 600 m;东部是狭长的平原地带,是东北大平原的西部边缘,北面是松嫩冲积平原,地势自东北向西南倾斜,海拔150~300 m。南面是松辽平原,地势由西向东逐渐倾斜。区内最高峰是大光顶子山,海拔2 067 m,最低点位于莫力达瓦嫩江右岸,海拔173 m。

(二)温湿的森林、草原景观

本区处在中温带和寒温带季风气候区,多年平均气温由西北到东南为-5.2℃~7.0℃,最冷月(1月)平均气温-30℃~-17℃,最热月(7月)平均气温16℃~23℃。全年日照时数在2 500~3 111 h。年平均降水量为250~538 mm。无霜期为42~150 d,年平均风速每秒1.7~4.7 m。主要自然灾害有低温冷害、干旱、霜冻、白灾、黑灾、暴风雪、寒潮、洪涝、风灾、雹灾、雷击、火灾等。

东部地区土壤肥沃,以黑土、黑钙土为主。区内森林面积0.18×10⁴ hm²,占内蒙古森林面积的76.18%。呼伦贝尔市1 353×10⁴ hm²、兴安盟139.3×10⁴ hm²、通辽市77×10⁴ hm²、赤峰市233.3×10⁴ hm²,森林覆盖率呼伦贝尔市49%、兴安盟23.3%、通辽市20.9%、赤峰市27.3%。天然草场2 013×10⁴ hm²,占内蒙古草场面积的25.5%,呼伦贝尔市833.3×10⁴ hm²、兴安盟242.67×10⁴ hm²、通辽市337.4×10⁴ hm²、赤峰市598.4×10⁴ hm²,以草甸草原草场为主。野生生物资源丰富,野生动物有260多种,鸟类有200余种,野生植物约有2 000种,其中药用植物有几百种,品种独特、质地优良。

(三)河流众多、湖泊星罗棋布

蒙东地区大小河流有3000余条,分属三大水系。大兴安岭以西为内流水系,河网不发育,径流量小;岭东北部属鄂霍次克海水系;南部属渤海水系,径流量都较大。北部除克鲁伦河外,多属额尔古纳河水系和嫩江水系,南部多属辽河水系。主要河流有额尔古纳河、海拉尔河、根河、莫尔格勒河、哈拉哈河、淖尔河、洮儿河、明流河、霍林河、罕达罕河、皎流河、西辽河、新开河、西拉木伦河、乌力吉木仁河、教来河、老哈河、贡格尔河等。大小湖泊有600多处,其中呼伦湖是中国五大淡水湖之一,内蒙古地区最大的湖泊。达里诺尔湖是自治区第三大湖泊。有大小水库72座,如察尔森水库和红山水库等对当地的防洪发电和灌溉等方面起到了很大的综合效应。此外还有大量泉眼分布在本区各地。

(四)矿产资源丰富多样,以能源资源为主

蒙东区矿产资源储量丰富,以煤炭、石油等能源资源为主,品位较高,开发潜力巨大。已探明的煤炭储量 427.7×10^8 t,远景储量 $1\,000 \times 10^8$ t,石油远景储量 8×10^8 t;世人瞩目的"801"矿富含铌、钽、铍、锆等稀有金属和重稀土,总储量 680×10^4 t。

呼伦贝尔初步探明的矿藏 41 种,矿床和矿点 370 多处,有煤炭、石油、铜、钼、铁、金、银、铅、锌、硫、芒硝、碱、大理石、石灰石、萤石、耐火土、玛瑙、沸石、珍珠岩、硅砂等。通辽全市铁、锌、钨、铜等金属矿藏 10 多处,矿点 30 多个,天然硅砂的储量居全国之首,被称为"冶炼之宝"的石墨储量也很可观,功能神奇的中华麦饭石蜚声海内外。赤峰市境内已发现矿产 70 余种,探明储量的有 43 种,矿产地 1200 余处,其中大中型矿床 23 个,主要矿产资源有煤、石油、铁、铅锌、铜等。兴安盟矿产资源富集,已被列为国家 16 个重点找矿地区的第 5 位,境内的蛇纹岩、石灰石、硅石、高岭土等非金属资源相当可观,极具开发价值。

(五)红山文化的发祥地和北方游牧民族的摇篮

呼伦贝尔被誉为"中国北方游牧民族成长的历史摇篮"。赤峰是"华夏第一村""中华第一龙"的故乡。这里的名胜古迹非常多,景区景点有"草原明珠"呼伦湖、"天下第一曲水"莫尔格勒河、阿斯哈图石林、阿尔山温泉、内蒙古自治区政府诞生地"五一大会会址"、大清沟国家级自然保护区等。古迹有成吉思汗庙、鲜卑旧墟石室、黑山头古城、金界壕、扎赉诺尔古墓群、扎赉诺尔人头骨化石遗存、开鲁县的元代佛塔、兴隆洼文化遗址、红山后遗址、黑城遗址、白岔河—阴河岩画、奈曼旗的清代王爷府等。本区还是曲棍球、安代舞、中国版画、中国民族曲艺之乡。

三、生产发展与布局

(一)经济发展特征

内蒙古自治区成立后,特别是改革开放以来,蒙东地区的经济和社会各项事业都得到快速发展。2012 年完成生产总值 4 970.97 亿元,三次产业比例为 16.6∶54.4∶29.0。人均 GDP 为 42 899.42 元(表 4.1)。东部地区经济水平相对比较弱,改革开放后发展速度较慢。从 GDP 总量上看,蒙东区处在全区中上游水平,2012 年国内生产总值在全区 12 个盟市的排序中,通辽市、赤峰市、呼伦贝尔市和兴安盟分别在第 4 位、第 5 位、第 6 位和第 12 位。从人均 GDP 来看,蒙东区水平明显偏低,为中部地区的 1/2 和西部地区的 1/3。2012 年人均 GDP 在全区 12 个盟市的排序中,通辽市、呼伦贝尔市、赤峰市

和兴安盟分别在第 7 位、第 8 位、第 11 位和第 12 位。兴安盟 GDP 总量与人均 GDP 均处在全自治区的最后一位。蒙东区经济总体实力和相对实力都较弱,这一方面与这里人口多有关,另一方面与经济发展后劲不足有关。

表 4.1 2012 年蒙东区经济情况表

盟市	GDP /(亿元)	人均 GDP /元	产业结构/%		
			第一产业	第二产业	第三产业
呼伦贝尔	1 335.8	52 649	17.9	47.1	35.0
兴安盟	385.16	23 944	29.7	38.7	30.6
通辽	1 693.19	54 019	13.8	63.1	23.1
赤峰	1 556.82	36 070	15.3	55.0	29.7
蒙东区	4 970.97	42 899.42	16.6	54.4	29.0

数据来源:《内蒙古统计年鉴 2013》

(二)农林牧渔并举的林业基地

蒙东区农林牧渔全面平衡发展,农、林、牧、渔产值均居全区第 1 位。这里是国家和自治区主要的商品粮基地和优质水稻基地之一。粮食作物以玉米、大豆、小麦、水稻和马铃薯为主,具有区域优势和地方特点的农作物有谷子、荞麦、绿豆、蓖麻籽、葵花籽、甘薯、甜菜、红干椒等。2012 年粮食总产量 $2\ 014.20 \times 10^4$ t,占全区粮食总产量的 74.02%。主要集中分布在东部平原地区,利于集中连片的耕作和管理。同时,也是国家重要的畜牧业生产基地,畜牧业以牛羊马为主,"三河马"是优质品种,也被誉为"中国黄牛之乡"。2012 年 6 月末牲畜存栏头数 5 816.3 万头(只),其中大牲畜 880.12 万头,羊 4 306.18 万只,另有猪 1 096.76 万头。畜牧业主要分布在呼伦贝尔高原地区和东部农牧交错地区。蒙东区还是全国三大林业生产基地之一,是国家重要的后备森林基地之一。

(三)工业生产

工业生产形成了食品、能源、矿业、化工、医药、森工 6 个主导产品,毛纺、机械制造、建材具有一定的地区优势和基础,布局日趋合理。2012 年完成工业增加值 808.90 亿元,占全自治区工业增加值的 21.29%。主要工业产品有原煤原油、乳制品、机制纸、水泥、发电量、糖、白酒、呢绒、有色金属、黄金、羊毛羊绒制品、肉类、饮料、药品、地毯等。

（四）异军突起的对外贸易和旅游业

特殊的地理位置使蒙东区在参与国际经济合作与循环中优势凸显，这里已成为东亚经济区域中人流、物流、资金流和信息流最活跃的集散地之一，在国家全方位对外开放格局中占有举足轻重的战略地位。这里历史文化旅游资源丰富多样，人文旅游资源和自然旅游资源都各具特色，尤以现代的巴尔虎文化、科尔沁文化和以森林草原、湿地湖泊景观为主题内容，形成了具有东部地域特色的旅游业。一是以名胜古迹为主要内容的探索性、寻根性、求知性旅游。这种旅游有很广阔的发展前景和发展潜力。二是以当地生产、生活民俗为主要内容的参与性、观赏性旅游。这是当前最具市场潜力的旅游项目，也是旅游业开发的核心内容。三是以当地特有的自然景观和环境为主要内容的观赏性、休闲性、娱乐性旅游。

第二节　区域开发

一、大兴安岭森林的开发与保护

（一）概况

内蒙古大兴安岭林区位于我国东北边疆、内蒙古自治区东北部，地处呼伦贝尔市和兴安盟境内，横跨牙克石市、科右前旗、扎兰屯市、鄂温克自治旗、额左旗、额右旗、鄂伦春自治旗，其地理坐标是：$119°36'30''E\sim125°24'00''E$、$47°03'20''N\sim53°20'00''N$，东西宽超过 400 km，南北长 1 100 km，总面积 $1\,068×10^4\ hm^2$，接近内蒙古自治区总土地面积的十分之一，纵长横短，北宽南窄，呈不规则长方形，属东北—西南走向，东陡西缓，构成山地丘陵地形。最高海拔 1 745.2 m，最低海拔 268 m。与俄罗斯、蒙古接壤。

大兴安岭属寒温带大陆性季风气候区，有"高寒禁区"之称。冬季漫长而寒冷多雪，夏季短暂而温热多雨，昼夜温差较大。年平均气温$-5℃\sim0℃$，极端最低气温$-52℃$，无霜期 $76\sim120$ d；年降水量 $350\sim500$ mm。地貌类型为侵蚀山地，属古冰川多年冻土，土壤有棕色针叶林土、灰色森林土、沼泽土、草甸土、黑钙土、暗棕壤、黑土等。以大兴安岭山脉为界，形成两大水系，岭东的甘河、诺敏河、绰尔河等流入嫩江；岭西的海拉尔河、根河、激流河等汇入额尔吉纳河。水资源总量为 $161×10^8\ m^3$，其中地表水 $159×10^8\ m^3$，地下水 $2×10^8\ m^3$。

内蒙古大兴安岭是目前我国保存最完好，面积最大，集中连片且具有北极生态特征的一片原始森林，总面积为 $1\ 067\times10^4\ hm^2$，森林覆盖率为 76.3%，占整个大兴安岭林区总面积的 47%，占全国国有林区的 11%。主要树种有兴安落叶松、樟子松、白桦、黑桦、山杨、柞树等。内蒙古大兴安岭林区野生动植物资源丰富。植物已知 1 688 种，在植物群落中，蕴藏着大量具有经济价值的植物。其中，药用植物达 412 种，主要有黄芩、手掌参、芍药、苦参、黄芪、龙胆、白芷等品种；花卉观赏植物有 80 余种，主要有兴安杜鹃、报春、剪秋罗、马兰花、珍珠梅、花椒、绣线菊、金蜡梅等品种；食用植物 197 种，主要有僵松籽、越橘（红豆）、笃斯越橘、山里红等野生浆果和蕨菜、黄花菜、柳菩芽等，食用菌主要有黑木耳、蘑菇、猴头菇等。动物主要有丹顶鹤、金雕、花尾榛鸡、棕熊、雕、貂熊、狗獾、水貂、野猪、原麝、马鹿、狍子、雪兔、松鼠、驼鹿、驯鹿等。昆虫 648 种，鱼类 45 种，鸟类 276 种，遍布林区。

(二)森林资源开发利用现状

内蒙古大兴安岭林区是我国主要的用材林区，长期以来森林采伐和更新不相匹配，木材总消耗量大于总生长量。1998 年实施"天然林保护工程"以来，共计调减木材产量 $1\ 708.66\times10^4\ m^3$，减少森林蓄积消耗 $3\ 724.52\times10^8\ m^3$。内蒙古林业也从传统的森林采伐及木材运输等产业，更多发展起种苗繁育、森林养护、花卉栽培、森林食品、药材培植、野生动物驯养繁殖和森林旅游业等新的森林产业。2012 年，林业产业总产值达到 308 亿元。

另外，从森林资源清查结果比较看，内蒙古森林中无林地面积及其增幅较大，部分地区尤其经济落后的农牧区、偏远山区，仍存在有毁林开荒和乱砍滥伐现象，超限额采伐仍未杜绝，致使林地流失依然严重，造成森林资源的破坏及严重的水土流失和生态恶化。森林火灾及森林病虫害时有发生，使森林枯损消耗量呈现加大的势头。

(三)存在问题

大兴安岭是我国重要的木材生产基地，但由于长期过度采伐，致使林区可采资源面临枯竭，森林面积显著下降，森林的防护和调节生态功能减弱，加剧了干旱的发生，暴雨频繁，洪水增多，河流含沙量增大，其生态屏障作用大大降低。因此，要控制树木砍伐数量，对次生林、天然幼林和人工林加强抚育，大力营造人工速生丰产林，扩大林地的储备资源。由于内蒙古地区生态环境脆弱，气候干旱、水分条件差，造林成活率低，因此，要总结经验，科学造林，提高树木成活率，加快造林步伐。采育结合，利用森林的天然恢复能力和人工更新使森林资源越来越丰富。

(四)森林资源的保护

内蒙古生态脆弱，土地沙化、荒漠化等问题突出，森林资源的保护与更新是生态建设工作的重点，是实现森林资源永续利用、实现经济发展与生态保护相协调的基础。

1.合理采伐、加强抚育

合理采伐，保证每年的采伐量不超过生长量，当年采伐、当年更新，积极抚育中幼林。应采用科学育苗方法，加速幼苗生长，缩短林木生长周期，提高林分质量。加强抚育，一方面扩大针叶林的面积，另一方面要改造低产林，在科学管理的基础上，逐步进行树种更替。此外，要大力营造人工速生丰产林，逐步扩大有林地面积和后备资源，达到森林资源的永续利用。

2.防止森林火灾、防治森林病虫害

森林火灾应采取预防为主、积极消灭的基本措施。加强林区防火的基本建设，修建简易防火公路，直升机场和瞭望台，提高火灾预防和灭火能力。采用工程防治和生物防治为主，积极营造针阔叶混交林，逐步改变现有林分结构，有针对性地饲养害虫的天敌，提高森林内部的自控能力，预防和减少森林病虫害的发生。

3.积极造林，扩大森林面积

按照国家部署，内蒙古陆续实施了天然林保护、退耕还林还草、京津风沙源治理等国家重点林业生态工程，是全国唯一的六大林业重点工程全部覆盖实施的省区。并结合生态林业工程的建设，大力开展造林工作，实现森林面积的迅速增加。2000～2007年京津风沙源治理工程区森林面积增加了$78.4 \times 10^4 \ hm^2$；2002～2007年累计完成退耕还林$92.2 \times 10^4 \ hm^2$，荒山荒地造林$152.93 \times 10^4 \ hm^2$，封山育林$9.33 \times 10^4 \ hm^2$；三北防护林体系建设四期工程完成人工造林$17.95 \times 10^4 \ hm^2$，封山(沙)育林$3.81 \times 10^4 \ hm^2$，飞播造林$0.13 \times 10^4 \ hm^2$。在增加森林面积及森林覆盖率的同时，满足了市场的需求，带来可观的经济效益。

4.建立森林资源可持续利用的制度环境

为了保证政策的实施，国家和地方政府建立了一系列激励和补偿机制，其中特别是生态效益补偿机制对保护与合理开发利用森林资源起到了关键性的作用。

二、草原上的明珠——呼伦湖

(一)概况

呼伦湖碧波万顷，像一颗晶莹硕大的明珠，镶嵌在呼伦贝尔草原上。呼

伦湖也称呼伦池、达赉湖，是中国第四大淡水湖，也是内蒙古第一大湖。蒙古语作 Hulun Nur，"达赉"是蒙古语，意为"海"，"达赉湖"就是海一样的湖。克鲁伦河、乌尔逊河水流入呼伦湖。呼伦湖位于呼伦贝尔草原西部新巴尔虎左旗、新巴尔虎右旗和满洲里市之间，呈不规则斜长方形，长轴为西南东北向。湖的最长处为 93 km，最宽处为 41 km，周长为 447 km，湖水面积为 2 339 km^2，平均水深为 5.7 m，最大水深 8 m 左右，蓄水量为 138.5×10^8 m^3。冬季封冻期长 170～180 d，最大冰厚 1.3 m。呼伦湖为半咸水湖，盛产鱼类。环湖水草丰美，为著名的呼伦贝尔草原的组成部分。呼伦湖与相连的贝尔湖共同滋润着呼伦贝尔大草原，与大兴安岭森林组成完整的生态系统，共同筑起我国东北方向的天然生态屏障，对我国最重要粮食生产基地——东北平原气候调解起着重要的作用。

(二)资源

1. 多样的生物资源

呼伦湖属富营养型湖泊。共有鱼类 30 多种，主要有鲤鱼、鲫鱼、狗鱼、鲇鱼等经济鱼类。此外，湖中还盛产秀丽白虾。呼伦湖是我国北方大泽，水域宽广，沼泽湿地连绵，草原辽阔，食饵丰富，鸟类栖息环境佳良，是我国东部内陆鸟类迁徙的重要通道，春秋两季，南来北往候鸟种类繁多。据初步统计，呼伦湖地区共有鸟类 17 目，41 科，241 种，占全国鸟类总数的五分之一。主要有天鹅、雁、鸭、鹭等，其中不少属珍稀禽类。呼伦湖地区是内蒙古少有的鸟类资源宝库之一，是一个硕大的鸟类博物馆。

2. 迷人的自然风光

呼伦湖烟波浩渺，天水相连，白帆点点，波光粼粼，是风光秀美的旅游胜地。呼伦湖有八个著名景区，分别为水上日出、湖天蜃楼、石桩恋马、玉滩淘浪、虎啸呼伦、象山望月、芦荡栖鸟、鸥岛听琴。呼伦湖水天一色，烟波浩渺，原始而粗犷，秀丽且洁净，静若处子微波荡漾，动如蛟龙惊涛拍岸。若能在呼伦湖观看"水上日出"，必然会使您心旷神怡；在芦苇王国的乌兰诺尔观鸟，则让人如入神话般境界；游览"湖中柱石""老虎嘴""象鼻山"这些大自然鬼斧神工的杰作，更令人惊叹不止。

3. 自然保护区

达赉湖自然保护区全称为"达赉湖珍禽湿地及草原生态系统自然保护区"，于 1986 年建立，1992 年被国务院批准为国家级自然保护区。面积 740 000 公顷，主要保护对象是湖泊、湿地草原、珍禽及其生态环境系统。

呼伦湖具有较高的保护价值，处于北方干旱地区的呼伦湖及其湿地、草原生态系统在中国是十分少见的。呼伦湖水系及其发育的湿地生态系统，到目前为止，还没有受到人类活动的根本影响与污染，基本上保持自然演化状态。由于处于干旱大陆性气候区，对气候变化十分敏感，持续的干旱会使面积较大但较浅的呼伦湖因大量蒸发而失去原有的水位，从而引起湿地生态系统向草原生态系统演替。而呼伦湖湿地的存在对当地气候的影响是至关重要的。加强呼伦湖的保护，保持区内生物多样性至关重要。

（三）环境保护

1. 存在的问题

呼伦湖生态环境及水生资源状况堪忧，已经开始影响周边生态环境，威胁呼伦贝尔大草原可持续发展，其主要表现在：

鱼类资源减少，生态环境失衡。由于呼伦湖水位持续下降，水生植物大面积裸露，鱼类产卵场地面积缩减了 100 km²。

水质呈盐碱化态势。由于连续干旱，呼伦湖水位以平均每年 0.5 m 速度下降，蓄水量剧减。

补水河道淤积严重。克鲁伦河和乌尔逊河是呼伦湖补给的重要河流。由于干旱，河流水量减少，河道淤积严重，使径流水量减少。

工业用水逐年增加。呼伦湖区域矿产资源丰富，现阶段主要开发的是石油、煤炭和金属矿资源。例如：大庆油田呼伦贝尔分公司现有油井 526 口、注水井 125 口、水源井 36 口。

2. 可持续发展对策

强化呼伦湖生态治理，保护呼伦贝尔大草原，就是对可能恶化周边生态环境的外部条件进行改善和适度控制。

呼伦湖的渔业资源现已非常有限，急需要对此进行管理，保护区需要制定一个全面的渔业资源管理规划，对渔业资源的利用与开发，渔业资源的恢复性保护进行管理，对生产单位的年度捕捞数量、网目进行限制，对资源进行全面的管护，保持渔业的可持续发展，以利于呼伦湖生态系统的平衡。

加强呼伦湖生态现状的调研，开展系统而又全面的呼伦湖湿地资源与经济和社会状况调查，加强呼伦湖生态体系监测。

加快引河济湖工程建设进度。搞好呼伦湖生态环境建设，恢复渔业资源的一个有效办法是引河济湖。

加强呼伦湖湿地重要功能和保护的宣传。要充分利用电视、广播、报刊、网络等媒体，宣传湖泊、森林对人类社会实现可持续发展的重要作用和被破坏的后果，引起全社会对呼伦湖的广泛关注。

三、呼伦贝尔草原——内蒙古最大的绿色畜牧业基地

(一)概况

呼伦贝尔草原是世界三大草原之一,是中国目前保存最完好的草原,河流遍布,水草丰美,是世界著名的高原牧场。呼伦贝尔草原生长着碱草、针茅、苜蓿、冰草等120多种营养丰富的牧草,有"牧草王国"之称。它位于中国内蒙古自治区呼伦贝尔市西北部,东起大兴安岭西麓,西邻中蒙、中俄边境,北起额尔古纳市根河南界,南至中蒙边界,东西300 km,南北200 km,由呼伦湖、贝尔湖而得名。地势东高西低,海拔为650~1 200 m,总面积约993.3×10^4 hm²,天然草场面积占80%,年平均温度0℃左右,无霜期85~155 d,年降水量250~350 mm,多集中在7~9月。

辽阔、富饶的呼伦贝尔草原举世闻名,是我国北方草原的主要代表,具有典型的温带草原景观。呼伦贝尔草原位于欧亚大陆草原的最东端,是这条横跨地球110个经度的草原带上迄今仍保留着接近原始面貌的天然草原。呼伦贝尔草原植被类型具有明显的地带性特征,低丘及漫岗为羊草草原,河滩地多为中生禾草、杂类草草甸。呼伦贝尔草原是我国天然草原中自然条件最好,生产力水平最高,草质肥美,产量高,是我国传统的畜牧业生产基地,三河牛、三河马的故乡。在2000多年的时间里,呼伦贝尔草原以其富饶的自然资源孕育了中国北方诸多游牧民族,因此被誉为"中国北方游牧民族成长的摇篮"。

(二)生物多样性

呼伦贝尔草甸草原是我国北方草原中景观生态类型和生物多样性最丰富的区域。呼伦贝尔草甸草原处于东部季风区与西北干旱区的交汇处,同时受到东北—西南走向的大兴安岭对气候的影响,造就了复杂多变的气候条件和复杂的地形条件。兼以额尔古纳河水系对地形纵横切割,形成多样的景观生态类型,发育着丰富的植物区系。呼伦贝尔草地有维管束植物1 354种,隶属108科,468属,分属于15植物区系、5个生活型及4个水分生态类型,在大兴安岭岭东植被垂直分布明显,而岭西草原植被经向分布分明。呼伦贝尔土地面积占全区总面积的21%左右,但是植物科、属、种的总量分别占全区的82.4%、70.9%、56.0%,其中58%以上种属分布在草甸草原类型中。2000~2005年呼伦贝尔草甸草原的植被观测表明,草甸草原每平方米的物种数量为15~22种,典型草原每平方米的物种数量为8~13种。呼伦贝尔草甸草原具有很高生态服务价值和生产资源价值。呼伦贝尔草甸草原的主要土壤类型是黑钙土,腐殖质和土壤有机碳含量很高。调查表明,羊草草甸草原、贝加尔

针茅草甸草原、线叶菊草甸草原的土壤有机碳密度分别达到29.2 kg/m²、25.1 kg/m²、23.7 kg/m²，是典型草原和荒漠草原的2倍和3.5倍，草甸草原的地上地下总生物量分别是典型草原和荒漠草原的1.3倍和2.4倍。

（三）畜牧业基地

呼伦贝尔草原是中国著名的畜牧业基地，畜产品以产量大、质量好、绿色无污染而著称于世。2012年呼伦贝尔市大牲畜头数占全区的20.10%，居全区第3位（表4.2）。

表4.2　2012年呼伦贝尔市各市旗自治旗牲畜、畜产品及占全区比重统计表

旗、县、市	大牲畜		羊		牛肉		羊肉		羊毛	
	数量/万头	比重/%	数量/万头	比重/%	产量/t	比重/%	产量/t	比重/%	产量/t	比重/%
海拉尔区	5.81	4.61	3.81	0.51	3 403	3.44	519	0.50	116	0.53
满洲里市	0.33	0.26	3.27	0.44	217	0.22	377	0.36	92	0.42
扎兰屯市	16.35	12.98	99.11	13.26	19 547	19.75	22 550	21.72	6 101	27.84
牙克石市	6.10	4.84	22.30	2.98	8 815	8.91	4 331	4.17	266	1.21
额尔古纳市	8.80	6.99	18.54	2.48	3 442	3.48	1 784	1.72	358	1.63
根河市	0.21	0.17	0.51	0.07	669	0.68	181	0.17	27	0.12
阿荣旗	17.43	13.84	147.00	19.67	12 960	13.10	20 759	19.99	5 210	23.77
莫力达瓦达斡尔族自治旗	15.27	12.12	110.69	14.81	10 392	10.50	12 738	12.27	1 683	7.68
鄂伦春自治旗	4.58	3.64	43.58	5.83	5 811	5.87	4 406	4.24	907	4.14
鄂温克自治旗	15.43	12.25	51.48	6.94	7 992	8.08	6 149	5.92	1 780	8.12
新巴尔虎右旗	6.72	5.34	118.41	15.84	2 166	2.19	13 990	13.47	1 650	7.53
新巴尔虎左旗	15.39	12.22	76.83	10.28	10 991	11.11	11 192	10.78	2 635	12.02
陈巴尔虎旗	13.52	10.74	51.55	6.90	12 545	12.68	4 851	4.67	1 091	4.98
呼伦贝尔市	125.94	100.00	747.44	100.00	98 950	100.00	103 827	100.00	21 916	100.00

资料来源：《内蒙古统计年鉴2013》

从表4.2中可以看出莫力达瓦达斡尔族自治旗、阿荣旗、扎兰屯市、鄂温克自治旗是大牲畜产量最多、最集中的地区；根河市、满洲里市大牲畜数量相对较少。阿荣旗、莫力达瓦达斡尔族自治旗、新巴尔虎右旗羊头数较多。牛肉主要产在阿荣旗、扎兰屯市、陈巴尔虎旗、新巴尔虎左旗、牙克石市，

而满洲里市、根河市的牛肉产量少于其他地区。扎兰屯市、莫力达瓦达斡尔族自治旗、鄂伦春自治旗、新巴尔虎左旗是呼伦贝尔草原主要羊肉产地，也是中国重要的羊肉供应地区。另外，羊毛也是该地区的主要畜产品。

呼伦贝尔大草原是一片没有任何污染的绿色净土，"呼伦贝尔羊"在无污染的大草原自然放牧，"吃的是中草药，喝的是矿泉水"。"呼伦贝尔羊肉"是产自呼伦贝尔草原的纯天然绿色食品，羊肉色泽鲜艳、高蛋白、无膻味，品质极佳，具有很高的营养价值，倍受国内外消费者青睐。成千吨的牛奶和牛羊皮，源源不断地供给内蒙古乳品、制革、皮毛工厂做原料。由于草场质量极好，割下来的草远销东南亚，牧草也大量出口日本等国家。

（四）生态旅游

呼伦贝尔草原辽阔、宽广、美丽、动人而令人向往，被《中国国家地理》"选美中国"活动评选为"中国最美的六大草原"第一名。

呼伦贝尔的那份广袤，那份茂盛，那份浓重是众多草原无可比拟的。呼伦贝尔自然与人文旅游资源富集，类型多，品位高，分布集中，组合性强，很多资源在全国乃至世界都是独一无二和不可替代的。大草原有许多代表性的生态旅游精品，有湖滨（森林、农场、牧场）度假、温泉疗养、体育健身、冰雪运动等休闲旅游和漂流、探险、摄影等特种旅游。2012 年，呼伦贝尔旅游接待人数 1 165 万人次，旅游收入 215 亿元人民币。

（五）生态安全与保护

受北方干旱化、人为等因素影响，呼伦贝尔沙地草场发生严重的退化、沙化，造成草场生产力显著下降，致使草场整体利用价值下降，已危及牧区人民的生产生活和呼伦贝尔草原的生态安全，同时对东北地区的生态安全也构成了威胁。加强草原保护与生态建设是实现呼伦贝尔大草原可持续发展的关键。

1. 草原退化

据 1999 年全国沙漠化监测数字，呼伦贝尔草原沙化总面积达到 87.63×10^4 hm²，其中流动沙地面积 4×10^4 hm²，半流动沙地面积超过 6×10^4 hm²，固定沙地为 77×10^4 hm²，分别是 1994 年的 3 倍、1.6 倍和 4 倍。到 2003 年，呼伦贝尔市退化、沙化、盐渍化草原总面积达 399.3×10^4 hm²，占可利用草场面积的 47.9%。特别是横穿草原的三条沙带，覆盖面积逐年扩大蔓延，草场产草量、植被覆盖度、草层高度下降，低劣杂草比例明显上升，给人民群众生产生活和畜牧业经济发展带来严重影响。

2. 草原保护与建设情况

2000 年国家实施西部大开发以来，呼伦贝尔市确立了生态立市的发展战略，在国家和自治区的支持下，实施三北防护林、已垦草原退耕还草、天然草场退牧还草、天然草原植被恢复建设与保护等重点工程，开展人工种草、高产饲料地种植、草地补播改良、草地围栏等保护与建设。2006 年，全市草原建设总规模达到 95.4×10^4 hm²。其中，人工种草新播面积 5.7×10^4 hm²，各类饲料作物种植 11.5×10^4 hm²（青贮玉米种植 5.6×10^4 hm²），草地改良 11.6×10^4 hm²，新围栏草场 64.7×10^4 hm²，飞播牧草 2 333.3 hm²。禁牧休牧面积达到 279.1×10^4 hm²，537.3×10^4 hm² 草场推行了草畜平衡制度，分别占可利用草原面积的 33.5％和 64.5％。

3. 防治草原沙漠化的对策

在合理安排载畜量的基础上，休牧、禁牧、划区轮牧，是改良退化草场、改善草原生态环境的有效途径之一。在重度退化区实施年度禁牧，在中度、轻度退化区进行围封补播，实行在返青期、结实期的季节性休牧。同时，积极推行草畜平衡制度，实行以草定畜，限制超载，推行舍饲、半舍饲，发展生态畜牧业，才能实现草原生态保护和畜牧业发展双赢的目标。

四、内蒙古的粮豆基地

蒙东地区是内蒙古的商品粮基地，粮食产区集中分布在西辽河平原和嫩江西岸平原。西辽河平原主要土壤为草甸土，年平均气温 6℃～7℃，无霜期 150～160 d，年降水量 300～450 mm。水资源丰富，水质良好，盛产玉米、小麦、大豆、甜菜、葵花籽等作物。嫩江西岸平原土壤以黑土为主，年平均气温 0℃～4℃，无霜期 100～130 d。年降水量 400～450 mm。草甸植被广阔、繁茂。河网密度大，支流多，河床宽阔，水质良好。主要农作物有大豆、玉米、谷子和小麦等。区内地表平坦，河流贯穿，土壤肥沃，适合灌溉和大型农业机械作业，是内蒙古商品粮和油料的主要生产基地。

据内蒙古 2013 年统计年鉴统计，蒙东地区有耕地面积 458.99×10^4 t，占全区耕地面积的 64.2％；粮食播种面积 388.09×10^4 t，占全区总播种面积的 69.43％；粮食产量达 2 014.2 $\times 10^4$ t，占全区的 74.02％，通辽市粮食产量居全区第 1 位。在主要农产品中，谷物、豆类、薯类、油料等产量居于内蒙古前列（表 4.3），呼伦贝尔市是豆类、薯类、小麦、油料的主产区，豆类产量居自治区第 1 位；玉米主产区在通辽市，产量居内蒙古第 1 位。蒙东平原区商品粮基地在全区的地位突出，被誉为"内蒙古的粮仓"。

表 4.3　蒙东区农作物生产情况/10^4 t

地区	谷物	豆类	薯类	油料
呼伦贝尔市	385.2	115.3	65.1	29.7
兴安盟	305.9	14.3	20.3	4.2
通辽市	597.7	8.0	2.3	11.3
赤峰市	447.1	15.4	37.6	12.9
蒙东区合计	1 735.9	153.1	125.3	58.2
全自治区	2 302.4	159.1	259.9	145.1
占百分比/%	75.4	96.2	48.2	40.1

数据来源:《内蒙古统计年鉴 2013》

　　蒙东农业区大部分处在我国北方半干旱农牧交错区,对环境变化十分敏感,存在土地退化问题,科尔沁沙地有扩大蔓延的趋势。另外,随着经济发展和人口的不断增加,非农业建设侵占耕地,人均耕地面积有所减少。水资源不足,农业基础设施不完善也是制约农业可持续发展的重要因素。保护耕地与保障粮食生产安全意义重大,主要有以下一些对策和措施:实施生态退耕工程,一部分低产田的退耕,改善和保障生态环境的良性循环;改善农业基础设施,特别是农田水利工程建设,提高农业生产的抗灾减灾能力和稳产水平,培育高新品种,提高单产水平;因地制宜地推行不同节水灌溉技术和耕作方法,积极推广膜上灌溉技术,采取免耕地膜覆盖或免耕秸秆覆盖,抑制冬前土壤水分蒸发,通过集蓄雨水、旱地地膜补灌等方法,增强土壤供水能力,提高作物产量;严格控制非农业建设侵占耕地,切实保护耕地资源,加强基本农田的行政管理和社会监督。

五、满洲里口岸——中国北方最大的陆路口岸

　　满洲里口岸是中国最大的陆路口岸,2012 年,满洲里口岸货运量达到 2 817.2×10^4 t。约占自治区口岸货运量的 40％以上,继续雄踞全国内陆口岸的霸主地位。

　　(一)区位优势

　　满洲里地处"亚欧第一大陆桥"的交通要冲,是连接欧亚最重要、最便捷的陆路通道之一。从地理位置上看,满洲里与俄罗斯、蒙古接壤,一直在中

俄、中蒙贸易中扮演着重要的角色，成为东北亚内部以及东北亚与欧洲货物运送的重要交通枢纽。目前年进出口货运量占中俄贸易货物总量的60%。满洲里口岸在参与和推动东北亚区域经济合作中具有优越的条件。中国是俄罗斯第三大贸易伙伴，是蒙古国的第一大出口国和第二大进口国，同时还是蒙古国的第一大投资国。中俄双边贸易额2012年达到881.6亿美元，比上年增长11.2%，再创双边贸易额的历史新高。其中，中国对俄出口为284.88亿美元，增长79.9%，中国自俄进口为196.77亿美元，增长12.1%。依托连接中俄蒙三国得天独厚的地缘优势，满洲里口岸奠定了成为东北亚区域中心城市的基础。

(二)口岸建设

满洲里口岸由铁路、公路、航空口岸组成。铁路口岸货场综合换装能力超过 $2\,000 \times 10^4$ t，海满复线贯通后，年通过能力可达 $7\,000 \times 10^4$ t。公路口岸货检区年通过能力为 300×10^4 t，旅检区年通过能力 300 万人次。航空口岸于 2005 年起实现了临时对外开放，相继开通了满洲里——俄罗斯伊尔库茨克、满洲里——赤塔的临时国际航线。

满洲里不断提升跨境旅游业的层次和水平，相继建成了俄罗斯套娃广场、查干湖旅游景区、欧式旅游观光婚礼宫等一批标志性旅游景点。2012 年，边境旅游进出境达到 62.7 万人次，旅游总收入完成 41.8 亿元，增长 3.9%；旅游创汇实现 2.9 亿美元。

2012 年，满洲里口岸货运量累计完成 $2\,817.2 \times 10^4$ t；其中，铁路口岸进出口货物累计为 $2\,717.5 \times 10^4$ t；公路口岸进出口货物累计 99.7×10^4 t。口岸外贸进出口总值56.6亿美元，其中，进口 41.5 亿美元，出口 15.2 亿美元。主要进口货物包括木材、原油、化肥、纸类、化工、钢材及废钢；主要出口货物有石油焦、花生、肉类。

(三)满洲里口岸发展方向

1. 加大对满洲里口岸的资金投入力度

满洲里口岸是中国最大的陆路口岸，也是自治区对俄贸易和货物输运的最大通道。加大对满洲里口岸的资金投入力度，加快满洲里口岸基础设施建设，进一步完善口岸功能，为扩大对俄贸易提供畅通的物流通道。

2. 建设中俄满洲里—后贝加尔斯克国际电子口岸

随着中俄两国经贸合作关系的不断深入，口岸进出口货物和出入境人员快速增长，建设中俄满洲里—后贝加尔斯克国际电子口岸，实现双方口岸进出人员、货物、交通运输工具以及口岸政策、法规等相关信息的共享，减少环节，简化程序，加速口岸便捷通关。

3. 设立中俄边境自由贸易区

满洲里距俄罗斯后贝加尔斯克仅 9 km，经过十几年的快速发展，已具备设立边境自由经济贸易区的初步条件。设立满洲里中俄边境自由贸易区，实现保税、互市、仓储、贸易、展销、包装、加工、旅游等多功能一体化，拉动双方边境地区经济发展。

第三节 区域规划

在国家振兴东北老工业基地的背景下，蒙东区进一步融入东北、对接京津、联通俄蒙，充分发挥资源优势和地缘优势，重点抓好能源、农畜产品、有色金属、木材加工、旅游等优势产业和特色经济的发展，建设大型煤电及化工生产基地、绿色农畜产品生产加工基地、有色金属生产加工基地和全国重要的旅游目的地。加强草原和森林环境保护，建设自然生态屏障。依托口岸优势，发展口岸经济，成为向北开放的前沿、东北亚地区重要的交通枢纽和物流中心。

一、生产力布局

(一)重点区域

1. 霍白胜和呼伦贝尔能源重化工基地

以霍林河、白音华、胜利、平庄等煤田为基础，依托集通、京通、通霍、赤大白、锡桑铁路及国省道主干线，突出发展煤电、煤化工产业集群，着力建设大型煤电化联合生产企业；以扎赉诺尔、宝日希勒、伊敏和大雁等煤田为基础，发挥滨洲、白阿、平齐、两伊铁路的纽带作用，在呼伦贝尔中西部和乌兰浩特等地发展以煤炭开采、坑(路)口发电和煤化工为主导的能源重化工产业。

2. 大兴安岭中南麓有色金属开采冶炼加工产业基地

以大兴安岭中南麓成矿带为基础，大力发展以有色金属为重点的金属开采冶炼加工产业集群，进一步提高资源开发利用效率和深加工水平。

3. 各具特色的绿色农畜产品生产加工产业基地

以乳、肉、粮油等产业为重点，以无公害产品基地为基础，大力引进和培育龙头企业，提升精深加工水平，打造绿色品牌，提高市场竞争力。

4. 特色旅游产业带

重点围绕满洲里—海拉尔—阿尔山旅游"金三角"和锡林浩特—克什克腾—喀喇沁黄金旅游线路，进一步整合旅游资源，建设成为祖国北疆的旅游胜地。

5.沿边口岸经济带

依托满洲里和室韦等口岸，以互市贸易区和边境经济技术合作区等为载体，辐射相邻地区，突出发展口岸经济，大范围、宽领域开展与俄、蒙经济技术合作，提升对外开放层次和水平。

(二)重点城镇

1.中心城市

赤峰市以新城区建设为契机，以建设人居环境较好的北方山水园林城市为目标，成为吸引辐射力较强的百万人口城市。通辽市突出发展中心城区，加快新城区改造和旧城区建设，中心城区人口达到70万人。呼伦贝尔市以扩大规模、增强辐射带动能力为重点，中心城区人口达到50万人。乌兰浩特市围绕"东扩西移"战略，扩大城市框架，健全城市功能，力争中心城区人口达到50万人。

2.口岸城市

满洲里市以建设功能齐全、辐射力较强的现代化国际贸易城为目标，拓展互市贸易、落地加工、口岸疏运、物流集散、跨国旅游等功能，城市人口达到30万人。阿尔山市以打造国际知名、国内一流的口岸旅游城市及国际会议论坛中心为目标，进一步完善城市功能，拓展口岸、冰雪、生态旅游和温泉疗养、火山科考等功能，建设成为特色鲜明、充满活力的北方边境城市。

3.县级市和旗县所在地城镇

霍林郭勒等城市以加快工业化、城市化进程为重点，建设成为综合经济实力较强的新兴城市。牙克石、元宝山等资源型城市(区)以增强自我发展能力为目标，积极发展接续产业，促进经济转型。旗县所在地城镇以加快县域经济发展为契机，以建设特色鲜明、功能完善、环境优美、适宜人居的新型城镇为目标，成为所在旗县产业积聚中心、信息和技术服务中心，带动县域经济发展壮大。

二、产业发展

(一)农业

继续调整优化农牧林业产业结构，推进乳、肉、粮油、薯(蔬菜)、饲草饲料、木材、蓖麻、有机食品、无公害蔬菜和医药特色种养殖十大重点产业发展。种植业要保持稳定的粮食综合生产能力，突出发展高效经济作物，形成比例协调、生态平衡、效益突出的粮经饲三元结构。大力发展农区畜牧业，稳步发展牧区畜牧业，推动农牧业由种植业主导型向养殖业主导型转变。林业要在加强森林抚育和管护、巩固提高林产工业的基础上，大力发展非林产业和多种经营。

支持雀巢、洛娃、光明、三元、伊利、长春皓月、天津中敖、元盛、奈伦、淳江、玖珑兴安纸业、根河板业集团、草原兴发、塞飞亚、伊利乳业、蒙牛乳业、蒙犇畜牧、金谷米业、塞北油脂、万佳食品、奈伦淀粉、奥特奇制药等龙头企业发展，实现品牌化、规模化经营。打造呼伦贝尔牛肉、羊肉、大鹅、大豆、小麦、马铃薯、油菜籽、白鱼、鲤鱼、黑木耳等十大绿色品牌和名牌商标。重点建设海拉尔区、满洲里市、牙克石市、扎兰屯市、阿荣旗等八个旗市区无公害农产品生产基地，重点发展呼伦贝尔羊、三河牛生产基地，以扎兰屯市、阿荣旗、莫力达瓦达斡尔族自治旗、鄂伦春自治旗以及大兴安岭农垦集团为主，建设高油、高蛋白、绿色食品、专用大豆生产基地。以海拉尔农垦集团、额尔古纳市、牙克石市为主，建设双低油菜生产基地；以海拉尔农垦集团、牙克石市、额尔古纳市、陈巴尔虎旗为主，建设优质专用小麦生产基地；以阿荣旗、扎兰屯市、莫力达瓦达斡尔族自治旗、鄂伦春自治旗为主，建设玉米生产基地。以阿荣旗、扎兰屯市、鄂伦春自治旗为重点建设岭东马铃薯原料基地；以海拉尔区、牙克石市、大雁镇为重点建设岭西马铃薯原料和种薯生产基地。以海拉尔区、满洲里市、牙克石市、扎兰屯市、阿荣旗等8个旗市区为重点，建设无公害绿色蔬菜种植基地。围绕俄罗斯、蒙古国的需求，重点发展洋葱、胡萝卜、西红柿等适销品种，建立出口创汇蔬菜生产基地。加大进口俄罗斯木材力度，形成稳定的木材原料供应基地。适应市场需求，扩大绿色、有机农畜产品的生产规模，赤峰发展油料、花卉、药材、林果、桑蚕等特色产品，加快构建现代农业产业格局。

(二)工业

1. 能源工业

深化煤炭工业体制改革，组建跨地区煤业集团，加快胜利、白音华、扎赉诺尔、霍林河、宝日希勒、伊敏、元宝山、绍根等大型煤炭基地建设，扩大生产能力。新建白音华四号露天矿、伊敏河东区第一煤矿、伊敏五牧场煤矿等项目，扩建宝日希勒露天矿，续建元宝山、霍林河一号煤矿、扎哈淖尔露天矿等项目。按照煤电一体化发展思路，继续加强电源点建设，进一步扩大生产能力。积极发展大型坑口和路口电厂，重点实施呼伦贝尔电站群、霍林河坑口电厂、白音华金山坑口电厂、右中电厂、大板电厂等"西电东送"项目。按照循环经济发展思路，积极利用劣质煤和煤矸石发电，发展白音华金山煤矸石电厂和赤峰煤矸石电厂等项目。加快电网建设，完善蒙东内部电网，提高供电能力。加快建设面向东北和华北市场的输电通道，重点建设伊敏至沈阳、霍林河至辽宁、右中至辽宁、大板至辽宁、白音华至辽宁和乌兰浩特至吉林等输电线路。充分发挥风能和水资源等优势，大力发展可再生能源。以赤峰市北部和中部、呼伦贝尔市西部、通辽市南部、兴安盟西南部等地区为重点，加快建设赤峰赛罕坝百万千瓦级风电基地。发挥农牧业优势，积极发展生物质能源产业。在通辽市、兴安盟、赤峰市等地建设以林质、秸秆、牛粪等为原料的发电示范项目。加大水能资源开发力度，兴建神指峡、晓奇水电站等一批水电开发项目。

2. 化学工业

以煤电化一体化为方向，以甲醇及其下游产品为重点，在霍林河、白音华、大雁、宝日希勒、扎赉诺尔和伊敏等大型煤炭基地以及察尔森等交通便利的水资源富集区，发展煤化工。重点建设大唐国际多伦煤基烯烃、西洋化工甲醇及二甲醚、金新化工尿素、鲁能科尔沁甲醇及二甲醚、南奥集团煤焦化等项目，构筑煤化工产业集群。依托科尔沁工业园区、红山高科技园区、乌兰浩特经济技术开发区等工业基地，以柠檬酸、乳酸、活性干酵母、无水葡萄糖、抗生素等产品为发展方向，建设玉米深加工项目；以高级润滑脂、高档涂料、十二碳二元酸、尼龙-11等为发展方向，建设蓖麻深加工项目，构筑生物化工产业集群。在"不与粮争地"的前提下，配套建设甜高粱等能源作物种植基地，开展燃料乙醇生产。充分利用动物脏器等资源，大力发展中蒙药，积极发展生物药和生化药，加大创新力度，重点发展科技含量和附加值高的新特药，实施天津南开允公药业抗癌新药福莫思叮和唑咪酸，康源药业生物医药科技生物制药、原料提取、冻干粉针剂等项目，形成以生物制药为特色的创新药产业基地。

3. 有色金属开采冶炼加工业

以铝、铅、锌、铜和贵金属为重点，加快大兴安岭中南段有色金属资源勘探开发力度，加大多金属矿山和低品位矿山采选新工艺的研究，推进企业重组改造，加快淘汰落后生产能力，适度扩大冶炼加工规模，成为东北地区有色金属开采冶炼加工基地。铝业依托霍煤鸿骏铝电、通顺铝业等企业，稳定发展电解铝。积极发展铝箔、铝板、铝带等工业型材和建筑型材深加工，重点建设科尔沁区铝合金轮毂和高精铝板带产品等项目。铅锌铜依托库博红烨、赤峰金剑等龙头企业，加快后续资源勘探开发，淘汰落后生产工艺和装备，积极扩大采选、冶炼、加工规模，重点实施红烨三期锌冶炼扩建、谢尔塔拉铁锌矿、呼伦贝尔市开发蒙古国东方省乌兰铅锌矿等项目。

4. 建材工业

依托乌兰水泥、蒙东水泥、东蒙水泥等龙头企业，加快设备大型化、企业集团化步伐，进一步淘汰落后生产能力，发展 $4\,000\times10^4$ t 以上级的新型干法水泥工艺，积极发展特种水泥。重点实施通辽蒙东水泥公司回转窑一期、库伦东蒙水泥厂新型干法水泥熟料等项目。依托福耀集团、通辽矽砂、大林型砂等龙头企业，积极发展浮法玻璃及其深加工产品，加强特种玻璃生产线改造，提高玻璃和硅砂品质。重点实施福耀集团浮法三线扩建等项目。

5. 林产业

依托森源集团等龙头企业，引进优良速生品种，通过科学造林，集约经营，在有条件的地区大力发展速生丰产林、防护用材兼用林、灌木工业原料林、经济林和灌木饲料林。大力发展林产品加工业。合理利用境内木材资源，引进境外木材资源，以内蒙古森工集团为重点，加快远恒木业、蒙兴木业等龙头企业建设，引进高水平龙头企业，扩大加工规模，积极发展林纸、林板、林化深加工产业，重点发展高密度板、高强复合地板、浆纸、高档家具等产品，建设大型林产品加工基地。同时，在科左中旗、突泉县、扎兰屯市等地建设林产品加工项目，积极发展林下产业。以森天公司、森发集团等龙头企业为基础，充分利用野生植物资源，适度采集、加工山野菜以及野果等可食和药用植物。在大兴安岭等林区发展鹿、狐狸、貂等特色养殖业和卜留克等特色种植业。

(三) 第三产业

1. 旅游业

依托旅游资源，培育旅游品牌，开发旅游线路和产品。培育满洲里—海拉尔—阿尔山旅游"金三角"，依托呼伦贝尔大草原、大兴安岭原始森林以及冰雪、温泉、湖泊、河流、火山遗迹、古战场等旅游资源，大力开发冰雪体育、温泉疗养、会议展览、自然风光、火山考察、红色旅游、口岸旅游、国际选美等旅游产品。打造克什克腾—喀喇沁黄金旅游线路，依托蒙古族文化、红山文化和辽文化等旅游资源，大力开发休闲度假、自然观光、地质考察、历史文化等旅游产品。加大旅游景区建设力度。

满洲里—海拉尔—阿尔山旅游"金三角"优先发展呼和诺尔草原生态旅游区、额尔古纳生态旅游区、呼伦贝尔核心草原旅游区、牙克石凤凰山旅游度假区、阿尔山—柴河旅游区、鄂伦春民俗文化旅游区和尼尔基湖旅游度假区。克什克腾—喀喇沁黄金旅游线路优先发展阿斯哈图石林旅游区、元上都历史文化旅游区、克什克腾贡格尔草原生态旅游区、乌兰布统草原度假区、喀喇沁—宁城旅游区、翁牛特玉龙沙湖旅游度假区、塞罕乌拉自然生态旅游区、赤峰辽文化旅游区和大青沟生态休闲旅游区。

加强与发达地区旅游业的合作。加快主要景区、景点的基础设施建设，完善旅游交通网络。利用发达地区旅游产业优势和蒙东旅游资源优势，建设无障碍旅游区，共同打造区域旅游精品线路。壮大旅行社实力，推进旅行社之间的代理制，鼓励发展旅行社集团。鼓励和支持外地旅行社进入蒙东旅游市场，实现旅行社跨区域联合经营，促进东北三省、京津冀和上海、广东等地客源市场的开发。

2. 现代服务业

加快发展物流业，重点建设通辽、赤峰和满洲里物流基地。实施通辽铁路枢纽货运系统改扩建工程，将通辽南站扩建为双向二级站场，提高铁路货物装卸能力。加快通辽市蒙东物流园区建设，使之成为区域物流中心。加强赤峰市区、大板等主枢纽客货运输场站建设，提高站场输送能力，建设平庄物流配送中心等项目。加快建设满洲里口岸出口加工贸易区、汇丰保税物流中心和国际集装箱中转站，提高对外贸易服务设施水平。积极建设呼伦贝尔海拉尔等物流园区。

三、基础设施建设

(一)交通基础设施

重点建设牙克石至甘南、乌兰浩特至白城、通辽至双辽、赤峰至朝阳高速公路，以及赤峰至通辽、乌兰浩特至阿尔山、天山至通辽、巴彦胡硕至舍佰吐等路网改造。加快建设满洲里一级公路。

围绕完善铁路路网布局，加强已有干线改造，加大新线建设力度，提高运行速度和输送能力。实施滨洲线提速改造，京通、集通等线电气化改造，滨洲、大齐、白阿、通霍、叶赤等线扩能改造以及通辽枢纽扩能改造等项目，加强满洲里等铁路口岸站场建设。加快伊敏至伊尔施、赤峰至大板至白音华、大虎山至齐齐哈尔等铁路建设，推进满洲里至海拉尔复线、满洲里至伊尔施、海拉尔至黑山头、莫尔道嘎至室韦、科右中旗至乌兰浩特、白音华至乌兰浩特、阿尔山至乔巴山、白音华至珠恩嘎达布其等铁路建设项目，构建自治区铁路东西大通道，增加与俄、蒙的铁路连接通道。

以建立连接西部地区、东北三省和京津冀区域支线航空运输网络为目标，进一步完善现有支线机场综合配套能力，建成阿尔山机场，扩建海拉尔、满洲里和乌兰浩特机场，迁建赤峰机场。逐步增加航线和航班。

(二)水利基础设施

建设大型控制性水利枢纽工程，着力解决工程性、资源性缺水问题。完善水库功能，提高水利枢纽的综合利用水平。加快尼尔基、绰勒、三座店、扬旗山水利枢纽和高勒罕、霍林河等水库建设，完成霍林河、扎罗木德、德日苏宝冷和白音花水库建设，新建毕拉河口、红花尔基水利枢纽和文得根、晓奇等水库。完成呼伦湖补水工程，开工建设"引绰济辽"调水工程，加快"引哈济锡"调水工程前期工作，争取早日开工建设。鼓励大型重化工企业建设工业水库。

加强大江大河和重点城市防洪工程建设，提高防洪标准。实施额尔古纳河、西辽河、嫩江等大江大河防洪体系骨干工程，辽河、嫩江干流的防洪标准由 20 年一遇提高到 50～100 年一遇，霍林河等重要支流的防洪标准由 5～10 年一遇提高到 20～30 年一遇。

加大灌区建设力度，加快现有大型灌区续建配套步伐。结合控制性工程建设，新建尼尔基、绰勒、毕拉河口、晓奇、文得根等水库下游灌区，继续实施西辽河、莫力庙、察尔森、海日苏等 8 处大型灌区续建配套工程。

加大水资源保护和节约力度，调整用水结构。开发、引进和推广节水新技术、新材料、新工艺和新设备，提高工农业用水利用率和城市污水处理回用率。加强水资源的循环利用，继续推动水价形成、水权置换、水利管理和运行机制等方面的改革，推进灌区节水改造进程，大力推广喷灌、滴灌、土壤保水剂等新技术，水资源利用率高于全区平均水平。

四、生态环境保护与建设

(一)生态保护和建设

1. 草原保护与建设

按照草畜平衡的原则，在呼伦贝尔草原区继续执行"以草定畜"制度，实施退(耕)牧还草、草原生态建设水资源保障等工程。退化沙化严重地区或沙漠沙地边缘实行禁牧；中度退化沙化草原，以休牧为主，适度禁牧；典型草原和草甸草原地区，实行划区轮牧制度。半农半牧区旗县实施已垦草原退耕还草工程，使植被得到有效恢复；积极发展节水灌溉饲草料基地，缓解天然草原过牧压力。

2. 林区保护与建设

在大兴安岭林区、岭南八局工程区继续实施天然林保护和国家重点公益林保护工程，实行全面有效管护，有计划采伐。推进林区制度改革，加快宜林荒山荒地造林种草。

3. 沙地治理

继续实施退耕还林、京津风沙源治理和"三北"四期防护林等重点工程，加大封沙育林和飞播造林力度，推广沙地生物经济圈等技术，减少沙化面积，提高植被覆盖率，巩固科尔沁沙地治理成果，控制呼伦贝尔沙地沙化速度。

4. 水土流失治理

西辽河流域通过封山育林、人工造林，提高森林覆盖率，增强水源涵养能力，减少水土流失。嫩江和额尔古纳河流域通过建设高标准基本农田、营造农田防护林，实施黑土地水土保持综合治理工程。

(二)环境保护与治理

1. 改善水环境质量

以西辽河、松花江流域为重点，加大水污染治理力度。加强重点城市水源地地下水监测和保护，确保饮用水安全。严格控制工业水污染物排放。建立高耗水行业用水限额制度，淘汰高耗水、重污染的落后工艺和设备。以电力、煤炭、化工、造纸、冶金和乳品行业为重点，加大治理和改造力度，推行清洁生产。赤峰、通辽等缺水地区要严格限制高耗水项目建设。

2. 提高大气环境质量

积极发展热电联产和集中供热，提高能源利用效率和城市清洁能源的比例。以电力、钢铁、水泥、电解铝等行业为重点，加强工业大气污染防治，淘汰落后生产工艺和技术，实现工业大气污染全面达标排放。实施燃煤电厂脱硫工程，控制二氧化硫排放量。

3. 实现固体废弃物减量化、资源化、无害化

推进固体废弃物限量排放，实行清洁生产审计制度。积极开展煤矸石、粉煤灰、炉渣、冶炼废渣、尾矿、建筑废弃物和秸秆、畜禽粪便等农业废弃物的回收和综合利用。建立危险废弃物和医疗废弃物收集、运输、处置全过程监督管理体系，基本实现危险废弃物和医疗废弃物的安全处置。

第四节 蒙东区与东北经济区合作

一、内蒙古蒙东区与东北经济区的合作基础

(一)自然资源上的差异及其互补性

内蒙古蒙东区与东北三省可以相互补充自然资源的不足。辽宁的矿产资源丰富，矿种较齐全，矿产资源丰度居全国首位，一定程度上可以支持蒙东区的产业发展需要；吉林省水泥用灰岩、硅灰石、油页岩等不仅储量大，而且分布集中。长白山丰富的野生植物资源是东北经济区的一大特色，可为蒙东区广为利用；黑龙江省煤炭可提供给蒙东区发展冶金行业；内蒙古蒙东区

丰富的煤炭等资源，可成为东北经济区的资源接续基地。

(二)产业上的关联与带动

畜牧业是蒙东区基础产业和优势产业，各项畜牧业指标均居全国前列。肉类、奶类、禽蛋总产量列全国五大牧区前位，畜牧业的发展为东北三省轻纺工业的发展可提供充足的畜产品原料。蒙东区在产业上明显处于劣势，需要东北三省的带动。如辽宁、黑龙江两省装备制造业能力、辽宁钢铁、黑龙江石化资源原料、吉林基本化工原料资源等对蒙东区工业的发展均可起到很大的带动作用。传统的精细化工品、新领域的精细化工品，可为蒙东区机械行业配套大部分橡胶品。以一汽集团为主体的吉林汽车产业，可以带动蒙东区汽车及零部件的生产。吉林、黑龙江两省较强的食品加工能力与蒙东区丰富的农副产品结合，可以带动蒙东区农牧业产业化的快速发展。

(三)技术上的差异与支持

从总体上看，东北三省人才技术具有明显优势，以中心城市为依托的各类科研院所、大专院校集中，形成了不同特点的教学、科研、开发、咨询、信息中心和枢纽，不但可以在各自省域内发挥作用，而且可以直接向蒙东区输出，从而带动蒙东区科学技术水平的提高。

(四)人力上的差异与支持

内蒙古蒙东区人力资源不足和结构性矛盾并存，知识与技术能力普遍薄弱，东北三省技术优势明显。辽宁省人才资源占从业人员比重为10％以上，吉林省初步形成了比较完整的科学研究与技术开发体系。从一定时期的发展来看，蒙东区主要依靠东北三省人力资源优势，弥补人力资本不足。

(五)交通运输上的差异与连接

东北三省交通运输比较发达，目前已基本上形成了由铁路、公路、水运、民航和管道等运输方式构成的区域交通体系。辽宁省是全国铁路密度最大的省份，高速公路里程居全国第5位，并且成为全国第一个全部省辖市由高速公路网联通的省区，这为辽宁省成为东北经济区的中心提供了条件。黑龙江省有与俄罗斯联结的铁路，便利了其他省与俄罗斯的经济合作。而蒙东区的交通基础设施与东北三省相比有较大差距，严重不足。

二、内蒙古蒙东区与东北三省经济合作的战略选择

(一)实施与东北老工业基地一体化振兴战略

蒙东区经济之所以相对落后，主要原因之一是工业经济规模太小、基础薄弱，深层原因是资源开发不足，产品竞争力不强，市场开拓滞后。东北老工业基地的振兴，恰好为内蒙古蒙东区发展以煤电和有色金属为主导的支柱

产业，为潜在矿产资源优势转化为现实经济优势，为整个内蒙古拓展市场空间，实现经济快速发展提供了难得的契机。

(二)实行"政府主导，国家支持"的战略

由于内蒙古蒙东区的地理位置，以及长期以来，与内地其他省市之间有限的人流、物流、资金流、信息流，要在短期内谋求通过市场运作、借助外来投资加快这一地区的开发建设，难以达到目的；仅依靠当地自身的力量显然也不现实。因此，蒙东区应坚定不移地实施"地方政府主导，争取国家支持"的战略。要从边疆稳定、民族团结和振兴东北老工业基地的宏观战略需要出发，努力争取国家在内蒙古东部地区建立振兴东北老工业基地的能源接续基地、有色金属基地、农畜产品加工基地、向北开放大通道和生态屏障。

(三)加快工业化进程，走新型工业化之路

蒙东区的工业化之路，不仅要紧紧围绕农牧业资源优势及其形成的基础条件，而且要结合经济结构的战略性调整，大力发展农畜产品加工业，加快能源、有色金属、贵重金属、非金属矿产等能源资源的开发利用，重视发展煤炭、电力、化工、冶金、建材、采掘等地下资源工业。还要积极与东三省合作，适度发展机械加工、零部件加工及高新技术产业。

三、内蒙古蒙东区与东北三省经济合作的重点

(一)以煤炭、电力、石油、天然气为主导的能源工业，形成东北经济区能源基地

东北老工业基地的振兴与整个东北经济区的发展，都需要巨大的能源支撑。目前东北三省的煤炭消耗量占全国的10%，一批以煤炭开采为主导产业的城市如阜新、鸡西、鹤岗因资源枯竭已陷入困境，与煤炭紧密相连的电力供给也面临短缺，大庆、辽河两大油田经多年开采，资源储量下降，生产成本上升，迫切需要后备基地支持。内蒙古蒙东区恰好在这些方面可成为东三省的资源接续地。蒙东区煤炭保有储量占整个东北经济区的近70%，国家"八五"时期建设的全国五大露天煤矿有三个分布在这一地区。丰富的煤炭资源和水资源使蒙东区成为东北经济区未来电力工业的重心。加强区域经济合作与参与分工协作，逐步形成能源生产集群，尽早把蒙东区建成东北经济区的能源基地。

(二)以有色金属、贵金属、非金属矿产资源采掘、加工为主导的采掘工业、冶金工业、原材料工业和零部件加工制造业，形成东北乃至全国装备制造业配套的原材料和零部件生产基地

东北装备制造业的振兴，离不开有色金属材料的批量供应。但东北三省

的有色金属资源，历经半个多世纪的开采，绝大多数矿山已经枯竭。与之相应的有色金属冶炼企业、原材料加工企业，绝大多数已关闭或转产。目前东三省所需的有色金属75％以上靠关内或国外输入。东三省的非金属矿虽然比较丰富而且储量大，但开采与加工利用率不高，与内蒙古蒙东区基本上处于同一水平，所以说蒙东区有着先发争胜的巨大空间。以大兴安岭中南段为主体的巨大的有色金属、贵金属、非金属资源储量和勘探前景，则是东三省无法相比的。近期的关键，一是要加强对国家发改委、东北办的情况说明和东北三省的协调工作，尽快实现三方认识上的统一和规划建设上的一体；二是要深入东三省各产业部门和各大企业，了解有关供需情况，开拓市场空间，谋求合作开发，为最终实现进口替代和进关替代做准备；三是加大资源勘探力度和开发进度，尽快形成资源基地和产业规模；四是要筛选、引进一批资源勘查、采掘、分选、加工和原材料及零部件生产先进技术，通过技术跨越拉动蒙东区采掘、冶金、原材料加工、型材和零部件制造、整机生产等产业集群化发展。

(三)以"草原兴发""科尔沁""伊利""蒙牛""海啤"等龙头企业为依托，以乳、肉、粮、油、林等为原料的农畜产品加工业和医药工业，形成国内重要的绿色农畜产品加工基地和特色医药生产基地

蒙东区具有优于内蒙古西部的绿色资源，是未来发挥绿色资源优势的重心所在。依托这些资源，蒙东区目前已有了"草原兴发""科尔沁""海拉尔啤酒"及"根河板业"等一批知名企业，并相继引进了"伊利""蒙牛""三元"等外地品牌。目前的问题是规模都不够大，市场占有率和对当地农、牧、林业的带动不够强，迫切需要做大做强，形成国内重要的绿色农畜产品加工基地和特色医药生产基地。

(四)依托大陆桥和口岸城市优势，实施"走出去"战略，大力开发境外资源，发展面向俄蒙和欧洲市场为主的出口加工业和自由贸易区，形成全国向北开放的前沿阵地

经过多年的发展，满洲里始终保持了陆路口岸全国第一的地位。随着满洲里站场扩能改造的完成和滨洲线海拉尔—满洲里段复线铁路的建设以及海拉尔至满洲里高等级公路的开通，满洲里口岸在发展中俄、中欧关系中的战略地位会进一步加强，过货量和贸易额也会逐步大幅度增长。其他分布在蒙东区的口岸如黑山头、室韦等，随着国内特别是东北振兴对油气、木材、化工、矿产等多种资源性产品需求的大幅度增长，地位和作用也会越来越重要。临近蒙东区的俄罗斯远东地区和蒙古国拥有丰富的能源、矿产、森林等资源，恰好也是国内急需的紧缺资源。抓住俄蒙急需资金和市场的有利时机，加大

境外投资和资源开发是蒙东区做大做强的优势所在。

（五）依托城市化和丰富的旅游资源，大力发展建材工业、建筑业、旅游业和文化产业，形成中国北方重要的旅游基地和民族文化产业基地

目前蒙东各地区均制定了城市化的规划和目标，并不约而同地开始了大规模的城市建设，城市化的步伐在加快，预计这一过程将至少持续 10 年以上，这就为当地利用丰富的非金属材料和人力资源，发展建材工业和建筑业提供了机遇。抓住这一机遇，鼓励和扶持一批建材、建筑企业尽快上规模、上档次、上水平，形成品牌，占领区域市场。这也是蒙东区未来 10 年打造建材工业和建筑业的黄金时期。可对建材、建筑产业形成拉动作用的还有能矿资源开发、能源工业发展、原材料工业建设、旅游景区开发与建设等。

与此同时，蒙东区利用旅游资源种类齐全，品质较高，开发建设潜力巨大的优势，在与东三省统一规划、自然资源优化整合、历史人文资源深度开发的基础上，大力发展旅游业和文化产业，引人引资、扩大知名度，是蒙东区加快经济发展的又一重大步骤。

（六）继续加强生态建设和基础设施建设，为蒙东区经济社会发展奠定坚实基础

和近邻东三省相比，蒙东区不仅在生态环境和基础设施方面均存在较大差距，而且水的问题也不能忽视，特别是通辽市和赤峰市，城市水荒已经影响现有工业效能的发挥。近期除采取多种节约途径调整用水结构外，还应加紧开展"北水南调"工程的勘察论证工作，力求从根本上解决水对蒙东区经济发展的制约。加强生态建设和基础设施建设，是蒙东区走新型工业化道路的题中之意。特别是在抓东北老工业基地振兴机遇的过程中，尤其要注意工业与资源、生态的协调发展，注重与东北三省在交通、通信、能源、环境等方面的对接，真正走一条资源消耗低、环境污染小、经济效益好的路子。

四、推进东北经济区经济合作的对策建议

（一）上下呼吁，积极争取国家对东北三省的优惠政策能够惠及蒙东

蒙东地区虽然纳入了西部大开发范围，但西部大开发与振兴东北老工业基地的目标和政策是不相同的。国家出台的实施东北等老工业基地振兴的若干意见，主要是从实施结构调整和建立更有效的市场机制入手，为东北振兴创造条件，同时给予一定的政策上的优惠。国家已经确定内蒙古大兴安岭森工企业纳入东北振兴战略范围之中。我们应千方百计请求国家将蒙东四盟市整体纳入"东北等老工业基地调整改造"战略规划范围之内。积极争取国家在国有老企业社会保障、企业办社会、厂办大集体等方面，给予与东北地区类

似的政策支持；在减轻企业负担、减免企业债务以及企业兼并重组破产方面给予特殊政策；允许先期进行消费型增值税试点等，以保证处于同一经济区、有着相同困难和问题的蒙东能够伴随着东北三省的振兴而同步发展。

(二)主动出击，努力协调好蒙东与东北三省的经济关系

能否协调好与东北三省的经济关系，加强与东北三省的联合协作，对于蒙东今后的发展至关重要。从蒙东地区与东北三省的经济关系看，固然有相互之间的竞争，但互补的潜力更大。应淡化行政区划概念，强化经济区划理念，努力协调好与东北三省的经济关系。一是坚持政府推动，争取通过自治区的努力和国家的协调，建立与东北三省政府间的高规格的联系制度，定期不定期地召开三省一区政府高层联席会议，沟通信息，协调重大建设项目，协商合作中的有关重大问题。二是加强对东北三省资源与市场状况、产业规划与产业政策的调查研究，补充和完善蒙东地区的产业发展规划。制定的产业规划要体现融入对接的可行度和操作性。如共同建设交通、通信、能源、水利等重大基础设施；共同进行资金、人才等经济要素的合作，促进资金的横向融通，共同培养科技市场、人才市场；吸纳东北已失去或正在失去优势的产业，把蒙东的地下资源和基础产业的开发与东三省装备制造业的发展结合起来，形成完整的产业链条；利用草原绿色产业的优势，形成共同的农畜产品生产加工基地；共同开发旅游线路，发展具有东北和内蒙古民族特色的旅游产业等。三是鼓励推动蒙东四盟市的企业加强与东三省企业的相互往来，建立良好的经济技术合作关系。四是支持蒙东地区的优势企业，通过资源入股、整体出让、兼并重组、加入东北大企业集团等方式，积极主动地融入东北经济区，形成产业积聚、区域经济一体化的效应。

(三)加大开发，加快蒙东工业经济发展的速度

如果说东北经济区今后发展的主线是"转型"，那么蒙东区的发展应立足于"开发"上。要努力打好三张牌，即资源、生态和口岸。工业产业的发展要按照区域经济一体化发展的总体原则，充分发挥比较优势，体现紧密连带性，利用互补性，走大而专、专而精的路子。根据蒙东的实际和东北工业经济调整改造的需求，紧紧围绕能源输出、有色金属、石油化工、农畜产品加工和进出口货物加工五大基地建设，科学合理地规划工业经济结构布局，以实现与东北经济区在发展规划上的有效对接。除此而外，我们还应该积极争取把蒙东地区列为东北三省的生态屏障建设基地。一是做好水的文章，在我区境内多上水利控制工程和水电站；二是做好林的文章，力争国家将我区列为地方林业分类经营的试点地区；三是做好草原文章，积极申报草原沙地治理、湿地保护、牧区生态移民和草原基本建设项目。在加快国有大企业改制方面，积极做好争取列入国有企业分离办社会职能试点和比照社保试点办法安置改制企业职工等政策方面的工作。

（四）上下联动，组建振兴蒙东经济的组织领导机构

随着"东北等老工业基地调整改造"战略计划的深入展开实施，有许多目前尚未预料到的情况可能会随时出现，现有的产业规划和项目库可能会跟不上形势的发展需要，尤其是如何解决好蒙东四盟市协调一致、统一行动、有计划有步骤地参与到东北老工业调整改造发展中去的问题。为此建议，尽快成立振兴蒙东经济领导小组。一是抓紧研究并确定产业规划与东北经济区对接和定位问题；二是研究提出具体的适宜东北需求的产业发展目标和重点措施；三是加强研究，注意寻找国家有关政策支持的结合点；四是组织有关力量，抓紧项目筛选和前期准备工作，包括蒙东地区矿产资源的勘查和研究，如何寻求开发俄罗斯石油、天然气、木材和矿产资源，以及为东三省开发俄蒙市场提供平台，形成联手互动等问题；五是扎实做好与东三省的沟通协调、密切配合、建立长效联系机制的各项有关事宜。

第五章 蒙中地区

章前语

内蒙古中部地区包括包头市、呼和浩特市、乌兰察布市和锡林郭勒盟3市1盟，共辖41个旗县市区。中部地区是自治区政治、经济、文化中心区，是交通通达性好、承接东西南北的关联地区，区位条件优越。中部地区处在东南季风尾闾和地形过渡带，气候波动性极为明显，农林牧生产极不稳定，自然灾害频发，社会经济发展的变动性突出。地区经济发展差异悬殊，沿河中心城市发展水平高，广大农村牧区较为落后。环境退化和环境质量下降明显，治沙保水、产业升级和区域扶贫是区域可持续发展的核心问题。自然和农业的南北纬度地带性分异比较明显。

关键词

锡林郭勒草原；乌兰察布高原；阴山山脉；土默特平原；后山地区

第一节 区域特征

一、位置和范围

蒙中地区位于内蒙古自治区中部，$109°50'E \sim 120°59'E$、$39°35'N \sim 46°41'N$。西与巴彦淖尔市交界，西南与鄂尔多斯市隔黄河相望，南与山西省朔州、忻州、大同三市、河北省张家口市、承德市毗连，东接兴安盟、通辽市和赤峰市，北与蒙古国接壤，边境线1 290.6 km。土地面积为30.25×10^4 km²，占自治区土地总面积的26%；截至2012年年底，蒙中区总人口885.04万人，占自治区总人口的35.55%；生活着蒙古族、汉族、回族、达斡尔族、鄂伦春族、俄罗斯族等16个民族。蒙中区GDP总量为7 266.79亿元，占自治区GDP总量的41.21%。辖16旗、11县、3市、11区。

二、环境特征

(一)地势北高南低中间突起，高原、山地、平原相间分布

阴山山脉横亘于本区中部，形成北部高原、中部山地和南部平原三个地貌单元，呈中间高、南北低，南陡北缓，东高西低，南面是冲积平原，北面是波状高平原和层状高平原，地形平坦的地势格局。有著名的塔木钦塔拉分布在这里。山脉平均海拔 2 000 m，最高峰海拔 2 324 m，平原平均海拔 1 050 m，"后山地区"南高北低，海拔 800～1 800 m。浑善达克沙地由西北向东南横贯中东部，属半固定沙地。黄河自西向东沿本区南缘流过，境内流长 251.5 km，主要河流有昆都仑河、艾布盖河、大黑河、小黑河、杨家川河、银子河、塔布河、布连河、乌拉盖河、锡林河、闪电河、彦吉嘎河、巴拉格高河等。

(二)季风尾闾，草原广布

地处内陆，气候干旱少雨风大，夏无酷暑，冬有严寒，四季分明。东南部属中温带季风性森林草原气候，其余地区属温带大陆性草原气候。年平均气温 0℃～8℃，无霜期 76～138 d，平均日照时数 2 800～3 200 h，年降水量 140～535 mm，常年多偏西北风，风速每秒 4～5 m。常见的自然灾害有白灾、黑灾、暴风雪灾、旱灾、涝灾、疫灾、霜冻灾、冰雹、干热风、风灾等。草场总面积 0.29×10^8 hm^2，草场类型以草甸草原、典型草原和荒漠草原为主，是内蒙古草原的主要天然草场，牛、马、绵羊、山羊、骆驼等草食家畜拥有量位居全国同类地区首位。但是，由于人口渐多，超载过牧，草场退化沙化面积已占到可利用草场面积的 2/3 以上。土壤主要为山地草甸土、灰色森林土、灰褐土、粗骨土、新积土、栗褐土、栗钙土、棕钙土、潮土、盐土、沼泽土、风沙土。前山平原地区土质肥沃，有引黄灌溉系统和地下水浇灌设施，旱涝保收；后山丘陵地区雨养农业收成不稳定，十年九旱。水土流失及土地盐渍化较为严重。

(三)能源矿产远景储量可观，风能资源丰富

矿产资源丰富，已探明储量的矿产资源有 40 种之多，其中形成地区资源优势的矿藏有铁、稀土、铌、黄金、银、铜、煤、珍珠岩、大理岩、白云岩、萤石、墨玉、膨润土、石灰石、硅藻土等。清水河的陶土储量之大，品位之高为全国少有。包头白云鄂博稀土更是世界级的矿产，储量达 1 亿吨以上，占全国总储量的 90%，世界储量的 75% 以上，以轻稀土为主。锡林郭勒煤预测储量 179×10^8 t。石油远景储量 10×10^8 t。辉腾希勒地区风力资源丰富，大风日数多，有稳定的风力速度，分布范围广，时间长，强度大，东西 750 km，南北 350 km，大风日数长达半年，风力达 4～8 级。

(四)全区交通枢纽,区位优势突出

本区处在自治区东西物流和客流必经之地,也是华北与西北、更是中国与蒙俄及欧洲各国交往的重要通道。首府呼和浩特是全自治区的政治文化中心和重要的交通枢纽。

(五)历史文化积淀厚重,影响深远

历史文化源远流长,从旧石器时代初期的大窑文化遗址到元上都城遗址,名胜古迹种类繁多,主要有塞外古刹五当召、明代城寺美岱召、岱海遗址群、老虎山文化遗存、辽代白塔、五塔寺、大召、希力图召、乌素图召、清将军府、云中城、大皇城、和林格尔汉墓壁画、庙子沟遗址、明长城、金斯太洞穴遗址、乌兰察布岩画、洪格尔岩画群、赵秦长城遗址、散伦苏木古城遗址、夏勒口草原岩画群、突厥石、金界壕、辽代古墓群等。地质遗迹有世界第二大陨石坑、恐龙化石区通古尔高地、硅化石等。现代文化精髓有蒙古族察哈尔文化的集中分布区,正蓝旗土语为蒙古语标准音的代表,也是蒙古式摔跤和蒙古长调的摇篮。苏尼特右旗是第一个乌兰牧骑诞生地。

三、经济发展与生产布局

(一)经济结构特征

2012 年,中部地区生产总值完成 7 266.79 亿元,三次产业结构比例为 5.7:47.6:46.7,人均 GDP 达到 82 106.91 元。中部地区保持着全区经济主体地位,GDP 总量居全自治区的第 1 位。第二产业占一半以上,是全自治区重要的工业中心。人均 GDP 为西部地区的 1/2 和东部地区的 2 倍,经济水平较高,包头人均生产总值超过 1 万美元(表 5.1)。

表 5.1　2012 年蒙中区经济情况表

盟市	GDP /亿元	人均 GDP /元	产业结构/%		
			第一产业	第二产业	第三产业
呼和浩特	2458.74	83 906	4.0	33.0	63.0
包头	3 209.14	118 320	2.8	52.5	44.7
锡林郭勒	820.20	79 105	14.8	67.0	23.0
乌兰察布	778.71	36 525	15.6	53.8	30.6
中部区	7 266.79	82 106.91	5.7	47.6	46.7

数据来源:《内蒙古统计年鉴 2013》

(二)重要的草原畜牧业基地和旱作农业基地

这里有广阔的无污染的优质牧草资源和天然草场,也有当地特有的优质

畜产品，已成为中国牛羊肉、羊毛羊绒、牛羊板皮等的重要生产基地之一。无污染的优质产品遍销全国各地和日本、中东市场及香港地区。苏尼特羊肉、乌珠穆沁肥尾羊肉、酸马奶等特产，在国际国内市场上享有极高声誉。2012年年末牲畜存栏总头数达 1 647.32×10⁴ 头（只），其中羊 1 296.58×10⁴ 只，牛 223.31×10⁴ 头，生猪 103.53×10⁴ 口。全年肉类总产量为 71.5858×10⁴ t，皮张产量 2 153.9 万。尤其是呼和浩特市的鲜牛奶人均拥有量、鲜奶加工能力，均居全国各大城市之首。牧区主要分布在阴山以北的蒙古高原之上。农业主要分布在前山土默特平原地区和后山的丘间低地地区。农作物有小麦、玉米、莜麦、荞麦、谷子、糜子、高粱、大麦、马铃薯、豆类、葵花、油菜、胡麻、瓜类、青饲料及上百种蔬菜等。2012 年粮食总产量达 344.8×10⁴ t，薯类 107.2×10⁴ t，油料总产量 17.2×10⁴ t。其中，薯类产量占全区的41.24％，荞麦与莜麦是这里的两大特产。

（三）门类齐全的工业体系

本区依托资源和地缘优势，着力构筑以煤炭、电力、重化工、石油、有色金属采选及冶炼加工、冶金建材、卷烟、农畜产品加工、生化制药、进出口贸易为重点的新型工业化体系。这里煤炭储量非常丰富，霍林河煤田是全国五大露天煤矿和国家重点规划建设的十三个亿吨级大型煤炭基地之一。另外还走出了一条农牧业资源富集地区推进工业化的新路子。

（四）对外贸易与旅游业发展潜力大

这里有欧亚大陆桥的铁路干线穿过集二线，二连浩特市是中国北方重要的路桥口岸，呼和浩特市是全区政治文化中心和重要的客货集散中心，包头市是中国北方重要的工业中心，集宁区也是重要的交通枢纽。另外这里也是蒙古民族察哈尔文化的集中分布区，还有历史名城元上都以及众多的宗教文化寺庙。这些地缘优势和资源环境条件为中蒙俄贸易和旅游业的发展提供了特有的物质条件。

第二节　区域开发

一、魅力青城，中国乳都

2005 年 8 月，呼和浩特以奶牛存栏、鲜奶产量、人均鲜奶占有量和乳业加工企业销售收入四个"全国第一"，被中国乳制品工业协会和轻工业联合会命名为"中国乳都"。2012 年年末全市奶牛存栏总头数达到 68.74×10⁴ 头，比2000 年增长 6.5 倍，年均增长 16.9％。同时在奶牛品种不断改良和优化的进程中，2012年鲜奶产量达到311×10⁴ t，比2000年增长12.4倍，年均增长23.4%，居内蒙古各盟市之首。全市人均鲜奶占有量达到1 054 kg，鲜奶产量和人均鲜奶占有量在全国大中城市中位居第1位。2009年，蒙牛除蝉联"中国最有价值品牌排行榜"行业冠军外，更作为中国乳业的代表首次闯入了世界乳业20强。作为中国乳都的领军企业，蒙牛在2012年年底，已在全国18个省区建立生产基地29个，拥有液态奶、酸奶、冰淇淋、奶品、奶酪五大系列200多个品项，产品覆盖国内市场，并出口到美国、蒙古、俄罗斯、新加坡及港澳等国家和地区。

(一)乳业生产条件

区域经济理论表明，区域主导产业的确定主要取决于该区域具备的区位因素。奶业对自然资源具有指向性，呼和浩特地区具有发展奶业的优势区位因素。

1. 养殖历史悠久

据考古发现证实，早在新石器时代，人类就在内蒙古地区从事狩猎和游牧等生产活动。世代生活在这里的蒙古等民族，历年以经营畜牧业为主，积累了丰富的养畜经验。汉族等农耕民族也有养畜传统。内蒙古地区的家畜品种资源十分丰富。呼和浩特市周边是历史上传统的天然牧场，自明、清以来实行屯田移民戍边等政策，逐步地变成了耕地良田，成为内蒙古西部的粮仓。改革开放以后，内蒙古自治区出台一系列政策，鼓励发展农区畜牧业。

2. 位于世界奶牛带区域内

呼和浩特市位于39°35′N～41°22′N，正处于45°N左右的世界奶牛带的区域内。这一区域的自然条件适宜奶牛的生长发育，同样品种的奶牛在这一区域内产奶量高，抗病力强。

3. 气候适宜，草质优良，饲料丰富

呼和浩特市地处中温带，属大陆性季风气候，凡是北方地区能够生长的作物均可以种植。同时耕地面积较大，耕地条件较好，尤其是土默特左旗、托克托县、赛罕区，地处土默川平原，土地肥沃，灌溉条件好，饲料作物的种植潜力大，奶业发展所需要的饲料资源丰富。该市玉米种植面积在广大，为奶牛饲养提供了丰富的精饲料，大量的青储玉米、广阔的人工草场、可利用天然草场提供了大量的青饲料和粗饲料，此外还有上亿千克的秸秆可以利用。良好的地理位置和丰富的资源要素使呼和浩特市奶业发展具有明显的效益优势。

（二）发展对策

1. 扶持龙头，大力推行产业化经营

推动生产规模较大、具有竞争优势的奶制品加工龙头企业的发展，将奶制品加工企业与饲养奶牛的奶农紧密连接起来，形成原料奶生产、奶制品加工和销售的一体化产业链，协调乳品加工企业与奶农的利益关系，形成利益共同体。

2. 加强奶源基地建设，促进奶牛饲养规模化

奶源基地建设薄弱、乳制品消费环节薄弱是奶业发展的突出问题和主要矛盾。奶牛饲养规模小、分散、生产水平低，与引进的世界先进的乳品加工工艺设备形成了巨大的反差，加强奶源基地建设是奶业发展的现实选择。

3. 健全社会化服务体系，提高组织化程度

建立健全社会化服务体系有利于促进奶业生产持续稳定发展。抓好奶业生产中的配套服务，保证奶农正常生产。强化奶业信息网络化体系建设，构建奶业信息服务平台。建立奶农的专业合作组织，组织区域性的奶业行业协会承担奶农与市场连接的枢纽。组织奶农专业合作社承担奶牛配种、机械化挤奶、常见病防治、资金融通和奶牛场管理等服务性工作。

4. 加快科技进步，提高产业发展水平

呼市奶业对科技的依存度很低，是奶业以及畜牧业实现可持续发展的最大瓶颈。因此，加快科技进步，提高奶业产业发展水平是呼和浩特市奶业稳定发展的重要途径。

5. 政府加强宏观调控

奶业产业的发展，一头连着企业，一头连着千家万户，在组织变迁引起的各方利益博弈中，政府应当发挥一个公正引导的作用。

6. 建立多元化投资机制

奶业发展，离不开资金的扶持，基础设施特别是奶源基地建设，需要大量投入。除鼓励民间集资扩大资金来源，兴办股份制、合作制、民营企业外，银行应在政策性及商业贷款方面予以扶持。

二、包头稀土——世界的稀有资源

（一）概况

包头是中国乃至世界最大的稀土资源分布地区，稀土资源储量位于世界首位，占全国稀土已探明工业储量的80％以上，占世界的61.9％，被誉为世界"稀土之都"。包头稀土矿是目前世界上探明储量及开采量最大的轻稀土矿床，是以铁、稀土、钍、铌等为主的多元素共生矿。目前包头稀土产业初步形

成了从选冶、分离、深加工、新材料到应用产品的较为完整的工业体系，已经成为全国乃至世界最大的稀土原料生产和供应基地。

由于特有的物理和化学性质，随着科学技术的发展，某些稀有元素特殊性质不断被重新认识发现，赋予了其新的使命、内涵和功能，拓展了其应用领域。稀土被人们誉为新世纪高科技及功能材料的宝库、发展高新技术和国防尖端技术不可缺少的战略物资。

稀土元素被广泛应用于冶金机械、石油化工、玻璃陶瓷、农业以及电子信息、生物、新材料、新能源等高新技术产业等 13 个领域的 40 多个行业，已成为发展高新技术的关键元素和国防工业中不可或缺的战略资源。随着稀土应用研究的深入，稀土的应用领域不断拓宽，特别是稀土新材料产业的快速发展，成为推动稀土消费的主要动力。

(二)利用现状

包头的稀土工业是随着白云鄂博多金属共生矿的开发，而逐渐发展起来的。白云鄂博矿坐落在包头市北 150 km 处，区域面积 375 km^2，矿石物质成分十分复杂，现已发现有 71 种元素，170 种矿物，同一种元素可以以几种或十几种不同矿物存在。包头在稀土选矿、冶炼及分离技术等方面已达到世界先进水平，稀精矿处理能力和分离能力世界第一，稀土金属生产能力占全国的 1/3，可生产 200 多个品种的 1 000 多个规格的稀土产品，在国内外稀土市场上占有 40%～60% 的份额，是全球最大的稀土原料基地。随着包头稀土高新技术开发区"中国稀土谷"的发展战略提出，包头稀土产业的发展进入了一个新的阶段，以包头稀土开发区为中心，聚集了 70 多家稀土企业，从地域性集中转向技术性集中。

(三)合理开发

1. 规范矿业秩序，加强资源保护，提高资源利用率

稀土属于国家战略性资源，应由国家统一组织开采，但乱采滥挖却屡禁不止。白云鄂博周围有很多小的稀土加工厂，稀土价格一度攀升以来，大量中小稀土厂在白云鄂博周围滋生蔓延，资源的无序开采造成源头产品大量过剩和低价倾销。按照现有的生产工艺及矿石品种构成，白云鄂博矿床的大量稀土将流失，稀土选矿回收率仅为 5%～7%，大量稀土随尾矿堆置于尾矿坝中，尾矿储量约为 12 000×10^4 t，含稀土氧化物（REO）超过 800×10^4 t，且不断增加。因此严禁乱采滥挖的同时也要加强保护可供二次利用的尾矿资源。

2. 加强三废处理，保护环境，实现人与自然的协调发展

排入尾矿坝的废水量增大、水质恶化，严重影响了包钢选矿流程的正常生产，大大增加了尾矿坝的安全隐患，直接威胁到了当地环境和包兰铁路、

新建河西电厂和周围群众的安全。要依照源头控制和污染预防的原则，对周边的稀土企业进行有效管理，提高对尾矿坝排放的准入程度，以推动企业的技术进步，从而促进整个稀土产业的可持续发展。

3. 要重视人力资源并强化技术研发

稀土经营人才、应用研究人才短缺，致使稀土经营管理水平不高，稀土应用产品开发缓慢，人才短缺问题已成为制约包头稀土产业发展的关键问题。解决这一问题的关键在于制定出能够调动科技管理人才积极性的政策，营造一个有利于吸引和放活人才的环境。

中国虽然是稀土大国，但不是稀土强国，与国外相比存在很大差距。因此，要从提高药剂的选别能力，提高设备工艺装备水平，提高资源利用率做起，实现工业生产与环境保护有机结合，在综合回收各种资源的基础上，减少"三废"的排放，真正达到清洁化生产。

三、锡林郭勒草场利用与保护

(一)草场概况

锡林郭勒盟位于内蒙古自治区中东部，地处$111°25'E \sim 119°58'E$，$41°35'N \sim 46°46'N$。北与蒙古国接壤，边境线长达 1 095 km，东、西、南部分别与兴安盟、通辽市、赤峰市、乌兰察布市及河北省的张家口市和承德市为邻，总土地面积 20.3×10^4 km^2。锡林郭勒盟是我国华北地区最大的草原畜牧业基地，有天然草约 $2 000 \times 10^4$ hm^2，可利用草约 $1 700 \times 10^4$ hm^2。2012 年最高牲畜饲养量为 1 264.19$\times 10^4$ 头(只)，成为全国第一个牧畜超千万的地区。畜牧业是锡林郭勒盟的主体经济，牧业产值占农业总产值的 70％以上，每年约向国家提供羊毛 8 374 t，皮张 712.85$\times 10^4$ 张，牛肉 11.1$\times 10^4$ t，羊肉 11.8$\times 10^4$ t，山羊绒 342 t，2012 年全盟牧民人均纯收入 8 925 元。锡林郭勒盟的蒙古马、蒙古牛、肥尾蒙古羊享誉中外。

锡林郭勒草原属内蒙古高原的一部分，地形比较平坦开阔，可利用优质天然草场面积 18×10^4 km^2。其地势由东南向西北方向倾斜，东南部多低山丘陵，盆地错落，西北部地形平坦，一些低山丘陵和熔岩台地零星分布其间。东北部为乌珠穆沁盆地，河网密布，水源丰富。西南部为浑善达克沙地，由一系列垄岗沙带组成，多为固定和半固定沙丘，海拔 $800 \sim 1 200$ m，寒冷、多风、干旱，年平均气温 1℃～2℃，无霜期 90～120 d。年降水量从西北向东南为 150～400 mm，属中温带半干旱、干旱大陆性季风气候。锡林郭勒盟四季分明，春季气温回升迅速，风多风大雨量少；夏季凉爽多雨，雨量变率较大；秋季天气凉爽，天气晴朗，风力不大，气候稳定；冬季漫长严寒，总降雪量一般在 10~20 mm。锡林郭勒盟境内河流纵横，湖泊密布。河流大多数为内陆河，主要有乌拉盖河、巴拉根河、锡林郭勒河、高格斯太河；外流河有滦河水系。全盟有大小湖泊 1 363 个，镶嵌在辽阔的草原上，总蓄水量 $35×10^8$ m^3，其中淡水湖 672 个，蓄水量 $20×10^8$ m^3。较大的湖泊有 4 个：乌拉盖湖、查干淖尔、白音库伦诺尔湖、浩勒图音诺尔湖。

美丽辽阔的锡林郭勒大草原旅游资源非常丰富，尤其以草原旅游资源丰富、草原类型完整而著称于世，即草甸草原、典型草原、半荒漠草原、沙地草原均具备，地上植物达 1 200 多种。有被联合国教科文组织列为国际生物圈网络的国家级草原自然保护区——锡林郭勒草原自然保护区。

(二)锡林郭勒草原利用中存在的问题

1. 水土流失

水土流失的成因，主要是农民的广种薄收，靠天吃饭，牧区超载放牧只求存栏，不重视草原管理，违背自然特点。形成了自然生态失调，植被退化，造成了水蚀与风蚀相互交错的水土流失。水系多为内陆水系，洪水冲刷的大量泥沙多数不能随水输出，泥沙淤积在低洼或较缓的坡面与季节性的河槽之内，构成了水蚀的上冲下压。这些吞压草场的沙土在一定的风力吹动下，随风滚动又扩大了草场吞压。牧草被沙土的吞压而退化或死亡，造成了地表植被与枯枝落叶的减少，而为水蚀开创了条件，水蚀的淤积泥沙又为风蚀打下了基础。所以锡林郭勒盟草原的水蚀与风蚀不但相互交错又相互促进。在一些坍塌的侵蚀沟边不经治理还照样耕种，促进了新的水土流失，直接威胁到村庄和交通安全。锡林郭勒盟北部牧区草场植被虽然较好，但因过度的超载放牧和草原的管理粗放而造成草场退化、沙化的水土流失也较为严重。

2. 草场退化

目前，锡林郭勒盟退化草地近 $1 000×10^4$ hm^2，占草地面积的 48.63%，其中轻度退化草地 $463.7×10^4$ hm^2，中度约 $398×10^4$ hm^2，重度约 $96×10^4$ hm^2。由于本区生态系统主体构成为草地，它的退化不仅使畜牧业生产带来了困难，同时也使一些其他生态因子日趋恶化。据测锡林郭勒盟草地平均可食干草产量为 508.2 kg/hm^2，与 60 年代初期的 768.6 kg/hm^2 相比，减产为 33.9%，期间平均每年每公顷天然草地减产 20.4 kg。现在全盟退化草地平均每公顷干草仅为 3 183 kg，为全盟平均数的 62.63%，退化草地平均减产 37.37%，仅此一项每年约减少 $18×10^8$ kg 干草，因此全盟载畜能力减少 249 万绵羊单位，按现行价格计算，每年造成的损失达 3.7 亿元。

草原沙化的成因分析：

(1)大风、干旱和植被覆盖度低同期出现为风蚀提供了条件

风是造成土壤风蚀的动力因子，风蚀过程主要表现为吹蚀、磨蚀、搬运、堆积，从而改变土壤的物理性状和养分状况。本区全年主导风向为北风和西北风，≥8级大风日数68 d，沙暴日数20～38 d，主要集中于春季3～6月份，而此时正值地表最为干燥，且植被最差，从而加剧了土壤风蚀的发生与发展，从而引起草场退化沙化。

(2)土壤抗蚀能力差为风蚀提供了物质基础

基础土壤以栗钙土为主，抗侵蚀能力差，表层黏粒含量少，黏粒含量只有6%～14%，土壤粒径0.02～0.25 mm，结构极为松散，从粒径与起沙风速的关系看，土壤起沙风速值为3～5 m/s，而当地≥3 m/s年刮风时数4 599 h，≥6 m/s年刮风时数1 550 h。因此，下垫面沙性土壤为风蚀提供了丰富的物质基础。

(3)降水集中且以暴雨形式出现形成了土壤水蚀的动力条件

降水量少且集中，年内分配不均，7～9月降水占全年降水的70%以上，常常以暴雨形式出现，最大一日降水量高达89.5 mm，加之地表植被稀疏，物质松散，地形起伏较大，致使径流多形成山洪，加速土壤水力侵蚀，同时地表径流的损失加剧土壤的干旱，植物难以生存，从而也为风蚀提供了条件。

(4)人为因素

过度放牧使草场植被遭受破坏，草场退化、土地沙化比较严重，短期内不能得以恢复，土壤物理性状恶化，加剧了土壤侵蚀。还有修路、开矿等也不同程度的加剧土壤侵蚀，需要工程规划中加强环境保护和生态修复项目。

(三)锡林郭勒盟草场可持续利用对策

1. 水土流失的防治

在锡林郭勒盟农区要治防结合，以小流域治理为单元大力推广户包，结合立草兴畜建立农牧结合的经济体制，推广以豆科牧草和灌木为主的灌草种植，加速地力和植被的恢复，实现以短养长、长短结合的经济效益基础。

按照当地的自然特点扭转原来的单一农业经济，转变经营观念，合理利用自然规律，开展宜草则草、宜林则林、宜牧则牧、宜农则农的各种经营的经济结构。

大力开展宣传水土保持工作的方针政策，使广大群众认识到水土流失的危害，开展水土保持治理是水土流失地区人民的治穷致富的根本出路，改变过去的对自然只利用索取不重视管理与建设的不良习惯。

锡林郭勒盟草原的水土保持工作应以预防为主，在水土流失较严重退化

沙化草场进行封育禁牧，并适当地进行工程与植物相结合的治理方法。大面积的草场，新思路为水利风景区的建设、开发提供了强有力的政策支持。

2. 草原沙化的防治

(1)合理利用草场

河湖、井泉、台间洼地、居民点附近草原利用程度一致使草原草场发生退化，而远僻、缺水的丘陵、岗坡草场又利用率低，导致草原利用不平衡。这些地区应合理利用草场，合理倒场，平衡利用，既能保证牲畜的食草供应，又能防止草原过度利用，使草原沙化得到遏制。

(2)活化沙丘的治理和沙地草原的恢复

锡林郭勒盟有30%多的沙地基质松散，草原易被破坏，但沙层中又含有较丰富的水分可供植物生长，因此，沙地的治理要立足于保护，在保护林木、固定沙丘的前提下，以丘间草甸为依托，适当种植沙棘、苹果等易生长植物，发挥草甸草场的生长优势，以利于恢复沙地植被。

(3)草原粗质化和盐渍化的治理

利用滴灌、垄作和覆膜综合措施对盐碱地进行治理，采用淡水、咸水滴灌技术治理盐碱地的技术体系。这项新技术体系的突出成效是土壤脱盐速度快，土壤理化性质和微生物状况迅速改善，土壤生产力水平在1~3年大幅度提高；适当栽植枸杞和枣树会有利于草原盐渍化的恢复。

四、锡林郭勒盟——"中国马都"

(一)"中国马都"的诞生

锡林郭勒盟历史上一直是马业大盟，马业发展历史悠久，马匹品种优良，马业基础比较完善，马文化赛事及相关产业发展迅速。中国马业协会2010年4月25日在北京将"中国马都"称号授予内蒙古锡林郭勒盟。据2009年牧业年度统计，全盟马匹数量为10.24×10^4匹，占全区总饲养量的13%，其中能繁殖基础母马3.5×10^4匹。马匹品种主要以蒙古马、锡林郭勒马为主。全盟共建有各类赛马场12个，其中锡林郭勒赛马场是京北首个标准化赛马场。2005年以来，锡林郭勒盟各地围绕马业发展和马文化习俗的传承与弘扬，组织开展了各类活动，累计举办大型马文化主题活动48项，其中包括"骑着马儿过草原"旅游主题活动、800匹蒙古马挑战吉尼斯世界纪录暨阿吉乃大赛、全国马术绕桶邀请赛等一系列在国内外产生较大影响的活动。马文化赛事带动了赛马驯养业和草原旅游业的快速发展，全盟每年用于旅游休闲骑乘和马术运动的马匹上千匹，与旅游相关的马业就业人员近万人，直接和间接带动就业5万人。

"中国马都"的诞生将使锡林郭勒成为中国马产业的火车头。中国马都核心项目"马文化产业园区项目"总投资15亿元，按照5A级景区标准打造，内容包括中国马匹交易中心、马术马业学院、马文化博物馆、高山草原耐力赛道、大型室内综合马术馆、马匹改良测试中心等项目。

(二)草原精灵——蒙古马

蒙古人马上得天下，素有"马背民族"之称。蒙古人与马相伴一生，无论童叟均以马代步。马不仅是蒙古人的交通工具，同时也是蒙古民族文化的重要组成部分。蒙古马是世界上较古老的马的品种之一。中国北方少数民族如匈奴、鲜卑、柔然、突厥、回鹘、契丹等，都有过发达的养马业。蒙古民族自古以游牧狩猎为生，在长年的生产生活中，积累了丰富的饲养和驯化的经验，培育出了优良的马种——蒙古马。蒙古马以其体质健壮、不怕寒冷、奔跑速度快、极耐劳苦、可远行出征而闻名世界。蒙古马的利用价值很高，马在古代曾是农业生产、交通运输和军事等活动的主要动力，主要作为役使家畜，用于骑乘、挽车和载重，在战争和劳作中运用。马乳一直是游牧民族的食品，尤其适合酿造"马奶酒"，马奶酒性温，有驱寒、舒筋、活血、健胃等功效，深受国内外消费者青睐。近年来随着马术休闲运动的兴起，在弘扬民族文化的大旗之下，蒙古马的价值也大大提升了。

(三)马文化的传承

蒙古族堪称马背民族，在漫长的历史长河中，马的兴衰一直与蒙古民族的荣辱水乳交融。蒙古马文化与能征善战的蒙古民族一同载入史册。蒙古马与蒙古民族结下了深厚的感情。马成为交通工具后，极大地提高了古代人的迁徙能力，尤其骑兵和战车的出现，甚至影响了许多民族的盛衰荣辱。从而，在人类文明中逐渐形成了一个历史产物——马文化。

随着社会的进步，现代交通工具的普及，蒙古马开始逐渐淡出人们的生活，蒙古马数量正在逐年减少。目前，全区蒙古马数量已从1975年的 239.0×10^4 匹下降到2002年的 87.6×10^4 匹。2012年，蒙古马的数量只有 76.16×10^4 匹，锡林郭勒盟仅 10.53×10^4 匹。蒙古马的减少主要有两方面的原因，一是为了保护草原植被，草场禁牧，使蒙古马品种退化、数量减少；二是因为现代交通工具的普及，马在生活中的实用性降低。随着蒙古马数量的锐减，有些原始的马文化现已逐渐淡薄化，自渐消沉，濒于崩溃。同国内马产业蓬勃发展的大好形势相比，蒙古马文化却相形见绌，日落黄昏。挽救蒙古马，传承蒙古马文化，使蒙古马能长远的在草原上生存、繁衍，已成内蒙古建设民族文化大区工作中的重中之重。

蒙古马的利用正在从运输、农耕、军事逐渐向体育、休闲、娱乐转化。

如白音锡勒半血马改良、太仆寺皇家御马苑举行的全国绕桶冠军赛、天堂草原的中国草原大赛马、锡林河国际两星级耐力赛、骑着马儿过草原等多项活动，增加了马匹的需求量，激发了牧民养马的积极性。中国马业协会、中国国际马博会组委会还与锡林郭勒盟政府签订了长期战略合作协议，最终目标是带动牧民养马致富，促进草原生态旅游，弘扬马背民族的传统文化，引领中国现代马业发展。

五、后山地区的雨养农业——中国马铃薯之乡

(一)区域概况

内蒙古后山地区是指阴山山脉北麓的广大山地丘陵区（40°31′N～42°30′N，108°15′E～117°30′E），因地处阴山丘陵向开阔的内蒙古高原的过渡地带，山峦起伏，丘陵交错，构成以波状丘陵为主的地形特点。该区处于我国半干旱向干旱区的过渡地带，居于内陆和蒙古高压的前方，形成了中温带半干旱大陆性季风气候，并兼有山地气候的一些特征。年平均气温 1.9℃～4.7℃，年平均降水量为 270～370 mm，自东南向西北递减。风力强劲，年平均风速 4.6～4.8 m/s，最大可达 40 m/s。年平均大风日数 69～72 d，最多可达 113 d。

内蒙古后山地区行政区划上包括巴彦淖尔市的乌拉特中旗、乌拉特后旗、包头市达茂旗、固阳县、呼和浩特市武川县、乌兰察布市四子王旗、察哈尔右翼中旗、察哈尔右翼后旗、商都县、化德县、锡林郭勒盟的太仆寺旗和多伦县等 5 个盟市 12 个旗县，土地总面积 12.15×10⁴ km²，其中，耕地面积 103.78×10⁴ km²，占自治区耕地面积的 14.52%。

(二)雨养农业特点

雨养农业是与灌溉农业相对而言，指非灌溉农业，是通过调整种植制度、采用抗旱品种及旱作技术等，完全利用自然降水进行农业生产。雨养农业的历史悠久，在从事雨养农业的长期过程中，广大人民群众已经积累并创造了丰富的集雨用水经验，如农田改造、就地拦蓄：主要形式有水平梯田、隔坡梯田、水平沟、鱼鳞坑等，可以消除或缓解坡向径流，实施雨水就地拦蓄利用；强化保护耕作制、提高土壤蓄保水能力：深翻耕耙、秋施肥、地膜覆盖等，旨在减缓土壤水分无效耗散，增加土壤蓄水能力、蓄存时间和蓄存数量；优化种植结构、协调水分供需节律：通过不同作物生长发育特征和需水节律的互补性，合理安排作物布局和品种结构，提高水分利用率。

内蒙古后山地区丘陵起伏，海拔高，日照长，气候冷凉，昼夜温差大，生产力水平低下，生态环境脆弱，是典型的雨养农业区，该地区农作物产量的波动主要取决于天气气候条件，主要作物有小麦、马铃薯、莜麦、胡麻、

豌豆等。阴山一带的气候非常适合莜麦的生长，是中国莜麦的主产区。内蒙古莜麦产量占全国的50％，居全国之首。马铃薯是后山地区的主要作物之一，是内蒙古马铃薯的集中产区。

(三)马铃薯之乡

内蒙古地处北方高寒地带，昼夜温差大，雨量少，且多集中在7、8、9月份，基本上与马铃薯生产需水相吻合，雨热同期，日照充足，年日照时数都在2 500 h以上，适于马铃薯生长发育，是我国马铃薯主要产区之一。2012年内蒙古马铃薯播种面积增长到$68×10^4$ hm^2，年产量达$184.7×10^4$ t。分别占全国的13.7％和13.8％，均列全国第1位。主产区乌兰察布市、呼伦贝尔市、兴安盟、包头市和呼和浩特市马铃薯种植面积占全区马铃薯种植面积的89％。其中，武川县已成为全国闻名的"马铃薯之乡"。目前，马铃薯加工业已经成为内蒙古农业产业化发展的优势产业，随着科技投入的加大、市场的开拓和加工业的兴起与发展，内蒙古马铃薯生产得到了长足的发展，并已逐步发展为具有地区经济特色的重要产业之一。

(四)可持续发展对策

马铃薯生产主要存在以下问题：农户认识不够，脱毒种薯推广普及速度慢，私繁自留现象较为普遍；马铃薯病虫害监测与防治体系和质量检测体系不健全，难以适应各消费市场对马铃薯种薯和商品薯越来越高的质量要求；缺乏品牌品种，特用品种规模小，种薯、商品薯及加工原料薯在全国市场的占有率低；加工滞后、产业链条不完善。

根据后山地区的实际情况和以上的问题，应该突出解决种薯和品种改良问题，提高农户认识，推广优质专用脱毒种薯，提高单产，发展优质专用型品种，以适应食品加工和淀粉加工企业的需要；大力发展马铃薯加工、储藏、保鲜业，延长产业链，提高农产品附加值，增强市场竞争力；创建品牌，力争建成以后山为主，全国最大的优质马铃薯种薯、商品薯和加工原料薯生产基地。

第三节　区域规划

一、区域经济与产业基地

(一)区域经济

在西部大开发和振兴东北老工业基地的背景下，蒙中区应依托资源和区位优势，加快开发建设产业基地，加强与京津冀经济圈的经济技术合作，大力推进优势特色产业发展。

锡林郭勒盟依托上都和多伦的煤、电、化工，搞好产业转移和产品深度加工，依托建材、农畜产品加工，培育一批具有竞争力的特色优势产业群，大力发展劳动密集型产业。积极抓好农产品加工转化和资源深度开发，推动农牧业产业化和城镇化进程。西部地区按照保护优先的原则，加强生态环境保护和治理。依托口岸，加快生产要素聚集。呼和浩特市紧密融入京津冀都市圈、呼包银经济带及呼包鄂一体化进程，向北进入俄蒙及欧洲市场，有效提升国际性中心城市的地位。要充分发挥"承东启西"的区位优势，主动参与"呼包银经济带"的开发建设，积极接纳"京津冀都市圈"的经济辐射。乌兰察布市中心城区要着眼于建成环京津地区的重要卫星城市和呼包银经济带的重要成员。

(二)产业基地

锡林郭勒盟发展以煤、电和石油为主的能源工业，以煤化工、盐碱化工为主的化学工业，以有色、黑色和稀有金属为主的金属矿采选冶炼工业，以肉、乳和马铃薯为主的农畜产品加工业，以石材、新型建材和水泥制品为主的建材工业五大优势特色产业；加快建设锡林浩特－蓝旗－多伦和白音华－乌拉盖两大能源化工产业带；培育壮大以煤炭、电力、煤化工、石油和绿色畜产品加工为主的锡林浩特能源化工和绿色畜产品加工基地，以煤化工及煤化工产品深度加工为主的多伦化工基地，以电力为主的上都能源基地，以煤炭、电力和煤化工为主的白音华能源化工基地，以煤炭、煤化工和电力为主的乌拉盖能源化工基地，以有色金属采选冶炼煤炭、电力、化工为主的乌珠穆沁金属冶炼和能源化工基地，以煤炭、电力和氯碱化工为主的德力格尔能源化工基地，以石材、水泥、新型建材和农产品加工为主的察哈尔建材和农产品加工基地，以风电为主的锡林郭勒风电基地，以出口生活资料和进口生产资料加工为主的二连经济技术开发区和二连苏尼特口岸经济协作区十个重点产业基地。乌兰察布市重点发展乳、肉、马铃薯(蔬菜)、饲草饲料和杂粮杂豆等特色产品，建成全国重要的生态型绿色农畜产品生产加工基地。依托重点企业和重点工业园区，建设一批规模大、技术水平高的能源化工项目，培育壮大具有较强竞争力的能源化工产业集群，建成我国北方地区大型能源化工基地。包头发展成为中西部区域性经济中心，在巩固自治区最大经济中心城市地位的基础上，努力建设成为中西部地区特别是"呼包银""呼包鄂"区域经济的增长极、区域性的产业集聚中心、交通物流中心和科技创新基地。重点建设钢铁、铝业、装备制造、电力、煤化工和稀土六大工业基地，积极培育电子信息、农畜产品加工、新型建材、生物制药和精品纺织六大特色产业。

二、产业发展方向

(一)农业

蒙中区在稳定牲畜及农产品数量的前提下,突出发展绿色有机农畜产品及食品加工业,形成以乳、肉、蔬菜、马铃薯、绒毛(皮革)、饲草料、杂粮为主的优势特色产业。围绕农牧业产业化经营和城市对鲜活农畜产品的需求,加快农畜产品基地建设,推进种植业的区域化布局、专业化生产和畜牧业的规模化养殖、集约化经营。促进种养结合,农牧互补,走出一条科学利用天然草场与舍饲半舍饲相结合的可持续发展的路子。锡林郭勒盟重点培育壮大以肉食品及饲草料加工为主的龙头企业。呼和浩特市重点发展奶牛业、肉羊业,巩固"中国乳都"的地位;重点建设饲用农作物、优质牧草、马铃薯、高淀粉玉米和蔬菜五大标准化生产基地。乌兰察布重点建设四子王旗、商都、察右中旗、兴和、丰镇、察右前旗、察右后旗、化德、凉城、卓资的马铃薯种植基地,成为全国最大的种薯、加工专用薯生产供应基地。重点建设以察右中旗、凉城为主的红萝卜基地;以集宁、商都、察右前旗为主的西芹基地;以化德、集宁、兴和、商都为主的大白菜基地;以集宁、察右前旗为主的甘蓝基地;以集宁、兴和、察右前旗、商都为主的洋葱基地。建设人工草场,改良天然草场,发展灌溉草场,建设优质牧草基地。包头发挥好蒙牛、伊利、小肥羊、小尾羊、海德等龙头企业的辐射带动作用,重点建设奶源、肉业、蔬菜、薯业、粮油、绒毛、饲草料及特色种养殖等农牧业八大生产基地。

(二)工业

蒙中区矿产资源丰富,区位优势突出,建设能源、化学、金属矿采选冶炼、农畜产品加工、建材五大产业,建设大型能源化工基地。

锡林郭勒盟发展煤转电、煤转油和褐煤干燥,加快煤炭转换。煤炭工业重点开发建设胜利、白音华、白音乌拉、乌尼特、额和宝力格和贺斯格乌拉煤田等大型矿区。电力工业要加快发展煤电产业集群,全力推进上都电厂、白音华金山电厂、锡林电厂、大唐国际多伦煤基烯烃化工项目动力车间等。积极发展洁净能源、新能源和可再生能源,建设灰腾梁、二连浩特等风电场项目。以向华北、东北外送通道为主,加快"西电东送""北电南送"两大电网通道建设,加快苏尼特左旗查干敖包油田和东乌珠穆沁旗白音都兰油田勘探开发建设进度。打造成亿吨级的煤炭基地,千万千瓦级电力基地和百万吨级的原油基地。发展以煤化工、氯碱化工和电石深加工为主的化学工业。重点发展水泥及水泥制品业、石材开采加工业、新型墙体材料生产与加工业、化工建材制造业等产业。

呼和浩特市经济技术开发区定位为以现代制造业为基础、高新技术产业为主导，多功能综合性产业区。重点发展以电子信息、生物制药、新材料为主的高新技术产业，以乳制品加工、玉米深加工为主的农畜产品加工业以及机械制造业、纺织服装业。托克托工业园区及清水河新区定位为能源重化工基地，重点发展电力工业、煤化工、硅化工、钢铁、铝业和生物制药产业。盛乐经济园区定位为绿色农畜产品加工基地，重点发展乳制品加工、肉类加工以及依托农畜资源的其他深加工，成为自治区生态环境一流的工业园区。金桥开发区定位为化工基地，重点发展天然气化工、石油化工和煤化工，开发下游产品，形成产业发展链条。金山开发区重点发展氯碱化工、电力工业，积极培育生物制药等新兴产业。裕隆工业园区定位为机械制造基地，重点发展汽车制造业、零部件生产及输变电设备、电站设备制造业和热电联供业。

乌兰察布积极培育煤炭矿产采掘、机械制造、高新技术等产业，建成国家重要的西电东送基地。积极发展风电项目。乌兰察布是内蒙古乃至全国的风能富集区之一，有效风场面积达 6 828 km²，总装机容量达 2 400×10⁴ kW。重点建设辉腾锡勒(察右中旗、察右后旗、卓资)、四子王旗、商化兴(商都、化德、兴和)三个装机百万千瓦以上的风电场，建成国家最大的风电基地。依托充足的电力和矿产资源，大力发展冶金工业。重点发展电石化工、煤化工和硅、氟化工，打造全区重要的化学工业产业集群。重点发展以水泥、石材、新型墙体材料为主的建材工业，形成建材产业集群。重点发展乳、肉、薯(菜)、饲草饲料、杂粮杂豆、皮革皮毛等加工产业，提高精深加工水平。马铃薯加工要在重点做大奈伦、富广、商都旭美等现有加工企业的同时，继续引进国内外知名企业，新上一批大型加工项目，大力开发全粉、变性淀粉、颗粒粉、薯泥、薯条、膨化食品等系列产品。蔬菜加工要引进国内外大型加工销售企业，加快建设脱水蔬菜、净菜、FD速冻蔬菜和蔬菜冷藏保鲜、胡萝卜汁等项目，建立产地批发市场。饲草饲料加工要围绕畜牧业发展，加快青贮草、青干草、专用饲料、配合饲料和浓缩饲料的发展速度，积极发展林草产业。围绕特色农产品资源，大力开发以杂粮杂豆为原料的方便食品、保健食品，以及沙棘饮料、玉米淀粉、胡麻籽油、燕麦等系列产品。加快电力、建材、冶金、化工、农畜产品加工等各类工业园区的建设步伐，完善园区交通、供电、水源地等基础设施。

包头引进培育高新技术项目，推进高新技术产业化示范工程，加快发展机电一体化、稀土新材料、电子信息、高效节能与环保、生物工程等高新技术产业，全力打造钢铁、铝业、装备制造、电力、煤化工、稀土六大基地；推进以包钢、华业特钢为主体的钢铁产业集群建设，建成中西部乃至全国重要的钢铁工业基地；以包铝和东方稀铝为主体的铝产业集群建设，建成全国最大的电解铝及铝合金、铝制品生产基地；以一机、北重为主体的装备制造产业集群发展，建成中西部乃至全国重要的装备制造基地；以河西电厂、东华热电及达茂风电为主体的电力产业集群发展，建成中西部乃至全国重要的电力基地；煤化工产业集群发展，建成中西部乃至全国重要的煤化工产业基地；以稀土高新区和稀土集团为主体的稀土产业集群发展，建成世界级的稀土科研、生产和出口基地。从战略高度出发，积极发展软件业和电子信息产品制造业。积极发展农畜产品深加工，将农畜产品资源优势转化为市场竞争优势。

（三）第三产业

1. 旅游业

锡林郭勒盟依托草原自然资源优势和深厚的蒙古族文化底蕴，依托大草原、民族风俗风情、历史文化、探险、冰雪、沙漠、边境等"北国风光"特点旅游资源，打造草原那达慕、旅游文化节、民族服装节等旅游品牌，开发搏克比赛、自驾车、沙地、特色地质地貌、苏尼特、阿巴嘎、乌珠穆沁、察哈尔四大部落文化等旅游产品。呼和浩特市整合以大青山带、沿黄河带、民俗文化带为中心的旅游资源，培育完善度假旅游、节会旅游、生态旅游产品系列；综合开发以召庙文化、草原民族风情、红色旅游、乳都工业旅游、农业观光旅游为重点的旅游产品；建设白石头沟生态旅游区、哈达门高山牧场、敕勒川草原风情旅游区、黄河风情旅游区、大青山太伟休闲度假村、盛乐百亭园等一批精品旅游项目。乌兰察布继续巩固提升四子王旗格根塔拉旅游景区的品位，凉城环岱海和中旗辉腾锡勒景区建设升级，加快开发建设兴和苏木山、后旗火山岩、卓资红召、前旗黄旗海和商都、化德坝上生态旅游景区。打造神舟家园、蓝色乌兰察布、草原生态、蒙古族风情等知名品牌，促进旅游业的快速发展。包头重点建设成吉思汗旅游区、五当召、九峰山、梅力更、南海湖、黄河风情园等旅游景点。

2. 现代服务业

锡林郭勒盟重点建设锡林浩特畜产品交易市场、太仆寺旗京北蔬菜交易市场、二连浩特边贸市场，形成以锡林浩特为中心，二连浩特、太仆寺旗为两翼的商贸业发展主网架，重点建设二连浩特国际物流中心、苏尼特右旗朱日和工业园区物流中心、锡林浩特物流中心和桑根达来物流中心。呼和浩特发展"总部经济"，建设首府中心商贸区，建成白塔综合物流园区和金山铁通货运物流基地，建设成为面向欧洲、俄、蒙的国际物流关键节点城市和我国北方地区承东启西的区域性商贸物流中心。乌兰察布市依托便捷的交通，在中心城区建设区域性国际集装箱物流基地和汽运物流基地，建设马铃薯、蔬菜、小杂粮、药材等批发市场以及奶牛、寒羊交易市场，培育壮大皮毛集散中心。包头重点抓好钢铁、煤炭、粮食、蔬菜果品、生产生活用品等五大特色物流园区建设。

三、环境保护

蒙中区生态环境较为脆弱，应加强环境保护，实施退耕还林、京津风沙源治理、天然林保护、湿地保护、退牧还草和草原封育生态工程。加强自然保护区建设，推进生态恢复。遏制西部荒漠半荒漠草原生态极度恶化的局面，退化草原恢复原有的草原景观，浑善达克沙地恢复生态功能，有效控制农牧交错带水土流失及沙化。构成中国京北东西1000多千米的绿色生态防线。实施黄河上中游天然林资源保护、黄河上中游退耕还林、三北防护林、速生丰产林、自然保护区等国家重点建设工程。同时，根据区域林业发展的区位优势，因地制宜地确立相应的建设模式，抓好风蚀沙化治理、大青山生态治理、土默川平原绿化、城市园林绿化美化、低山丘陵水土保持治理。做好清水河低山丘陵水土保持生态治理；土默特左旗、托克托县平原绿化；大青山干旱阳坡科技造林。保护岱海、黄旗海流域湿地，建设环岱海空中水资源开发利用基地，辉腾锡勒建成国家级自然保护区。完善九峰山、南海子、梅力更、巴音杭盖、春坤山和红花敖包6个自然保护区，推进黄河湿地、腾格淖尔、昆都仑和黄花滩等新建自然保护区建设。

第六章　蒙西地区

章前语

　　蒙西地区位于内蒙古自治区的西南部，包括鄂尔多斯市、乌海市、巴彦淖尔市和阿拉善盟 3 市 1 盟，共辖 21 个旗县市区。蒙西地区是国家重要的能源基地，也是经济发展速度比较快的地区。西部地区处在内陆，干旱少雨，自然环境比较严酷，沙漠、沙地、戈壁广布，土地生产能力低下。广大地区人烟稀少，环境条件特别脆弱，景观的东西差异特别明显。我国第二大母亲河——黄河流经这里，沿河形成了河套平原发达的灌溉农业和众多的城乡居民点集聚区。生态安全建设与荒漠化防治，产业调整是区域可持续发展的关键问题。

关键词

　　鄂尔多斯高原；河套平原；阿拉善高原；贺兰山

第一节　区域特征

一、位置和范围

　　蒙西地区位于内蒙古自治区西南部，$97°10'E\sim111°27'E$、$37°24'N\sim42°4'N$。西与甘肃酒泉市嘉峪关相连，南与甘肃省张掖市、武威市，宁夏回族自治区的吴忠市、银川市、石嘴山市，陕西省榆林市为界，东与呼和浩特市、包头市为邻，北与蒙古国接壤，边境线总长 1 103.5 km。土地总面积为 42.31×10^4 km²，占自治区土地总面积的 35.8%；总人口 446.06 万人，占自治区总人口的 18.09%；GDP 总量为 5 397.81 亿元，占自治区 GDP 总量的 30.61%。辖 14 个旗、2 个县、5 个区。

二、区域环境特征

(一)地势西高东低，中间突起，高原、山地、平原、台地相间分布

贺兰山往西是内蒙古高原西部的阿拉善台地(高原)，地势南高北低，平均海拔900～1 400 m。地貌类型有沙漠、戈壁、山地、低山丘陵、湖盆、起伏滩地等。这里有著名的巴丹吉林、腾格里、乌兰布和三大沙漠。巴丹吉林沙漠以高陡著称，绝大部分为复合型沙山，相对高度从外缘高5～20 m，向内逐渐增高到200～400 m，最高达500 m。高大沙山区不连接，峻峭陡立，巍巍壮观。腾格里沙漠、乌兰布和沙漠多为新月形流动或半流动沙丘链，一般高10～200 m。北部阴山北麓至中蒙边境为高原，海拔为1 000～1 800 m，地势由南向北倾斜，俗称乌拉特草原。中间是山地，北部为阴山山脉，由西向东可分为狼山、色尔腾山、乌拉山三部分，海拔为1 500～2 300 m，最高峰海拔2 335.2 m。中间有贺兰山，南北走向，长250 km，宽10～50 km，平均海拔2 700 m，是原始次生林区，主峰达郎浩绕海拔3 556 m。南部是桌子山、甘德尔山、千里山和阿尔巴斯山，桌子山主峰海拔2 149 m。黄河由西向东从中间穿过，境内流程约728 km。两岸发育有现代冲积平原，两岸为一东西向条带状冲积平原，宽3～20 km，长300 km，面积2 584 km²。阴山南麓至黄河北岸为河套平原，向北微倾，土地肥沃，渠道纵横，灌溉便利，有"塞外粮仓"之称，是国家重要的商品粮生产基地之一。

(二)气候干旱，但地下水资源较丰富

蒙西区地处内陆干旱地区，位于季风尾闾，降水极为稀少，东部属于温带大陆性草原气候，贺兰山一带为中温带大陆性荒漠草原气候，西部地区则均属于中温带大陆性荒漠气候。干旱少雨，风大沙多，冬寒夏热，四季分明，昼夜温差大。年平均气温为3.7℃～9.3℃，无霜期96～190 d，降水量30～400 mm，但多集中于7～9月，蒸发量2 030～3 993mm，年日照时间为2 600～3 500 h，多西北风，年平均风速每秒2.5～5 m。光热风能资源丰富。适合瓜果蔬菜，特别是葡萄的生长。常见的自然灾害有干旱、大暴雨、冰雹、风沙、霜冻、干热风、春冻雨、低温冷害、白灾、黑灾、涝灾、植物病虫害和沙尘暴等，其中危害最大的为旱灾。这里有黄河过境水径流量几百亿立方米，沙漠中分布着几千个大小湖泊之外，地下水储量非常丰富，约有几百亿立方米。

(三)珍稀动植物资源

这里气候干旱或极端干旱，本区植物种类虽不丰富，但特有种及珍稀濒危植物却较多，如四合木、绵刺、革苞菊、沙冬青、万年蒿、肉苁蓉、半日花、脓疮草、裸果木、蒙古扁桃、梭梭、胡杨、圣柳、沙枣等。特殊药用植

物有肉苁蓉、锁阳、甘草、麻黄等。

国家重点保护的特有野生动物有蒙古野驴、野骆驼、鹅喉羚、马鹿、盘羊、沙鼠、跳鼠、天鹅、蓝马鸡等。

(四)"两白一黑宝库"

这里由于地质历史环境条件优越，并且环境演变向干旱的极端方向发展，因而汇集了极为丰富的地质环境资源。现已探明储量的有煤炭、天然气、石油、湖盐、芒硝、石膏、萤石、花岗岩、大理石、白云岩、铁、冰洲石、黑墨铜、铅、锌、宝玉石等70余种，其中以俗称"两白一黑"的盐、硝、煤最具优势。煤炭广布，已探明储量 $1\,551\times10^8$ t，占全自治区的 1/2，天然气已探明储量 $7\,504\times10^8$ m^3，占全国的 1/3，其中苏里格气田储量为 $5\,000\times10^8$ m^3，是中国特大型气田。吉兰太等著名盐池的湖盐储量为 1.62×10^8 t，占全自治区已探明储量的 80% 以上。芒硝和天然碱的储量分别达 21×10^8 t 和 70×10^8 t，为世界瞩目。石膏 35×10^8 t，石灰石 3.1×10^8 t，高岭土 65×10^8 t。花岗岩、冰洲石储量占自治区第 1 位。

(五)具有西域特色的文化旅游资源

这里是蒙古族民歌演唱家生长的摇篮，如拉苏荣、腾格尔、德德玛、阿拉腾琪琪格等。他们有丰富的生活体验和文化经历。筷子舞、鄂尔多斯婚礼都有很浓的地方特色。阿拉善的诗歌、写著、朗诵都有很浓烈的地方韵律，在区内外及国际化比赛中多次获奖。二人台和漫瀚调更是蒙汉文化艺术结合的产物。还有很多地区性名胜古迹，如桌子山岩画群、乌伦木山《六宫真言》石刻、黄河渡口昭君坟、准格尔召延福寺、古黑城遗址、曼德拉岩画、巴彦满都呼恐龙化石群、三顶帐房古城遗址、成吉思汗陵等。

三、经济发展与生产布局

(一)经济结构特征

2012 年，蒙西地区生产总值完成 5397.81 亿元，三次产业结构比例为 4.8：62.5：32.7。人均 GDP 达到 506 917 元(表 6.1)。蒙西地区资源优势在经济发展中的贡献率比较突出，第二产业在国民生产总值中占到 2/5，并且以能源工业为主。蒙西地区 GDP 总量占全自治的 1/3，并超过蒙东地区总量，人均 GDP 为蒙西地区的 1.5 倍和蒙西地区的 3 倍，经济发展的绝对实力和相对实力都很强。从改革开放前的经济水平落后地区一跃成为现在经济发达地区和发展速度最快地区。鄂尔多斯和阿拉善人均生产总值超过了 1 万美元。

表 6.1　2012 年蒙西区经济情况表

盟市	GDP /亿元	人均 GDP /元	产业结构/%		
			第一产业	第二产业	第三产业
乌海	3 656.8	182 680.0	2.5	60.5	37.0
鄂尔多斯	783.3	47 012.0	19.3	57.3	23.4
巴彦诺尔	531.9	97 617.0	0.9	68.2	30.9
阿拉善	425.8	179 608.0	2.5	81.9	15.6
西部区	5 397.8	506 917.0	4.8	62.5	32.7
内蒙古	17 635.6	63 886.0	9.1	56.5	34.4

数据来源:《内蒙古统计年鉴 2013》

(二)重要的粮食生产基地

粮食作物以小麦、玉米、糜、黍、谷子、马铃薯等为主,经济作物有葵花、黑瓜子、甜菜、胡麻和蔬菜等。2012 年,粮食总产量 362.26×10^4 t,其中小麦 49.67×10^4 t,玉米 274.43×10^4 t,薯类 27.35×10^4 t,油料总产量 69.72×10^4 t。蒙西区灌溉农业发达,是内蒙古的粮食生产基地。

(三)沙产业的开发

早在 20 世纪 80 年代,钱学森院士就提出要创建"利用阳光,通过生物,延伸链条,依靠科技,对接市场"的沙产业。经过多年的探索,现已开发了沙棘、沙柳、山杏、麻黄、苁蓉、有毒灌草、天然胡萝卜素、风积沙微晶材料、荒漠化治沙及藻类、沙漠旅游十大沙产业系列。只要能够把生态环境建设与生态经济建设有机结合起来,就能够收到绿一片山川、带一个产业、兴一地经济、富一方百姓。使生态、扶贫、环保一举三得。以"沙漠增绿"带动"资源增值""农牧民增收""企业增效",体现了恢复生态、发展生产、改善农牧民生活的"三生统一"理念。

(四)能源、化工基地

2012 年蒙西区工业增加值完成 5 397.81 亿元,工业形成能源、化工、绒纺、建材、冶金、采矿等为主体的具有地方特色的工业体系和支柱产业。主要产品有原煤 $69 614.07 \times 10^4$ t,占全自治区总产量的 65.3%,发电量 870.5×10^8 kW·h,占自治区总量的 27.9%。形成了以鄂尔多斯为主的能源基地和以包头为主的化工基地。

(五)文化历史旅游资源

蒙西区旅游资源丰富多样,地方特色浓厚,旅游业自成体系。一是以成吉思汗陵为物质载体的草原文化为核心的游牧民族历史文化旅游；二是以当地民俗文化为核心的地方文化旅游，苏力德定文化、二人台文化、骆驼文化、婚礼文化等；三是以当地自然景观沙漠沙地和黄河为主体的自然观光和体验旅游，如沙漠探险、沙漠生态建设示范区观光、黄河凌汛观光等。主要产品有成吉思汗陵祭奠、鄂尔多斯婚礼、恩格贝生态示范区观光、巴丹吉林沙漠探险等。

第二节　区域开发

一、鄂尔多斯——中国能源基地

鄂尔多斯市辖 7 旗 1 区，总面积 8.7×10^4 km²，总人口 154.8 万人。该市是中国乃至全球极为罕见的能源资源富集区，世界级的大型现代化露天煤矿——准格尔煤田位于该区域内。世界顶级的整装天然气田——苏里格气田坐落于此。鄂尔多斯市是正在建设的国家重要能源基地，是我国西煤东运、西气东输、西电东送的重要基地。

（一）鄂尔多斯现象

从 1949 年到 2012 年的 63 年，鄂尔多斯市创造了一个地区由贫穷落后到富裕文明的发展奇迹，成就了一个内陆偏远地区强市富民的百年梦想，特别是改革开放 30 多年，鄂尔多斯经济社会发生了翻天覆地的变化。1949 年鄂尔多斯地区生产总值只有 1 526 万元，到 2012 年已达 3 657 亿元，增长了23 965 倍；人均生产总值由 1949 年 38 元激增到 2012 年的 182 680 元，增长了 4 807 倍。尤其是 1994 年以来，鄂尔多斯市紧紧抓住国家能源战略西移的绝好机遇，采取各种有效措施，促进了经济的腾飞。鄂尔多斯市已成为内蒙古自治区经济发展速度最快、效益最好的市。国家已明确从"十一五"时期起，作为西部大开发资源集约开发的重点区域，将建成中国最大、世界一流的国家级、现代化能源基地和煤基石油替代品生产基地，打造当代中国的"能源航母"，为保障国家能源安全、促进我国经济社会和地区经济持续发展具有十分重要的意义。

（二）能源资源

地质上的鄂尔多斯盆地（或鄂尔多斯块体，地理上称鄂尔多斯台地或高原），东起吕梁山脉，西抵贺兰山地，南起渭北山地，北达黄河之滨，行政区划涉及内蒙古西部、陕西北部、宁夏大部、山西西部、甘肃东部。它同呼和浩特市、包头市共同构成内蒙古自治区黄河"金腰带"上的"金三角"。是一个富含石油、天然气、煤炭及砂岩性铀矿的大型综合能源基地。

鄂尔多斯地下有储量丰厚的能源矿产资源，现已发现具有工业开采价值的重要矿产资源有 12 类 35 种。已探明煤炭储量 $1\,496\times10^8$ t，约占全国总储量的 1/6。如果计算到地下 $1\,500$ m 处，总储量约近 $10\,000\times10^8$ t。全市 70% 的地表下埋藏着煤，占自治区总储量的二分之一。按地域位置，全市可划分为东西南北四大煤田。东部是准格尔煤田，西部为桌子山煤田，南部是东胜煤田，北部为乌兰格尔煤田。鄂尔多斯的煤炭资源不仅储量大，分布面积广，而且煤质品种齐全，有褐煤、长焰煤、不黏结煤、弱黏结煤、气煤、肥煤、焦煤。大多埋藏浅，垂直厚度深，易开采。目前，四大煤田，除乌兰格尔煤田外，其余均正在开采之中。

石油、天然气是近年来发现的新型资源，主要位于鄂尔多斯中西部。在乌兰格尔一带即杭锦旗北部，地质勘探部门已经发现 20 多处油气田，鄂托克旗境内现已探明油气储量 11×10^8 m³，在乌审旗南部也发现了油气田。鄂尔多斯市天然气探明储量超过 $8\,000\times10^8$ m³，占全国的 1/3。我国目前最大的世界级整装气田——苏里格气田，探明天然气储量 $5\,000\times10^8$ m³，是我国实施西气东送的战略要地。油页岩主要分布于鄂尔多斯中部的东胜区、准格尔旗、伊金霍洛旗，目前探明储量超过 3.7×10^8 t，其中工业储量 66×10^4 t，储藏厚度一般为 3~5 m，含油率 1.5%~10.4%。富集的资源使鄂尔多斯正在成为国家重要的能源生产基地。

(三)可持续发展对策

能源和环境问题尤其是能源问题已经成为我国现代化建设日益紧缩的瓶颈。为了支持经济社会的可持续发展必须先实现能源的可持续发展，为此人们提出了不少关于能源发展战略的构想和建议。

1. 加强对盆地资源的统一规划和管理

鄂尔多斯盆地能源丰富，种类多，合理开发必将带动地区经济的发展，但盆地地区的生态环境比较脆弱，自然地理条件恶劣，基础设施不足，如盲目进行大规模开发不仅会对生态环境造成破坏，也难以取得较好的效益。因此，应在中西部开发战略的指导下，在保证生态环境获得改善，能源资源获得综合利用的前提下，制定盆地能源综合规划，进行统一规划、合理安排。同时，与周边省区的能源调查评价和开发利用规划结合起来，统一规划。取得各省、市、县人民政府在能源开发和管理中对征地、运输、用水、用电、施工等方面工作给予大力支持与帮助。

2. 加强盆地能源综合勘查开发

充分而深入地认识盆地能源地质特点，加强盆地资源调查评价和勘查工作。鄂尔多斯盆地尚待勘查的资源潜力很大，但是勘查开发程度很低，目前全球油气资源的探明程度分别为73％和61％，我国分别为43％和23％，而鄂尔多斯盆地分别仅为17％和8％。远低于世界和全国平均水平。为了提高该盆地能源开发的整体实力，必须综合勘探开发盆地中所有共伴生资源；在石油天然气探采工业中，坚持"以探促采、以采养探、油气并举、滚动发展"的发展战略。此外，应该油气、煤、煤层气、铀并举，多种能源综合勘查开发，对于煤炭和煤层气的开采，应采用采气—采煤一体化技术，达到既降低煤层气生产成本，又大大改善煤矿安全生产条件优越性的双重目的。

3. 注重开发利用过程中的环境保护

坚持以整个盆地为治理单位，实行统一规划、综合治理、工程措施、生物措施等合理配置。对盆地范围内的能源资源开发利用加强管理，防治并举，重点是加大保护力度，治理水土流失、各种污染以及地质灾害。环境的综合治理，涉及水利、国土、农业等有关部门的职责，国家应成立专门协调小组，统筹安排和协调有关部门及地方的工作，加强与有关部门的协调配合，集中相关的人力、物力、财力，提高环境的综合治理效益。

4. 能源开发利用实施投融资主体多元化

鄂尔多斯盆地能源矿产勘探开发项目融资必须从产业链的整体、从产业链的上游、中游、下游三个环节考虑，采用多种形式进行项目融资。银行贷款是目前我国企业融资的主要方式，此外，还应充分利用资本市场进行直接融资。能源项目中管道和城市管网的建设比较符合债券融资的特点，可优先考虑债权融资方式。也可充分利用证券市场融资，正确引导外资和国内投资，实现投资主体多元化。此外，通过财政贴息、参股或担保等方式，吸引民营资本参与能源基地建设。尤其是对天然气项目来说，私人投资的介入已成为一种趋势，它既可解决资金短缺问题，又可把私人投资的益处带到项目中来。

二、后套平原——内蒙古的米粮川

河套平原位于中国内蒙古自治区和宁夏回族自治区境内，西到贺兰山、东至呼和浩特市以东，北到狼山、大青山，南界鄂尔多斯高原。又称河套地区。黄河在此先向东北流，后转向东流，再折向南流，形成马蹄形的大弯曲，故称为河套。广义的河套平原可分三部分：贺兰山以东的称银川平原，狼山以南的称后套平原，大青山以南的称土默川平原（前套平原）。狭义的河套平原仅指后套平原，位于内蒙古蒙西区，包括巴彦淖尔市的杭锦后旗、临河区、五原县、乌拉特前旗、鄂尔多斯市的达拉特旗。河套平原在黄河干流和阴山、乌兰布和沙漠之间发育，地势低洼，利用自然地形引水灌溉非常方便，不需要复杂的工程，因此，自秦汉以来就有了灌溉农业。后套平原是中国三个最大的农业灌区之一，为黄灌冲积平原，地势平坦，土地肥沃，渠道纵横。

（一）自然条件

河套平原为黄河及其支流冲积而成。东西沿黄河延展，长 500 km，南北宽 20～90 km。面积约 2.5×10^4 km²。海拔 1 000 m 左右。地表平坦，西南高、东北低，除山前洪积平原地带坡度较大外，坡降大多为 0.125‰～0.2‰，河套平原有广阔的土地资源和丰富的农副土特产品，土壤以盐渍化浅色草甸土和盐土为主。

河套平原为典型的大陆性气候区，昼夜温差大，有适宜的气候条件。多年平均降水量 176 mm，多年平均蒸发量达 2 056 mm，是降水量的 11.7 倍，降水量分布极不均匀，夏季降水量（6～8 月）占全年降水量的 63％～70％。光能资源十分丰富，适合于农业生产；河套地区全年积温 2 900℃～3 400℃，日照 3 200 h，雨热同期。全年平均气温为 7.1℃，无霜期 141 d，空气相对湿度 47％，很适宜农作物的发育生长。河套平原有可利用的丰富太阳能和风能。太阳能的辐射量每平方米为 6 300～6 600 MJ，风能每平方米为 77～318 W，是全国最丰富的地区之一。

（二）内蒙古的粮仓

后套平原水资源丰富，属于我国最大的一首制引黄灌区，水利灌排条件便利。河套灌区通过开挖总干渠及七级灌溉渠系，疏通总排干沟及七级排水沟道，已初步形成了为河套农牧业服务的水利工程体系。

后套平原盛产小麦、玉米、豆类、油料、薯类、瓜果、药材等，产量居于全区前列。2012 年小麦产量 40.3×10^4 t，占自治区的 21.39％；油料产量 50.03×10^4 t，占全区的 34.48％，是内蒙古小麦和油料的主产区，被誉为"塞上谷仓"，是国家和自治区重要的农产品基地（表 6.2）。

表 6.2　后套地区农作物产量及占全区比例 2012 年

	小麦	玉米	豆类	薯类	油料
后套地区/10⁴ t	40.3	163.5	0.96	7.06	50.03
全区/10⁴ t	188.4	1 784.4	162.9	184.7	145.1
占全区百分比/％	21.39	9.16	0.59	3.82	34.48

数据来源：《内蒙古经济社会年鉴 2013》

（三）水资源合理利用及盐碱化

1. 存在的问题

河套地区现有的水资源状况，对生态建设、经济发展产生了明显的制约。

一方面，由于黄河水易于引用，为河套地区大量用水带来了方便，同时，也极易养成该区用水浪费、效率低下的陋习。另一方面，水环境恶化的趋势非常明显。从污染状况看，不仅有工业类型的点源污染，还有日益严重的农业污染。随着农业生产走上高投入、高产出的道路，大量的化肥、农药被用于农业生产，虽使农作物的产量得到了大幅度提高，但过量的化肥和农药被农作物低效率利用后，会造成氮、磷养分在土壤中的大量盈余。

土壤盐渍化主要发生在干旱、半干旱和半湿润区，它是易溶性盐在土壤表层积累的现象或过程。由于河套平原地区干旱的气候条件，使耕地土壤的水分和潜水强烈蒸发，造成土壤表层和地下潜水咸化，地下水和土壤中的盐分将留在土壤中。在地下水位上升和盐分积累到一定程度后，将导致土壤的沼泽化和盐渍化。河套平原灌区由于所处的自然地理环境和水文地质条件，再加上农用大水灌溉，灌区排水非常困难，曾经是内蒙古盐渍化程度最严重和次生盐渍化发展最快的地区，盐渍化土地不仅比重大，而且类型多，成因复杂。

2. 治理对策

对于水环境恶化问题，首先，应该节约用水，提高现有水资源的实际可用量。加强城市污水和工业污水的处理和回收利用，在提高用水效率的同时，控制直至消灭点源污染。其次，减少农用化肥、农药的施用量，减少面源污染。对典型污染地区应尽快投资进行重点治理，遏制水环境恶化趋势，并逐步恢复良性状态。

盐碱地有多种治理途径。河套地区多采用生物与工程措施并举的措施，有研究认为，生物治碱可以控制盐碱地的发生、发展并使地形平坦、土层深厚、适于机耕、具有潜在肥力的大面积的盐碱地变成良田和林地，达到盐碱地的最佳利用目的，发挥它们的生态和经济效应。

总之，内蒙古河套地区水资源与生态、经济的协调发展是一个长期、持久的任务，应抓住水资源合理利用及土地盐碱化防治两个核心，构造一个以建立良性生态环境为基础、经济社会持续发展为目标的区域可持续发展模式。

三、荒漠区特色植物资源开发与保护

荒漠地区的气候特点是强烈的大陆性，降水十分稀少，气温变化极端，日照强烈，冬春多大风沙暴。蒙西区荒漠化地区地域宽广，自然环境复杂，植物资源丰富多样，并且具有独特性。内蒙古荒漠区的植物有很多特种，如白刺、绵刺、革苞菊、肉苁蓉、沙肉苁蓉、驼绒藜、黄芪等。其中，肉苁蓉、四合木是内蒙古西部荒漠区最典型的特色植物。

(一)肉苁蓉

1. 资源现状

肉苁蓉是多年生根寄生草本。茎肉质，有时从基部分为 2～3 枝，圆柱形或下部稍扁。鳞片状叶多数，肉质，淡黄白色，螺旋状排列，下部的叶紧密，宽卵形或三角状卵形，上部的叶稀疏，披针形或狭披针形。穗状花序伸出地面，具多数花；种子多数，微小，椭圆状卵形或椭圆形，表面网状，有光泽。花期 5～6 月，果期 6～7 月。我国肉苁蓉主要产区如表 6.3 所示。

表 6.3　中国肉苁蓉的分布

省(区)	县(市旗)
内蒙古自治区	阿拉善左旗、阿拉善右旗、额济纳旗、乌拉特后旗
甘肃	武威、张掖、酒泉
青海	海南藏族自治州
宁夏回族自治区	中卫、灵武、盐池
新疆维吾尔自治区	布尔津、福海、富蕴、博乐、精河、沙湾、托里、克拉玛依、玛纳斯、乌恰、乌鲁木齐、奇台、哈巴河、察布查尔、乌苏、吉木萨尔、阜康、和布克赛尔、霍城、呼图壁

内蒙古野生肉苁蓉资源采挖量逐年增多，从 1994 年的 70 t，增加到 2002 年的 150 t。在肉苁蓉经济价值的驱动下，从 20 世纪 80 年代开始，内蒙古阿拉善盟的科技人员就开始了人工培育肉苁蓉的技术研究，并规划了 2×10^4 hm² 的培育基地。在巴彦淖尔市的一些旗(县)也在大规模地种植，如磴口县、杭锦后旗、乌拉特后旗等，其种植面积在 2 120 hm² 左右。目前人工培育肉苁蓉处于起步阶段，人工栽培的肉苁蓉产量还很低。

2. 肉苁蓉贸易及其开发利用

随着我国的改革开放与对外交流的加强以及国内群众生活水平的提高和保健意识的增强，国内、国际市场对肉苁蓉的需求量迅速增加。20 世纪 80 年代开始，国内的年需求量保持在 400～500 t，国际市场需求量达到 120 t，随着国内外市场需求量增加，肉苁蓉资源已急剧下降。目前，国内市场对肉苁蓉的年需求量在 3 500 t 左右，国际市场每年对肉苁蓉的需求量约为 1 000 t。1989 年调查资料表明，全国肉苁蓉的蕴藏量为 2 000 t，但 1989～2002 年实际采挖量年均约 209 t，因此目前肉苁蓉产量与国内外市场需求还存在很大差距。

肉苁蓉作为中草药在中国已有 1 800 年的应用历史。目前，其主要产品有苁蓉酒、苁蓉口服液、苁蓉胶囊、苁蓉保健饮料以及各种含有肉苁蓉的药丸、药膏、片剂、粉剂等产品。但目前产品形式较为单一,技术含量低,多为一般加工制剂。可以预见,随着中医药事业的发展和对肉苁蓉药用成分及其药理分析和药用活性物质的深入研究,肉苁蓉的利用空间将会越来越宽,今后的贸易量仍会继续增长,肉苁蓉资源的供需矛盾将会日趋突出。

3. 肉苁蓉资源开发利用中存在的主要问题

缺乏对寄主梭梭(或白梭梭)的合理利用与保护。有资料表明:在20世纪,我国的梭梭群落在60年代初为 112.7×10^4 hm²,而到80年代则下降为 55.6×10^4 hm²,与此相对应,肉苁蓉产量也由20世纪60年代的 80×10^4 kg 下降到了80年代的 30×10^4 kg。

受经济利益的驱动,对肉苁蓉进行掠夺式的采挖日益严重,由于能够卖出高价的是开花之前的肉苁蓉,无计划的掠夺式采挖,实际上就等于断绝了肉苁蓉繁殖的种子来源。

过度采挖和过度放牧会引起梭梭(或白梭梭)和肉苁蓉生存环境的进一步恶化。这些问题如果不能得到很好的解决,对未来肉苁蓉资源的可持续利用将产生严重影响。

4. 保护肉苁蓉资源措施

要加强梭梭林的保护。当前特别应加强梭梭林自然保护区的管理,扩大自然保护区规模。对保护区外的梭梭林可通过围栏封育,进而达到保护寄主,促进梭梭复壮更新的目的。

继续加大梭梭人工林培植力度,扩大人工培育肉苁蓉基地规模。

在中药材中,应加强对其他几个种在医药中的运用。肉苁蓉属共有20个种,我国有5个种(也有专家认为是4种1变种)。加强其他种的开发利用,则可减轻对肉苁蓉的采挖强度,以阻止对野生肉苁蓉资源的过量消耗。

从肉苁蓉组织培养物中直接提取有药用价值的活性成分。通过生物技术手段,生产肉苁蓉生物活性物质并加以利用,可减少对野生肉苁蓉的过量采挖。

(二)"活化石"四合木

1. 资源现状

四合木,蒺藜科,属落叶小灌木,草原化荒漠化强旱生植物,是1.4亿年前古地中海孑遗种。全世界主要分布在内蒙古乌海市及周边地区,多生于石质低山,沙砾质高平原及山前洪积扇等地,被认为是内蒙古唯一的特有属植物。目前仅存有 1×10^4 hm² 左右,被列为国家一级保护植物,世界上称其为"活化石"和植物中的"大熊猫"。四合木高 $0.3 \sim 0.5$ m,叶子圆润、绿色欲滴，根节上生有白色的毛根，有光泽或柔毛，叶片毛茸茸、圆乎乎。4月萌发，6月开花，7~8月结果，9月种子成熟，9月末果落，叶始变黄。

2. 四合木资源濒危现状及其原因

四合木分布区自然条件较为严酷，随着人口数量剧增、城市化进程加快以及开矿、筑路、樵采、放牧等人类活动的加剧，使四合木面临着干旱、沙化、人为破坏、环境污染等多重威胁，给本来就十分脆弱的生态环境带来巨大压力，使四合木适宜的生境面积不断减少，种群数量锐减，处于濒危状态。

（1）进化潜能衰退是四合木濒危的主要内因

四合木主要以种子进行繁殖，但平均每年正常开花植株占植株总数的11%，由于干旱和盐碱，种子发育和萌发常受到抑制，故其中又只有1%的种子能够成熟繁殖。四合木种群的年龄结构分析表明四合木属衰退种群，因其种群中幼龄植株明显缺乏。其自身的这些特性决定了它的繁殖和更新速度都非常缓慢，是导致其濒危的重要原因。

（2）人为因素是造成四合木大面积被毁的主要外因

四合木分布区地下煤源及矿藏资源十分丰富，近年来大量工厂、企业的建设，给四合木带来的破坏非常严重。20世纪90年代初，四合木分布区便利的水利、交通、丰富的矿产以及低廉的地价吸引着越来越多的企业入驻，大片四合木连同它生长的地皮被铲平，取而代之的是一座座厂房，而这些工厂对环境污染严重。这些都给四合木带来了毁灭性的破坏。此外，四合木分布区主要是牧区，家畜的啃食不仅使其种质资源大为减少，亦对四合木的花和果实造成破坏，这也是造成四合木种群繁殖能力降低，分布面积缩小的部分原因。

此外有些研究表明，地质历史原因造成物种的某些生物学特征与现代气候条件不相适应也是四合木种群衰退的原因之一。

3. 四合木保护价值

四合木的适口性较低，骆驼采食，羊采食较少，马和牛不食。其群落中其他植物包括著状亚菊、小针茅、无芒隐子草等均为饲用价值较高的植物，这就提高了四合木草地的利用价值。四合木是现存数量很少的珍稀植物，十分宝贵，但由于它又是一种很好的薪柴，现在资源仍在不断减少中，加强四合木资源的保护，非常紧迫。

四合木是为数不多的能在强干旱地区生存的植物，固沙效果很好，沙飘落至四合木生长的地区，都会在植株下方不断堆积，最后形成像小沙丘一样的小山包，对我国沙漠治理具有突出的意义。

专家认为，四合木富集钙、镁、钾、磷、铁等微量元素，含有生物碱、黄酮类、有机酸类、酚性化合物、油脂等，在植物增强生命力、抗旱、医学临床方面有极高的应用价值，更多的特征有待进一步研究。四合木具有极高的保护、科学研究和观赏价值，是一部非常珍贵的天然史书，是研究古生物、古地理及全球变化的极好素材，现在受到国内外学术界高度重视。

4. 保护四合木资源措施

保护四合木的生存环境。加强宣传工作，提高各级领导与当地居民的生境保护意识。合理规划工、农、牧业与城镇用地的发展，在四合木生长区控制工矿用地的盲目开发。根据生境适宜性选择重点保护区域，不同的生境类型区采取不同的保护与管理措施。

采取人工方式，加快四合木的自然更新。培育人工繁育种群，建立人工繁育基地。深入开展科学研究，采取迁地保护措施。

总之，鉴于四合木等濒危物种的保护是保护资源、保护环境、利国利民的大事，应引起各级领导、当地居民及广大科研工作者的高度重视，只有投入大量的人力、物力和财力并协调运作才能取得良好的效果。否则，一旦失去这些防风固沙的先锋植物，将会对当地的自然环境和生态建设造成极大的危害。

四、山羊和骆驼的故乡

(一)"软黄金"与"沙漠之舟"

内蒙古畜种资源极为丰富，"内蒙古绒山羊""内蒙古细毛羊""阿拉善驼"等闻名海内外，是著名的优良畜牧品种。

鄂尔多斯市是世界最大的羊绒产地和羊绒制品基地。产于鄂尔多斯市的阿尔巴斯白山羊绒因抓绒量较高、绒质优良、纤维细而均匀、光泽好、洁白柔软、绒纤维长、纺纱性强，净绒率高，被誉为"纤维钻石"和"软黄金"。鄂尔多斯市的绒山羊主要分布在干旱硬梁地区和丘陵地区，是由特殊的自然地理环境和气候等因素综合决定的。

阿拉善双峰驼，是我国荒漠地区的特有畜种，产于内蒙古自治区西部的阿拉善高原。作为一个古老的原始品种，其总数曾占中国骆驼总数的2/3。双峰驼在长期的选育过程中形成独特的生理机能和抗逆特性，它的役用性能超群，在著名的丝绸之路北端的沙漠地段，是阿拉善骆驼用它宽大的脚掌踩出了一条东起长安西至罗马的"丝绸之路"，使不同的文明穿越大漠融汇碰撞，也因此博得了"沙漠之舟"的美誉。

(二)开发利用

阿拉善驼与新疆驼、苏尼特驼一起列为我国骆驼三大品种，其中以阿拉善驼数量最多，阿拉善盟为中心产地，被称为"骆驼之乡"。2012 年，阿拉善盟骆驼数量为 9.93×10^4 只（表 6.4），占全自治区的 63.87%。鄂尔多斯市是生产羊和羊绒最多的一个市，是名副其实的羊的故乡。2012 年中，鄂尔多斯山羊数量为 426.12×10^4 只，占内蒙古的 25.22%，羊绒产量占内蒙古的 32.9%，山羊数量及羊绒产量均居内蒙古各盟市之首，鄂尔多斯被誉为"山羊的故乡"。

表 6.4　2012 年蒙西区骆驼、山羊和驼绒、羊绒产量状况

	山羊/10^4 头	驼/10^4 头	羊绒/t
鄂尔多斯市	426.12	0.16	2549
乌海市	6.25	—	14
巴彦淖尔市	180.25	1.94	507
阿拉善盟	93.21	9.93	295
蒙西区	705.83	9.93	3365

数据来源：《内蒙古统计年鉴 2013》

20 世纪 80 年代羊绒经营放开以后，中国的羊绒制品风靡全球，鄂尔多斯羊绒集团作为中国羊绒行业的龙头，追求"温暖全世界"的目标，其羊绒制品出口美国、法国等四十多个国家和地区，深受外国消费者的喜爱，出口量与年俱增，国际市场的知名度不断提高，被业内人士尊为"世界'软黄金'编织之王"。目前，鄂尔多斯集团羊绒制品的生产营销能力占到中国的 40% 和世界的 30%，成为名副其实的"中国羊绒制品大王"。内蒙古目前还拥有几家大规模、高知名度的羊绒企业，例如，维信集团、鹿王羊绒集团等。

阿拉善双峰骆驼在各个历史时期扮演着穿越沙漠的工具角色的同时，它的驼毛还有着极高的经济价值，马可·波罗当年穿越阿拉善时由衷地称赞这里的驼毛"是世界上最好的"。

（三）存在问题和对策

随着草场划拨到户，人口的增多和市场利益的驱动，极大地调动了农牧民的生产积极性，羊的数量也日益增加，草畜矛盾、人畜矛盾加剧。国内外专家公认，鄂尔多斯市地处 $37°35'N \sim 40°51'N$，从地理角度而言是羊的天堂，不能简单地喊"山羊是破坏草原的罪魁祸首"，人和动物的超载都会造成草原生态破坏。因此在养羊的规模不宜再扩大的情况下，应在维持原有规模上调整结构、提高质量、加快周转和科技进步，保持羊绒业健康持续发展。

与之相反，随着时代的发展，骆驼的功效逐渐减弱，草原上的生态恶化，

导致骆驼数量锐减，2002 年阿拉善骆驼被国家农业部列入国家级 78 种畜禽品种资源保护名录。过去人们养骆驼不仅乳、肉、绒兼用而且交通也靠驼力，现在牧民养骆驼也只有驼毛这一项收入了。在阿拉善的月亮湖等地，骆驼更多地成为旅游者的道具。因此为了保护阿拉善双峰驼这一历史悠久的物种，我们应通过各种合理手段，在牧民中掀起了保护生态、发展养驼业的新高潮，与此同时加大科研力度，增加骆驼保护工作的科技含量，提高养驼业的经济效益。

五、成吉思汗陵——草原文化旅游中心

成吉思汗陵旅游区，坐落在鄂尔多斯市东南部伊金霍洛旗的甘德尔草原上。"伊金霍洛"为蒙语"圣主的陵寝"之意。成吉思汗陵作为一座民族的丰碑，记载着蒙古民族沧桑的历史和灿烂的文化。

(一)成吉思汗陵基本概况

成吉思汗陵是蒙古族历史上杰出的政治家、思想家、军事家成吉思汗的长眠之地，更是祭祀这位伟人英灵的神圣之地。金碧辉煌的成吉思汗陵宫，宛如一只翱翔的草原雄鹰，象征成吉思汗不怕艰难、勇往直前的精神，展现广袤草原上帝王陵的恢宏气势。这里松柏耸立，树木成林，绿草如茵，与美丽富饶的鄂尔多斯草原连为一体，营造了独特的草原风光和人文景观，现已成为内蒙古著名的草原文化旅游胜地、全国重点文物保护单位、中国旅游胜地四十佳、全国百家青少年爱国主义教育基地和首批国家 AAAA 级旅游景区。

成吉思汗陵，原为全体蒙古民众供奉的"总神祇"——八白宫(室)。守陵部落的达尔扈特人，近八百年来世代守护、祭祀着成吉思汗陵寝原型"八白宫(室)"，完整地传承和保留了 13 世纪蒙古王朝时期的神秘的祭祀文化和独特的宫廷文化。成吉思汗陵的祭日有农历三月二十一的春祭、五月十五的夏祭、九月十二的秋祭、十月初三的冬祭，其中春祭最为隆重。成吉思汗陵独有的成吉思汗祭祀，内涵深刻，形式独特，内容丰富，是蒙古民族之结晶、蒙古文化之源头，被评为国家级非物质文化遗产。

(二)旅游开发现状

成吉思汗陵旅游区以陵宫为核心，由"三区""两道""八景"组成。

"三区"即"文物保护观光游览区"，以陵宫为核心，占地 10 km²；"生态恢复保护区"，在核心区的外层，围绕巴音昌呼格草原周围的梁地为界，占地 20 km²，在这个区域内真正实现"天苍苍，野茫茫，风吹草低见牛羊"的景象；外围为"视觉景观控制区"，占地 50 km²。

"两道"即从"气壮山河"入口门景到成吉思汗陵宫的 4 km 长的"成吉思汗圣道"和环绕巴音昌呼格草原并连接各景点的 16 km 长的"风景道"。

"八景"即游客活动中心、游客教育中心、祭祀观光游览区、蒙古民俗村、神泉风景区、休闲度假中心、那达慕马术活动中心和热气球俱乐部。

旅游区内主要景点包括：

1. "气壮山河"入口主题门景

主题门景主要由高 23 m 的成吉思汗手持苏力德的跃马柱形雕像、左右分别高 18 m 和 16 m 的山岩石壁、底部三层 27 级台阶、西边与山峰连接的丘陵式墙壁等组成。门景的主体建筑是成吉思汗震撼世界之伟大壮举的缩影。门景后是壮观的"铁马金帐"群雕，占地面积广，空间大，包括 385 尊雕像、5 座金帐。亚欧版图广场位于群雕之后，占地 10 000 m²，是中国历史上最大的疆域版图。

2. 蒙古历史文化博物馆

蒙古历史文化博物馆是以蒙古文的"汗"字为造型的一层建筑，总建筑面积为 5 800 m²，分为九个展厅，陈列了三部分内容，即"悠久的历史，英雄的民族""苍茫的草原，灿烂的文化""不朽的业绩，永存的丰碑"，突出展现了蒙古族的起源、成吉思汗统一蒙古各部落的丰功伟绩和鄂尔多斯民俗文化。

3. 成吉思汗中心广场

成吉思汗中心广场坐落在成吉思汗圣道的中心位置，是整个景区的次高点，由广场中心两块高大的丰碑和周围数十个大型塑像组成，记载着成吉思汗的戎马生涯和震撼世界的历史。

4. 成吉思汗陵宫

成吉思汗陵宫，是成吉思汗陵旅游区的核心，安放着成吉思汗八白宫（室），是举行成吉思汗祭祀的神圣地方。陵宫由具有蒙古族建筑风格的三座相连接的金碧辉煌的陵宫大殿构成，分为正殿、后殿（寝宫）、东殿、西殿、东、西展厅六部分。

此外，在成吉思汗陵旅游区东侧还有生活区——天骄蒙古大营，是根据历史记载的成吉思汗军事大营而仿造，由各种古老宫帐式建筑群结合的星级酒店，其客房和餐厅可同时接待入住游客 500 多人。

(三)发展趋势

在今后的发展中，这种独特的民族文化仍将继续保护、弘扬和传承，并在此前提下把成吉思汗陵旅游区打造成世界级的旅游景区，吸引四海宾朋、八方来客拜谒成陵、观光旅游，展现民族风情，更好地促进蒙古族历史、文化研究和学术文化交流。

(四)开发对策

1. 继续深度开发旅游区的人文历史资源

深度挖掘成吉思汗陵旅游区旅游产品的历史文化内涵,包括改善导游和解说质量,强化解说的历史文化内容;优化陵园内文物古迹观光景区的游览环境,增加展示内容,创新展示方式;进一步配套重点景区旅游服务设施,改善周边环境,提升景观质量等,将成吉思汗陵旅游区建设为具有世界级水平的帝王陵寝类文化旅游地。

2. 积极进行旅游市场创新,大力开拓国际旅游市场

大力进行成吉思汗陵旅游区旅游形象、旅游营销方式和营销机制方面的创新。建立差异化的旅游形象,根据各自的目标市场,采取不同的旅游形象宣传策略;加快完善网络促销系统、建立现代化旅游促销体系;针对国内客源市场,以区域合作为基础,建立统一宣传促销平台和信息发布平台,并与国内主要旅游客源城市构建互动促销合作机制,形成覆盖主要客源城市旅游销售网络;积极开展多种形式的营销,利用各种途径,提升成吉思汗陵旅游区知名度。

抓住国际旅游热点逐步向亚洲特别是中国转移的有利时机,以俄、蒙、日、韩、东南亚等国家为重点,吸引更多的入境游客。积极参与世界各主要客源国举办的文化活动、旅游促销与展览活动。不但要把成吉思汗陵打造成为蒙古族祭祀文化的保护中心,而且还要把成吉思汗陵打造成为蒙古族历史文化的展示中心和研究中心。

3. 努力提高设施配套水平

坚持政府主导、市场化运作的原则,有重点、分步骤地实施旅游基础设施建设工程,全面提升设施配套水平和服务接待能力。加大通往景区公路的建设力度,尽快建成便捷、畅通的旅游通道;加快周边旅游城市的建设,使其成为成吉思汗陵旅游区的集散地;加大主要景区的生态保护和建设力度,加强旅游通道的绿化建设。

此外,还应重点完善旅游区住宿接待设施的布局,提升旅游住宿接待能力,建立多层次的住宿接待体系;加强重点旅游景点的基础配套设施建设,包括景区内部旅游道路、旅游厕所、垃圾清运与处理、供电、供水,以及景观保护设施的建设;完善景区公共游览服务系统的建设,包括交通标示、旅游指示、景物介绍、信息咨询的设置和建设等。

第三节 区域规划

一、城市发展方向

鄂尔多斯市突出发展中心城市，构筑东胜、康巴什、阿勒腾席热"一城三区"的中心城市总体框架，促进中心城区向大城市迈进，加快发展上海庙、棋盘井、蒙西、树林召、大路、薛家湾、乌兰木伦、巴拉贡等沿河沿边产业重镇，建设沿河城镇带。巴彦淖尔市充分发挥河套平原土壤、气候各方面的有利条件，建设现代园林城镇。结合河套灌区河道交错、渠网密布、可利用水资源丰富的特点，因地制宜搞好城镇水系建设。围绕河套文化、草原文化、边塞文化的挖掘和展示，打好城镇文化牌。通过城镇绿化、水系和文化建设，打造独具特色的河套城镇人居环境。乌海市重点建设海勃湾中心城区和乌达、海南副中心城区、滨河新区。阿拉善盟以巴彦浩特为核心，中心城镇为重点的布局合理、有序发展、特色鲜明的城镇体系。有重点地发展特色小城镇，把小城镇建设同工业园区发展、绿洲建设、生态治理、结构调整结合起来，促进人口和产业相对集中。

二、产业布局

(一)农业

蒙西区发挥黄河、无定河流域的优势，集中建设沿河现代农牧业产业带，建设沿河高效农牧业经济带和城郊农牧业经济区。推进禁牧、休牧和划区轮牧政策，稳步发展草原畜牧业，落实草畜平衡制度，实现以草定畜，逐步压缩草原畜牧业规模，发展农区畜牧业，提高养殖规模与效益，实现农牧业结构由种植业主导型向养殖业主导型转变。建设内蒙古羊肉、羊绒、干草、粮油、果蔬、沙棘等生产基地。鄂尔多斯农牧业发展重心向沿河地区战略转移，以发展肉羊和林沙产业为主攻方向，打造鄂尔多斯羊肉、羊绒、干草、沙棘等农畜林沙产品及加工业品牌。乌海重点发展葡萄、蔬菜、乳肉三个产业。巴彦淖尔重点发展乳品、羊绒、粮油、果蔬、饲草及生物质能源产业，打造中国北方绒纺城，稳定发展河套优质小麦生产基地，扩大油料生产规模，培育番茄、蜜瓜、西瓜、枸杞、苹果梨、脱水蔬菜生产基地，扩大河套番茄种植规模，打造"河套红色产业"，以玉米和苜蓿为主的饲粮、饲草种植，开发以玉米、甜高粱、蓖麻和作物秸秆等为原料的生物质能源产业。阿拉善突出绿色品牌，壮大绿洲肉羊产业、绿色蔬菜业、特色沙产业等主导产业，发展绿色肉食品、中药材、粮食饲草料、皮革、蔬菜、棉花等加工业。

（二）工业

培育壮大煤炭、电力、天然气和可再生能源产业，集中建设国家能源重化工基地。做强冶金、建材和农畜林沙产品加工等特色产业，大力培育汽车制造、机械加工、生物制药、高新材料等高新技术产业，调整优化产业结构，提升产业层次。

1. 能源电力工业

重点建设准格尔煤田、神东煤田、东胜万利煤田三个5 000万吨级以上煤炭生产基地和塔拉沟、乌审、上海庙、西卓子山、乌素图—宗别立、古拉本、西大窑、纳林苏海等煤炭基地。重点建设大型坑口电厂，鼓励发展热电联产、煤矸石发电、天然气发电等项目，促进煤电一体化经营。积极推进风能、太阳能等再生能源的开发利用。建设乌拉山、临河、磴口、五原电厂，开发乌拉特中旗、乌拉特后旗、磴口县风电场。

2. 化学工业

重点发展煤化工、天然气化工、氯碱化工、精细化工、电石化工，形成长链条、大规模、多循环的化工工业新格局。重点发展煤制油、煤制甲醇二甲醚、煤制烯烃、煤制化肥、煤焦油等系列深加工产品，适度发展化肥、醋酸、烯烃等产业和天然气系列产品。重点发展硅铁、结晶硅、硅铝合金、氧化铝等冶金产品和非金属矿深加工、微晶玻璃、高标号低碱水泥等新型建材。在阿拉善经济开发区等工业园区建设以煤焦化、煤气化、煤液化及其下游产品为主的产业基地。建设工业盐、真空盐、氯碱化工、硝化工、精细化工为主的盐化工产业基地。硅化工重点发展以工业硅为基础的多晶硅、单晶硅、有机硅、化学硅等产业。

3. 冶金、建材工业

重点发展新型建材和水泥、玻璃。冶金工业充分利用丰富的煤、电、石英砂、铁矿、高岭土等资源，搞好资源的合理配置，重点向煤、电、冶金一体化、规模化、循环化产业方向发展特色冶金工业。乌海重点发展轻型合金、硅产业和特钢。非资源型加工业重点发展机械工业和轻工业。高新技术产业重点发展精细化工、特种氧化铝、沥青碳纤维、高纯硅等产业。

支持神华乌海煤焦化公司煤、电、焦、化项目建设，加快地方煤焦企业的发展壮大，打造煤焦板块；扶持海吉氯碱、君正集团、黄河工贸、乌海化工等企业扩大规模、提升档次，打造氯碱板块；鄂尔多斯重点发展非金属矿深加工、微晶玻璃、高标号低碱水泥等新型建材。重点引进发展煤炭机械、化工机械、汽车制造业，培育发展生物医药、新材料、新能源和电子工业等高技术产业。重点在阿拉善经济开发区等工业园区建设钢铁和有色金属产业基地。适度扩大铜、铅、锌、钼等有色金属采、选、冶及深加工规模。积极发展以硅铁、金属镁、铬铁、锰铁为主的合金原料工业。

4. 农畜林沙产品加工业

重点发展羊肉、绒纺加工业，积极发展林沙产品加工等特色产业。绒纺加工业加大"鄂尔多斯"品牌运作力度，打造国际知名品牌，建设"世界级绒纺产业科研生产基地"，加快新产品的研发，向高精羊绒制品和绒丝等混纺产品发展，提高国际市场占有率。加快沙柳造纸、高密度纤维板、均质板加工项目建设。引进沙棘加工龙头企业，做大做强沙棘加工产业。巴彦淖尔重点发展乳肉、番茄、酿造、炒货、粮油、脱水蔬菜、绒纺和造纸等产业，并积极发展生物能源和生物化工。

5. 园区建设

鄂尔多斯重点建设大路、树林召、蒙西、棋盘井、上海庙、纳林河、乌审召、乌兰木伦 8 个沿河工业园区。完善巴彦淖尔经济开发区、杭锦后旗河套食品工业园区、磴口经济开发区、乌拉特后旗青山工业园区，建设五原县隆兴昌工业园区、磴口沙金重化工业园区。重点建设临河化学工业高新技术园区、乌拉特五金冶化工业园区、甘其毛道口岸及金泉煤化工有色工业园区、沙海煤化工有色工业园区。支持阿拉善经济开发区等重点工业园区发展。

（三）第三产业

1. 旅游业

鄂尔多斯改造提升成吉思汗陵旅游区、恩格贝沙漠生态旅游区、响沙湾沙漠娱乐旅游区景观设施，加快开发建设黄河峡谷、阿尔寨石窟、百眼井、七星湖、萨拉乌素、秦直道遗址等一批旅游重点景区工程，引进发展神东、万家寨、四季青等工业旅游和城郊农业观光旅游等各类旅游项目、休闲产业，不断丰富旅游产品，提高吃、住、行、游、购、娱的整体服务水平，逐步形成自然观光、休闲度假、商务会展、体育健身、文化感受等各具特色的旅游系列。积极举办鄂尔多斯成吉思汗国际文化节、草原文化节等知名节庆活动，扩大文化宣传，开拓文化市场，推动文化与旅游的互动。乌海利用黄河海勃湾水利枢纽工程，发展黄河水上特色旅游。巴彦淖尔以河套历史文化、草原湖泊风光、民族风情、口岸边关为主题，发展具有地方特色、内涵丰富的旅游产业，使其成为新的经济增长点。打造以黄河枢纽工程、乌兰布和沙漠、阿贵庙为主的黄河大漠风情旅游线。以乌拉特中旗、乌拉特后旗草原、戈壁、口岸为主的乌拉特草原民族风情和边关探险及跨国旅游线。以河套田园风光为主的旅游线。以乌梁素海湿地、大桦背原始次生林和维信国际高尔夫度假村为主的湖光山色休闲度假旅游线等精品线路。重点建设乌拉山国家森林公园旅游区、乌梁素海与阿拉奔草原综合旅游区、维信生态旅游度假区、纳林湖景区、临河镜湖景区、沙漠生态旅游区、阴山岩画和阿贵庙景区。阿拉善以"中国秘境阿拉善"为主题，加强阿拉善沙漠国家地质公园和重点景区建设。

2. 现代服务业

重点建设公路、铁路、管道和航空四大运输体系，以原煤、化工、冶金建材、农畜产品等物资外运为重点，建设康巴什新区、东胜、准格尔旗、达拉特旗、鄂托克旗五大物流基地，

将乌斯太、策克等建设为区域性的运输枢纽和物流中心。加快口岸经济发展，构筑西北地区向北开放的前沿阵地，打通国际贸易大通道。

三、生态环境建设

要加快沿河速生丰产林建设，大力改造沿河盐碱地，对黄河、无定河流域沿岸资源和生态要实行保护性开发，形成生态平衡、风景秀美的沿河沿边环境保护带。在沙区、硬梁和丘陵地区加快发展林沙产业，重点建设以灌木为主的工业原料林基地。退牧还草，改善草原生态。草原牧区大力实施"退牧还草富民"战略，严格落实草畜平衡，搞好生态保护，提高草原的自我修复能力，减少污染，发展生态农业。积极发展林沙产业，推进城乡环境综合治理步伐，实现经济社会可持续发展。加大对四合木和湿地的有效管理和保护加快黄河护岸林带、城市防护林带、公路绿化林带、经济开发区与城区隔离林带、东山生态林和退耕还林还草等林业生态工程建设步伐，大力发展沙草产业。

恢复阴山山脉生态屏障和水源涵养功能，重点建设改造沿边境线、阴山山脉和草场退化、沙化严重区、荒漠区退牧还草工程。以沙区草场植被恢复为重点，加大乌兰布和沙区防沙治沙力度，严禁垦荒和自然放牧，调整种植结构，大力发展沙产业、草产业。建设黄河、乌梁素海湿地和乌兰布和沙漠湿地补水工程，发挥其调节气候、改善环境、发展生产的作用。在水土流失以及风沙地区继续实施退耕还林工程。

围绕额济纳荒漠绿洲生态恢复保护建设区、以梭梭等灌木为主的荒漠林草植被恢复保护建设区、三大沙漠周边沙害综合治理区、贺兰山自然保护区、黄河沿岸综合治理区、主要镇区生态环境监测保护治理区六大区域，全力构筑阿拉善西部、中部、东部三大生态防线。

第三篇 专 论

第七章　元朝文化与文化大区

章前语

本章介绍了元朝文化和文化大区建设，首先阐述了元朝文化的形成与特征，元朝文化对地区发展的作用与意义，然后提出了内蒙古文化大区建设的基础和意义，最后介绍了文化大区建设的主要措施和对策。

关键词

元朝文化；文化大区；文化资源

第一节　元朝文化形成及基本特征

元朝（公元 1206～1368 年，一说 1271 年建立，定国号为元），是中国历史上第一个由少数民族（蒙古族）建立并统治全国的封建王朝。1206 年成吉思汗建立蒙古汗国。1271 年忽必烈改国号为"大元"。

长城以北的游牧民族，以兵马取天下，却绝不可能以兵马治天下。成吉思汗大举攻金，势如破竹。像以往强大的游牧马队一样，突破长城的防线，南下攻掠。蒙古马队虽攻下广大汉地，却不知如何治理。文化隔膜造成的政治难题的解决，还要从文化交流、变迁、融合开始，接着以士人人格的整合推动国家整合、民族融合，最终跨越了民族仇恨、军事厮杀、征服对抗的鸿沟，到元朝完成了多民族国家一体化的历史进程。

与大多数中国封建王朝相比较，元朝思想文化观念有两个特点是十分显著的：其一是兼容，其二是"不尚虚文"。在这一思想的指导下，元朝的文化环境表现出兼容务实的特征。元朝文化的兼容主要体现在以下几个方面：它是中国古代历史上唯一没有从官方角度提出"避讳"制度的王朝；它是中国封建历史上思想文化禁锢制度最少的王朝之一，目前尚未发现元朝人士因言论遭受不幸的实例。据统计，元朝的文化禁令仅是明清两朝的几十分之一；它还是中国封建历史上唯一明确提出宗教信仰自由的王朝，当时世界上所有的主要宗教在中国都有活动的场所和信徒，这在当时的整个欧亚大陆恐怕是绝无仅有的文化现象。

建立元朝的蒙古族处在封建社会上升阶段，有着较为迫切的发展要求。因此与宋代相比较，元朝务实的文化精神是十分显著的。元朝的奠基人忽必烈主张"应天者惟以至诚，拯民者惟以实惠"，强调"务施实德，不尚虚文"。

一、元朝的文化类型及特点

(一)文化类型

具有完整意义上的农耕文化与游牧文化是古代中国文化最重要的特色之一，二者间的交融与冲突曾经直接影响了王朝盛衰、世代更替，同时，也左右乃至规定了它们自身的发展方向。大漠南北自古以来就是游牧民族繁衍生息之地，他们在千余年的游牧生活中，在这片广袤的草原上创造了灿烂辉煌的游牧文化。而地处中原的汉族，由于地理环境的优越，土地肥沃，雨量充沛，积累、创造了成熟的农业文明，并奠定了中华传统文化的根基。

(二)文化特点

任何时代的文化特征都是一定生产方式和生产水平的反映，所以游牧文化与农耕文化在精神特质上有着根本的差别。游牧文化具有几个明显的特点：

1. 游牧文化是一种动态文化

以蒙古高原为核心的草原民族的游牧狩猎生产方式的一大特征是追随水草，靠天养畜，在广阔的大草原上自由地放牧。与这种追随水草，靠天养畜的传统畜牧业生产相适应，游牧民族的衣食住行、婚丧嫁娶、社会交往、组织制度等，都带有游动的性质。由于"居无定所"，在草原上"四处为家"，再加上地广人稀，居住分散，所以其文化活动区域也是漫游于整个大草原。

2. 游牧文化具有包容性

由于文化游牧性，使游牧文化对于外来文化的接受态度较为开放，并富有包容性。譬如宗教，成吉思汗建立蒙古汗国以前，蒙古地区占支配地位的宗教是萨满教，而蒙古族历史上有过多种宗教并存。成吉思汗和他的继承者对各种宗教采取了兼容并蓄的政策，流行的宗教有佛教、伊斯兰教、道教、萨满教、基督教等。蒙哥汗时期，蒙哥汗和皇族除信奉萨满教外，也奉养伊斯兰教徒、基督教徒、道教弟子和佛教僧侣，并亲自参加各种宗教仪式。元朝时也采取同样的政策。元朝时期伊斯兰教徒的建寺活动遍及各地，基督教也受到重视和保护。

3. 游牧文化具有豪放性

游牧文化最重要的内容和特点是尚武、勇敢，恶劣的自然环境，造就了蒙古族独特的民族气质，即粗犷豪放的性格，勇敢刚健的斗志。

4. 游牧文化具有开放性

游牧文化在对待人与人之间更表现出了一种宽容、大度，正是因为这种开放性和包容性，使得人们能常常听得进反对意见，几乎在所有的游牧民族英雄人物身上都反映出这种品质。

5. 游牧文化是一种多民族混合型文化

在漫长的历史过程中，蒙古高原上曾经兴起过许多游牧民族，而大多数又都是属于阿尔泰语系的民族。因此，在同一时期，生活在广大的蒙古高原的各民族文化之间的共同性较多。一是不断的迁徙活动使许多不同民族之间融合过程得到加强；二是在这里所建立的游牧民族国家，实际上又是一个多民族国家，只不过大多数民族处于被统治的地位；三是许多民族都先后统治过蒙古高原，一个民族衰落以后，并不是完全从蒙古高原上退出，一般都有大批的人口继续留在了草原，依附于另一个刚刚兴起的民族。因此，有一个历代各民族文化沉积或积淀的过程。这些因素都促成了蒙古高原各民族文化之间共同成分的增加。

（三）游牧文化与农耕文化的关系

游牧文化与农耕文化虽然在文化特质上有着如此多的差异，但它们并不是完全孤立发展的，事实上，二者的冲突与整合一直是文化发展的主旋律。因为任何文化都不可能在一个完全封闭的系统中运转，必然要突破时空的限制去接触和整合其他文化。游牧民族多处于奴隶制或初期封建制阶段，游牧经济的单一性形成的对农区经济的依赖性，有时以对外掠夺的方式表现出来，对定居农业生活构成威胁。上述情况可能导致战争。战争造成了巨大的破坏，但加速了各地区各民族农业文化的交流和民族的融合，为正常的经济交往开辟了道路。而游牧与农耕这两种文化真正冲破空间的局限，达到一种完全的碰撞则是在蒙古族入主中原建立起了统一的封建中央集权后。在欧洲，由于农耕文化很脆弱，不能构成对游牧文化强有力的同化，因此游牧文化就以强大的力量保持了它的存在。而在中国，因为河流众多、土地肥沃，适合农业发展，且农业人口众多，因此创造了良好的农耕文明，与这种人口密度高、集约农业生产相比，游牧民族在经济文化方面长期处于一种劣势，因此，游牧民族虽然在军事上取得胜利，但在文化上则不同程度地受到了中原文化的融合；而游牧民族靠武力的攻击，也在一定程度上打破了封闭的中原文化圈，为中原文化带来了积极、勇敢、创新的文化因素。

在游牧文化系统中，虽没有"儒"这一概念，却具备原始宗教观念。对宗教的尊重与利用，成为成吉思汗最初接受中原精神文化的先导。元代是游牧文化与农耕文化互动影响最活跃的时期，征服与被征服都影响到文化的相互渗透。

二、元朝的教育与文化传承

(一)元朝的教育

12世纪初，成吉思汗统一蒙古各部建立蒙古汗国后，为了培养其统治人才，命塔塔统阿教太子和诸王以畏兀字书写蒙古语，这是创蒙古族专人执教之始。以后，窝阔台始定中原，亦命贵族子弟入学受业，"设置两学校，教育蒙古大臣子孙。一在燕京，一在平阳"。

忽必烈在至元六年(1269年)设诸路蒙古字学。八年(1271年)在京师设蒙古国子学，教习诸生。在中央设有蒙古司业、蒙古博士、助教、教授、学正等学官；在诸路设有蒙古学正、蒙古字学教授、蒙古提举官等学官。著名学者冯志、许衡等人在国子学执教。国子学最初学员定额200人，至大四年(1311年)扩大到300人，其中蒙古学员占一半。除京师和诸路办学外，蒙古各地驻军中也兴办学校。元代学校除讲授蒙古文字，还兼授算学，并以《帝范》《贞观政要》《通鉴节要》以及《五经》《四书》的蒙译本或节要本作为教材。通过办学，培养出不少蒙古族人才，也涌现出一批蒙古举人、进士。蒙古学校教育逐步形成制度。

1. 文化分化与元朝的教育

民族文化在一定程度上都是由许多文化要素彼此联结、互相依存结成的综合体，都可以构成相对独立的体系，在社会环境发生变化时，如异族入侵、外来文化传播等，在旧文化体系中就会产生新的需要，新的价值取向，并与旧的文化发生矛盾冲突，当这种矛盾冲突突破临界点时，原来的文化体系就被打破，发生文化的分化现象，衍生出新的文化体系和系统，对于这种现象，一般被称为文化分化。

文化分化现象在元朝教育中表现的格外明显。虽然蒙古族有着悠久的文化传统和浩如烟海的民族民间艺术，但没有任何学校教育经验，因此他们通过借鉴前代经验以及在儒家学者的帮助下，建立了完善的学校教育体系，同时在教育内容的选择上，也采用儒家经典。由于每一次文化分化都会外化出一些新的文化，所以文化也就越来越丰富、多样和复杂，这都成为了蒙古文化在新的形势下产生的新的需要，即通过与中原文化的碰撞，使传统的游牧文化发生分化，促进民族文化的进步。

2. 文化整合与元朝的教育

文化在分化过程中不仅有分化，同时也有整合。所谓文化整合，是指各种文化协调为整体的过程。文化整合表示各种文化的结构、形式、功能、意义上的改变，它不是简单的集合，而是经过选择、涵化、融合而达到新的适应，因而是文化创新的过程。文化整合改变人们的思想、目标、宗教信仰、行为规范和心理情感，也是形成新的文化模式的过程。在这一方面，文化整合等同于社会整合。文化有排他性，但同时也有融合性。特别是当不同的文化杂处在一起时，他们必然会相互吸收、融化、调和，发生内容和形式上的变化，最后逐渐整合成为一种新的文化体系。

应当特别指出：民族融合与民族同化不同，融合不仅仅是一个民族对另一民族的影响，而是双向的，是两个对等的民族在长期的共同性增长的基础上融为一体，民族差别得以最终消失。而民族同化则是一种文化对另一种文化的完全改造。

在元朝，统治者采用民族语言进行教学的中央官学和地方官学，以及多种形式的私学，都把本民族的优良传统作为教学的主要内容之一，从而形成了自身的特色。在教学内容中较多地保留了北方少数民族的"尚武"精神，注重骑射武艺的训练，推动了蒙古族文化教育的发展，这是与魏孝文帝彻底放弃本民族文化，全盘接受汉文化有所不同，在推行蒙古化，又加强汉化的政策下，这一教学特征，稳固了蒙古族文化，使得其能以自身的特质去吸收和改造汉民族的教育，使中华文化融合步入了一个新阶段。

元朝不仅是各种文化互相碰撞的时期，也是各种文化因子包括中西文化互相吸收、整合的重要时期，如北方儒学崇实的特色与蒙古文化尚用的特色的融合。可以说，正是少数民族掌权，才为各种文化，尤其是北方游牧文化的南进，中原儒学和南方理学传入北方提供了一个契机。各种文化相互影响，都在一定程度上调整了自己的结构，融合了他文化的优秀因子，任何文化都不可能在封闭的环境中取得发展，任何文化也都不是一个绝对独立的整体，都是各种文化的综合。正是各种文化间的互动，使得中国大地最具代表性的农耕文化和游牧文化都发生了一定的变化，互相吸收了有利于自身发展的因素。游牧文化所一直倡导的武功征伐逐渐改变了其野蛮的特性，融入了农耕文化文治、和善的特性。而农耕文化中一直追求安稳的特征也渐渐从死板教条的遵从融合了游牧文化勇敢、自由的气息。

在一个相对开放的空间中，保持一种文化完全的独立，不受其他文化的影响，是不现实的，也是难以想象的。元朝游牧文化和农耕文化的相互渗透，是两种文化积极主动地去博采众长的结果。这种积极主动并不是以丧失本民族文化特质而全面接受他文化为代价的，而是调整自己以利于其在新的环境中生存和发展。

(二)元朝文化的传承

1. 元朝文化传承的性质

多语言、多文化是元代社会最重要的特征。元朝文化吸纳了欧亚大陆众多民族的优秀文化，海纳百川，具有了显著的多元性和空前的繁荣。这构成了元代文化教育的独特性。这一独特性主要表现在，教育在传承蒙古族文化的同时，还要承继传统的中原文化，二者缺一不可。若失去了本民族的文化，民族精神就会被同化到中原文化中，这显然是蒙古族统治者所不愿看到的。因为民族文化在民族成员心理中积淀形成了民族成员的集体意识，使不同民族在价值判断、道德和审美判断上形成了差异，这种差异导致了民族成员从一种文化形态骤然进入另一个文化形态时会产生不适应，甚至排斥，这种心理倾向使任何民族都有一种传承、维护本民族文化的天然倾向。另一方面，中国传统的儒家文化是一种静态、尚德的文化，有着广泛的社会和群众基础，对于统一的中央集权国家的发展是必不可少的。中原的农业文明发展到了一个非常成熟的水平，相对于游牧文明而言，的确是一种先进的文化。由于游牧民族固有的开放、包容的品质，蒙古统治者对中原文化采取了积极主动的接受态势，使得延续了几千年的农耕文化并没有因为少数民族政权的建立而中断，反而得到了更好的传承和发展。

2. 元朝文化传承的任务

在教育上，元代教育既体现了本民族特色，又体现了中国教育的承继和延续的特征，因而元代教育就相应的承担起了既保持本民族的传统文化，又发展和承继中国农耕文化的双重任务，这是元代以前的教育史上不曾出现过的情况。元朝统治者在面对这双重任务时，从具体的教育政策到学校的设置、课程内容的选择等方面均提出了发展两种文化的建议。这些措施和建议，为以后的跨文化、多民族教育提供了经验，也丰富了中国教育的内涵，在中国教育史尤其是在少数民族教育史上具有重要意义。

3. 元朝文化传承的方式

元朝游牧文化与农耕文化的传承与发展主要通过两种途径来进行：一是通过正规的学校，这也是文化传统的主要渠道；另一渠道是非学校教育，这是少数民族文化传承的主要方式。

三、元朝文化对地区发展的影响

元朝文化是中华文化繁荣发展的一个重要阶段，在中华大文化中占有显著的地位。元朝版图横跨欧亚，众多民族大一统，使得文化的发展具有前所未有的深厚宽广的内涵。

元朝以及四大汗国等政权的产生，使 13 世纪之后的欧亚政治格局发生重大的变化，东亚、中亚和西亚地区昔日林立的诸多政权顷刻间消失，欧洲的部分地区也纳入蒙古汗国的统治之下。毫无疑问，残酷的战争，剧烈的社会动荡，曾给欧亚各国人民带来巨大的痛苦。但是，征服战争以及随之建立的蒙古政权，在客观上带来的积极影响也是不容忽视的，它使欧亚之间经济文化交流的壁垒被打破。蒙古族统治者鼓励通商的开放政策，便利、安全的驿站交通，拉近了欧亚之间的距离，使各种文化之间的直接对话成为现实，缩短了欧亚大陆区域之间因发展不平衡以及由于地理空间和人为封闭造成的文明进程的差距。交流让中国认识了世界，世界也认识了中国，东西方之间的神秘面纱被揭开，世界文明史由此进入了新的时代。如果从中国文化史角度观察，元朝的影响主要体现在两个方面。

（一）促进了中国的对外影响

在中国古代历史上，对外影响最大的王朝是唐朝和元朝。但是，如果从对外影响范围、往来国家数量和国际地位角度比较，元朝进一步扩大了中国的世界影响。优惠的通商政策、通畅的商路、富庶的国度、美丽的传说，使元朝对西方和阿拉伯世界的社会各界形成了巨大的吸引力。上都、大都、杭州、泉州、广州已具有国际化都市的色彩，泉州港成为国际最大的对外贸易口岸。旅行家、商人、传教士、政府使节和工匠，由陆路、海路来到中国，他们当中的部分人长期旅居中国，有些人还担任政府官员。据统计，这些人分别来自波斯、伊拉克、阿速、康里、叙利亚、摩洛哥、高丽、不丹、尼泊尔、印度、波兰、匈牙利、俄罗斯、英国、法国、意大利、亚美尼亚、阿塞拜疆、阿富汗等国。归国后一些人记录了他们在中国的见闻。正是这些游记，使西方人第一次较全面地掌握了中国和东方的信息，一个文明和富庶的中国真实地展示在世界面前。这些信息改变了欧洲人对世界的理解和认识。

（二）开创了古代中西文化交流最繁荣的时代

元朝通过海上"丝绸之路"进行经贸往来的国家和地区由宋代的 50 多个增加到 140 多个。海路到达非洲海岸，陆路往来直抵西欧，统一的环境为国际、地区间的交往创造了前所未有的便利条件，史称"适千里者，如在户庭；之万里者，如出邻家"。在大量阿拉伯人、欧洲人涌向东方的同时，中国人的视野也更加开阔，对周边国家、中亚、南亚和印度洋地区的了解更加清晰，足迹甚至延伸到西亚和西欧。人们对外部世界的了解和介绍，不再局限于道听途说，而大多是亲身经历。如汪大渊的《岛夷志略》一书，所记印度洋沿岸和南海各国史实"皆身所游览，耳目所亲见，传说之事，则不载焉"。该书记录了数百个地名，以及各地的山川险要、气候物产、人物风俗，与中国的经济、文化交往情况等，多属前人未载内容。类似的文献还有《西游记》《西游录》《北使记》《西使记》《真腊风土记》《异域志》等，反映了元代中国人对外部世界的新认识和开阔的文化视野。

第二节　内蒙古文化资源

内蒙古历史悠久，民族文化底蕴深厚并独具特色，是文化资源大区。内蒙古独特的历史和民族文化资源是中华民族文化的重要组成部分，利用内蒙古文化资源塑造文化大区新形象，是加快文化发展、建设民族文化大区的现实基础，同时也是促进自治区政治、经济、文化、社会全面发展的新动力。建设民族文化大区，必须对文化资源价值有正确的认识。

一、内蒙古文化资源丰富

内蒙古有着悠久的历史和灿烂的文化，早在新石器时代，内蒙古东部地区便出现了原始农业经济，先后有小河西文化、兴隆洼文化、赵宝沟文化、富河文化、红山文化和小河沿文化等。内蒙古中南部地区的新石器时代文化主要是由中原迁徙来的人群创造的。内蒙古地区的青铜器时代，以朱开沟文化为肇兴，开始向半游牧—游牧经济形态转化。内蒙古的民族文化资源主要指有蒙古族特色的草原文化。草原文化与黄河文化、长江文化同为中华文明的主要源流和组成部分。草原文化以游牧文化（即原生文化）为主体，包括草原民族与其他民族交往中创造的次生文化，和草原地区非游牧民族创造的共生文化。内蒙古的民族文化资源极其丰富。

蒙古族作为内蒙古的主体民族，拥有完整的语言、文字、民族的文学、曲艺、音乐、舞蹈等。蒙古族的生产生活方式以游牧和狩猎为特点，千百年来，蒙古族人民过着"逐水草而迁徙"的游牧生活。蒙古族人民在长期的游牧生活中，为了适应牧业生产和自然环境逐渐创制而形成了属于本民族特有的服饰、用具、饮食、民族习俗和民族间的庆典活动等。这些都是自治区民族特色和地域特征的重要内容。

在军事方面，草原民族以骑兵为主的作战方式，引发了赵武灵王"胡服骑射"的改革，推动了以骑兵与步兵结合的作战方式取代步战、车战结合的方式，影响了中国自奴隶社会后期到封建社会2000多年的战争史。

在文化艺术方面，自大兴安岭至天山山脉的草原岩画带是世界上年代最为久远、延续时间最长、跨越地域最广、内容最为丰富的岩画长廊，被国内外专家誉为"刻在山岩上的史诗"。

内蒙古的自然文化资源是内蒙古独特文化产品的物质载体和文化生产的物质手段，是内蒙古自然环境中存在的可作为文化生产原材料的物质及文化生产所必需的环境条件。如可开辟为旅游点的草原自然景观、可用于篆刻的巴林石等。

内蒙古文化的社会资源包括内蒙古的社会、经济、技术因素中可用于文化生产的各个方面，主要有教育、科学、文艺、道德、法律、风俗、信仰以及其他从社会上后天获得的能力和习惯等。文化的自然资源与社会资源是相互依存、相互作用的，在特定的自然环境的基础上，才能够形成相应的社会文化，而同时这种文化又反作用于自然环境，从而创造了具有地方特色的人文景观。内蒙古本土文化资源是多年来内蒙古人民的文化行为赖以存在的对象，是本地区各项文化事业存在与发展的基本条件之一。文化资源能够满足人们物质和精神方面的双重需要，能够较快地更新和发展，而且其开发利用的潜力无限。

二、开发利用内蒙古文化资源的意义

开发利用内蒙古文化资源是保持中国文化丰富性与多样性的需要。中华民族历史悠久，文化源远流长。中国文化博大精深，是经过数千年发展形成的多元统一的文化，是包括中国境内的各地方文化和各民族文化的复合体。中国文化虽然是一个完整的统一体，但因中国地域广大，民族众多，所以内部的区域文化和民族文化又呈现出丰富多彩的差异。比如历史上形成的楚文化、晋文化、秦文化、燕赵文化、齐鲁文化、吴越文化、巴蜀文化等以及蒙文化、苗文化、藏文化和一部分地区的伊斯兰文化等，都异彩纷呈，各有特色。他们是特定人群在特定时期和特定地区经过长期实践所创造出来的最适合其自然环境和社会条件的行为选择的标准体系，这一体系一旦形成，就具有一定的稳定性，对增强本地区、本民族人民的自豪感、自信心和凝聚力起着不可替代的作用。这种"多样性"正是中国文化的魅力所在。随着物质文明的高度发展，深入了解中国文化，保持中国文化的多样性，在新时期显得尤为重要。

文化多样性是人类发展历史上存在的普遍恒久的一种特征。内蒙古形成的游牧文化和半农耕半游牧文化对蒙古族人民的心理产生巨大作用，这种文化底蕴决定着地区民族的精神气质、思维方式乃至行为走向等，并因此体现出不同的特点和差异性。理解一个民族的文化，就要走近他们的生活，充分了解他们的传统以及风俗习惯。比如在穿着方面蒙古族的传统服饰为蒙古袍、蒙古靴子以及蒙古礼帽；在饮食方面也非常讲究，奶茶、炒米、奶皮、马奶酒和黄油都是蒙古族日常的主要食品。全羊席是蒙古族人民招待贵宾的传统佳肴，是蒙古族最传统最隆重的一种宴席。手把肉味道鲜美，易于消化，也是招待客人和日常生活中经常食用的菜肴。

世界文化的多样性，不仅使世界充满活力，也使不同文化相互激荡，从而使先进文化获得向前发展的动力。为此，必须从保持中国文化丰富性与多样性的高度来认识内蒙古本土文化资源的价值，必须加大研究和开发利用的力度。

三、内蒙古文化资源的开发

改革开放以来，内蒙古已经比较成功地开发了文化资源，但是还远远不够，今后必须要在巩固这一成果的基础上，继续深入开发利用文化资源，进一步提升文化品位，使文化资源优势具有持久的发展潜力。建设民族文化大区，必须全面发展文化事业。无论是从文化要服从和服务于经济建设这一中心出发，还是从社会主义文化自身发展要求出发，都必须把文化工作的立足点和出发点放在发展和繁荣社会主义文化事业上。内蒙古丰富而独特的民族文化资源，是发展文化产业的潜在优势，同时也是内蒙古民族文化大区建设的基础。必须要充分利用文化资源，大力发展文化产业，争取把潜在优势转变为现实优势，加快文化大区的建设与发展。

(一)资源及其开发价值评估

以内蒙古西四盟市为例(即鄂尔多斯市、乌海市、巴彦淖尔市、阿拉善盟，后文简称西四盟市)，西四盟市历史文化资源相对丰富，较为密集，特别是该区域之活态民族文化最具代表性的蒙古族及其不同部族和氏族文化资源尤为丰富多彩。具有历史、艺术和科学价值的不可移动之文物——古遗址、古墓葬、古建筑、石窟寺、石刻、壁画、近代现代重要史迹及代表性建筑等共有1 133处，国家级重点文物保护单位有14处，自治区级、旗县市级重点文物保护单位有181处(截至第二次文物普查统计)。其中具有较高旅游开发价值的或已经开发的即有：成吉思汗陵、萨拉乌苏遗址、阿尔寨石窟、朱开沟遗址、秦直道遗迹、十二连城城址、城川城址、"独贵龙"运动旧址(以上在鄂尔多斯市境内)；桌子山岩画、满巴拉僧庙(在乌海市境内)；阴山岩画、秦长城、三顶帐房古城遗址、鸡鹿塞石城、沙金套海古墓群、阿贵庙、三盛公天主教堂(以上在巴彦淖尔市境内)；居延遗址、定远营、南寺、北寺(以上在阿拉善盟境内)等文物资源。此外，历代之重要艺术品、文献、手稿、图书资料及实物等可移动文物，数量之多，不胜枚举。

西四盟市为蒙古族鄂尔多斯、乌拉特、和硕特、土尔扈特等部族较聚集区域。这些部族各具独特的部族文化，在其活态文化中至今尚保留着蒙古族悠久而优秀的文化传统。其生产、生活、娱乐文化习俗均具独特风采。鄂尔多斯和巴彦淖尔地区蒙古族以半农半牧生产方式为主，阿拉善地区蒙古族则以游牧生产方式为主。不同部族间餐饮、婚俗、歌舞、游戏和体育活动等在细节上存在着不小的差异。尤其是在鄂尔多斯蒙古族文化中，至今还较完整地传承和保留着蒙古族祭祀文化传统。如祭天、祭火、祭敖包和祭索鲁锭（黑、白、花）、祭祖（成吉思汗祭祀、窝阔台祭祀、托雷祭祀、毛胡来祭祀）等；乌拉特文化中始终传承和保留着蒙古族传统手工艺；而和硕特和土尔扈特蒙古人至今则基本保留着传统的游牧生产方式和祭驼文化传统等。

截至 2010 年 6 月底，鄂尔多斯市非物质文化遗产共有 5 项入选国家级非物质文化遗产保护名录，54 项入选自治区级非物质文化遗产保护名录，86 项入选市级非物质文化遗产保护名录，产生 31 名自治区级非物质文化遗产代表性传承人和 84 名市级非物质文化遗产代表性传承人；巴彦淖尔市入选国家级非物质文化遗产名录 1 项，自治区级非物质文化遗产名录 10 项，市级非物质文化遗产名录 15 项；阿拉善盟入选国家级非物质文化遗产 6 项，自治区级非物质文化遗产名录 16 项，市级非物质文化遗产名录 54 项，产生 2 名国家级非物质文化遗产代表性项目——蒙古族长调民歌传承人。

这些丰富多彩的历史文化遗产，是黄河、沙漠等自然景观外的又一最具优势的旅游资源支撑点，既有其社会价值，又有较高的经济开发价值。旅游业不仅是一种经济范畴，也是一种文化交流的社会范畴。通过科学合理的开发，一方面可促进历史文化遗产的保护，一方面还能开发其经济和社会价值，并且还能促进其优秀的文化内涵更快更好地得以发扬光大。

(二)开发现状及其面临的问题

四盟市的历史文化旅游，正在从无到有，由小变大，逐步发展中，但仍显现出明显滞后或与其历史文化资源优势不相匹配的现象。目前，无论在数量上还是在规模上，西四盟市的历史文化旅游景区景点开发均处在初级阶段。

西四盟市历史文化旅游其开发不外乎以下几方面：历史文化古迹或人文娱乐活动为背景的旅游开发、农村牧区农(牧)家乐旅游开发和自然景观与当地人文资源相结合开发等几种。展而言之即：首先，在这一地区，其历史文化旅游开发起步晚，规模小，尚未具备大旅游环境。西四盟市现已开发或正在开发中的旅游景区共有 83 处，其中以历史文化旅游为主题的景区景点有 32 处，占总数之 38.5％。从规模上看，除了鄂尔多斯市的成吉思汗陵旅游区、阿拉善盟的贺兰山广宗寺(南寺)生态旅游区福音寺(北寺)旅游区、巴彦淖尔市维信国际高尔夫度假村等为数不多的 3A 级以上旅游景区外，其余大部分都属于规模小或正在开发中的旅游景区。各个景区旅游接待设施与服务、产品结构、相关产业链等方面很不成熟。如很多景区景点（包括交通、住宿、餐饮、购物、娱乐项目、游览线路等）最基本的基础建设条件都很不健全。同时，包括上述成吉思汗陵旅游区、阿拉善盟的贺兰山广宗寺（南寺）生态旅游区、福音寺（北寺）旅游区等所谓规模较大、较为成熟的3A级以上景区，多少年来一直未能很好地理顺或解决其管理体制与机制方面的诸多问题（后文将专门剖析）；其次，西四盟市各旗县农（牧）家乐旅游开发也在不断地拓展之中。据统计，鄂尔多斯市农（牧）家乐点有几百家，阿拉善盟有129家，巴彦淖尔市零零散散的农牧家乐也为数不少。其中除了少数规模较大些的综合型农（牧）家乐外，大部分所谓农（牧）家乐，其实仅仅够得上自发性的小型餐饮接待点而已；还有，西四盟市自然景观旅游景区，均采取将自然景观与人文资源捆绑在一起的开发模式，其在景区建设方面，无论是视觉形象抑或娱乐项目等方面，都沿用与人文资源相结合的思路——从较有名气的响沙湾旅游景区到其他不同规模的自然景观开发区均不例外，但在具体挖掘与开发过程中，则存在着要么相互雷同，要么文化内涵不够深入，要么有意无意歪曲史实等不尽如人意处。

在宗教文化与祭祀文化资源开发模式或景区景点经营管理体制及机制方面，西四盟市一直在探索和逐步完善中。不过，无论是在已开发或正待开发的为数不少的宗教文化和祭祀文化景区景点，均存在着其开发模式不太适合或经营管理体制与机制不健全的问题。首先，由于将寺庙宗教文化资源和祭祀文化资源直接包装成旅游产品，完全以商业化模式进行开发，这导致广大信徒、宗教人士、祭祀活动组织者乃至于多数民众的不满；其次，开发商和寺庙宗教人士或民间祭祀活动主持者之间在利益分配问题上，往往出现矛盾：一方面双方在门票收入提成比例上易生纠纷，另一方面则是随着朝拜者的减少致使祭祀场所收入受影响而引起的矛盾。类似问题不仅在成吉思汗陵旅游区、准格尔旗油松王旅游区、阿拉善左旗南北寺旅游区等已开发运营的景区经营管理过程中存在，而且在准格尔召旅游区、乌审召旅游区及其他召庙文化旅游开发景区中，均或多或少地存在着。例如，成吉思汗陵旅游区新开发的景点和祭祀文化陵园区之间的整合开发问题，至今没得到合理解决。开发商、祭祀办、成吉思汗陵旅游开发区管委会和达尔扈特及朝拜群众各持己见，相互抵触，始终没能理顺开发模式和经营管理体制与机制方面存在的问题。而在阿拉善左旗南北寺、乌审召和准格尔召旅游开发中，至今尚未出台较为成熟的规章制度，没有形成规范化的经营管理体制与机制体系。

在历史文化资源的保护与开发方面，西四盟市作了很多有意义的工作并取得了一些成就，但仍存在认识和协调方面的问题。首先，在历史文物古迹资源的保护与开发方面，缺乏完整的规划和可行性方案。如鄂托克旗阿尔寨石窟遗迹和阿拉善盟额济纳旗境内的西夏黑城遗址等文物古迹资源的旅游开发，由于没有科学合理的规划和实施方案，保护与开发工作仍面临着难以逾越的瓶颈。阿尔寨石窟壁画受损越来越严重，黑城遗址日益被风沙吞没，这些均得不到有效的保护。同时，其旅游开发也不知从何处着手，始终未能探索出既能保护又能发挥其社会效益和经济效益的合理开发渠道；其次，在文化生态环境保护与文化资源的开发方面，缺乏可持续发展对策。尤其对活态文化生态环境的保护与开发方面，面临着很多新老问题。近几年人们已经意识到对自然生态环境进行保护的重要性，从而采取不少具体措施，并有了一定成效，但多少年来所形成的习惯，人们并未对人文生态环境保护加以足够的重视，其结果则导致了很多传统文化遗产渐渐淡化或不断地失传。目前这里已逐渐意识到或认可生态环境保护的必要性与紧迫性，通过非物质文化遗产保护或文化生态保护等不同的方式，从上到下开始努力探索着合理可行的保护与开发措施。但在具体落实和实施当中，由于认识不足或措施不当，在文化生态保护与文化资源开发方面仍存在着不少问题；具体表现在传统民俗文化生态环境的保护与民俗文化旅游资源的开发矛盾突出。经此次调查发现，在西四盟市草原民俗文化旅游开发过程中，有下述现象：一是采取使当地牧民或农民完全脱离过去传统的第一产业——农牧业经济与生活方式，向新的第三产业（旅游开发经营）方向过渡；二是引入开发资金，对农村牧区某个区域大面积的土地和草场资源进行圈地，把原居民彻底搬迁或以不同的方式使之脱离传统的生产和生活方式，以便开发旅游项目。事实上类似形式开发的旅游景区，充其量只是一种仿古影视城似的人工打造之民俗表演接待区（点）而已，绝不属于真正的民俗文化旅游区（点）。民俗文化旅游区其最主要的支撑点，应该是以活生生的原住民活态民俗文化资源为背景。只有在对活态文化生态环境进行保护的前提下进行民俗文化旅游开发，才有可能保障民俗文化旅游区的生存与其可持续发展。否则，既不利于文化资源的保护，又不利于文化旅游产业的可持续发展，最终则将导致难以生存的惨淡结局。

　　至于在成吉思汗陵祭祀文化生态保护方面，目前至少面临着以下几方面的问题。第一，对成吉思汗祭祀文化的内涵及其意义缺乏正确的认识。有不少人将此文化与迷信活动混为一谈；有部分人简单地将此祭祀文化与中原地区帝王陵祭祀习俗完全等同起来。还有些人则将此文化现象看作落后于时代的旧习俗。还有则将祭祀文化当作仅是表演性项目或完全商业化的旅游产品来看待。尤为令人担忧的是，如此古老而优秀的文化传统，目前渐渐趋于淡化，其神圣内涵日渐萎缩。第二，由于历史和现实的原因，随着成吉思汗陵保护区空间领域的缩小和异文化的渗透，成吉思汗祭祀文化生态环境渐渐在消失。由于空间的狭小、祭祀文化的很多项目难以进一步恢复和拓展。同样，因达尔扈特人口日益散居于异地，在成陵附近的达尔扈特居民渐渐被迫脱离传统的生产方式和生活环境，达尔扈特继承人的延续与文化传承等方面问题多多。如果对此不及时采取合理的措施进行抢救，在不久的将来会完全失去祭祀文化生态保护区的意义。第三，在多元文化碰撞的新时代背景下，怎样很好地保护和传承成吉思汗祭祀文化的传统，以合理的方式进一步开发利用此文化资源等问题，真切地摆在人们面前，亟待出台合理可行的方案以便实施。

此外，在不断开发草原旅游或民族文化旅游的过程中，较普遍存在着对文化生态环境保护不够重视的现象。在牧区好多区域内禁牧、产业转移或城市化进程中，由于具体实施措施不得当而造成文化生态环境受到破坏，同时导致文化旅游可持续发展难以得到可靠的保障。在有些地方为了"保护"自然生态环境，盲目采取全面禁牧措施，从而违反了当地地貌生态与生物链规律，严重地破坏了文化生态环境，不仅没有达到保护和恢复自然生态的目的，反而引起很多社会问题，对文化资源的保护与开发利用带来了极其不良的影响。

西四盟市历史文化旅游之开发，其所积累的经验较其他地区更加丰富，其发展进度在自治区理应居于前列。然而，这里在历史文化资源的挖掘和整合开发方面仍有这样或那样不足之处。近些年来，由于整合开发措施不到位，导致重复性建设较多，产品缺乏特色，种类单一、品位低，难以突破市场瓶颈。经调查发现，首先，各盟市乃至各旗县之间很多景区景点，都泛泛地强调蒙古族整体历史文化的共性特点，而忽视对各自所在区域历史文化的差异性特色，从而走向雷同的重复性建设歪路，最终陷入难以打造品牌或不易拓展市场的困境；其次，从较大的历史名胜古迹旅游景区（或草原民俗文化旅游区）到较小的农（牧）家乐旅游点，均以单一的观光或餐饮接待为主，而休闲娱乐、购物或体验性项目等则非常缺乏。

（三）对策建议

加强对历史文化资源开发力度，尤其有必要注重区域或部族历史文化资源的挖掘整合，避免重复性建设，突显特色，打造精品，共同拓展市场。众所周知，西四盟市旅游资源除了沙漠和黄河自然景观资源外，另外一个就是悠久而丰富多彩的历史文化资源。从远古萨拉乌苏旧石器时代古人类文化遗址到汉、匈奴、西夏等各代各族以及后来的蒙古各部历史文化遗产，在西四盟市境内分布极其丰富，且各具特色，非常便于统一整合，深度开发。鄂尔多斯市应依托萨拉乌苏古人类文化遗址、鄂尔多斯青铜器文化遗迹、祭祀文化遗产以及鄂尔多斯各部历史及其现当代活态文化资源进行开发；乌海市应分别将所居区域历史文化传统与当代产业发展时尚文化和现代书法与古代岩画艺术文化有机结合，着重打造具有文化氛围浓郁之多功能综合型现代化城乡旅游集散中心；巴彦淖尔市应该依托河套历史文化和乌拉特蒙古部族民俗文化遗产资源，着力凸显地域多元文化特色；阿拉善盟应重点突出西夏历史文化遗产、丝绸之路与古驿站文化遗产、宗教寺庙文化遗产及蒙古族和硕特并土尔扈特部历史文化资源特点而开发。

宗教信仰和民间祭祀等特殊文化资源不宜完全以私有化或商业化模式进行开发。因为宗教仪式和民间祭祀等活动，属于民众受宪法保护的信仰自由、民主权利范畴内的事项，其在旅游开发过程中，无论有意或无意，一旦使广大民众信仰自由受到不利影响，则应视为不恰当的开发方式，应及时加以纠正。如将宗教活动和祭祀活动场所统统划入景区门票控制区域内，毫无疑问地对朝拜者的朝拜或祭祀活动起到负面影响。所以，应将宗教活动场所或民间祭祀活动场所与旅游项目活动区域分行管理，前者不宜进行门票制管理，仍应归属民政民族与宗教事务部门和宗教行业协会或祭祀办等部门进行统筹管理，以免上述一系列问题的出现。

对历史文化资源进行保护与开发的提法，似乎人人耳熟能详，然而在实际操作过程中对怎样进行保护和开发等问题，很多人仍未能正确地理解与把握。这里至少涉及要保护什么、怎样保护和开发等方面的问题。换言之，对历史文化遗产的保护不能仅仅停留在对某个单体遗产保护的层面上，而更重要的是对其整体生态环境进行保护。对于历史文物遗产的保护与开发，国家已有较完善的政策与法规，但是对非物质文化遗产，尤其是对活态文化的保护方面目前尚未出台完整的法规条例和具体实施方案。如此，则打着开发草原历史文化旅游旗帜，在牧区大量圈占草场，并将土著牧民全部从开发区搬迁出去，重新建设人工景观设施，命名其为草原文化旅游区等做法，完全违背了保护与开发的宗旨。所以在历史文化旅游开发过程中，一定要注重文化遗产及其生态环境的保护，这样才有可能达到真正意义上的以文化支撑旅游业的可持续发展和以旅游发展来促使文化保护的目的。

第三节 内蒙古民族文化大区建设

一、内蒙古民族文化大区建设的条件

建设民族文化大区，必须科学地分析内蒙古文化发展的现状。内蒙古既有独特的文化资源优势，又有较好的工作基础，还面临着难得的发展机遇，文化发展和文化大区建设前景十分广阔。自治区成立以来，经过 60 多年的建设，特别是改革开放以来，文化发展取得了长足进步。当今世界，经济文化全球化步伐加快，文化趋同趋势明显，所以必须在全球化中保持和发展民族文化特性，并在此基础上将古老优秀的传统文化转化为适应现代中西方需求的文化服务产品。

(一)文化资源丰富

内蒙古文化资源十分丰富，有利于塑造文化大区新形象，从而促进内蒙古经济文化一体化发展。内蒙古大草原从古至今创造了特色鲜明的草原文化，与黄河文化、长江文化等，共同构筑了光辉灿烂的中华民族文化。内蒙古有丰富多彩的自然景观，如辽阔的草原、茫茫的森林、浩瀚的沙漠、神奇的温泉、迷人的地质奇观等。这些宝贵的历史文化资源、民族文化资源和丰富的生态文化资源，是内蒙古自治区经济社会全面发展强有力的推动力，有利于通过文化大区的优势打造内蒙古综合力量。

(二)文化发展基础良好

内蒙古文化发展已具备良好的基础，有利于激发人们对人性美和文明行为的主动追求，从而形成地区发展共识。内蒙古草原文化底蕴深厚，民族特色浓郁，素来被称为"歌的故乡、舞的海洋"，特别是蒙古族的民间歌舞更是为人们喜闻乐见的艺术形式，他们更以能歌善舞、精于创作而闻名于世。改革开放以来特别是自治区党委、政府提出建设民族文化大区的战略目标以来，内蒙古文化发展取得了显著成绩，内蒙古文化大区的形象进一步提升。与此同时，自治区还培育了一大批优秀文化人才，创造了一大批富有民族特色的歌舞、音乐、电影、电视剧等文化精品，文化品牌的影响力不断提高。一些文化精品不仅在国内享有盛誉，在国际上也具有较大影响，无伴奏合唱在国际合唱比赛中多次获奖，震撼了国际乐坛；千人马头琴齐奏参加国际性演出，创造了吉尼斯世界纪录；蒙古族长调艺术被联合国教科文组织评为"人类口头和非物质遗产代表作"，一些由本区影视艺术家创作的影片和电视剧，以浓郁的民族和地方特色独树一帜，多次在国际上获奖。所有这些，都为内蒙古进一步加快文化发展、建设民族文化大区奠定了坚实基础。这一系列本土文化资源进一步塑造了内蒙古民族文化大区新形象，是两个文明建设良好结合的有效载体，又是精神文明建设的一种新思路、新方法，符合人们普遍存在的人性方面的"内在需求"。

(三)文化建设的政策支持

文化建设正面临着良好的发展机遇。党的十六大以来，党中央适应新形势新任务的要求，把发展社会主义先进文化摆上了重要战略地位。文化建设在社会主义现代化建设全局中的地位和作用越来越突出，文化发展正面临着前所未有的历史性机遇。内蒙古本土文化资源是加快文化发展、建设民族文化大区的丰厚土壤，更是其优势所在。加快内蒙古文化大区建设是内蒙古自治区社会全面发展强有力的推动力，通过文化大区的优势打造内蒙古综合力量。内蒙古民族文化大区的建设的优劣，在某种程度上是内蒙古经济效益高低的晴雨表，也是社会人文环境好坏的衡量指标，关系到内蒙古能否具有更强的文化亲和力，能否产生经济与文化的合力，能否进一步扩大开放、深化改革等重要问题。民族文化大区的建设，必须用"三个代表"重要思想统领文化建设，全面发展文化事业，加快文化产业的发展，推进文化体制改革，加快文化人才培养，同时也必须加强和改善对文化工作的领导。

二、文化大区建设的主要措施

(一)推进全区文化体制改革，加快文化产业发展

目前，一些地方特别是基层的公共文化设施严重不足、设备陈旧，文化单位缺乏活力，群众的基本文化需求保障不力。同时，一些掌握大量国有文化资源的文化单位，游离于社会主义市场经济体制之外，缺乏活力和竞争力，有的甚至难以为继。要从根本上解决这些矛盾和问题，必须深化文化体制改革，推进体制机制创新，这是文化事业和文化产业共同繁荣发展的根本出路。

要根据中共中央、国务院印发的《关于深化文化体制改革的若干意见》精神，借鉴兄弟省市区经验，尽快研究制定全区文化体制改革方案。并着重做好调查摸底、选择试点及制定出台与文化体制改革相配套的文化经济政策及其他相关政策等工作。要召开文化体制改革及文化产业发展工作会议。要重点抓好文化旅游、文艺演出、新闻出版、广播、影视、文博会展、休闲娱乐等文化产业，使文化产业成为内蒙古新的增长点。要着力培育一批有实力的文化企业，重点抓好内蒙古报业、出版发行、广播影视和演艺团体等文化单位和企业的建设，打造一批独具特色的民族文化产业品牌。

同时，新时期深化文化体制改革，应按照"异权系数分割"的原则来重构政府的文化管理体制。"异权系数分割"就是尽量把同一种权力形态相对完整地分配给相应的组织成员，使上下级之间各自的权力界限相对明确清晰。这样，有利于通过贯彻"权责相等"的管理原则而调动各组织成员的积极性，有利于文化事业的发展。

(二)坚持改进创新，不断提高民族文化大区建设的能力

要推进民族文化大区，在继承优秀民族文化传统和过去行之有效的好作

法好经验的基础上，适应社会主义市场经济的发展要求，适应人的全面发展和社会的全面进步要求，创新文化建设的内容、形式、手段和体制机制，有什么问题就解决什么问题，怎么符合客观实际就怎么做，怎么有利于发展就怎么干。文化体制改革和其他方面的改革一样，必然涉及利益调整，会遇到这样那样的矛盾和问题。同时，文化体制改革又有其特殊性和复杂性。如果思想不解放，观念不更新，改革就不会主动，成效就不会明显。要深刻认识到，改革是大势所趋、势在必行，早改早主动，早改早受益，早改早发展。要坚决克服畏难情绪，强化改革意识，切实增强改革的自觉性和坚定性。同时，要使民族文化大区建设更好地体现时代性、把握规律性、富于创造性。要特别注意发展思路的创新，不断研究新问题，开创新局面。要加快先进科学技术在民族文化领域的使用和嫁接进程，促进民族文化大区建设与时俱进。要把领导建设民族文化大区的能力作为各级党委、政府及主要领导贯彻落实科学发展观的重要内容进行考核，促进自治区经济建设、政治建设、文化建设与社会建设的持续协调发展。

（三）以推动社会主义新农村新牧区为目标，加快农村牧区文化建设

要开展全面的农村牧区文化发展调研，摸清全区农村牧区文化底数，为研究制定文化建设规划提供决策依据。要树立基层文化建设先进典型，表彰奖励全区服务基层、服务农牧民先进文化单位和个人。开展"千部电影公益性下乡放映"活动等人民群众喜闻乐见的公益文化活动，丰富和活跃群众精神文化生活。

加强文化基础设施和文化阵地建设，完善公共文化服务体系。"文化体制改革的一个根本目的，就是满足人民群众日益增长的文化需求，更好地实现文化惠民。"加快文化发展，建设民族文化大区，必须不断完善文化设施，巩固文化阵地，逐步形成覆盖全社会的比较完备的公共文化服务体系。

要切实加强文化基础设施建设。从保护和实现人民群众基本文化权益、提高群众文化生活质量的要求出发，把文化基础设施建设纳入城乡建设总体规划，做到同步建设、同步落实。要集中力量改建和新建一批特色鲜明，具有文化生产、文化服务、文化展示、文化交流和文化经营等多种功能的标志性文化设施，高标准建设一批具有地域文化特色、鲜明时代特征和较高审美价值的标志性文化工程。要大力加强基层文化基础设施建设，优先安排关系群众切身利益的文化建设项目，突出抓好广播电视村村通工程、社区和乡镇综合文化站（室）工程、全国文化信息资源共享工程等建设。进一步健全和完善盟市、旗县、苏木乡镇、嘎查村四级文化设施网络，尽快达到旗县有图书馆、文化馆，苏木乡镇有文化站，有条件的嘎查村有文化室，逐步改善基层文化设施相对落后的状况。

　　要深入开展群众性文化创建活动。基层群众文化是民族文化大区建设的基础和重要组成部分，是活跃人民群众文化生活、保护和实现人民群众文化利益的重要形式，必须下大力气抓好。要深入开展创建文化先进旗县、体育先进旗县活动，继续实施"彩虹文化计划""边疆文化长廊建设规划""农村牧区电影2131工程"和"草原书屋工程"，全面提高群众文化活动水平。大力推进社区文化、企业文化、村镇文化、校园文化、广场文化和军营文化建设，丰富基层文化的形式和内容，推动基层文化活动创新。要继续开展文化、科技、卫生"三下乡"活动和文体、科教、法律、卫生"四进社区"活动，重视抓好边境基层文化建设工作，不断提高城乡文明程度。

　　（四）大力加强优秀精神文化产品的创作和生产

　　一是坚持继承传统文化与发展现代文化相结合。内蒙古作为草原文明的重要发祥地，传统民族文化底蕴深厚，内容丰富多彩。面对现代文明的强烈冲击，如何继承和发扬优秀传统文化，已经成为广大文艺工作者必须面对的紧迫课题。传统文化是基础，是现代文化的根；现代文化是发展了的传统文化，是创新的、具有鲜明时代特征的文化。两者互为补充、相得益彰，构成完整的先进文化体系。要善于从民族的、传统的优秀文化中吸取创作素材、原料和精华，同时也必须充分吸取现代文化的精华，用两者有机结合的新艺术成果为现代社会服务。在精神文化产品创作生产的方向上，要努力寻找传统文化与现代文化的最佳结合点，积极创作生产出融合传统文化精华、体现时代精神和代表先进文化前进方向的精神文化产品；在创作生产的态度上，要具有开放的精神、开阔的胸怀和开明的态度，吸纳兼容，善于吸取一切合理的、有益的文化，敢于摒弃那些过时的、不合理的、不适应社会发展趋向的文化形式；在创作生产方式方法上，要适应现代文化与科技特别是高新技术的结合日益密切，文化载体、文化制作和文化传播的形式更加现代化、多样化，特别是数字化、网络化的新趋势，积极运用现代科技手段和艺术表现形式，对传统文化艺术进行包装和改造，充分体现现代审美风格和要求，努力打造文化艺术精品，使传统文化与现代文化相互融合，健康发展。

　　二是坚持发展区域特色文化与打造草原文化品牌相结合。内蒙古东中西部地区还有许多富有地方特色的戏曲，如东部的"二人转"，西部的"二人台"等。在音乐方面，也有不同特色的文化区域。这些丰富多样的区域文化资源，既是培育区域特色文化的重要基础，也是草原文化的内涵。必须把发展内蒙古各地区域特色文化与共同打造草原文化品牌有机地结合起来，努力创作生产出一批具有浓郁地方特色的文化艺术产品，使草原文化的内容更加丰富，民族文化大区的魅力更加光彩夺目。

(五)重视科学技术在文化领域的应用推广

21世纪是高科技发展的世纪。科学技术不仅成为先进生产力发展的关键因素，也对文化事业特别是先进文化的发展产生着越来越重要的影响。随着现代社会各种传媒手段的普及，信息技术的迅速发展，各种信息大量涌入、相互交织，对人们的思想观念产生着重大影响。特别是互联网的迅速普及，深刻地改变着文化产品传播的传统方式，成为当今文化传播的一个重要手段。要提高文化创新能力，抢占宣传文化领域的制高点，必须不断提高文化产品的科技含量，增强文化产品的竞争力。尤其要在广播电视、新闻出版、舞台艺术等方面加快现代科技的应用和推广，加强网络文化建设，大力发展网络文化产业，牢牢占领社会主义文化阵地。

第八章 呼包鄂"金三角"

——内蒙古经济发展的龙头

章前语

"呼包鄂"三市是内蒙古的优势地区，被誉为内蒙古的"金三角"。目前，呼包鄂"金三角"已经成为内蒙古经济发展的火车头，对带动当地经济发展起着巨大作用。呼包鄂地区已经成为全国重要的能源重化工业基地，是内蒙古最为发达的经济区，也是西部地区发展最快的经济板块和全国最为活跃的经济区域之一。呼包鄂地区经济总量较大，城市化水平较高，已经具备一体化发展的条件。呼包鄂一体化应该纳入国家区域发展规划，成为国家指导和推动区域发展的一项重大战略举措。

关键词

呼包鄂；"金三角"；一体化

第一节 呼包鄂"金三角"区域的形成

由呼和浩特、包头、鄂尔多斯三市构成的三角地带，面积 23.75×10^4 km²，被称为内蒙古的"金三角"。这里集聚了全区 60％以上的研发机构和 75％的科技人员，2012 年三市 GDP 总量、地方财政收入等 10 项经济指标均占到内蒙古的一半以上；区域内人均 GDP、人均收入已达到沿海发达地区水平。随着呼包鄂三市经济的发展壮大和交通等基础设施的改善，城市间"竞合""竞融"势头强劲，推动主导产业强势发展、协同发展成为必然趋势，呼包鄂一体化进程加快，越来越受人关注。

一、综合经济实力大幅跨越

1978 年，呼包鄂三市经济总量均很小，生产总值分别只有 5.4 亿元、9.5 亿元和 3.46 亿元，合计只占全区的 32％。2012 年，三市地区生产总值均超千亿，合计达到 9 325 亿元，以占全区 20％的土地面积创造了全区 53％的经济总量。三市人均地区生产总值超过 7 000 美元，接近珠三角城市群的水平，其中鄂尔多斯市突破 10 000 美元，达到沿海发达城市水平。三市城镇化率超过 60％，达到中等收入国家水平；财政收入达到 739.9 亿元，占全区的 59.6％，是 1978 年的 231 倍。

二、产业结构不断优化

进入 21 世纪以来，三市产业结构调整步伐加快，三次产业结构由 2001 年的 7.9：46.0：46.1 调整为 2012 年的 4.8：62.5：32.7，二、三次产业比重继续扩大。特别是工业经济发展迅速，规模以上工业企业增加值达到 1 258.81 亿元，占全区的 53％，能源、冶金、农畜产品加工、化工、装备制造、高新技术等六大优势特色产业增加值占全区的 70％。

三、发展的协调性和可持续性不断增强

三市新农村新牧区建设扎实推进，各项社会事业加快发展，保障和改善民生工作取得明显成效。呼和浩特市全面开展了新型农村合作医疗；包头市大力实施就业再就业工程，城镇登记失业率控制在 3.82％以下；鄂尔多斯市部分旗区已开始推行 12 年免费义务教育。三市基础设施建设不断加强，生态环境明显改善，人居环境大为改观。

四、人民生活水平显著提高

三市城镇居民人均可支配收入达到 33 091 元，农牧民人均纯收入达到 11 399元，接近沿海发达地区水平，与 1980 年相比，三市城镇居民人均可支配收入分别增长 41 倍、36 倍和 51 倍，农牧民人均纯收入分别增长 42 倍、31 倍和 28 倍。三市城镇居民人均住房建筑面积分别达到 31.53 m^3、36.09 m^3 和 38.17 m^3，农牧民人均住房面积分别达到 22.9 m^3、28.0 m^3 和 27.5 m^3。

五、成为带动自治区经济发展的重要增长极

2001～2007 年，三市年均经济增长速度均高于 20％，经济总量和财政收入占到自治区的一半以上。在呼包鄂三市又好又快发展的拉动下，自治区自 2002 年起，经济增长速度连续 6 年居全国各省区市之首，生产总值由 2002 年的全国第 24 位上升至 2012 年的第 15 位。在全区经济总量前 10 位的旗县（市、区）中，呼包鄂占 9 个；全区财政收入超 10 亿元的 54 个旗县（市、区）中，呼包鄂占 22 个；全区工业 10 强旗县（市、区）中，呼包鄂占 9 个。

六、呼包鄂一体化区域特征

"呼包鄂"是内蒙古的"金三角",目前生产总值达到 4 600 多亿元,占全自治区的一半以上,人均生产总值超过 10 000 美元,同上海、宁波、苏州、无锡一道,步入发达城市行列。让三市突破行政区划的界限,实现一体化发展,并上升为国家区域发展战略,在自治区已形成共识。

呼包鄂"金三角"地区经济总量较大,城市化水平较高,已经具备一体化发展的条件。呼包鄂一体化应该纳入国家区域发展规划,成为国家指导和推动区域发展的一项重大战略举措,呼包鄂争取上升为国家战略。

三市需要自治区从更高层面统筹谋划三市一体化发展,形成一个集聚与辐射功能更加强大的经济体和城镇群。呼包鄂地区既可以争取成为全国第五个两型社会建设综合配套改革试验区,也可以利用北亚经济圈的概念,作为国家向北开放的核心区加速发展。

目前经济体的竞争,主要是区域间的竞争。自治区要提升整体竞争力,呼包鄂一体化必须进入国家战略层面。上报国务院的《国家主体功能区规划》已将呼包鄂列入国家级重点开发区。《规划》对呼包鄂地区给出了明确的功能定位,一共四项,分别是:全国重要的能源化工基地、农畜产品加工基地、稀土高新技术产业基地、北方重要的冶金和装备制造业基地。对自治区来说,在一体化进程中,最主要的是统筹规划好当地的煤炭开采、煤电、煤化工等产业布局,重点建设呼包鄂能源重化工基地,提升包头的稀土高新技术产业、冶金及装备制造业的层次和水平。

第二节　呼包鄂"金三角"地域概况及区域特征

一、地域概况

(一)呼和浩特市

1. 概况

呼和浩特市位于内蒙古自治区中部,黄河支流大黑河以北,京包铁路线上,为内蒙古自治区首府,全区政治、经济、文化和交通中心。明万历九年(1581 年)建城。1948 年设归绥市。1954 年改呼和浩特市,蒙语意为"青色之城"。现辖土默特左旗和托克托县等 4 县。市区人口 67 万。呼和浩特市汉族人口占多数,蒙古族约占 11%,还有回族、满族、达斡尔族、朝鲜族等民族。本市地处阴山南麓,地势北高南低。中部和南部为冲积和洪积平原,俗称土默川平原；北部是大青山山地，最高海拔 2 283 m。黄河流经市南部，境内还有大黑河、枪盘河等。较大湖泊哈素海，是本市重要的渔业生产基地。本市属大陆性气候，日温差较大，全年 8 级以上大风日数约 60 d 左右。新中国成立前，工业基础薄弱，仅有面粉、被服等小型工厂。新中国成立后，工业发展迅速，形成毛纺、机械工业为中心，门类齐全的综合性工业城市，还有钢铁、化工、制糖、乳品、卷烟、制革、畜产加工等，主要农作物有小麦、马铃薯等。经济作物胡麻、甜菜产量较大。畜牧业亦占重要地位。市郊有民用机场。有内蒙古大学等高等院校。市内有五塔寺、大召、小召、席力图召等古老建筑；南郊有千古闻名的昭君墓，又名"青冢"；东郊有辽代修建的万部"华严经塔"。

2. 工业

呼和浩特是内蒙古重要的工业城市，也是我国重要的毛纺织工业中心之一，现已成为一个门类比较齐全的综合性工业城市。除传统的民族用品工业、轻纺工业外，制糖、卷烟、乳品、医药、化工、冶金、电力、建筑材料等工业都已形成较大规模。涌现出了仕奇集团、伊利乳业、蒙牛乳业、呼和浩特市卷烟厂、亚华水泥厂、三联化工厂等大型企业。近年来，呼和浩特借助得天独厚的自然条件，乳业发展迅速，已成为闻名遐迩的"乳都"。

3. 资源

呼和浩特市有着悠久的历史和丰富的自然资源。在呼和浩特的大青山蕴藏着丰富的矿产资源，现已探明的有 20 多种，矿产地 85 处，其中大型 4 处，中型 3 处，小型 15 处，矿点矿化点 63 处。矿产规模以矿点及矿化点居多，工业矿床较少。除少数矿产地外，大多数矿产地开发利用较低，仅为普查阶段。其品种非金属矿产主要有石墨、大理石、花岗岩、石棉、云母、沸石、珍珠岩、膨润土、水晶、紫砂陶土等，以建筑材料为主，仅有少量冶金辅料和特种金属矿。

普通金属矿产主要有铁、铜、铅、锌。野生植物主要有种子植物和蕨类植物 752 种。野生动物有鹿、狍子、黄羊、青羊、云豹等 20 多种。有百灵、百天鹅、雉、半翅、雕、鹰等 100 多种，其中列入国家重点保护的动物有青羊、云豹；鸟类有金雕、雀鹰、松雀鹰、燕鹰、灰背鹰、猫鹰、红鹰、小鹤、长耳鹤、短耳鹤、雕鹤、红角鹤等 10 多种。农作物天敌资源共有 6 目 27 科 100 多种，其中食蚜虫、瓢虫、草蛉等捕食天敌在田密度高，分布广、食性大，适应性强，从春到秋均能捕到多种蚜虫，尤其在麦田中基本能控制麦蚜的蔓延和危害。中华广肩步行虫分布广、数量大、寿命长，捕食时动作迅速、凶猛，对蚜虫危害的发生能起到一定的控制作用。利用天敌治虫，经济有效，无公害，是今后发展方向。

呼和浩特地区光能资源丰富，日照充足，是全国的一个次高值区。全年太阳辐射总量的63%，日照1 600 h以上，占全年日照的55%，是相当优势的生产潜力。地下水分为浅层水含水层和深层水含水层。浅层水含水层包括浅层潜水及半承压水等。地下水埋藏深度、水质、水量均由北向南呈有规律的变化，全市浅层地下水年补给量为9.87×10^8 m^3。土壤类型多样，灰色森林土，主要分布在大青山的中上部，多属林牧用地；灰褐土主要分布在大青山中下部，以林牧用地为主，有少量农耕地；粗骨土主要分布在大青山阳坡、半阳坡，以林牧用地为主；新积土主要分布在山前洪积扇，郊区黄合少乡的东部及托克托县黑城乡的南部，主要以农林牧综合用地；栗褐土主要分布在土默特左旗沙尔沁乡、托克托县黑城乡和郊区榆林镇东南部、黄合少乡的东部，主要为农业用地；潮土主要分布在黄、黑河冲积平原上，洪积扇下部和湖积台地及低洼地，是全市比较好的农业用地，盐土，主要分布在冲积平原低平处及黄、黑河两岸，多为荒弃土地；沼泽土主要分布在山前浅水溢出带，主要为牧草滩；风沙土主要分布在托克托县东南部及南部黄土丘陵边缘处，部分可植树种草。其余为难利用土地。

4. 交通

近年来，呼和浩特市交通发展很快，已初步形成了市内市外、空中地面互相配套的立体交通网络。乘火车、汽车极为方便。

(1)航空

呼和浩特白塔国际机场是内蒙古第一大航空枢纽，位于市区东南15公里处，航线基本覆盖全国各大省会城市及中小城市；区内形成以呼和浩特白塔国际机场为中心辐射乌海、东胜、赤峰、通辽、锡林浩特、乌兰浩特、海拉尔、满洲里等区内城市的航线。

(2)铁路

呼和浩特铁路局所在地，京包铁路途经呼和浩特市，有始发北京、成都、兰州、满洲里、乌兰浩特、通辽、赤峰、锡林浩特的列车，还有通往天津、哈尔滨、沈阳北、杭州、汉口、广州、石家庄、西安、银川、青岛的列车，管内始发乌海西、二连浩特、东胜的列车，基本覆盖全区所有地级市。呼和浩特铁路局每周三、周四有发往乌兰巴托的国际列车。

(3)公路

呼包高速公路已建成使用，并且可以直达西部各盟市以及银川、兰州等西部重镇。京呼高速公路使得草原都市离首都更近了，驾车从北京到呼和浩特只需5个小时左右。全市已实现了各旗县通公路，许多世代闭塞的农牧区和边境地区也建起了公路，每日有数十班长途客运汽车开往附近各个城镇。呼和浩特还开辟了与蒙古、俄罗斯边境省区通车的 6 条客运班车路线。省级大通道贯穿内蒙古自治区。

5. 教育中心

呼和浩特拥有高校 23 所，占全区的 48.9％，是内蒙古自治区的人才高地和教育中心。

(二)包头市

1. 概况

包头，源于蒙古语"包克图"，蒙古语意为"有鹿的地方"，所以又叫鹿城。居住着蒙、汉、回、满、达斡尔、鄂伦春等 31 个民族。包头是国务院首批确定的十三个较大的城市之一，是内蒙古自治区最大的工业城市，是国家重要的基础工业基地，也是内蒙古绿化面积最大的城市。包头市坐落在著名的黄河河套顶端，是连接环渤海经济带和西北地区的战略要地，是自治区战略布局中腹地开发的关键地区。包头市地域辽阔，总面积为 27 768 km²，2012 年年底，城区建成区面积约为 212 km²，辖 9 个旗县区，总人口 273.2 万，其中城市人口 222.3 万。

包头市地处内蒙古高原的南端，阴山山脉横贯市区中部，形成北部高原、中部山地、南部平原三个地形区域，黄河流经该市南缘。属温带大陆性气候，年平均气温 6.4℃，年降水量 310 mm，无霜期 110～142 d。矿产资源丰富，已探明 40 多种。白云鄂博矿闻名中外，是一座巨型多金属共生矿，稀土矿储量居世界首位。包头钢铁(集团)有限责任公司是全国著名的钢铁工业骨干企业。包头交通运输发达，是京包、包兰、包白、包神、包西等铁路的交会处；民航有飞往北京、上海、广州、成都、武汉等地的班机。市区东北 70 km 的五当召(广觉寺)，建于清乾隆年间，为中国的名寺。此外还有美岱召、昆都伦召、梅力更召等名寺。东河区境内的转龙藏，是风景秀丽的游览区。

2. 区域经济

改革开放以来，包头市的经济建设进入了持续、快速、健康的发展时期，产业结构不断调整，基本产业得到加强，国民经济快速增长，形成了以铜铁冶金、稀土冶金及应用、机械制造、有色金属、纺织、电子、化工等行业为主的门类齐全的工业体系，与韩国、日本、美国、泰国等 30 多个国家和地区建立了贸易往来，出口商品多达 27 个大类，近 200 个品种。一批规模大，技术含量高，有地方特色的企业不断发展壮大。其中包钢是国家大型钢铁企业之一，是少数民族地区最大的钢铁联合企业；包头铝厂是中国十大铝厂之一，也是中国第一个稀土铝材国家重点生产厂家；包头稀土高科是国内首家稀土上市公司；内蒙古第一机械制造集团、北方重工业集团公司是中国兵器工业特大型企业；建设中的东方希望 $50×10^4$ t 铝电一体化项目将成为全国乃至世界最大的单股铝厂之一。包头市羊绒、亚麻纺线在国内均占有举足轻重的地位，多项关键技术居世界领先地位，其中内蒙古鹿王羊绒集团是世界最大的羊绒制品的公司之一，出口量一直居国内同行业前列。以下是包头市主要支柱产业：

（1）稀土

稀土是包头极具发展潜力的一个优势产业，已初步形成产业集群，其中包钢（集团）公司的稀土系列企业有包钢稀土高科技股份有限公司、包头稀土研究院有限责任公司、三峰稀土有限责任公司、天骄清美稀土抛光粉有限责任公司，具备年产稀土精矿 $8×10^4$ t、稀土合金 $1.5×10^4$ t、湿法冶炼稀土产品折合氧化物 7 000 t 以上的生产能力，可生产稀土合金、稀土精矿、稀土金属、稀土化合物等 83 个品种 200 多个规格的稀土产品。

（2）钢铁

包头是我国重要的钢铁工业基地。包头钢铁（集团）有限责任公司（简称“包钢”），具有年产钢、铁各 $500×10^4$ t、钢材 $350×10^4$ t 以上的生产能力，可生产重轨、大型工槽钢、无缝管、热轧薄板、带钢、焊管、高速线材、普速线材、棒材等 55 个品种 1 112 个规格的钢铁产品。进入新世纪以后，包钢着力完善板、管、轨、线四条精品生产线，推进产品更新换代，$260×10^4$ t 热轧薄板项目已于 2003 年竣工投产，$100×10^4$ t 冷轧钢板项目已于 2003 年 8 月启动。内蒙古北方重工业集团有限公司下属的特殊钢厂，是我国重要的特种钢生产厂家，可冶炼特种合金钢 100 多个品种。

（3）铝业

包头铝业（集团）有限责任公司是我国十大铝冶炼企业之一，拥有年产原铝 $21.5×10^4$ t、碳素制品 $6.3×10^4$ t 的生产能力，产品质量优良，倍受国内各地和美、韩、俄以及东南亚各国用户青睐。目前该公司正积极筹备新上精铝项目、恢复铝型材生产。2002 年，东方希望铝业项目落户包头，总投资约为 150 亿元，一期 $25×10^4$ t 电解铝工程已于 2003 年投产。铜冶炼加工项目已取得重大进展，这给包头有色金属工业今后的强劲发展创造了极好的条件。

（4）化工

化学工业，主要是核化工和基础化工，在包头具有相当规模和雄厚基础。光华化学工业公司是中国核燃料元件和核材料生产、科研基地。2003 年建成重水堆核电站燃料元件生产线，向秦山核电站供货，入堆情况良好。该厂年产金属钙 360 t，为亚洲第一。明天科技股份有限公司的电石、聚氯乙烯树脂、苯酚、硫酸、盐酸、烧碱、液氯、无水氟化氢、氟化铝、冰晶石、亚硫酸纳等产品，在国内外市场上都有一定名气。最近，中外合资内蒙古天然气、转炉气综合利用项目已经启动首期工程，投产后将使包头成为天然气化工生产的基地。

（5）建材

建材工业是包头一个传统产业，主要产品有水泥、墙地砖、耐火材料、水泥制品、玻璃等。其中包头晶牛浮法玻璃是目前中国最大的燃煤浮法玻璃生产线，年产量为 260×10^4 重量箱（4 条生产线）。特别是正在建设的压延微晶板材填补了国家 4 项空白，居世界领先水平。

（6）电力

包头及其周边地区电力工业发达，蒙西电网电力供应十分充足。包头市拥有一电厂、二电厂、三电厂三家大型火电厂，不仅充分供给市内用电而且电力远输北京、河北，支援华北电力。

（7）重型汽车

重型汽车制造业，是 20 世纪 80、90 年代在机械制造工业基础上发展起来的新兴产业。原内蒙古第一机械制造厂引进德国奔驰公司成套技术组建的北方奔驰重型汽车有限责任公司，原内蒙古第二机械制造总厂与英、美合资组建的北方重型汽车股份有限公司，经过十余年建设都已进入规模生产，成为我国生产重型汽车的骨干企业。前者生产 8～20 t 的 20 种奔驰车型，后者生产 23～100 t 的 7 种特雷克斯车型。产品不仅广泛应用在国内各项重点工程和矿山建设中，而且批量出口国外，享有较高信誉。2003 年，北方重型汽车股份公司又与德国特雷克斯—阿特拉斯公司达成合作，新建阿特拉斯工程机械有限公司，具有年产 2000 台液压工程车辆的能力。

（8）工程机械

包头机械制造工业实力雄厚。内蒙古第一机械制造（集团）有限公司，积极开发铁路车辆及备件、工程机械、石油机械、冶金机械、专用汽车等民品系列，中重型传操装置、高新技术模具、机电一体化产品等也都呈现出良好的发展势头。该公司生产的铁路罐车、高原型推土机、大地牌抽油杆、防弹运钞车等产品都已具有较强的市场竞争力。内蒙古北方重工业集团有限公司，近年来围绕民用特殊钢及加工产品、改装车辆、装备机械、铁路用品四大民品系列进行开发，取得显著成绩。他们生产的铸管模、超高压钢管、高压釜、稀土永磁电机、螺旋焊管机、火车挂钩、摇枕侧架、掘进机等产品受到用户的广泛好评。

3. 资源特征

包头的矿产资源具有种类多、储量大、品位高、分布集中、易于开采的特点,尤以金属矿产得天独厚,其中稀土矿不仅是包头的优势矿种,也是国家矿产资源的瑰宝。已发现矿物 74 种,矿产类型 14 个。主要金属矿有铁、稀土、铌、钛、锰、金、铜等 30 个矿种,6 个矿产类型。非金属矿有石灰石、白云岩、脉石英、萤石、蛭石、石棉、云母、石墨、石膏、大理石、花岗石、方解石、珍珠岩、磷灰石、钾长石、珠宝石、紫水晶、芙蓉石、铜兰、膨润土、高岭土、增白黏土、砖瓦黏土等 40 个矿种。能源矿有煤、油页岩等。

充足的水资源是包头经济赖以发展的重要条件。黄河流经包头境内 214 km,水面宽 130~458 m,水深 1.6~9.3 m,平均流速为每秒 1.4 m,最大流量每秒 6 400 m³/s,年平均径流量为 260×10⁸ m³,是包头地区工农业生产和人民生活的主要水源。此外,艾不盖河、哈德门沟、昆都仑河、五当沟、水涧沟、美岱沟等河流,水流量可观,也是可以利用的重要水资源。

包头可利用地表水总量为 0.9×10⁸ m³(不包括黄河过境水)。地下水补给量为 8.6×10⁸ m³。从 20 世纪 50 年代起,包头就开始了大规模的水资源开发,先后修建了黄河水源地多处,以及奥陶窑子、团结渠、民生渠、磴口扬水站、画匠营水源地等较大的黄河提水工程,先后构筑了昆都仑、刘宝窑、水涧沟等中小型水库,进行了大规模的水资源开发。包头地区的生活、工业及农业用水设施已经能够满足本地区经济社会发展的需要。

包头市山地占 14.49%,丘陵草原占 75.51%,平原占 10%。已开发和利用的土地中,市区面积为 168 km²;耕地面积占土地面积比重 14.3%;森林面积 14.92×10⁴ hm²,草原面积 208.65×10⁴ hm²。包头由于具备北部丘陵草原、中部山岳、南部平川三大地貌和不同的土质条件,加之气温降雨量也各不相同,因而适于多种动植物生长和繁衍。

北部丘陵地区大都种植干旱作物,主要有莜麦(裸燕麦)、荞麦(皮燕麦)、马铃薯、胡麻、油菜籽等。北部草原盛产绵羊、山羊、牛、马、骆驼等牲畜。南部平原区土质肥沃,有引黄(河)灌溉系统和地下水浇灌设施,旱涝保收,盛产小麦、糜、黍、甜菜、向日葵、玉米、高粱及蔬菜、瓜果。荞麦是这里的一大特产,素以颗粒大、出粉高、粉色好、味道美而驰名,是供不应求的出口产品。莜麦是包头的又一著名特产,营养丰富,且有较高药用价值。

中部山岳,据初步考察,野生植物共有 88 科,302 属,601 种。列入国家重要保护的稀有物种有黄芪和蒙古扁桃。常用的重要药材有甘草、黄芪、麻黄、赤芍、防风、柴胡、桔梗、远志、知母、党参、枸杞等 200 多种,尤以黄芪、甘草、麻黄、党参、枸杞产量较大,畅销国内外。

在山岳中的次生林带和草原地区，是野生禽兽栖息、繁衍之地。有兽类21种，其中青羊、雪豹是国家二级保护珍稀动物；狍子、毛皮兽、赤狐、獾、豹、野猫、蒙古兔等是内蒙古自治区级的保护动物。鸟类也很繁多，有留鸟25种、夏候鸟18种、旅鸟80种、冬候鸟7种。其中属国家保护的珍稀鸟类有雀鹰、大鵟、金雕、红隼、松雀鹰等13种。

4. 老工业基础和新开发潜力

2012年，包头申请专利1430件，专利授权815件，拥有国家级企业工程中心（技术中心）8家，国家高新技术企业73家，国家级创新型企业2家，包钢集团与东北大学、北重集团与清华大学的产学研合作全面深化。北京大学联合海内外科研机构建设了研究院和科技园，稀土高新区与北京中关村共建了高新技术产业园。

（三）鄂尔多斯市

1. 概况

鄂尔多斯市位于内蒙古自治区西南部，西、北、东三面被黄河环绕，属黄河上中游地区，黄河境内流长728 km。南以长城为界，与山西、陕西接壤，西与宁夏回族自治区毗邻，形成秦晋文化与草原文化南北交融的"歌海舞乡"。鄂尔多斯市与黄河北岸的呼和浩特市、包头市又形成了内蒙古自治区经济发展最为活跃的"金三角"。"鄂尔多斯"是蒙古语，汉意为"众多的宫殿"。全市辖东胜区、达拉特旗、准格尔旗、伊金霍洛旗、乌审旗、杭锦旗、鄂托克旗、鄂托克前旗7旗1区，总面积$8.7×10^4$ km²，总人口152.08万，其中蒙古族人口17.7万。

鄂尔多斯历史悠久，是人类文明的发祥地之一，萨拉乌苏文化、青铜文化源远流长。35 000年前，古"河套人"就在这块广袤的土地上繁衍生息，并创造了著名的"河套文化"。13世纪，一代天骄成吉思汗亲征西夏，途经鄂尔多斯，被这里的美丽景色所打动，选为长眠之所。1649年，清政府在这里设伊克昭盟。2001年2月，经国务院批准，撤伊克昭盟，设立地级鄂尔多斯市。

历史上的鄂尔多斯，曾经是一个水草丰美、"风吹草低见牛羊"的富庶之地，后来因自然气候的变迁、战乱、放垦等原因，使这里的生态环境遭受严重破坏。新中国成立后，几代人不懈奋斗，但直到2000年时，全市植被覆盖率仍不足30%。进入新世纪后，鄂尔多斯抓住国家实施西部大开发的历史机遇，通过农牧业生产方式的全面变革，生态环境脆弱的状况发生了质的逆转，开始由不断恶化向整体遏制、局部改善转变，植被覆盖率达到了目前的70%以上，占全市国土面积48%的沙漠、48%的丘陵沟壑和干旱硬梁区全部披上了绿装，形成了生产发展、生活改善、生态恢复、人与自然和谐相处的多赢局面。

2. 经济特征

鄂尔多斯经济发展迅猛,"十五"以来,鄂尔多斯市抓住国家实施西部大开发的历史机遇,率先践行科学发展观,有效实施资源转化战略,经济社会始终保持了持续快速、协调健康发展的良好势头。

"十五"期间,全市累计完成财政收入 207 亿元,是前 51 年总和的 2.6 倍。2004 年,鄂尔多斯跨入中国综合实力百强城市行列,2006 年又成功跻身全国投资环境百佳城市,并成为自治区发展最快的地区之一,同时也是中西部地区最具发展活力的城市之一。2012 年全市实现地区生产总值(GDP)3 656.8 亿元,按常住人口计算,全年人均生产总值 182 680 元。

近年来鄂尔多斯市采取多种模式规划建设了一批铁路和高等级公路,自己投资建设的高等级公路和地方铁路里程在全国地级市中位居第一,已经建成和正在建设的高速公路 692 km、铁路 792 km。形成了京包、包兰铁路围绕周边,大准、准东、东乌铁路横穿东西,包西、包神铁路纵贯南北,109、210 国道贯穿市域,并与周边 110、107 国道相连成网的交通格局。2007 年 7 月,鄂尔多斯飞机场通航,鄂尔多斯市到北京、郑州、上海、西安、深圳的航线正式开通,鄂尔多斯市到呼和浩特市、三亚、成都的航线也即将开通。

目前,全市公路、铁路、航空相结合的立体化交通体系已经形成。在城市建设中鄂尔多斯加快具有浓郁地域特点、民族特色、现代特征的文化设施建设,完善城市功能,优化整体服务环境,使城市品位显著提高,城市产业支撑、要素集聚和辐射带动能力大幅度提高。全市城镇人口由 2000 年的39.4 万人增加到 100.3 万人。截至 2012 年,城市化率由 43% 提高到 70.2%,城镇建成区面积由 69.2 km² 扩大到 125 km²,鄂尔多斯市跻身于全国投资环境百佳城市行列。发展环境的进一步优化,使鄂尔多斯市初步形成了开放开明的政策环境、高效快捷的办事环境、热情周到的人文环境、公平公正的法制环境、规范有序的市场环境,在国家西部地区形成了资金、技术、人才和管理的"高地",充满活力的鄂尔多斯吸引了大批国际、国内 500 强企业,世界第一条煤直接液化生产线、国内第一条煤间接液化生产线、世界最大的煤炭单产矿井、鄂绒大化肥、亿利 PVC、博源天然气制甲醇、意大利 VM 发动机、水利部沙棘加工园区、自治区第一条轿车生产线等一批世界一流、国内最大和填补自治区空白的项目相继落地。

目前,有来自全国 20 多个省、市、区、港台及海外 10 多个国家和地区的投资商到鄂尔多斯市投资,投资领域几乎渗透到了国家准入的所有行业。鄂尔多斯文化艺术璀璨、旅游资源丰富。悠久的历史,独特的区位,孕育了鄂尔多斯韵味独特、古朴典雅的民族文化。悠扬的长调、清新的短调和浓郁的蒙汉调,以其特有魅力为我国民族文化增添了绚丽的色彩;《筷子舞》《盅碗舞》等展示着鄂尔多斯风土人情的舞蹈成为我国民族艺术的瑰宝;歌舞剧《鄂尔多斯婚礼》入选中国首批非物质文化遗产名录;由祭祀成吉思汗形成的蒙古祭祀文化,具有蒙古族帝王祭祀的显明特征,这使鄂尔多斯成为世界蒙古民族礼仪保留最完整的地区,被人们称为蒙古族的"皇城根儿"。同样与成吉思汗有着千丝万缕联系的鄂尔多斯歌舞艺术,扬古代遗风,融民族神韵,成为鄂尔多斯文化艺术的精华而名扬海内外。《森吉德玛》《银碗》《鄂尔多斯情愫》等民族舞剧、舞蹈诗先后获国家"文华奖"和"五个一工程"奖,成为鄂尔多斯艺术宝库中的璀璨瑰宝。

"十一五"期间,鄂尔多斯市在总结发展经验,落实科学发展观要求的基础上,又提出了推进三个转变,走集中发展道路的战略,即推进依托自然资源优势向构建社会资源优势转变,推进城乡二元分割向统筹城乡发展转变,推进依靠优惠政策拉动向依靠自主增长转变,建设更具实力、充满活力、富有魅力、文明和谐的现代化鄂尔多斯。

3. 资源特征

鄂尔多斯盆地是地质学上的名称,也称陕甘宁盆地,行政区域跨陕、甘、宁、蒙、晋五省(区)。鄂尔多斯自然资源富集,拥有各类矿藏50多种,其中煤炭预测总储量 $7\,630\times10^8$ t,已探明储量 $1\,496\times10^8$ t,占全国的1/6。天然气探明储量超过 $8\,000\times10^8$ m^3,占全国的1/3,全国最大的世界级整装气田——苏里格气田位于区域内。天然碱、食盐、芒硝、石膏、石灰石、高岭土等资源也极为丰富。有"纤维宝石"和"软黄金"之称的阿尔巴斯白山羊绒就产自这里,是鄂尔多斯羊绒衫的主要原料。鄂尔多斯羊绒制品产量约占全国的1/3、世界的1/4,已经成为中国绒城、世界羊绒产业中心。

鄂尔多斯境内地下有储量丰厚的能源矿产资源,目前,已经发现的具有工业开采价值的重要矿产资源有 12 类 35 种。全市已探明煤炭储量超过 $1\,496\times10^8$ t,约占全国总储量的1/6。如果计算到地下 $1\,500$ m 处,总储量约近 1×10^{12} t。在全市 87 000 km^2 土地上,70% 的地表下埋藏着煤。按地域位置,全市可划分为东西南北四大煤田。东部即准格尔煤田,西部即桌子山煤田,南部即东胜煤田,北部即乌兰格尔煤田。鄂尔多斯的煤炭资源不仅储量大,分布面积广,而且煤质品种齐全,有褐煤、长焰煤、不黏结煤、弱黏结煤、气煤、肥煤、焦煤,而且大多埋藏浅,垂直厚度深,易开采。目前,四大煤田除乌兰格尔煤田外,其余均正在开采之中。

石油、天然气是近年来发现的新型资源。这一资源主要位于鄂尔多斯中西部。在乌兰—格尔一带即杭锦旗北部，地质勘探部门已经发现 20 多处油气田，鄂托克旗境内现已探明油气储量 $11 \times 10^8 \mathrm{~m}^3$，在乌审旗南部也发现了油气田。这两种资源目前还正在进一步勘探之中。

油页岩主要分布于鄂尔多斯中部的东胜区、准格尔旗、伊金霍洛旗境内。目前的探明储量超过 $3.7 \times 10^8 \mathrm{~t}$。其中工业储量 $66 \times 10^4 \mathrm{~t}$，储藏厚度一般为 $3 \sim 5 \mathrm{~m}$，含油率 $1.5\% \sim 10.4\%$。

鄂尔多斯有品种齐全、蕴藏丰富的化工资源。主要有天然碱、芒硝、食盐、硫黄、泥炭等，还有伴生物钾盐、镁盐、磷矿等。

天然碱主要分布于鄂尔多斯西部的乌审旗、鄂托克旗、杭锦旗境内的湖泊中。鄂尔多斯市现有天然碱湖 19 处，储量达 $7\,000 \times 10^8 \mathrm{~t}$，伴生天然碱储量 $1\,300 \times 10^4 \mathrm{~t}$。这些天然碱中，含碳酸钠加碳酸氢钠占 $19\% \sim 41\%$，氯化钠 $<4\%$，硫酸钠 $<13\%$，水不溶物 $<20\%$，具有比较高的工业开采价值。

芒硝主要分布于境内的达拉特旗、杭锦旗北部地区，总储量 $70 \times 10^8 \mathrm{~t}$，大多适宜露天开采。有位于达拉特旗的特大型芒硝矿，储量达 $68.7 \times 10^8 \mathrm{~t}$，地下埋藏深度平均为 $100 \mathrm{~m}$ 左右。从规模、质量到开采条件，均属国内外罕见的特大型优质芒硝矿。

食盐主要分布于杭锦旗、鄂托克前旗和乌审旗，有矿产地 14 处，总储量 $956 \times 10^4 \mathrm{~t}$。硫黄主要赋存于黄铁矿（也称硫铁矿）中，以天然黄铁矿形式产出。分布地主要在准格尔旗、东胜区、伊金霍洛旗。全市已经探明的储量 $232.5 \times 10^4 \mathrm{~t}$，地质储量 $3\,256.5 \times 10^4 \mathrm{~t}$。

泥炭物质是在外动力地质作用下形成的一种富含有机质和农作物主产所需氮、磷、钾等元素的一种矿体。鄂尔多斯地处鄂尔多斯盆地，客观上造就了这一地区富含泥炭矿床。目前，全市 8 个旗（市）均有发现，产地 42 处探明储量 $537.6 \times 10^4 \mathrm{~t}$，一般发热量为 $1\,100 \sim 2\,400$ 大卡每千克，有机质含量为 $25\% \sim 40\%$。

建材资源是鄂尔多斯境内的又一大优势资源。资源遍布全市 8 个旗（市）。主要有石膏、石灰岩、石英砂岩、石英岩、白云岩、黄土、大理石、花岗岩、石墨等。

石膏集中分布于鄂托克前旗、鄂托克旗、杭锦旗，总储量达 $35 \times 10^8 \mathrm{~t}$，其中工业储量近 $1.5 \times 10^8 \mathrm{~t}$。有食用、药用、工艺品制造用的特级石膏 $400 \times 10^4 \mathrm{~t}$，用于轻型质高强度建筑材料的一级石膏 $1.49 \times 10^8 \mathrm{~t}$。最大储存厚度近 $30 \mathrm{~m}$。

石灰岩主要分布于准格尔旗和鄂托克旗。产地 3 处，总储量 $3.06 \times 10^8 \mathrm{~t}$，氧化钙含量为 $51.84\% \sim 52.95\%$，氧化镁含量 $1.2\% \sim 1.86\%$，是优质高标号水泥产品的理想原料，大多适合露天开采。

本市有石英砂岩及石英岩产地 6 处,其中石英砂岩总储量 534.8×10^4 t,石英岩总储量 4.45×10^8 t。二氧化硅含量为 $82.33\% \sim 98.87\%$。层位稳定,地质条件简单,覆盖层薄、剥采比为 1:1 左右。

黄土广泛分布于鄂尔多斯高原。一般厚度为 $20 \sim 100$ m。主要成分有石英砂、亚黏土等。其中,三氧化二铝含量为 11.74%,二氧化硅含量为 65%,氧化钙含量为 6% 左右,烧失量 6.68%,是良好的砖瓦建筑原料。

花岗岩主要产于鄂托克旗的千里沟。总储量约 1200×10^4 m³。矿体呈肉红色,黑斑少,硬度、强度极高,是理想的天然建材。开采条件也十分优越。

大理岩分布于达拉特旗高头窑乡银肯敖包,系灰白色、白色糖粒状大理岩。岩层厚度约 40 m,属良好的建筑石材和水泥生产原料。另一大类矿产资源是冶金及其辅助原料,虽不及能源、化工、建材资源丰富,但储量也可观,其经济价值甚高。它们中主要有铁矿和耐火黏土,其中铁矿总储量 $1\ 412.8 \times 10^4$ t,工业储量 520.1×10^4 t。含铁量为 $26\% \sim 62\%$。耐火黏土总储量 4.33×10^8 t,工业储量 323.6×10^4 t,高铝耐火黏土储量 $1\ 484.4 \times 10^4$ t,耐火度为 $1\ 770℃ \sim 17\ 904℃$;硬质耐火黏土储量 3.67×10^8 t,耐火度 $1\ 790℃ \sim 1\ 850℃$;软质耐火黏土储量 5186.8×10^4 t,耐火度 $1\ 610℃ \sim 1\ 700℃$。鄂尔多斯的耐火黏土不仅是冶金工业的辅助原料,绝大部分还是陶瓷工业原料。

石英砂不同于建材中的石英砂岩,它以原砂产出,未经成岩、压固等地质作用,主要为铸钢及玻璃制品原料之用。区域内总储量 $4\ 226.9 \times 10^4$ t,工业储量 $3\ 918.1 \times 10^4$ t。

二、呼包鄂三市经济发展情况的主要特点

(一)经济总量不断扩大,宏观经济效益明显提高

2012 年,呼包鄂三市经济总量达到 9 542.07 亿元,比上年增长 11.0%。与 2003 年相比,年均增长 48.2%,快于全区平均水平 24.8 个百分点。三市经济总量占全区各盟市的比重也由 2003 年的 48.4% 提高到 2012 年的 53.0%,提高了 4.6 个百分点。其中,2012 年呼和浩特市生产总值 2 475.57 亿元,年均增长 13.0%;包头市 3 409.5 亿元,年均增长 22.9%;鄂尔多斯市 3 657 亿元,年均增长 14.0%。呼包鄂三市人均生产总值由 2003 年的 18 651 元增加到 2012 年的 142 478.8 元,是全区平均水平的 2.02 倍,按年平均汇率折算达到 22 996 美元。呼包鄂三市地方财政总收入合计达到 1 463.12 亿元,占全区的比重达到 58.6%。其中,呼和浩特市 316.32 亿元,增长 10.9%;包头市 326.8 亿元,增长 10.6%;鄂尔多斯市 820 亿元,增长 3%。呼包鄂三市人均地方财政收入达到 22 777 元,是全区平均水平的 2.27 倍。其中,鄂尔多斯市

达到 53 919 元。

(二)产业结构不断优化，优势特色产业发展加快

2012 年，呼包鄂三市在大力推进新型工业化、城镇化和农牧业产业化进程方面又取得了新成绩，特别是新型工业化步伐明显加快，产业结构得到进一步调整和优化，优势特色产业不断壮大。呼包鄂三市三次产业结构比例由 2003 年的 7.9∶46.0∶46.1 调整为 2012 年的 3.1∶50.3∶46.6。能源、冶金、装备制造、化工、农畜产品加工和高新技术产业等优势特色产业不断发展壮大，已占到三市工业总量的 90% 左右。呼包鄂三市第三产业发展水平稳步提高，形成各具特色的服务业发展格局，第三产业增加值快于全区平均水平 5.2 个百分点，其中，呼、包、鄂三市年均分别增长 20.5%、21.7% 和 28.5%。近几年，呼包鄂三市扎实推进社会主义新农村新牧区建设，大力提高农牧业综合生产能力，积极促进农牧业产业化进程，呈现出“农业增效、粮食增产、农民增收”良好发展势头。同时，三市的农村牧区人口加快向城镇转移，城镇化水平不断提高。2012 年，呼包鄂三市城镇人口占总人口的比重达到 72.7%。其中，呼、包、鄂三市分别达到 65.22%、81.4% 和 72.0%。

(三)投资消费出口需求持续扩大，自主增长机制逐步形成

2012 年，呼包鄂三市认真贯彻落实国家宏观调控政策措施，成效逐步显现，固定资产投资增势趋缓，投资结构进一步优化。呼包鄂三市 50 万元以上项目固定资产投资完成 6 406.25 亿元，占全区的 50.0%，三市 5 年平均增长 39.7%，其中，呼、包、鄂三市年均分别增长 28.9%、37% 和 54.8%。城市建设和生态建设得到加强，人居环境得到改善。城市发展空间布局逐步优化，城市对经济发展的承载能力和服务功能明显增强。节能减排工作取得积极成效，生态环境建设和城市污染防治投入进一步加大，城市空气质量有所好转。2012 年，呼包鄂三市社会消费品零售总额达到 2 504.6 亿元，5 年平均增长 33.6%，快于全区平均水平 13.8 个百分点。呼包鄂三市外贸进出口总额达到 41 亿美元，占全区的比重达 45.9%，5 年平均增长 22.2%。三市外商直接投资额达到 23.28 亿美元，5 年平均增长 52%，占全区的比重为 87.8%。

(四)着力解决关系群众利益的实际问题，城乡居民收入明显增加

坚持以人为本、执政为民理念，在经济发展的同时，努力增加居民收入水平和改善民生，使广大人民群众共享改革开放和现代化建设的成果。2012 年，呼包鄂三市城镇居民人均可支配收入达到 33 091 元，比全区平均水平高出 42.2%，比上年增长 17.8%，5 年均增长 19.3%。其中，2012 年呼、包、鄂三市分别为 32 646 元、33 488 元和 33 140 元，分别比上年增长 19.8%、16.7% 和 17.1%；呼包鄂三市农牧民人均纯收入达到 113 99 元，比全区平均

水平高出 51.6%，比上年增长 15.2%，5 年平均增长 17%。其中，呼、包、鄂三市分别为 11 361 元、11 421 元和 11 416 元，分别比上年增长 15.2%、15.1% 和 15.2%。从就业情况看，2012 年，呼包鄂三市城镇单位从业人员达到 61.69 万人，占全区城镇单位从业人员的 85%；三市在岗职工平均工资分别达到 44 402 元、51 167 元和 66 892 元，列各盟市的前 3 位，分别比上年增长 9.7%、12.3% 和 12.8%。

2012 年，尽管呼包鄂三市经济有了较快发展，但是在国民经济发展中也存在一些突出矛盾和问题，主要表现为"三低一高"：一是整个区域的工业化水平较低；二是区域的城镇化水平较低，城乡二元结构矛盾较突出；三是经济国际化水平较低，经济外向型联系较弱；四是能源消耗水平相对偏高，节能降耗任务艰巨。此外，还有社会事业及民生改善与经济发展还不够协调等问题。

（五）新能源开发

"新能源在今后一段时间内将会有一个大的发展，金融危机实际上是给新能源的发展提供了一个新的机遇。"

1. 煤制油辟新径

伊泰项目是继神华、潞安之后，我国第三家公司煤制油项目试车成功的，加之不久前获环保部批复的兖矿集团煤制油项目，我国煤制油产业目前正处于"四雄逐鹿"状态。

我国拥有完全自主知识产权的煤间接液化技术由实验室到中试、再进一步放大到工业化示范生产，伊泰集团煤间接液化项目生产出的油品是目前世界最洁净的液体燃料之一。

伊泰集团用近 3 年的时间建成了煤制油工业化示范厂，实现资源就地转化增值、能源效益最大化，将煤矿、合成油、发电循环利用，科学地联为一体，探索出了一条煤炭清洁深加工、转化增值、节能减排的新途径。

煤制油产业化提速的同时，内蒙古的风电产业也在崛起。风力资源丰富的内蒙古一直都是风力发电企业的向往之地，包括华能、大唐、国电、华电、中电投五大发电公司及部分独立发电企业在内的近 70 家企业在内蒙古建设了风电场。

2. 太阳能产业方兴未艾

内蒙古不仅有储量巨大的风力资源，太阳能资源也很丰富，总辐射量在每平方米 4 800~6 400 MJ，年日照时数为 2 600~3 200 h。内蒙古的太阳能产业方兴未艾。鄂尔多斯市 255 kW 的太阳能电站项目目前已经建成。据了解，作为国家批准的三家太阳能电站示范项目之一，鄂尔多斯项目已经获得政府的发电补贴。

呼和浩特市光伏产业起步较晚，但起点较高、发展较快，近几年相继引进和培育了内蒙古晟纳吉光伏材料有限公司、内蒙古神州硅业、内蒙古大陆多晶硅太阳能产业集群有限公司、天津中环集团的单晶硅、多晶硅项目等，为此呼和浩特市被国家发改委列为"太阳能发电示范城市"。2012 年，呼和浩特的晟纳吉、神舟硅业、大陆多晶硅、中环集团单晶硅产能达到 5 865 t，多晶硅产能达到 6 055 t，并建成 1 座 5 MW 太阳能发电示范电站。

呼和浩特市将打造从多晶硅、单晶硅、太阳能电池制造、组件封装到光伏系统集成等完整的产业链，力争在 5～10 年内，建设成我国新能源、新材料研发和生产的基地，打造成为"中国硅都"。

第三节 地区态势与中心地意义

一、呼包鄂"金三角"地区态势

进入 21 世纪，新兴工业化国家和地区都在以提高技术水平和劳动密集型产品的竞争能力基础上，向更高级的产业结构迈进。在经济全球化的国际背景下，呼包鄂区域与沿海、内地的发达地区尚有很大差距，如何提高区域竞争力，缩小差距，对呼包鄂区域的长远发展意义重大。

呼包鄂区域指内蒙古中部以首府呼和浩特、草原钢城包头和新型能源基地鄂尔多斯东半部为顶点构成的一个资源丰富、社会经济发展条件优越的三角形区域，被誉为"金三角"。呼包鄂区域面积超过 6×10^4 km^2，人口 500 万以上，分别占自治区的 6％和 21％，是内蒙古自治区经济最为发达的地区，同时也是我国北方非常重要的产业密集区。因此，加快呼包鄂区域的发展不仅对内蒙古自治区的现代化建设有决定性意义，而且对我国西部大开发、发展大西北战略的实现具有重大意义。

(一)经济发展的优势

1. 地区优势

呼包鄂区域矿产资源丰富、地域组合好。该区域内具有工业开采价值的矿产资源有上百种，其中包括占世界 80％以上的稀土和全国 1/6 的煤炭资源，并有黄河作为充足的水源，为开发呼包鄂区域提供了保障。

2. 社会经济条件优势

呼包鄂区域拥有全自治区最大的两个城市(呼和浩特市和包头市)以及能源丰富的鄂尔多斯市，是自治区政治、经济、文化中心。据统计，2008 年年底呼包鄂区域国内生产总值 4 679 亿元,占全区的一半以上。

3. 地缘优势

呼包鄂区域地处华北经济区与西北经济区的交接处,区域内交通网络体系健全,通过各种交通方式与华北、西北、东北经济区以及蒙古国、俄罗斯进行经济往来。

4. 工业企业竞争优势

2012 年全国 500 强企业排名中内蒙古 6 家企业入围,其中,包头钢铁(集团)有限责任公司以 2012 年主营业务收入 588.08 亿元排在 500 强第 178 位,位居 6 家企业之首。其他入围企业依次为内蒙古电力(集团)有限责任公司、伊利实业集团股份有限公司、伊泰集团有限公司、鄂尔多斯羊绒集团有限责任公司、内蒙古鄂尔多斯资源股份有限公司。

(二)经济发展的制约因素

水资源缺乏,水资源供需矛盾突出。呼包鄂区域属干旱、半干旱地区,降水量平均不足 200 mm 而蒸发量却很大。呼、包两市在黄河水源由国家统配后,缺水现象更为严重,供水量减少而需水量增大,短期之内难以解决。生态环境恶化现象严重,而且有日趋加重的势头。呼包鄂区域气候由半干旱向干旱过渡,地表裸露现象严重,土壤质量差,组成物质中粗砾含量高,生态环境脆弱。城乡二元结构现象强烈突出,现代化城市与落后地区乡村,发达的工业与落后的农业在呼包鄂区域共存形成了强烈的反差。

(三)区域竞争优势的定量尺度衡量

1. 人均 GDP、人均三次产业水平

这些指标可反映出区域经济的整体实力和相互间的差距,是衡量区域经济实力、区域经济结构的重要因素。从人均 GDP 来看,鄂尔多斯市与包头市较呼和浩特市具有相对优势,三市均高于全区的平均水平;从人均社会固定资产投资总额来看,鄂尔多斯市最高,呼和浩特市次之,包头市最低;从人均农林牧渔业总产值、人均工业总产值二指标来看,鄂尔多斯市最高;从人均第三产业总产值来看,包头市具有一定优势。

2. 人力资本对经济发展的作用

人力资本对经济发展的作用用受教育程度人口来评估。劳动力受教育水平是衡量区域人力资本质量的重要指标,一般平均受教育程度越高,对经济发展的促进作用就越大。呼和浩特市拥有高等教育程度的人口最高,包头次之,鄂尔多斯最低,而且不足全区的平均水平。这说明大城市人力资本的受教育水平显著高于县级市,符合资本流动呈现逐级递减规律。高中和中专的受教育人口数呼和浩特市与包头市略高于自治区的平均水平,鄂尔多斯市则明显低于全区的平均水平。

3. 科学技术投入水平

对科技投入水平进行综合评价，呼和浩特具有明显的优势。呼和浩特科技费用投入水平比较高，包头与鄂尔多斯均相对较低，鄂尔多斯的投入水平则低于全区的平均水平；鄂尔多斯科技人员的绝对数量明显不足；呼和浩特区域科技创新能力拥有绝对优势，包头次之，鄂尔多斯科技创新能力明显不足。

4. 呼包鄂要充分发挥比较优势

呼包鄂三市只有遵循各自的比较优势，企业才能够拥有最大的竞争优势，最大限度地创造经济剩余，区域才能够最大限度地积累资本，使其要素（资本、技术、人才等）禀赋结构与沿海地区不断接近，最终达到获得高层次竞争优势的目的。要充分发挥传统的禀赋和比较成本为核心的比较优势，从而为新兴的资本、技术密集型产业积累资本和技术，培养企业家才能，为技术创新和产业升级打下基础。

5. 积极推进制度创新

科技进步和经济全球化赋予了市场竞争以新的特征，使得竞争的关口前移，从以最终产品的竞争前移到产品开发甚至科学研究阶段，研发能力和创新能力越来越重要。这些新的发展使资源和区位优势的作用相对减弱，高级要素诸如知识、人才、科研开发机构以及信息网络等的作用日渐突出。因此要充分发挥比较优势的同时，积极推进制度创新，努力发展新的产业组织形式和模式，创造高级生产要素。

6. 充分发挥地区资源优势

在呼包鄂区域，要充分发挥区域资源优势、高新技术优势和人才优势，形成组合优势，吸引外来资本；要充分利用区域特色资源，发展特色资源加工业；要充分利用资源，创造动态优势。

7. 优化区域经济环境

建立规范的政府服务体系、良好的社会服务体系和完善的教育体系。建立完善的政府机构，政府服务要与国际接轨，避免政府服务的重复与空白。建立完善的法律、咨询、会计、医疗等社会服务体系，有利于外来企业及其人员得到良好的社会服务。在建立较完善的基础教育、高等教育体系基础上大力发展职业教育、在职培训等。

二、呼包鄂"金三角"地区中心地意义

呼包鄂是内蒙古的金三角，目前生产总值占全自治区的一半以上，人均

生产总值超过 1 万美元，同上海、宁波、苏州、无锡一道，步入发达城市行列。让三市突破行政区划的界限，实现一体化发展，并上升为国家区域发展战略，在自治区已形成共识。这一地区经济总量较大，城市化水平较高，已经具备一体化发展的条件。呼包鄂一体化应该纳入国家区域发展规划，成为国家指导和推动区域发展的一项重大战略举措。自治区从更高层面统筹谋划三市一体化发展，形成一个集聚与辐射功能更加强大的经济体和城镇群。

对自治区来说，在一体化进程中，最主要的是统筹规划好当地的煤炭开采、煤电、煤化工等产业布局，重点建设呼包鄂能源重化工基地，提升包头的稀土高新技术产业、冶金及装备制造业的层次和水平。

第四节　地区发展潜力与展望

一、探索和形成符合自身发展的新路子

呼包鄂三市按照科学发展观的要求，注重发挥各自优势，着力创新发展思路，探索和形成了符合自身发展的新路子。

(一)在全国发展大格局中谋划区域发展，将国家产业政策、市场需求和地区优势相结合

三市按照国家宏观调控的要求，坚持服从大局、服务全局，以市场需求为导向，充分发挥资源、区位等优势，以大项目、大产业、大基地为龙头，积极培育发展优势特色产业。

呼和浩特市实施"奶业兴市"战略，大力推进以乳业为核心的农牧业产业化经营，不断提高农牧业区域化、规模化、专业化、集约化、标准化发展水平。2012 年，第一产业中畜牧业产值占 67.63%，奶牛存栏达 68.74 万头，已成为全国最大的奶牛基地，获得"中国乳都"的称号。伊利、蒙牛两大集团销售收入均超过 200 亿元，进入了世界乳业 10 强行列。

包头市充分发挥老工业基地的优势，以打造中西部地区经济强市为目标，依靠技术创新，大力调整产业结构，发展优势特色产业，着力打造钢铁、铝业、装备制造、电力、稀土五大主导产业，提升工业经济的支撑带动能力。2012 年，主导产业完成工业增加值 905.9 亿元，占规模以上工业增加值的61.5%。高新技术产业增加值增速超过规模以上工业增速 9.4 个百分点。

鄂尔多斯市立足资源优势，着力建设国家重要的新型能源化工基地，引进建设了世界上第一条煤直接液化、国内第一条煤间接液化、年产 60×10^4 t 合成氨、104×10^4 t 尿素大化肥、130×10^4 t 天然气制甲醇生产线和国内最大

的年产 300×10^4 t 煤制二甲醚生产线等一大批具有国际先进水平的大项目。鄂尔多斯市还加大煤炭基地建设力度，煤炭年产量由 2000 年的 $2\,679\times10^4$ t 增加到 6.4×10^8 t，截至 2012 年，成为全国首个亿吨级现代化煤炭生产基地。

(二)科学开发利用资源，走产业集中、产业升级、产业延伸、产业多元的新型工业化之路

三市按照科学发展观的要求和新型工业化的发展思路，积极探索资源消耗小、转化增值高、循环利用好的生产方式，加快发展循环经济，理性推进工业化，呈现出规模化、集群化、集约化、现代化的新型工业化发展态势。

呼和浩特市发挥自身综合优势，促进三次产业之间以及产业内部的协调融合，着力构筑三大优势产业体系。一是以乳业为核心，包括肉羊、薯业、蔬菜业在内的现代农牧业体系；二是以高科技、高附加值为特征的包括电子信息、生物制药、硅产业在内的新型工业体系；三是以金融、物流、旅游为主的现代服务业体系。2012 年，服务业增加值达到 $1\,452.75$ 亿元，占自治区的比重达 25.8%，占全市地区生产总值的 58.7%，成为三次产业发展的领头羊。

包头市推进工业园区建设，促进产业集聚，加大资源循环利用和节能减排力度，提高产业集约化发展水平。依托 1 个国家级开发区和 4 个自治区级开发区，建设了稀土、铝业、特种钢、装备制造等特色鲜明的产业集中区和项目基地。

由于历史原因，鄂尔多斯市形成了一批"高消耗、高污染、高排放"的企业。近几年来，鄂尔多斯市淘汰落后产能，整治"三高"企业。与此同时，按照高起点、高科技、高效益、高产业链、高附加值、高度节能环保"六个高"的总体思路，大力调整产业结构，不断提高资源综合开发利用率。地方煤矿由 1 300 多座压缩到 267 座，采掘机械化率由不足 10% 提高到 65% 以上，回采率由不足 30% 提高到 75% 以上。坚持推动资源深度开发、提高资源附加值的原则，努力提升资源开发产业的现代化水平和整体竞争力，形成煤—电、煤—焦、煤—油、煤—肥、煤—醇和天然气—甲醇等多条产业链。同时，大力发展羊绒服饰、机械制造、生物医药等非矿产资源产业，形成资源型产业和非资源型产业共同发展的格局。

(三)突出前瞻性、高标准、人性化，走具有地区特色的城镇化建设之路

三市从促进城市可持续发展，提高人民生活水平和生活质量的需求出发，科学定位，突出特色，城市面貌发生了巨大变化。

呼和浩特市坚持以人为本建设现代化城市，大力提升城市品位。一是通过区划调整，推动城市规模快速扩张，建成区面积由 2001 年的 83 km² 扩大到 159 km²。二是通过持续大力度的基础设施建设,基本解决了长期困扰城市发展的基础设施历史欠账问题,提高了城市承载力。近七年来,城市建设累计投入 711 亿元,建成了一批关系长远、造福民生的重大设施。三是通过旧城区和"城中村"改造以及新市区建设,使城市面貌发生了根本改观。近三年来,已有 10 万多棚户区居民和 3 万多"城中村"居民搬入了经济适用住房和廉租房。

包头市的城市建设得益于一个好的规划。早在 20 世纪 50 年代,包头市就形成了一个具有前瞻性的城市规划,具有组团式、带状、多中心布局等特点,为形成包头独具特色的城市格局奠定了良好基础。近年来,包头市又提出建成设施完善、管理有序、环境优美、交通便捷、特色鲜明、宜人居住的国家生态园林城市目标,坚持"一张蓝图绘到底",注重城市建设与经济发展、自然条件、人文环境相结合,获得了首批"全国文明城市""联合国人居奖"等殊荣。

鄂尔多斯市树立了与世界城市建设接轨的先进理念,以创业宜居为宗旨,坚持"规划建设新区与旧城改造相结合,扩大容量与提升质量相结合",在旧城区实施"双增双减"工程,增加绿地,增加公共活动场所,减少污染,减少危房;在城市建设方面,注重从地域、民族和文化特点出发,增强城市魅力,提升城市品位,初步形成了以东胜、康巴什、阿镇"一市两区,三个组团"为核心区,以旗府所在地镇和沿河沿边产业重镇为支撑的城镇发展新格局。

(四)运用市场机制优化配置资源

三市始终坚持市场化改革方向,不断完善社会主义市场经济体制和运行机制,努力突破和消除体制性障碍,充分发挥市场配置资源的基础性作用,构筑环境"高地",打造投资者的热土、创业者的乐园。

呼和浩特市和包头市不断推进所有制改革,激发经济活力。呼和浩特市非公有制经济比重占到 60%;包头市国有经济与非公有制经济的比例达到 54∶46,非公有制经济已接近国民经济的"半壁江山"。两市积极推进行政管理体制改革,不断优化发展环境,吸引各类投资。呼和浩特市近七年吸引外来投资高达 2 100 亿元,包头市"十五"期间的外商投资额比"九五"期间增长 4.7 倍。两市在促进第三产业发展上,有效发挥市场配置资源的作用,推动文化旅游、金融保险、信息服务和会展中介等现代服务业快速发展。呼和浩特市打造历史文化名城、草原都市等"城市名片",引进和培育有实力、有影响的现代物流企业,加快发展"第三方物流",创建了具有领先水平的区域经济服务中心;包头市的包商银行成为自治区首家全国性股份制商业银行,实现了跨区域经营。

鄂尔多斯市着力推进改革开放，充分发挥市场在资源配置中的基础性作用，依托自然资源优势最大限度地吸引国内外生产要素。积极与神华、中石油等中央大企业合作，利用大企业形成的平台和载体，聚集科技、人才、资本、管理等高端生产要素，先后建立了4个博士后工作站，2个自治区特色产业人才基地，吸纳区内外高校毕业生2万多人，实现了生产要素从低端向高端、从要素流出区向要素流入区的跨越。

(五)建立改善和保障民生的长效机制，构建和谐社会

三市在加快经济发展的同时，始终坚持以人为本，统筹经济社会协调发展，努力让人民共享改革发展的成果，社会事业投入大幅增加，文教卫生全面发展，人民生活质量显著提高，公共服务水平明显提升，和谐社会建设加快推进。

呼和浩特市坚持把教育放在优先发展的战略地位，努力办好让人民群众满意的教育，近三年累计落实义务教育保障经费1.79亿元。加大农牧民生活保障投入，在自治区率先实施农村最低生活保障制度，低保人数达7.55万人；建立"城中村"改造失地农民社会保障制度，5万失地农民加入社会养老保险；近五年累计投入2亿元，改善了16.5万名贫困农牧民的生产生活条件。包头市城镇养老、医疗、失业、工伤等各项社会保险覆盖面不断扩大，保障水平明显提高。2012年，市与旗县区两级财政补贴的企业养老保险基金分别比上年增长32%和75%。鄂尔多斯市"十五"以来，用于改善民生的资金年均增长30%以上，基本建成了市旗乡村四级医疗卫生服务网络。

(六)加强环境保护和生态建设，促进人与自然和谐发展

三市通过变革生产方式、转移农牧业人口、企业化运作、产业化经营，将生态环境保护与农牧业生产发展和农牧民生活改善结合起来，将生态环境保护与有效开发利用结合起来，创造了生产发展、生活改善、生态恢复的多赢局面。

呼和浩特市针对煤烟型污染严重的状况，通过实施重点污染源治理、推广使用清洁能源等措施，使全市环境状况得到极大改善，成为北方十五个空气质量最好的城市之一。包头市加大生态治理和环境建设力度，大青山南坡绿化、沿黄湿地保护、山北地区草原生态保护等生态工程和城市绿化建设成效明显，已获得"国家园林城市""国家森林城市"等荣誉称号。鄂尔多斯市生态原本比较脆弱，2000年以来，全力组织实施退耕还林、退牧还草等工程，全市植被覆盖率由2000年的30%提高到75%以上，森林覆盖率达到20.07%。通过转变农牧业生产方式，全面推行禁牧休牧和轮牧，变"靠天养畜"为标准化舍饲养殖，变"广种薄收"为集约化播种，走上了发展现代农牧业的路子。大力调整人口和生产力布局，坚持不懈地推进人口转移，7年来累计转移农牧民40多万人。制定出台了农村牧区"优化开发区、限制开发区、禁止开发区"发展规划，在优化开发区集中发展现代农牧业；在禁止开发区启动 $4.4 \times 10^4 \ km^2$ 不种不养的生态自然恢复区，通过人的主动退出，实现生态的自我修复和平衡。通过大力发展林沙等生态产业和环保产业，扶持和培育农牧业龙头企业，把生态建设与产业开发和农牧民致富有机结合起来，实现了草畜林产业化，改善了生态环境，增加了农牧民收入。

二、实现资源共享和错位发展

一体化的最大阻力来自体制障碍以及体制背后的利益矛盾。呼包鄂三市经济总量相差不多，在自治区交替领先，客观上不存在谁当龙头的问题，但这也导致三市间协调难度较大。

一体化具有极强的挑战性和渐进性。区域一体化要求各地区间产业错位发展，但呼包鄂三市多年来分盘独算，产业趋同现象比较严重。由于呼包鄂能源资源富集，三市经济都存在明显的资源依赖型特征，在煤炭、煤化工、电力、水泥、铝加工等产业上都有交集，导致招商引资时高成本恶性竞争、产业集中度偏低、抗风险能力差等诸多问题。

所以应呼吁尽快建立呼包鄂区域高层协调长效机制，组建由自治区、呼包鄂三市主要领导、专家学者组成的工作机构，负责一体化的研究论证、规划编制和实施工作，协商解决区域中资源整合、产业分工等重大问题。

在产业布局上，呼和浩特市应强化首府功能，大力发展服务业；包头全力发展钢铁、铝业、装备制造和稀土产业；鄂市则立足于能源重化工基地的建设，逐渐成为国家级能源重化工基地和区域性先进制造业中心。

三、呼包鄂三市经济发展的主要对策

中央经济工作会议确定了近年经济工作的首要任务是"保增长"。呼包鄂三市要增强忧患意识，对经济社会发展中出现的问题，特别是应对金融危机，切实采取有效措施，抓住机遇，通过加大对基础设施、城市改造、结构调整、环境保护和民生领域的投入力度，促进区域一体化发展，积极为全区保增长做出贡献。

（一）加强和改善宏观调控，努力实现经济平稳较快发展

呼包鄂三市要认真贯彻落实全国和全区经济工作会议精神，贯彻落实好国家扩大内需的各项政策，切实采取措施，大幅度增加公共支出，保障重点领域和重点建设支出，优化财政支出结构，继续加大对就业、社会保障、教

育、医疗、节能减排、自主创新、先进装备制造业、服务业、中小企业等方面的支持力度。

（二）以当前机遇为契机，扎实推进新型工业化进程

每一轮世界经济的深刻调整，都是全球资源配置格局的重新洗牌，都会引发全球产业布局的大调整。面对金融危机，我们不能只专注"危"，更要善于把握和看到其中的"机"。呼包鄂三市应该利用这次危机，做好调整产业结构、挖掘潜能优势的文章，用高新技术改造提升传统产业，以信息化带动工业化，扎扎实实地推进新型工业化进程。

（三）进一步扩大消费需求，优化消费环境

努力扩大消费在经济增长中的作用，加快完善社会保障体系，加快农村牧区现代流通体系建设，把农村牧区市场作为扩大消费的着力点；抓住消费结构升级的有利时机，重点培养和扩大汽车、通信、旅游等消费热点，不断拓展新的消费领域。加大对社会事业和薄弱环节的投资力度，进一步规范房地产市场，促进房地产业健康发展。加快以改善民生为重点的各项建设，提高城市品位，方便人民群众生活。

（四）提高对外开放水平，增强市场竞争力

总的来说，目前呼包鄂三市发展速度还是比较快的，但经济实力和国内其他城市群还存在一定差距。城市的积聚能力较弱，对外开放程度不高，影响了区域经济的发展，制约了整体竞争力的提升。因此，呼包鄂三市要进一步提高对外开放度，加快推进市场经济体制建设，建立高度开放、竞争活跃的市场体系，积极参与国际竞争，努力实现呼包鄂三市之间对外开放政策与地方政府行为相协调，从而不断提升呼包鄂城市群对区域外的吸引力和城市的扩散、辐射能力。

（五）在新的起点上推动呼包鄂区域合作向纵深发展

呼包鄂三市站在新的历史起点上，应审时度势，抓住机遇，加强合作，推动区域一体化，实现共同发展。

一是突破行政障碍，提高呼包鄂合作水平。应打破在资金、人才、技术、资产重组、人口和物流等方面的各种障碍。在遵守国家现行法律法规的前提下，可以在建立区域经济管理体制上做更多的探索，如建立区域性资本市场、成立区域性共同发展基金等。还可以在投资准入、市场秩序、信用信息等方面推行一体化。对涉及区域经济协调发展的重大问题如推进区域统一市场的形成等问题进行统一规划和管理，促进区域内部的市场开放和要素的自由流动。鼓励民营企业跨地区投资，共建企业信用监督体系。

二是实现资源的有效配置，加快产业整合和调整步伐。首先，根据呼包鄂三市的资源条件和工业化水平，遵循市场规律，通过制定一系列共同政策，鼓励和引导要素流动和产业分工，促进该区域内产业结构调整和生产力布局的合理化。其次，协同整合产业优势，实现产业多元、产业升级和产业延长。努力培育若干具备地区竞争力的产业集群，以及合理分工和优势互补的产业体系。通过增加科技投入，降低消耗，不断延伸产业链，实施品牌战略，增强市场竞争力。充分发挥自身优势，在区域性的产业体系中寻找自己的位置，形成具有比较优势的主导产业，避免产业结构趋同。最后，呼包鄂地区要积极推进城镇化建设，率先实现城乡统筹发展。通过工业反哺农业，城市支持农村，大力推进社会主义新农村建设，增强中心城市的辐射带动作用，以快捷便利的铁路和高速公路网为纽带，促进城市与乡村的一体化建设，实现"同城效应"。

（六）加快以改善民生为重点的社会建设

一是要大力扶持中小企业、非公有制经济和第三产业加快发展，特别是各级政府应高度重视高校毕业生就业和农村牧区劳动力转移问题，制定出台优惠政策，鼓励以创业带动就业，扶持这部分人从事第三产业。二是树立民生优先的原则，千方百计增加城乡居民收入，特别是应该增加中低收入者的收入，提高农牧民在非农产业中的工资性收入，使之与经济发展相协调。三是加快各项社会事业建设步伐。呼包鄂三市作为经济相对发达地区还应该加大对社会事业及民生改善的投入力度，在促进城乡居民消费、提高公共医疗卫生水平、健全社会保障体系等方面走在自治区前面，为构建和谐社会创造有利条件。

第九章　草原区与农牧交错带土地退化和生态建设

章前语

　　本章首先介绍了内蒙古草原区概况，并界定了中国北方农牧交错带范围，然后对内蒙古农牧交错带及草原区存在的土地退化问题从草场退化、水土流失、土地沙化、土壤盐渍化等几个方面进行了阐述，最后对内蒙古草原区与农牧交错带生态建设的进程进行了评述。

关键词

　　草原区；农牧交错带；土地退化；生态建设

第一节　草原与农牧交错带现状

　　内蒙古草原位于欧亚草原区的最东部，主体是呼伦贝尔草原和锡林郭勒草原。内蒙古自治区现有草原面积 $7\,499.39 \times 10^4\,hm^2$，占全区土地面积的 63.4%，可利用草原面积为 $6\,285.67 \times 10^4\,hm^2$，占全区草原总面积的 83.8%，居全国五大草原之首。内蒙古拥有驰名国内外的呼伦贝尔草原、锡林郭勒草原，其次还有科尔沁草原，乌兰察布草原和鄂尔多斯草原等，是维护我国生态环境的天然屏障。近年来自治区积极开展种草治理、保持水土、增加绿色植被覆盖，发挥了巨大的生态效益。草地作为内蒙古自治区自然环境保护和建设的主体，是改善当地生态环境的基础。

一、内蒙古草原

　　呼伦贝尔大草原是世界著名的草原之一，总面积达 $993.3 \times 10^4\,hm^2$，是我国最著名的草甸草原之一。这里地域辽阔，风光秀美，水草丰美，3 000 多条纵横交错的河流，500 多个星罗棋布的湖泊，是我国目前保存最完好的草原，生长着碱草、针茅、苜蓿、冰草等 120 多种营养丰富的牧草，有"牧草王国"之称。这里是我国典型畜牧业经济区，被誉为祖国大地上充满神奇的"绿色瑰宝"。呼伦贝尔草场出现了不同程度的退化。据调查，目前退化面积已达 209.7×10^4 hm^2，占可利用草场面积的 21%，其中，草场中度退化面积占 35.5%，重度退化面积占 9.9%，已经到了不容忽视的境地。

锡林郭勒草原，是欧亚大陆草原区亚洲东部草原亚区的保存比较完整的原生草原部分，也是我国四大草原之一，内蒙古草原的主要天然草场，也是我国境内最有代表性的丛生禾草和根茎禾草(针茅、羊草)温性草原，土地总面积 $2\,000 \times 10^4$ hm^2，占自治区土地面积的 17.2%。占全盟土地面积 97%。广阔的锡林郭勒草原不仅植被类型繁多，而且植被种类也十分丰富。锡林郭勒草原以草原类型完整而著称于世，即草甸草原、典型草原、半荒漠草原、沙地草原均具备，被联合国教科文组织列为国际生物圈网络的国家级草原自然保护区，主要保护对象为草甸草原、典型草原、沙地疏林草原和河谷湿地生态系统。本区是目前我国最大的草原与草甸生态系统类型的自然保护区，在草原生物多样性的保护方面占有重要的位置和明显的国际影响。草原退化慢慢地侵袭着这片美丽的草原，据有关资料统计，目前全盟有近 64% 的草地出现了不同程度的退化。

科尔沁草原地处赤峰市的翁牛特旗、敖汉旗与通辽市的开鲁县、科尔沁区、科尔沁左翼后旗、奈曼旗、库伦旗以及兴安盟的科尔沁右翼中旗、科尔沁右翼前旗、扎赉特旗，主要由大兴安岭山地、西辽河平原、嫩江平原、部分内蒙古高原及燕山丘陵组成，面积约 $2\,100 \times 10^4$ hm^2；典型草原占 52.8%、草甸草原 28.6%、低平地草甸 16.6%、山地草甸 0.9% 及沼泽草地 1.1%。科尔沁草原已经出现了超过 320×10^4 hm^2 沙地(科尔沁沙地位居我国四大沙地之首，总面积 0.12×10^8 hm^2，跨及内蒙古、吉林、辽宁三省区。通辽市位于科尔沁沙地腹部，占该沙地总面积的 52.7%)，占通辽市总面积的 50% 以上。

乌兰察布草原位于内蒙古高原中部，是典型草原向荒漠草原过渡的地带，面积 800×10^4 hm^2，荒漠草原占 40.9%、草原化荒漠 25.9%、荒漠 18.4% 及典型草原 14.8%。乌兰察布草原适宜发展小畜，生产毛、绒为主，是内蒙古半细毛羊的主产地。

鄂尔多斯草原，东、北、西三面被黄河环绕，南部与陕、宁接壤，面积 100×10^4 hm^2，典型草原占 40.7%、荒漠草原 31.4%、草原化荒漠 14.7% 及低平地草甸 13.2%。鄂尔多斯草原是内蒙古白绒山羊及细毛羊基地，阿尔巴斯白山羊、鄂尔多斯细毛羊是这里的良种畜。

乌拉特草原，北与蒙古国接壤，南靠阴山，西连阿拉善盟，东临包头市。主要分布于乌拉特前旗、乌拉特中旗、乌拉特后旗和磴口县，草原地势从西北向东南倾斜，草场总面积达 509×10^4 hm²，可利用面积 413.9×10^4 hm²，其中 86.6％属于荒漠半荒漠草场。这里是白绒山羊基地，二郎山白绒羊是这里的优良品种。

阿拉善荒漠草地，面积 $1\,754 \times 10^4$ hm²，气候、土壤条件极其严酷，适宜饲养骆驼及白山羊，也是本地优良畜种。

二、农牧交错带

(一)范围的确定

内蒙古农牧交错带为我国北方农牧交错带的主体，具有典型意义。关于北方农牧交错带的范围界定一直是该领域争论的焦点，从 20 世纪 30 年代以来，国内许多学者对中国北方农牧交错带的概念、范围、界线及基本特征的理解和界定观点不一。王静爱对不同专业的学者对中国北方农牧交错带的概念、范围和指标的认识进行了归纳，总结出 10 种具有代表性的认识(表 9.1)。

表 9.1　不同学者对农牧交错带的认识一览表

序号	研究者	名称	范围	界限指标	专业
1	周立三等	内蒙古及长城沿线农牧林区黄土高原亚区	内蒙古南部、长城沿线、晋陕甘黄土丘陵、陇中青东丘陵	半湿润向半干旱过渡，农牧兼营	农业地理
2	李世奎等	半干旱地区农牧过渡带(半农半牧交错带)	内蒙古高原东缘和黄土高原北部	$\geqslant400$mm/a 出现频率 50％为主导标志，日平均风速 $\geqslant5$m/s 的平均日数为辅助指标	农业气候
3	朱震达、刘恕等	北方农牧交错沙漠化地区	东起松嫩下游，西至青海共和的农牧交错地区(在河套土默川断开)	年降水量 $250\sim500$mm，降水变率 25％～50％，7~8 级大风日数 30~80d	生产环境与自然地理
4	吴传钧、郭焕成等	长城沿线区、半农半牧和农牧交错亚区	内蒙古东南部、辽西、冀北、晋陕北部和宁夏中部	年降水量 300～600 mm，耕:草:林面积比 1:0.5:1.5	经济地理
5	国家土地局、北京大学	三北交界区与晋陕、甘青黄土区	内蒙古东南部、辽西、冀北、(西北与东北、华北交界)晋陕甘宁黄土丘陵区	半湿润、半干旱，年降水量 400mm 左右，耕草林用地交错分布	综合自然地理

序号	研究者	名称	范围	界限指标	专业
6	张丕远等	农牧业过渡带（气候敏感带）	大兴安岭东南坝上大同榆林环县北兰州南的一条狭长地带	年降水量 300～400mm，年降水变率 15%～20%	历史地理
7	张林源、苏桂武等	北方季风边缘区半农半牧（或林）类型	内蒙古高原东缘、黄土高原北部	≥400mm 降水出现频率 5%～20%，10a 中有 8a 以上不能满足旱作要求，降水量 200～450mm，西风气流与季风气流交替作用地带	环境演变
8	张兰生、史培军等	季风尾闾区，农牧交错带是其中的一个部分	温带风沙草原与暖温带黄土草原区	西北界 250mm，东南界 450mm，集二线为东西分异的重要界线	环境演变
9	王铮、张丕远等	生态过渡带	贯通黑河—腾冲方向的狭长地带	胡焕庸人口分界的方向线	全球变化
10	田广金、史培军	长城地带（农牧交错带）	内蒙古高原边缘、河套、长城沿线区域	明长城与秦长城之间	环境考古

　　虽然不同学者对北方农牧交错带的界定各不相同，但所划定的交错带核心区域是一致的，即为内蒙古高原东南边缘和黄土高原北部；对农牧交错带基本特征的认识也是一致的，即半干旱的气候、土地利用农牧交错且时农时牧、生态环境退化、农业生产条件严酷等。

　　北方农牧交错带较为经典的划界方法是，以干燥度和降雨量为标准，界定农牧交错带大致处于干燥度为 1.5～3.49 的半干旱区，亦即年降水量为 250～500 mm 的两条等雨量线之间的区域，这一划界方法被大多数学者认同。由此确定的北方农牧交错带北起大兴安岭西麓的呼伦贝尔，向西南延伸，经内蒙古东南、冀北、晋北、陕北、鄂尔多斯高原，直至宁夏南部、甘肃中部和青海东部，跨越内蒙古、黑龙江、吉林、辽宁、河北、山西、陕西、甘肃、宁夏、青海等 10 个省（区）（图 9-1），共包括 205 个县（旗），总面积约 72.62×10⁴ km²，占中国国土面积的 7.6%。位于 101.1°E~125.6°E，34.52°N~48.40°N。

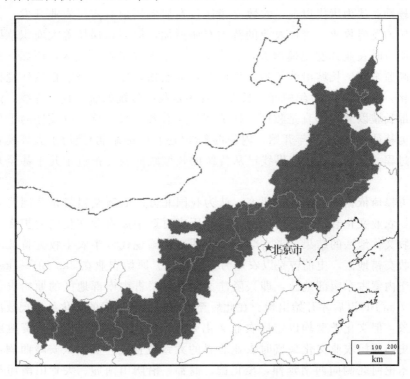

图 9-1　中国北方农牧交错带位置图

这是一条依地理条件不同而具有一定宽度的半农半牧带，东段较宽，最宽处可达 350 km，西段较窄，最窄处仅 50 km。它将我国东北、华北农区和天然草地牧区分隔开来，形成一个生态过渡区，成为北部沙漠向南入侵的自然生态屏障。这一地带也是我国北方主要江河发源地，重要的水源涵养地。

内蒙古是北方农牧交错带所占面积最大的省区，面积为 29.76×10^4 km²，占 38.21%，包括 44 个旗县，分别是呼和浩特市的市辖区、林格尔县、武川县、清水河县；包头市的固阳县；赤峰市的市辖区、阿鲁科尔沁旗、巴林左旗、巴林右旗、林西县、克什克腾旗、翁牛特旗、喀喇沁旗、宁城县、敖汉旗；兴安盟的科尔沁右翼前旗、科尔沁右翼中旗、扎赉特旗、突泉县；通辽的通辽市、霍林郭勒市、科尔沁左翼中旗、科尔沁左翼后旗、开鲁县、库伦旗、奈曼旗、扎鲁特旗；锡林郭勒盟的太仆寺旗、多伦县；乌兰察布市的集宁区、丰镇市、卓资县、化德县、商都县、兴和县、凉城县、察哈尔右翼前旗、察哈尔右翼中旗、察哈尔右翼后旗、四子王旗；鄂尔多斯市的东胜区、达拉特旗、准格尔旗、伊金霍洛旗。

(二)形成过程

杨勤业认为唐代以前，农牧交错区仅在河流川地有零星农业开发，大面积区域均发展牧业，唐代农业的范围有所增加，但还是保持着大面积草原景观。明清时农业开发规模增大，农牧交错带已形成半农半牧区，诸如，鄂尔多斯高原东部、长城沿线等地，均已开垦成农田，导致了该区自然环境根本性变化。但直到19世纪中叶，长城一直还是我国传统的农—牧分界线，内蒙古东部长城以北，一直是牧区，稀疏地居住着各游牧民族，以茂盛的干草原植被为特征。自1750年开始，内蒙古东部（还有中国东北）经历了大规模农业开垦过程。至今，农牧分界线已从传统的长城线向西北推进了几十甚至几百千米。

方修琦依据考古学证据研究，认为我国北方的农牧交错带是我国北方地区原始农业文化衰落后所形成的，而非历史时期中原农业文化向北扩张到北方游牧文化地区的结果。考古学证据表明，中国现代以半农半牧为特征的北方农牧交错地区，史前曾是以农业为主的地区。原始农业在8ka BP～7ka BP出现于内蒙古东南部地区，即兴隆洼文化。内蒙古中南部地区的原始农业文化在7 ka BP以后才开始出现。在此后至4 300 a BP期间的文化虽出现数次间断现象，但文化类型均以定居农业文化为主，兼营狩猎。根据考古资料所确定的史前原始农业文化最盛时农业北界的大致位置在：从大兴安岭西侧，沿西拉木伦河北侧向西南延伸，至化德、商都，沿阴山南麓、大青山南麓至包头、乌拉特前旗，向南经东胜以西，鄂托克旗、杭锦旗以东，向西经宁夏固原沿河西走廊北界至嘉峪关、玉门一线。从4 300 a BP前后开始，中国北方地区的原始农业文化衰落，牧业文化兴起，发生了从农业文化向牧业文化转变的过程。此过程导致了以半农半牧、时而农时而牧为特征的北方农牧交错带的形成。

(三)基本特征

农牧交错带的基本特征为半干旱的气候、土地利用农牧交错且时农时牧、生态环境退化、农业生产条件严酷。

内蒙古农牧交错带年平均气温2℃～8℃，年平均降水量为250～500 mm，属于半干旱地区。主要地貌单元为内蒙古高原东南边缘带、冀北山地、阴山、鄂尔多斯高原等几部分，基本处在我国地貌的第二级台阶向第三级台阶过渡的边缘地带上。原生自然景观自东向西由森林草原与灌木草原向荒漠草原过渡，土壤类型多样，以栗钙土为主，土壤养分含量低。在气候条件上由暖温带湿润气候向温带干旱气候过渡。

农牧交错带的自然生态与经济社会特点主要有以下几个方面。

第一，对全球变化的敏感带，尤其是降水年变率的不稳定性；

第二，风沙源地与荒漠化潜势很强的前沿地带，易于发生风蚀沙化、水土流失、干旱、盐碱与虫鼠灾害等；

第三，多为河川水源涵养区，对相邻地区有较大的生态屏障和生态防护意义；

第四，地域辽阔，土层深厚，生产潜力大，多荒地，对滥垦开荒种粮有极大的诱惑力，但因土质较粗而疏松，且多为陡斜山地与丘陵，开垦后极易因风、水侵蚀而退化；

第五，林、灌、草植被交错分布，景观镶嵌性强，生物多样性丰富，易于发展农林草复合系统；在农林牧与加工业综合发展方面有较大的优越性；

第六，自然地带或区域之间生物地球物理状况与生物地球化学循环的突变点或转折线；大气环流系统、水分运转、热量梯度、无机与有机物质转移、生物地理成分乃至人类社会民族成分、文化结构与经济形态等在这一带均发生剧烈的变化；

第七，贫困人口多，经济相对落后，多为与少数民族聚居区的接触带，历史上在这一地带屯垦戍边、战乱频繁，农牧界限反复进退。故尤需重视发展当地经济，保育生态，提高人民生活水平。

三、生态意义

内蒙古草原与北方农牧交错带是我国生态脆弱区，农牧业生产条件最为严酷，农业生产力水平比较低，是我国一条生态危急带。农牧交错带的环境脆弱性主要体现在：稳定性小，变化幅度大；敏感性强，抗外界干扰能力弱；自我恢复与调节能力差，向非期望状态演变趋势明显，即草原退化和沙漠化严重，生态系统严重失衡。

在这样一个生态环境敏感的地带，由于人类对土地的开发与利用不合理，结果造成土地受损，水土流失、草场退化、土地沙化和盐渍化现象严重。农牧交错带荒漠化土地面积占全国荒漠化土地总面积的45%，成为中国自然植被破坏最严重的区域。农牧业生产不稳定，第一、第二性生产力水平低下等，给该区域带来了各种严重的生态环境问题和社会经济问题，使该带难以发挥其在社会、经济、生态等方面应有的作用。生活在这一地区的人民在经受着经济贫困的同时，还面临着生态危机。农牧交错带生态系统退化不仅给当地社会经济发展和生态环境带来严重危害，而且影响到周边地区的环境质量。如再不采取措施进行恢复与重建，农牧交错带将势必向沙漠生态系统演变。

因此，加强对这一地区的生态建设意义重大。

草原与农牧交错带是我国退牧还草、退耕还林的重点区。在这一地带，由于人类不合理的利用土地，造成人地关系矛盾突出，出现生态恶化趋势。为此，国家审时度势，提出了在生态恶化地区进行退耕还林，退牧还草的重大举措。各级政府和公众普遍关注生态环境保护与建设，退耕还林还草已经成为农牧民的普遍共识。这一政策不仅对整个草原区与农牧交错带的生态建设、北方生态屏障功能的恢复有着重要作用，也对环京津地区沙尘暴的防治、农牧交错带环境治理和农业可持续发展有着重要的指导意义。

第二节　土地退化类型

草原区与农牧交错带环境脆弱，土地退化迅速，主要包括草原退化、水土流失、土地沙漠化、土壤盐渍化等类型。

一、草原退化

(一)概念

草地是地球上重要的陆地生态系统类型的一种。草地群落以多年生草本植物占优势。草地可以分为草原与草甸两大类。前者是由耐寒的多年生草本植物组成，在地球表面占据特定的生物气候地带。后者由湿润的中生草本植物组成，出现在河漫滩等低湿地和林间空地或为森林被破坏后的次生类型，属隐域植被，出现在不同的生物气候带。

草原是草地最主要的类型，是内陆干旱到半干旱气候条件的产物，是温带半干旱至半湿润环境下的一种地带性景观。植物组成一般较简单，群落的优势植物较明显。建群种主要为禾本科的针茅、羊茅、隐子草、羊草等，菊科的蒿、亚菊等属及唇形科百合科莎草科的植物。草原分布很广，集中在北美洲、南美洲和欧亚大陆的中纬度地区。在中国广布于东北地区西部、内蒙古、黄土高原北部及西北荒漠地区山地和青藏高原大部分地区。

随着人们对草原利用规模和程度的增加、草原自然环境恶化、产量不稳定等，人们对草原退化这一问题愈来愈重视。早在20世纪50年代，已经开始讨论人类在草地生态系统演变中的角色，草原退化日益严重引起了越来越多人的关注，草原退化的概念因受到研究者的研究方向及专业影响而有了不同的解释。

我国学者认为草原退化指人为影响下草原生态系统远离顶极状态的程度，表现为生产力下降、种类组成变劣和简化、土壤侵蚀、鼠虫害加剧等(李博，

1990)。突出了草原退化的人为因素的作用。我国草原管理和监测部门从另一个角度给草原退化定义，重视管理的效果和草原实际产出的价值。如内蒙古草原勘测设计院在《内蒙古自治区草原资源调查暂行规程(1984)》中，提出草原退化是"由于管理利用不当等多种原因造成草原立地条件变化，草群结构向坏的方向发展，造成草场质量下降、可食性产草量减少，导致畜产品产量和品质的下降"，突出了人类对草场使用不合理是草场退化的主要原因。陈佐忠(1990)认为，内蒙古天然草地生产力的退化是草原退化的代表，草原生态系统在其演化过程中，在人类活动与自然条件共同作用下，其结构特征和能流与物质循环等功能过程的恶化，即生物群落(植物、动物、微生物群落)及其赖以生存环境的恶化。它既包括"草"的退化，也包含"土地"的退化，它不仅反映在构成草地生态系统的非生物因素上，也反映在生产者、消费者、分解者三个生物组上，因而草地退化是整个草地生态系统的退化。

从上我们可以看出，由于研究者、研究对象及研究目的的不同，草原退化概念的内涵与侧重也不尽相同。

(二)内蒙古草原退化历程

草本植物是在第三纪渐新世出现的，在中新世得以发展，而真正出现草原景观是在上新世和第四纪早更新世。渐新世末与中新世时期，亚洲板块与印度板块发生碰撞产生喜马拉雅运动，亚洲大陆与印度次大陆相接而特提斯海消失，低平的内蒙古高原与山地按构造线再度隆起。因为温暖的特提斯海消失，内蒙古西部距海遥远，干旱度加强，气候大陆性特征加强。植被由落叶阔叶林针叶林慢慢变为疏林草原，草本植物在长期的演化中成为植物群落中的主要成分，在上新世以针茅属为主的草原景观逐渐形成。第四纪早更新世，青藏高原迅速隆起，印度洋暖湿气团难以北上而西伯利亚高压和干而冷的气团加强促使气候更加干冷，出现了草原景观。

新石器时代以来，内蒙古是温带草原环境，居民过着"逐水而居"的生活。从"红山文化"可知，距今 4 000～5 000 年以前，西辽河上游地区的气候为温暖湿润，从事的生产活动为农、牧、渔、猎等。距今 1 900 年前，大约从夏商到战国年间的内蒙古草原从未遭受到人类经济活动的破坏。从秦朝以后草原局部地区因战争进行的屯兵守卫和移民戍边而被开垦，但是在不久以后就恢复为草地。秦汉时代，在河套平原区为增筹集军粮而移民开荒，据《水经注》记载和从乌兰布和地区发现的汉城和村落遗址和汉墓群可以看出当时草原开垦情况。但是到东汉永和五年(公元 140 年)以后，汉朝势力衰退，北方游牧民族相继内迁，河套地区农田又恢复为草地。到唐朝时期，为了防御突厥的内迁，采取了屯垦戍边的政策，砍伐森林、放火烧荒、开垦荒地。在这时期，大面积草原变为耕地，自然生态破坏严重。公元 5 世纪鄂尔多斯地区就有沙漠的记载，到了 9 世纪就有了大风积沙记载。10 世纪初，在巴林左旗东南，辽王朝在此建都并沿西拉木伦河两岸农耕，建立了许多州县。到 10 世纪中叶，这个地区成为了较大的农业区。由于开垦及樵采活动，使植被遭严重破坏，11 世纪初，此地方出现了沙漠。"滦人焚巨松，童山八百里"，从元代白玉廷的诗中可以了解到辽、金两大王朝严重破坏草原和森林的程度。12～13 世纪的时候，辽金在东部大兴农业时，西夏在西部的鄂尔多斯从事畜牧业生产，被破坏的草原得以恢复，成为水美草丰的地区。元、明两大朝时期，曾施行退耕还牧政策，农牧界限又退至长城一带。

1858 年清政府宣布移民戍边政策，大力推行了放荒垦地政策。1902 年又"开放蒙荒"，大规模放垦草原，向草原腹地深入。在 1902～1908 年的所谓"移民戍边"的高潮中，内蒙古西部地区共放垦土地 50.5×10^4 hm^2，东部地区放垦土地 163×10^4 hm^2。在短短的八九年间开垦草原 22×10^4 hm^2，撂荒地、沙化日益扩大。中华民国时期，塞北各省建立垦务局，随着铁路的修通与草原人口的增加，农垦迅速扩展。例如，鄂尔多斯被开垦的草原从清中叶到解放初时累计达 60 万公顷。大面积草原退化变成沙漠。

从新中国成立到 20 世纪 90 年代初期，我国开垦的草原面积已经达 $1\,867 \times 10^4$ hm^2，造成大约 $2\,533 \times 10^4$ hm^2 退化、沙化面积，其中约 53.3×10^4 hm^2 草原退化为永久性沙漠；同期，内蒙古开垦草原约 347×10^4 hm^2，而在内蒙古等地每开垦 1 hm^2 草原往往就会引起周围 3 hm^2 左右草地沙化。"大跃进"和"三年困难"时期，全国粮食短缺，为了从全局上解决粮食自给，农业生产提出"以粮为纲"的口号。仅 1960 年就开垦新荒地 26.7×10^4 hm^2，相当于历年总面积的 3.85 倍，这样的高速度在农垦史上是史无前例的。在 1958～1976 年的 18 年全区开垦草场 206.7×10^4 hm^2，加剧了草原的开垦破坏。自 20 世纪 80 年代末开始并持续了近 10 年的草原开垦高潮，从 1986～1996 年，内蒙古东部 24 个旗县开垦草原 75.5×10^4 hm^2，并且都是开垦的优良草场。根据 1983～1986 年卫星遥感监测数据，1983 年内蒙古草场总面积为 $7\,915.29 \times 10^4$ hm^2，可利用草场面积为 $5\,998.43 \times 10^4$ hm^2，退化草地面积为 $2\,133.69 \times 10^4$ hm^2，其中严重退化面积 $1\,181.37 \times 10^4$ hm^2，分别占可利用草场面积的 35.6% 和 19.7%。

20 世纪 90 年代中后期，我国的草地承包工作基本结束，使草地有了管护人，这就有效遏制了在草原上乱砍、乱伐、乱挖现象。这一阶段有些草地得到了治理恢复，有些草地在继续退化，但退化速度大大地减慢了。

据有关专家研究，我国草原荒漠化的人为成因中，过度农垦占 25.4%，过度放牧占 28.3％ 。可见过渡开垦并不是草原退化中的唯一主导因素，过度放牧也是不容忽视的问题。随着草原退化的形势日益严峻，草场面积逐渐减少，而牲畜头数仍在不断壮大，进而使草原出现了过牧现象，即牲畜数量超过草原承载力，被认为是中国草原退化的首要原因。2001 年"中国环境状况公报"提出"过牧"已经广泛存在于中国北方草原 30％～50％ 的范围内。根据2004 年全国草原工作和草原监理工作会议报告，草原超载过牧仍相当严重，北方草原平均超载 36％以上。在草原退化驱动因素中我们也不能忽视自然因素，如气候变化、自然灾害及人为因素人口增长等。政策制度也是不能忽略的间接影响因素之一。

通过几年的生态建设和恢复，草原退化虽有所改善，但总体情况仍然严峻，退化和建设并进的局面依旧未能根本扭转，甚至伴生出许多非生态性问题，如牧民生活水平停滞不前、生产进入混乱状态、社区文化变迁等。

(三)草原退化现状

草原是最重要的陆地生态系统之一，全球草原总面积约占陆地总面积的1/3。草原是比较脆弱的生态系统，但却养育了全球近 1/3 的人口，人们的食物结构中有 11.5％来自草原。但是，在不合理的人为因素干扰以及近年来气候变暖的影响下，全球有近一半的草原已经退化或正在退化。如今草原退化已成为全球的重要生态环境问题之一。

草场在土地利用类型中面积最大，在荒漠化土地中面积也最大。全球干旱区草场总面积为 $45.56 \times 10^8 \ hm^2$，其中已经有 $33.33 \times 10^8 \ hm^2$ 发生了程度不同的退化。

我国草原退化面积以每年近 $133 \times 10^4 \ hm^2$ 的速度扩展，20 世纪 70 年代我国草原退化率为 15％，80 年代中期达到 30％以上，目前已上升到 57％左右。内蒙古草原退化沙化面积以每年 $67 \times 10^4 \ hm^2$ 的速度蔓延，内蒙古草原退化率由20 世纪 60 年代的 18％发展到 80 年代的 39％，2005 年已达到 73.5％。

内蒙古草原区域由于特殊的人文地理、自然环境和政治经济因素，一直是人们关注的焦点。而 20 世纪 50 年代以后开始出现的草原退化现象，使这种倾向更加明显。在之后的半个世纪中，针对内蒙古草原退化及退化原因问题，区内外诸多著名草原、生态、经济、社会文化学专家学者，以及美国、日本、韩国等国家的自然及社会科学家进行了多层面的颇有成就的调查研究。特别是进入 20 世纪 90 年代后，内蒙古草原生态进一步退化，导致区域内土地荒漠化、沙化，并屡次发生各种自然生态灾害，不仅对区域内居民生产生活产生严重影响，也威胁到了周边区域、甚至邻国生产生活和生态安全。于是，内蒙古草原退化从一个区域性生态问题，演变成了全国，乃至更广泛区域的生态、经济、社会问题，引起更多人的关注。

内蒙古草原总面积 $7\,880\times10^4\,hm^2$，占内蒙古国土总面积的 2/3，占全国草原面积的 1/5，位居全国首位。其中，可利用面积 $6\,359\times10^4\,hm^2$，占内蒙古草原总面积的 80.7%。目前，可利用草原中，退化面积已达 $3\,867\times10^4\,hm^2$，占可利用草原的 60%，较 20 世纪 80 年代的 $2\,094\times10^4\,hm^2$，增加了 $1\,773\times10^4\,hm^2$；其中轻度退化面积扩大了 $133\times10^4\,hm^2$，中度退化面积扩大了 $693\times10^4\,hm^2$，重度退化面积扩大了 $947\times10^4\,hm^2$。由于开垦、沙漠化等，内蒙古的草原面积 20 世纪 80 年代较 60 年代减少了 10.4%，约 $920\times10^4\,hm^2$，目前又比 80 年代减少了 $600\times10^4\,hm^2$，约 8%。内蒙古草原的退化严重，已经到了惊人的程度。

素以水草丰美著称的全国重点牧区呼伦贝尔草原和锡林郭勒草原，退化面积分别达 23% 和 41%；鄂尔多斯草原的退化极为严重，退化面积达 68% 以上；内蒙古乃至世界上最为典型的东乌珠穆沁草甸草原，退化面积达 66% 以上；以荒漠草原为代表的阿拉善草原退化之势更甚，与 50 年代相比，阿拉善左旗的草原覆盖度降低了 30%～50%，荒漠和半荒漠已占到了这个旗草原的 96.9%。

二、土地沙漠化

(一)基本概念

沙地是在半干旱、半湿润和湿润地区的沙质土地，由于受自然因素和人为因素的综合影响和干扰，或当沙漠化、风沙化过程发展到顶级阶段，形成风蚀、风积地貌景观的地理环境实体，称为沙地。

荒漠化是干旱、半干旱及部分半湿润地区，由于人为不合理的经济活动，破坏了脆弱的生态平衡，使原非沙漠的地区出现了类似沙漠景观的环境退化过程。

沙漠化是荒漠化的一种类型，它是在干旱多风的沙质地表环境下由于人为活动过度破坏脆弱的生态平衡，出现了以风沙活动为主要特征的土地退化过程。

(二)土地沙漠化现状

内蒙古主要有四大沙漠与四大沙地，沙漠主要分布于西北部，分别是：巴丹吉林沙漠，位于内蒙古高原西南，面积 $4.43\times10^4\,km^2$；腾格里沙漠，位于内蒙古阿拉善盟，面积 $4.27\times10^4\,km^2$；乌兰布和沙漠，位于内蒙古巴彦淖尔市河套平原西南，面积 $1.15\times10^4\,km^2$；库布齐沙漠，位于内蒙古鄂尔多斯高原北部，面积 1.86 平方公里。四大沙地分别是：浑善达克沙地，位于内蒙古锡林郭勒盟，面积 2.38×10^4 km²；科尔沁沙地，位于西辽河中下游，面积 5.06×10^4 km²；毛乌素沙地，位于鄂尔多斯高原东南部，面积 3.21×10^4 km²；呼伦贝尔沙地，位于内蒙古呼伦贝尔高原，面积近 1×10^4 km²。

内蒙古自治区现有荒漠化土地总面积 $6\,482 \times 10^4$ hm²，占全区总土地面积的 52.8%。其中沙漠化土地总面积为 $3\,733 \times 10^4$ hm²，占全国沙漠化土地面积的 23.2%。风蚀沙化面积 561×10^4 hm²，沙化草原面积 $2\,758 \times 10^4$ hm²，水土流失面积 $1\,860 \times 10^4$ hm²，盐碱化面积 328×10^4 hm²。

全区 20 世纪 60 年代初有沙漠化土地 $182\,483$ km²，15 年（1975 年）沙漠化土地扩大了 $41\,981$ km²，年平均扩大 $2\,798.7$ km²，年增长率为 1.53%。到 1995 年全区沙漠化土地面积为 $239\,726$ km²，与 20 世纪 70 年代中期相比，19 年沙漠化土地又新增了 $15\,262$ km²，年平均增加 803.3 km²，但年增长率显著降低，从 1.53% 降到 0.36%，沙漠化土地的发展势头明显减缓。但局部地区仍然相当严重，全国沙漠化扩展速度达 4% 以上的地区有 7 处，而内蒙古就占 3 处，即后山地区、锡林郭勒盟南部和阿拉善地区。呼伦贝尔、巴丹吉林和科尔沁沙区的沙漠化土地面积出现了负增长，年递减率为 2.7%。而其余各沙区沙漠化土地仍然呈现不同程度的扩大趋势。年增长率最高的是毛乌素沙区，为 2.52%，其次为乌兰布和沙区，为 1.99%，巴音温都尔沙区年增长率为 1.48%，占第 3 位。

科尔沁沙地位于我国农牧交错带东段，属季风气候边缘区，具有典型的环境敏感性和脆弱性，也是我国沙地中生态环境和水热条件最好的沙地之一。但由于长期的粗放经营、不合理的土地利用，造成植被资源破坏严重，生态平衡严重失调、自然灾害频繁，生产力水平低而不稳，科尔沁沙地已成为我国土地沙漠化严重发展的地区之一。

科尔沁左翼后旗，即科左后旗，位于科尔沁沙地东南边，是科尔沁沙地的主要组成部分。东北部与吉林省双辽市接壤，东部和南部与辽宁省彰武、康平、昌图县相邻；西部和北部与库伦旗、奈曼旗、开鲁县、通辽市科尔沁区和科尔沁左翼中旗相连。面积约 $11\,481$ km²。2005 年土地沙漠化遥感调查结果发现，科左后旗沙漠化土地总面积为 $4\,035$ km²，占土地总面积的 35%。其中，轻度沙漠化土地面积最大，面积为 $1\,667$ km²，占沙漠化土地面积的 41%；其次中度沙漠化土地和重度沙漠化土地，面积分别为 962 km² 和 910 km²，分别占沙漠化土地面积的 24% 和 23%；沙漠化土地面积最少的是严重沙漠化土地，面积为 496 km²，占沙漠化土地面积的 12%。非沙漠化土地面积很大，面积为 $7\,446$ km²，占总土地面积的 65%（表 9.2）。可以发现，2005 年该旗沙漠化土地面积比重不大，并以轻度沙漠化为主，土地沙漠化总的情况是较轻的。

表 9.2　科左后旗 2005 年土地沙漠化现状表

沙漠化土地类型	轻度沙漠化土地	中度沙漠化土地	重度沙漠化土地	严重沙漠化土地	非沙漠化土地
沙漠化土地面积/km²	1 667	962	910	496	7 446
占总土地面积之比/%	15	8	8	4	65

轻度沙漠化土地在本旗北部的茂道吐、阿都沁、阿古拉，南部的潮海、满斗、吉尔嘎朗，西部的巴彦毛都苏木附近集中分布；在东部的布敦哈日根和胡勒顺淖尔苏木附近零星分布。中度沙漠化土地在集中分布在南部的满斗、吉尔嘎朗，北部的阿都沁、阿古拉、东花灯，西部的巴彦毛都、巴嘎塔拉苏木附近。重度沙漠化土地在除了东辽河、西辽河沿岸之外整个旗境内都在零星分布。严重沙漠化在西部的朝鲁、努古斯台，南部的满斗、海斯改，北部的茂道吐、阿古拉苏木附近零星分布。非沙漠化土地主要集中分布在东部地区。

(三)内蒙古土地沙漠化治理历程

土地荒漠化是当今人类社会共同面对的一个重大环境问题，受到世界各国的关注。据 1997 年林业部发布的《中国荒漠化报告》统计，目前我国荒漠化形势已非常严峻，荒漠化土地面积已占国土面积的 27.3%，受荒漠化影响的范围更大。

内蒙古自治区是全国荒漠化危害最严重的省（区）之一，荒漠化总面积占全国荒漠化总面积的 25.11%。内蒙古土地沙漠化发展历程，大体划分为以下三个阶段：

1. 第一阶段，1949～1961 年，起步和发展时期

1949 年 11 月，自治区政府发布关于保护森林问题的第一号《布告》。

1953 年 1 月，内蒙古自治区开始水土保持工作。

1955 年成立水土保持工作相应机构，确定了 30 个水土流失重点旗县，20 个水土流失一般旗县，开始大规模地治理水土流失。20 世纪 70 年代内蒙古成立了治沙和防护林建设机构。

自 1958 年 10 月在呼和浩特市举行了内蒙古、新疆、甘肃、青海、陕西、宁夏六省区治沙规划会议以后，更是有计划地向沙漠取了攻势。在党委领导、政治挂帅、全党全民动员、全面规划、"因地制宜，综合治理"的方针指导下，以乌兰布和、库布齐、毛乌素、腾格里沙漠为重点，采取植树造林、封沙育

草、饮水灌沙等办法，初步治理了超过 $4×10^4$ km^2 的沙漠，约占全区沙漠面积的 17%。并相应地制定了《内蒙古自治区封山育林实施办法（草案）》《结合林权划分对封山育林工作的意见》《关于加快沙区山区生态建设步伐的决定》《关于加强草原保护和建设的决定》《内蒙古自治区京津风沙源治理工程管理办法》等多项政策。

1959～1961 年中国科学院一个 20 人的综合考察队到内蒙古西部巴丹吉林沙漠，在不见人烟的荒漠中，骑骆驼走了 73 天，找到 90 多个湖盆可以作为饲养牛羊的基地。同年，在内蒙古党委的统一部署下，内蒙古自治区开始大规模的治理沙漠运动。从自治区到沙区人民公社，建立起了一整套的治沙组织机构。

2. 第二阶段，1962～1976 年，定位半定位时期

在大规模综合考察工作基本结束后，内蒙古沙漠研究主要以毛乌素沙地南部和乌兰布和沙漠北部为中心，进行了沙漠地区历史时期以来人类活动以及沙漠变迁的研究；在磴口、民勤、榆林等地原治沙试验站进行了沙地综合利用的试验，初步证明了沙地在合理开垦以后农业利用的可行性；开始一些专题性的研究。但是，在 1966～1976 年，由于受"文化大革命"的影响，沙漠科学发展受到了严重阻碍，科研队伍受到冲击，研究工作无法正常进行。

3. 第三阶段，1977 年至今，迅速发展阶段

沙漠科学进入了新的发展阶段。除了继续开展沙漠科学中多方面的研究和防沙治沙工作外，对逐渐引起注意的生态系统破坏和土地退化等问题开始了探讨。

20 世纪 70 年代内蒙古成立了治沙和防护林建设机构；80 年代，各旗（县）普遍建立了由各级政府领导的草原管理工作站。

内蒙古沙漠研究机构迅速扩展和完善，如内蒙古林学院治沙系、内蒙古奈曼旗野外试验站、中国科学院应用生态研究所在内蒙古的甘旗卡、乌兰敖都等地也建立了一批野外站点。这些研究机构和野外研究站点的建立，为内蒙古沙漠科学的迅速发展建立了稳定的野外观测研究和实验平台。

原有学科迅速发展，新的学科不断建立，学科交叉与合作开始出现端倪。在这一时期，沙漠植物学、宏观生态学、林学、土壤学、农学、草原学、气象学等原有学科不断发展和细化，新的学科分支如沙漠植物分类学、群落学、植物种群学、形态学、生理学、生理生态学、治沙造林学、沙地园艺学、草原生态学等得到迅速发展或强化，沙地植物细胞学、遗传学、景观生态学、农业气象学、小气候学、生态水文学、遥感与地理信息系统（RS & GIS）等一

些新的学科不断应用于沙漠科学领域。老学科的扩展和细化，新学科的不断涌现，不仅是这一时期沙漠科学发展的加速器，也为将来沙漠科学的全面发展奠定了良好基础。

生态建设成果凸显在那些重点林业生态工程覆盖的地区，尤其是在四大沙漠和四大沙地治理区。据中科院沙漠化土地空间遥感监测，科尔沁沙地生态状况实现了总体逆转；毛乌素沙地目前仅余 0.47×10^4 km² 大沙明沙，其余已全部被绿色遮盖；浑善达克沙地南缘出现了一条宽 2～10 km、长 420 km 的绿色屏障，林草覆盖率提高，沙地向内收缩。四大沙漠周边是生态保护和建设的重点区域，阻止了沙漠的前移。乌兰布和沙漠由于黄河环绕，锁边林带建设比较完整，近年来灌木林带又向内推进了 10 km，已不会有与库布其沙漠"握手"的机会。内蒙古草原面积占全区国土面积的 76%，2004 年，实施草畜平衡的草场面积达 34.67×10^4 km²，禁牧休牧面积达 40.67×10^4 km²。

三、土壤盐渍化

（一）土地盐渍化概述

土壤盐渍化是土地荒漠化和土地退化的主要类型之一，也是世界性资源问题和生态问题。土壤盐渍化问题还与人类活动，特别是农业灌溉密切相关。土壤盐渍化不但造成了资源的破坏、农业生产的巨大损失，而且还对生物圈和生态环境构成威胁。作为主要的土地退化形式之一，土壤盐渍化已成为一个全球性问题。我国是盐渍土分布广泛的国家之一，全国约有 $3\,693 \times 10^4$ hm² 现代（活化）盐渍土。盐渍土在我国分布广泛，主要分布在干旱、半干旱和亚湿润的干旱地区，主要有滨海盐渍土区、华北盐渍土区、西北盐渍土区、东北盐渍土区、灌区次生盐渍土区五大区，其中三北防护林地区是我国盐渍土集中分布区。

土壤盐渍化是指盐类在土壤中积累形成盐渍土的过程。盐渍土（或叫盐碱土）是指对作物生长有害的水溶性盐类（如氧化钠、盐酸钠等）在土壤中的积累超过的一定限度，达到对作物正常生长产生危害的土壤，是对盐土、碱土以及各种盐化、碱化土壤的统称。盐土是指土壤中可溶盐含量达到对作物生长有显著危害程度的土类。碱土则含有危害植物生长和改变土壤性质的多量交换性钠，又称钠质土。盐渍化按其成因可分为原生盐渍化和次生盐渍化两种。由于气候、地质、地貌、水文和土壤条件等自然环境因素而导致的土壤盐渍化是原生盐渍化，而次生盐渍化是人类对土地资源和水资源不合理利用而引起区域水盐不平衡的结果。

土壤盐渍化使得土壤质量下降，限制作物生长，抑制农业生产力，严重的情况下会导致耕地撂荒。同时盐渍化也会引起环境危害，如水质恶化，植物多样性减少等。长期以来，在全球范围内土壤盐渍化问题受到广泛关注，控制和缓解土壤盐渍化已成为现代农业的一个主要挑战。土壤盐渍化严重破坏人类生态环境，是农业开发和农业可持续发展的重大限制条件和障碍因素。土壤盐渍化通常出现在气候干旱、土壤蒸发强度大、地下水位高且含有较多的可溶性盐类的地区。它是一定的气候、地形、水文地质等自然条件共同对水盐运动产生影响的结果。

(二)土壤盐渍化成因

土壤盐渍化的过程和机理比较复杂。它的形成是自然因素影响和人类活动作用下的一种土地退化形式。干旱半干旱地区脆弱的生态地质环境是形成土壤盐渍化的客观基础。地质条件、土壤条件、低平的地势、多大风、地下水、地下水矿化度、蒸发、含盐母质、干旱少雨的气候条件等因素是影响土壤盐渍化的重要自然因素。此外，人类不合理的经济活动，如过垦、过牧、不合理的灌溉排水条件、人口数量与分布的变化、耕地的需求等人为因素也加速了土壤盐渍化的发展。

1. 自然因素

自然因素是盐渍化生成过程中的主要影响因子之一。研究表明，自然因子对土壤盐渍化的发生具有重要作用，其中地下水位、地下水矿化度、蒸发量、降水量、地形等是主要因素。

2. 人为因素

人类不合理的生产和生活活动促使了土壤盐渍化的发生。过去片面地执行以粮为纲的方针，盲目毁草开荒，致使相当部分宜牧草原垦为耕地。草原被开垦后，由植被生长而存在的地表"淡化层"被破坏，盐分由深位随蒸发而升到表层，产生盐渍化。

由于粗放的农业用水方式和落后的灌溉技术，加剧了地下水与地表水之间的转化频率和强度，使得区域地下水与地表水化学特征发生明显改变，同时也影响灌区周围和灌区内部一些荒地或夹荒地的地下水位上升，成为干排荒地，导致这些地区土壤盐分积累增加，成为发生土壤盐渍化的隐患。

人类可以通过修建排碱渠等方法来影响区域的盐渍化情况。盐渍化发生过程中地下水位和土壤本身的盐碱成分起主要作用。排碱渠就是通过以上原理提出的，是降低地下水位、排出盐碱成分，控制盐渍化的有效方法。

总体而言，盐渍地的形成因素研究结果表明：干旱荒漠气候是形成盐渍地的前提条件，母岩和母质含盐是形成盐渍地的物质基础，地表水和地下水的补给是形成盐渍地的动力，人为因素是形成灌区次生盐渍地的重要条件。

(三)土壤盐渍化现状

根据《全区生态环境现状调查技术规范》，将景观中农田与盐碱斑镶嵌分布的农业景观定为盐化农田景观。按照盐碱斑所占面积比例，将其分为轻、中、重三级。轻度盐化农田(耕地盐渍化)<15%；中度盐化农田(耕地盐渍化)16%～30%；重度盐化农田(耕地盐渍化)>31%。草原景观中，盐碱斑面积<60%的草场视为盐渍化，>60%的作为盐碱斑。

据20世纪80年代有关资料统计，全区盐渍化面积约316×10⁴ hm²，其中草原盐渍化面积约54×10⁴ hm²，由于不合理灌溉引起的耕地次生盐渍化面积约47×10⁴ hm²，占保证灌溉面积的40%。而20世纪90年代(1998年)草原盐渍化景观面积为45×10⁴ hm²，较20世纪80年代减少9×10⁴ hm²；耕地盐渍化景观面积115×10⁴ hm²，盐渍化景观总面积约为394×10⁴ hm²，农田盐渍化景观面积比80年代分别增加78×10⁴ hm²和68×10⁴ hm²。内蒙古盐化农田景观共115×10⁴ hm²，其中巴彦淖尔市河套区为65.8×10⁴ hm²，占57.22%，比20世纪60年代的17.4×10⁴ hm²增加了48.4×10⁴ hm²；与80年代的23×10⁴ hm²相比增加了42.8×10⁴ hm²，居全区之首。以盐化沙坨地农田景观为特点的哲盟(现改为通辽市)科尔沁左翼中旗、科尔沁翼后旗，分别为16.15×10⁴ hm²和8 033 hm²，与80年代的2.75×10⁴ hm²和1 033 hm²比增加了13.4×10⁴ hm²和7 000 hm²。从盐碱斑景观看，巴彦淖尔市河套灌区面积现在为3 448 hm²，与20世纪60年代的417 hm²比增加3 031 hm²，与80年代的3.5×10⁴ hm²相比减少3.2×10⁴ hm²。

据土壤盐(碱)渍化动态变化趋势看，巴彦淖尔市河套地区盐渍化景观面积呈上升趋势，但只在耕地面积上增加，而盐碱斑及中、重度盐渍化景观面积却呈下降趋势，这与20世纪80年代后期河套水利配套工程的实施以及排盐治理方面所做的大量工作，使该区域盐渍化得到控制分不开。与其相比，锡林郭勒盟东乌珠穆沁旗、苏尼特左旗，盐碱湖泊、草原盐渍化现象呈下降趋势，这一变化是随着降水量的变化而有所不同。由于受地理、气候及土壤条件的影响，通辽市科尔沁左翼中旗、科尔沁左翼后旗土壤盐渍化与西部地区不尽相同，呈盐渍化、沙化复合体形式存在。20世纪80年代虽然土壤盐渍化现象在本区低洼地较普遍，但盐渍化程度轻，盐分积累单一，以苏打盐化土为主，危害严重的盐渍化土地并不多见。但到了20世纪90年代，由于受人为及气象等因素影响，该区域盐渍化现象日趋严重，科尔沁左翼中旗的盐碱斑面积增长近几十倍。从总体上看，内蒙古盐渍化景观面积西部大于东部，这是地区特点所决定的。虽然西部土壤盐渍化现象将长期存在，但是水利配套工程实施、排灌趋于平衡可带来良性循环，使盐渍化进程得到控制。土壤盐渍化是一个自然过程，不良的自然因素，如气候干燥、盐分补给来源充足、地下水位高、排水不畅等是土壤盐渍化的基础。而不良的人为活动，诸如不合理的灌溉方式、渠道渗漏严重等则加快了土壤盐渍化的发展。因此，在治理上应以水利工程为主，并结合农业措施与生物措施。

(四)综合治理盐渍化

实践证明，改良盐渍土是一项复杂、难度大、需时间长的工作，应视各盟市的具体情况制定措施。

第一，建立完善的灌溉系统，使地下水深度保持在临界深度以下。苏联科学院 V. A. Kovda 等专家认为，可能引起土壤盐渍化的矿化地下水的深度平均为 2.5~3 m。

第二，建立现代化排水系统：①水平排水，主要以明沟、暗管的形式进行，既能降低地下水位，又可以排出土壤中的盐分；②垂直(竖井)排水，竖井排水价格低、不占地、水量大、水质好、控制调节性地下水位灵活、维修工作少，同时又可以和灌溉相结合，竖直设井以梅花型布井效果为最好。

第三，化学改良。一些发达国家如美国、澳大利亚在盐渍土上，特别在碱土上施化学改良剂，如石膏、硫酸、矿渣(磷石膏)，因土地类型不同，施入量也不同，施用时间长短取决于当地的经验和资金的状况。施用改良剂后需用大量水冲洗，在水资源缺乏的情况下应用困难，而且成本高。但是，用这种方法能使土壤积水从 379 d 降到 145 d，渗水从 292 mm 升到 605 mm。化学改良尽管成本高，但是从经济效益看是有益的。

第四，种植水稻对碱土的改良较有效。匈牙利、罗马尼亚、苏联、泰国、中国都在大面积盐土上种水稻，取得良好的改土增产效果。匈牙利专家通过对中欧及东欧地区盆遗土的研究提出灌溉冲洗、施用化学改良剂和种稻改良三结合的综合改良措施，这一措施为当前改良盐渍化的重点措施。但这一措施要求水平排水畅通。

第五，日本东京大学研究向土壤中注入聚丙烯酸酯溶液，与土壤形成 0.5 cm 的不透水层，从而减少土壤水分的蒸发，减少盐分随毛管水蒸发向表土累积，使作物产量明显增加。伊拉克土壤学家研究将沥青混入表层 5cm 土层中，然后冲洗，可提高土温 1.3℃~2.3℃，从而提高盐分的溶解度，增加淋洗效果。

第六，利用咸水灌溉。咸水灌溉虽然能增加土壤中盐分，但也能增加土壤湿度，降低土壤溶液中的浓度。

第七，种植耐盐碱的树种特别是能固氮的耐盐树种和草木(绿肥)植物，既可以减少地表水分的蒸发、防止土壤表面积盐，又可以降低地下水位和盐分，改良土壤的物理性状，增加有机质和土壤微生物，降低土壤 pH 值，从而彻底改善周围的生态环境。

四、水土流失

(一)概述

水土流失是指在水力、重力、风力等外营力以及人类活动作用下，水土资源和土地生产力遭受的破坏和损失。它是自然界物质、能量迁移的一种过程，它不断地改变着地表环境的面貌。具体是指地表土层受流水作用造成水和土的流失，其中有流水直接冲刷造成的，也有间接造成的，例如潜蚀和坡地重力蚀等，但是最终还是随沟谷流水一起流走，它包括水的损失和土壤侵蚀两部分。此外，由于径流和土壤侵蚀中携带着大量的养分流失，因此具体来讲应包含径流流失、土壤侵蚀和养分流失三部分。水土流失的本质是引起土壤理化性质变坏、肥力下降和土地利用率降低。

我国将土壤侵蚀分为 6 级(表 9.3)，其中第Ⅰ级为允许侵蚀量，第Ⅱ～Ⅵ级为水土流失侵蚀量。

表 9.3　土壤侵蚀分级标准

级别	侵蚀模数/t * (km² · a)⁻¹	相当年均侵蚀厚度/mm
Ⅰ 微度侵蚀	<200, 500, 1 000	0.16, 0.4, 0.8
Ⅱ 轻度侵蚀	(200, 500, 1 000)～2 500	(0.16, 0.4, 0.8)～2
Ⅲ 中度侵蚀	2 500～5 000	2～4
Ⅳ 强度侵蚀	5 000～8 000	4～6
Ⅴ 极强度侵蚀	8 000～15 000	6～12
Ⅵ 剧烈侵蚀	>15 000	>12

资料来源：刘南威：《自然地理学》，北京，科学出版社，2001

水土流失的破坏作用也是多方面的，不仅造成土地资源的破坏，导致农业生产环境恶化，生态平衡失调，水旱灾害频繁，而且影响各业生产的发展。其具体危害还有：破坏土地资源，蚕食农田，威胁群众生存；削弱地力，加剧干旱发展；致使泥沙淤积河床，加剧洪涝灾害，淤积水库湖泊，降低其综合利用功能；影响航运，破坏交通安全等。

(二)内蒙古水土流失现状

1. 水土流失类型及分布情况

内蒙古土壤侵蚀的空间分布受侵蚀外营力与环境系统的制约，具有明显的地域分布规律。内蒙古地域辽阔，土地类型多样，山地、丘陵及高原约占本区面积的 70%，沙地（含沙漠）占 20%，同时还存在许多大面积的开发建设工程造成土体扰动迁移，这种状况决定该区域土壤侵蚀类型的多样性，包括水力侵蚀、风力侵蚀、风水复合侵蚀、冻融侵蚀、工程侵蚀 5 种侵蚀类型。

水力侵蚀：分布最广，在山区、丘陵区和一切有坡度的地面，暴雨时都会产生水力侵蚀。水蚀主要分布在自治区东南缘，即大兴安岭低山、丘陵和山前平原，燕山北坡低山、丘陵、台地，阴山中低山、丘陵、台地，呼和浩特市和鄂尔多斯市一带黄土丘陵地区。

重力侵蚀：主要分布在山区、丘陵区的沟壑和陡坡上。在陡坡和沟的两岸沟壁，其中一部分下部被水流淘空，由于土壤及其成土母质自身的重力作用，分散或成片地塌落。重力侵蚀突发性强、危害大。高速公路建设也会产生水土流失，路基开挖和土石方开采，改变了原有地形地貌，使地表原有的土石结构平衡遭到破坏，在重力作用下发生塌落、滑坡等破坏，产生水土流失。

风力侵蚀：风力侵蚀吹走了地表肥沃的土壤，从而降低了土地的生产力，同时，风力侵蚀也能造成自然灾害。风水蚀复合区水土流失的特点是水力侵蚀和风力侵蚀在时间上交替，在空间上叠加。风水蚀复合区是农牧交错带中的一部分，指年降水量 300~450 mm，以半干旱气候为主，风水蚀交错复合分布的地区。主要分布在阴山山南、燕山山北及鄂尔多斯高原东部，西辽河覆沙平原和河套平原北部等地，这些区域为林农牧交错地带。

冻融侵蚀：冻融侵蚀主要分布在自治区东北大兴安岭北段的中低山、台地区；更集中分布于大片连续多冻土区和岛状融区多年冻土区。

水土流失的直接后果是导致土地沙化、土壤有机质减少、农作物减产、林地生产力降低和草场载畜量下降。据 1999 年《内蒙古自治区土壤侵蚀遥感调查阶段报告》，全区 1995 年年底各类Ⅱ级以上水土流失——土壤侵蚀面积 79.28×10^4 km²，占全区总面积的 67.01%，其中造成危害的水力侵蚀面积 15.02×10^4 km²，约占全区总面积的 12.7%；风水复合侵蚀面积大约为 7.99×10^4 km²，占全区总面积的 6.75%。风水复合侵蚀在我区分布范围广，遍及全区以及其他省区（表 9.4）。风力侵蚀面积 51.47×10^4 km²，占全区总面积的 43.51%；冻融侵蚀面积 4.77×10^4 km²，占全区总面积的 4.03%；工程侵蚀 329.85 km²，占全区总面积的 0.03%。全区 50 个贫困旗（县）、228 万贫困人口，85% 以上分布在水土流失区。水土流失遍及全区 12 个盟（市）的 87 个旗（县、市、区），其中风蚀地区主要集中在内陆河流域，且分布有大量的沙漠、戈壁。在Ⅱ级以上风力侵蚀的面积中，以阿拉善盟、锡林郭勒盟、呼伦贝尔市和鄂尔多斯市面积最大。

表 9.4　复合区水土流失分区

流域	类型区	亚区	水土流失级别	行政区域
黄河流域	水蚀为主	晋陕蒙沙黄土亚区	强度	右玉县、河曲县、偏关县、和林格尔县、清水河县、凉城县、府谷县、卓资县
		呼包平原亚区	轻度	包头市区(不包括白云矿区)、土默特右旗、呼和浩特市区、土默特左旗、托克托县
	风水蚀相当	乌兰布和亚区	强度	乌兰布和沙漠
		十大孔兑亚区强度	强度	库布齐沙漠
		陕北覆沙黄土亚区	强度	榆阳区、神木区、横山县、靖边县、定边县、佳县
		基岩覆沙亚区	强度	东胜区、达拉特旗、准格尔旗
		河套平原亚区	轻度	临河区、五原县、磴口县、乌拉特前旗、杭锦后旗
海滦河流域	水蚀为主	朔北山地亚区	轻度	左云县、朔州市、丰镇市
		坝下山地亚区	轻度	丰宁县、围场县
	风水蚀相当	坝上高原亚区	轻度	沽源县、多伦县
松辽流域	风水蚀相当	大兴安岭东南及燕山北麓丘陵亚区	轻度	赤峰市区、阿鲁科尔沁旗、巴林左旗、巴林右旗、林西县、克什克腾旗、敖汉旗、乌兰浩特市、科尔沁右翼中旗、突泉县、库伦旗、扎鲁特旗
	风蚀为主	松辽覆沙平原地区	轻度	通辽市区、科尔沁左翼中旗、科尔沁左翼后旗、开鲁县、白城市区、镇赉县、通榆县、逃南市、翁牛特旗、奈曼旗
内蒙古内流区	风水蚀相当	乌兰察布盟亚区	中度	尚义县、兴和县、武川县、集宁区、察哈尔右翼前旗、察哈尔右翼中旗
	风蚀为主	浑善达克亚区	轻度	张北县、康保县、太仆寺旗、正镶黄旗、正镶白旗、正蓝县、化德县、商都县、察哈尔右翼后旗

资料来源:姚正毅等:《北方农牧交错带风水蚀复合区水土流失现状、分布特点及发展趋势》,载《中国水土保持》,2008(12)

2.内蒙古地区水土流失特点

分布面积广,水土流失遍及农牧交错带(表 9.5)。类型多样、强度大,全区极强度以上水蚀面积为 1.42×10^4 km²,剧烈水蚀面积为 0.08 km²;在水蚀强度上,赤峰市辖区、敖汉旗,呼和浩特市的清水河县、和林县,鄂尔多斯市的准格尔旗、东胜区,通辽市的库伦旗、奈曼旗较为严重,是全区水力侵蚀强度比较大的地区;极强度以上风蚀面积 28.11×10^4 km²,剧烈风蚀面积

为 10.53×10^4 km²。在风蚀强度上，以阿拉善盟阿拉善左旗、额济纳旗，巴彦淖尔市乌拉特中旗、乌拉特后旗，鄂尔多斯市乌审旗、达拉特旗、杭锦旗、鄂托克旗，锡林郭勒盟正蓝旗、苏尼特左旗、苏尼特石旗、太仆寺旗，乌兰察布市化德县、商都县最为严重。

表 9.5　全区盟(市)≥Ⅱ级各类土壤侵蚀面积汇总/km²

项目名称	水力侵蚀	复合侵蚀	风力侵蚀	冻融侵蚀	工程侵蚀
全区合计	150 217.82	79 905.15	514 662.80	47 699.09	329.85
呼和浩特市	10 159.49	1 158.01	224.64		
包头市	5 315.60	4 061.44	13 106.02		20.99
乌海市	670.20		703.70		126.10
赤峰市	34 781.70	13 434.95	6 184.66		46.64
通辽市	8 596.29	13 945.78	13 687.99		22.15
呼伦贝尔市	20 140.84	1 919.93	39 339.06	45 681.57	25.76
兴安盟	20 147.33	1 424.44	2 417.66	2 017.58	
锡林郭勒盟	5 589.06	8 622.35	118 812.29		5.20
乌兰察布市	17 605.69	7 971.99	22 579..12		
巴彦淖尔市	8 791.28	6 324.25	33 221.43		
鄂尔多斯市	16 781.58	21 042.01	33 298.23		31.46
阿拉善盟	1 638.76		231 068.01		51.55

资料来源：刘永宏等：《内蒙古水土流失现状与治理对策》，载《内蒙古林业科技》，2002(1)

(三)内蒙古水土流失成因分析

水土流失的成因很多，普遍分为自然因素和人为因素两种。

1. 自然因素

降雨：内蒙古地区水土流失荒漠化地区，多发生强度大的暴雨，产生的高强度击溅动能对地表有着极强的破坏能力，是引起水土流失的外在营力。内蒙古地区降雨主要集中在 6～9 月，径流量占全年的 75%～80%。据统计，本区 10 年一遇的 30 分钟最大降雨强度均在 30 mm 以上，这样的降雨侵蚀力已对抗侵蚀力很弱的土壤构成了足够大的威胁。并且暴雨雨滴对地表的击溅作用，加剧了侵蚀过程。

地形地貌：地形高度、坡长与坡度，决定雨水落到地表后形成径流水土流失的大小。内蒙古水土流失地区多为低山丘陵与平原交界地段，地形高差大、坡度陡、坡面长，易于水土流失灾害的发生。在其他条件相同的情况下，坡面越长，水土流失越严重。随着坡度的增加及降水时间的持续，坡面表土达到饱和后便产生径流，速度随着坡度加大而加快，侵蚀的强度也随之增加。不同方向的坡面，由于光照和水文条件不同，自然植被生长情况也不同，发生水土流失的程度也不同。

植被：地表植被覆盖较好的地区，不易形成水土流失。植被可以有效地削弱雨滴和径流冲刷动能，使地表免受雨滴的直接击溅，同时还可增加降雨入渗量，延缓径流形成时间，减慢地表径流速度，改善土壤的物理、化学和生物学特性，从而抑制水土流失的发生。另外，植被根系的固土作用也很重要。在多风、暴雨频发的气候条件下，植被覆盖度低的地区常常会造成严重的水土流失。大兴安岭森林区的水蚀模数为(10～20) t/km²·a，而植被覆盖度极差的黄土丘陵沟壑区水蚀模数高达(10 000～20 000) t/km²·a，后者的水蚀模数是前者的 1 000 倍，足以看出植被覆盖度的重要性。

土壤：土壤的抗侵蚀能力直接影响到水土流失发生的强弱程度。土壤抗侵蚀能力的强弱与土壤的质地、结构、透水蓄水特性、有机质含量等有关。质地粗、团粒结构差、透水性和蓄水性差、有机质偏低的土壤抗水蚀能力弱，反之抗水蚀能力强。

2. 人为因素

(1)耕作方式原始粗放，土地利用不合理，造成水土流失。耕作方式原始、粗放，长时间广种薄收，不合理耕种等不合理的生产活动，土壤肥力逐年降低，粮食产量逐渐下降，开始采取摺荒耕种，对耕地保护不够、只种不养，不断盲目开垦天然草场，新垦农田不断增加，造成了大面积的原始植被被破坏，加剧了水土流失和土地退化、沙化。

(2)乱砍滥伐，破坏植被，水土流失加重。山丘区居民长期以来为了解决"三料"问题，乱砍滥伐，破坏了原有植被，使未开垦的土地变为荒地、裸地，致使失去涵养水源的功能和保持水土的作用，加剧了土壤侵蚀和水土流失。

(3)过度放牧。科尔沁地区是我国沙区中人口密度最大、交通最为方便的区域，平均人口密度 41 人/km²，是内蒙古自治区平均人口密度 18.1/km² 的两倍多。人口的不断增长及利润迫使牧民不得不增加牛羊数目，致使有限的草场承载力越来越重。从赤峰市实际状况看，2000 年时其牲畜总数已达911.08 万头，是 1949 年的 6.9 倍。在科尔沁草地一般年景下暖季载畜量有75%的旗县超载。羊草草场连续 3 年早打、抢打后，羊草产量会下降 25.1%，5 年后会下降 74.5%。如海拉河南岸的沙带，由于牛羊的啃食、践踏，每年造成的水土流失都在增加。

(4)过度农垦。人口增加的压力迫使人们不自觉地通过扩大垦殖面积来追求粮食产量。但扩大开垦面积并未给人们带来预想获得的较大产量，相反却导致环境退化的恶果。例如，在奈曼旗的章古台乡，有基本农田 13.33 km²。由于人口的快速增长，人均粮食拥有量不断降低，已不足果腹，只有开垦草牧场，种植 49.39 km² 农作物。连年的耕作与水（风）蚀使土壤中损失的物质得不到补偿，最终引起生态系统能量的持续下降，破坏了生态平衡，使科尔沁地区由榆树疏林草原演变成沙地。

（5）不合理的采矿活动。内蒙古矿产资源丰富，矿业已成为经济发展的支柱产业。长期以来，由于在矿产资源开发中忽视地质环境的保护，使矿山及周围生态平衡失调。开矿造成地表植被的破坏和大量堆放的尾矿，导致严重的水土流失。据霍林河露天矿统计，1997 年破坏草地 56 km²，2000 年增加了 117 km²，对呼伦贝尔市部分矿山初步统计，因开矿而破坏的林草地达 70 km²，仅海拉尔一处采石场占林草地 30 000 m²。工作区采沙场就有近千家，占地面积 500 km²，这些采沙场将地面严重破坏。开矿、建厂、修路等开发建设项目，大量的摒弃土石，无序堆放，大量取土、采沙破坏地貌和地表植被，造成新的水土流失。

（四）内蒙古水土流失治理

1. 治理历程

随着内蒙古人口快速的增长，草原开垦面积不断增加，水土流失现象也随之出现。随着草原开垦水土流失开始加剧，从 1956 年就已开始了水土流失治理工作。而改革开放以来，全社会对水土保持工作逐渐重视，在水利部等部门的支持下，水土保持生态建设步入了全新的发展阶段。自治区水土流失综合治理走过了 30 年的发展历程。水土流失治理形式由单项措施向综合措施转变、由防护性治理向开发性治理转变、由蓄水保土向实现综合效益转变、由地方组织群众治理向国家重点水土保持项目结合地方组织群众治理转变。因地制宜，采取工程措施和植物措施以及保土耕作措施相结合，呈现出水土流失治理全面发展的新态势。

国家水土保持重点治理工程从 1983 年始，先期在柳河、大凌河、皇甫川、无定河实施，小流域综合治理模式也同时在国家水土保持重点治理工程中进行实践。经过 25 年的综合治理，初步完成了 335 条小流域的综合治理，治理水土流失面积 7 835.44 km²。从 1991 年开始，进行黄河流域水土保持生态工程，治理水土流失面积 4 083 km²。内蒙古黄土高原水土保持世行贷款项目 1994 年启动，实施期至 2003 年，治理水土流失面积 1 979.15 km²。"九五"期间，全区水土保持治理面积达 14 308.61 km²，各盟（市）水土保持治理情况见表 9.6。1999～2004 年实施的国债水土保持治理项目，治理水土流失面积 2 783 km²。2000 年开始实施的京津风沙源治理工程，涉及赤峰市、锡林郭勒盟、乌兰察布市、包头市的 34 个旗县，治理水土流失面积 3 326 km²。2002 年水利部在鄂尔多斯实施砒砂岩沙棘生态治理项目，治理砒砂岩水土流失面积 1 853 km²。2003 年国家正式启动了黄土高原地区淤地坝试点工程建设，计划建设淤地坝 999 座，涉及流域内 13 个旗县的 35 条小流域。东北黑土区水土流失综合防治工程从 2003 年开始，涉及内蒙古呼伦贝尔市、兴安盟、通辽市的 10 个旗县，治理水土流失面积 450 km²。内蒙古水土保持生态修复试点工程开始于 2001 年，先后有伊金霍洛旗、四子王旗、扎兰屯市等 12 个旗(县、市)被列入国家生态修复试点，实施生态修复面积 1 772.45 km²。全区大部分旗县相继在辖区内全面禁牧、休牧、轮牧，恢复植被。加快全区水土保持生态建设步伐，使内蒙古自治区生态环境保护和建设推向新的阶段。2004 年，自治区人民政府发布《关于加强生态自我修复促进环境保护和建设的意见》，有力地推动了全区生态自我修复工作，使生态修复区生态环境发生了显著变化。

表 9.6 "九五"期间各盟(市)水土保持治理情况/km²

盟市	水蚀面积	累计治理面积	水平梯田	坝地	水保林	种草
呼和浩特市	11 375	3 163.9	338.3	72.5	2 389.8	363.6
包头市	10 099	553.7	82.5	91.6	353.7	25.9
乌海市	1 432	48.4			45.2	3.2
赤峰市	40 635	22 487.4	3 466.0	74.9	15 394.1	3 552.4
呼盟	14 855	357.6			301.3	50.3
兴安盟	7720	2 235.6	528.8		1 589.6	117.2
通辽市	5 220	3 719.7	392.5	171.5	2 551.8	603.9
锡要郭勒盟	6 895	158.7	89.0	447.5	924.5	125.7
乌兰察布市	26 366	7 830.8	797.6	358.9	5 732.3	941.7
鄂尔多斯市	47 019	15 475.1	296.9	406.5	11 268.2	350.5
巴彦淖尔市	14 410	885.4	61.0	274.9	392.6	156.9

资料来源：刘永宏等：《内蒙古水土流失现状与治理对策》，载《内蒙古林业科技》，2002(1)

截至 2007 年年底，已完成水土流失治理面积 90 963.27 km²，治理面积占全区水土流失面积的 11.48%，其中，前期 10 年内完成治理面积 19 767.3 km²，占 30 年治理总面积的 21.73%。中期 10 年完成治理面积 27 910.67 km²，占 30

年治理总面积的 30.68%。后期 10 年完成治理面积 43 285.3 km²，占 30 年治理总面积的 47.59%。通过治理，自然状态下的水土流失得到有效控制，为改善当地的生产条件、加快农牧民脱贫致富奠定了基础。

2. 水土流失的防治对策

对水土流失的防治应因时、因地制宜，贯彻"预防为主，防治结合"的原则。

依法管理——按《水土保持法》等相关的法律，坚决制止乱垦滥伐、乱挖滥采，防止因开矿等建设活动造成新的水土流失。建立健全各级预防监督网络，提高执法人员素质和执法水平，健全完善生产建设中的水土保持方案申报制度、审批制度、检查验收制度、收费制度等，依法进行管理。

合理利用土地资源——改造坡耕地，修建水平梯田，从而减轻地表径流，增加降雨入渗，是拦蓄径流、控制水土流失、保持水土、提高生物生产力最有效措施之一。在坡度小于 15°的坡耕地上，采取改顺坡耕作为沿等高线横坡耕作。

生物治理措施应贯彻适地种草种树的原则——在呼伦贝尔高原上应种植差巴嘎蒿、山荆子和锦鸡儿灌丛。敖汉旗位于内蒙古赤峰市的东南，在适宜的情况下种植防护林带，起到明显的生态、经济与社会效益。在生态效益方面，保护了草牧场免受水土流失等灾害，经济效益也提高很多，社会效益是草场质量不断提高，实现了林多草多、畜多肥多、粮多钱多的良性循环，也吸引大量游客来参观该区的"绿色屏障"。

禁牧与圈养——在水土流失较轻的地区，通过休牧、禁牧、划区轮牧等方式，或者采用围栏、舍饲等达到恢复地表植被的覆盖状况，对经济欠发达，水土流失问题又相对突出的地区，是一种可行的治理途径。据调查资料显示，实行自然恢复 1 年的地区植被恢复达到 30%左右，实行自然恢复 2 年的地区，植被恢复达到 40%～50%，实行自然恢复 3～5 年的地区，其植被恢复可达 80%以上。因此这一治理途径是十分有效的。

轻度以上水土流失地区防治对策与治理措施：加强宣传，健全监督执法机构，推进生态修复工作；在治理上，推广近年来试验成功的技术，获得生态、经济与社会效益；制定有利于水土流失修复地方性法规；加大治理的科技投入，引进先进技术，试验引进优质树草种苗，培训工作骨干，造就专业队伍，指导群众开展科学防治；水土流失严重区改变落后耕作方式；人工种植培育，加大植被覆盖率；加强工程措施的防护。

第三节 退耕还林还草

一、背景和意义

内蒙古地区的自然生态系统本身就较为脆弱，人为活动的加剧更导致了生态环境现状十分堪忧，土地沙漠化、草场退化、环境污染、沙尘暴、水旱灾害等一系列的环境恶化问题都是困扰内蒙古的主要生态问题。要想改善该区生态环境的现状，提高经济的发展，必须寻求一条可持续发展的道路。而退耕还林还草工程是一项以生态效益为主，保障生态、经济、社会多方利益的系统性工程。在内蒙古地区恢复和重建生态环境的同时，也同样体现着经济利益的实现。由于内蒙古地区在脆弱的生态环境下经济发展一直存在困难，在这种情况下，退耕还林还草工程的实施，不仅能够通过改善保障生产和生活的自然生态状况来创造农牧业发展新起点，还会有利于带动产业结构的调整，增加地区农牧民的收入，加快农户牧民脱贫致富的步伐，并最终解决贫困问题，提高人民的生活水平。

二、政策的出台与实施

内蒙古自治区的退耕还林（草）生态建设实践在全国的整体生态环境建设实践中的地位十分重要，这是由内蒙古自治区本身的自然生态环境决定的。退耕还林（草）的实施和推进是内蒙古自 1949 年以来所实施的规模最大的生态建设工程。内蒙古是我国唯一的一个同时实施退耕还林（草）、京津风沙源治理、"三北"四期防护林、天然林资源保护与建设、水土保持、天然资源保护六项生态建设与生态环境综合治理等七大工程的地区。实施西部大开发战略以来，内蒙古提出了"将内蒙古建设成为我国北方最重要的生态防线"的生态建设目标，同时，国家对内蒙古的生态建设投资力度也明显加大。

从 1998 年开始逐步启动退耕还林，天然林保护等六大林业重点工程和水土保持工程，并且也出台了一系列相应的政策。1998 年 11 月 27 日内蒙古自治区第九届人民代表大会常务委员会第六次会议通过《内蒙古自治区基本草牧场保护条例》，主要为了对基本草牧场实行重点保护，改善草原生态环境，促进畜牧业和经济社会的可持续发展，提出基本草牧场的划定、保护、建设、利用和管理。1999 年，内蒙古林业厅制订了有关林业生态建设的规划，而且修订了《内蒙古自治区实施〈中华人民共和国森林法〉办法》以加强依法治林的力度。之后，为了进一步提升生态建设在内蒙古的重要地位，2000 年，以自治区粮食局第六厅局联合下发的《以粮代赈、退耕还林还草补助粮食供应暂行办法》和自治区粮食局第五厅局联合下发的《关于进一步明确试点旗县退耕还林还(草)补助粮食供应工作有关问题的通知》为依据，确保补助粮食的供应，促进退耕还林还草工程的实施。2001 年 07 月 13 日，内蒙古自治区人民政府办公厅出台了《内蒙古自治区退耕还林(草)工程管理办法》，并规定了旗县人民政府对退耕还林(草)工程负总责，实行目标、任务、资金、粮食、责任五到位，建立了政府领导、部门领导、实施单位、承包主体目标管理责任制。此外，在国家相关法律、法规的指导下，内蒙古自治区人民办公厅印发了《关于内蒙古自治区生态环境建设项目管理办法(试行)》等九个文件的通知。这些文件的制定为内蒙古自治区退耕还林(草)的实施创造了前提条件。

2000 年退耕还林(草)工程项目在全国展开，2002 年内蒙古退耕还林(草)工程正式启动。区政府非常重视退耕还林(草)工作，并成立了生态建设领导小组，在自治区林业厅下设办公室，各盟市、旗县也成立了相应的领导机构。根据国家有关规定，并结合内蒙古实际，内蒙古自治区政府出台了一系列退耕还林(草)工程管理办法。2002 年 3 月 22 日由自治区人民政府财政厅出台了《内蒙古自治区退耕还林(草)工程财政专项资金管理暂行办法》。自治区人民政府还制定了《内蒙古自治区退耕还林(草)管理办法》《退耕还林还草粮食补助资金管理办法》《以粮代贩退耕还林(草)工程补助粮食供应暂行办法》等生态建设管理办法。以上法规虽然在 2003 年国务院出台的《退耕管理条例》后逐渐废止，但是这些法规总结的成功经验已经深入到退耕还林(草)工程的实施过程中。2003 年 7 月 3 日，内蒙古自治区人民政府办公厅印发《内蒙古自治区人民政府办公厅关于印发退耕还林工程管理办法的通知》，其核心内容是退耕还林工程实行地方各级人民政府负责制，盟行政公署、市人民政府及旗县人民政府对当地退耕还林工程负总责。同时，建立政府领导、部门领导、实施单位、承包主体目标管理责任制，层层签订责任状，并认真进行检查和考核以及退耕还林必须遵循的原则。2004 年 11 月 14 日，内蒙古自治区第十届人民代表大会常务委员会公告第 20 号，《内蒙古自治区草原管理条例》对具有草原生态功能、和适用于畜牧业生产的天然草原和人工草地进行了规划、保护、建设、利用和管理活动。2005 年 9 月 24 日由内蒙古自治区人民政府办公厅《关于进一步巩固退耕还林成果的通知》，指出内蒙古是全国退耕还林工程试点省份之一，也是近几年国家重点投资的省区之一。几年来，在各级领导高度重视下，相关部门密切配合，广大退耕农户积极参与，退耕还林工程建设取得了明显成效。但在实施退耕还林工程的一些地区尚未完全形成后续产业，农田基本建设、农村能源建设、舍饲圈养、封山禁牧等配套措施未能及时实施，据此必须密切配合国务院出台的"五个结合",为巩固退耕还林成果创造有利条件。

2007年9月,内蒙古自治区人民政府常务会议通过了《内蒙古自治区退耕还林管理办法》,为防止粮食回流及政策跑偏现象的发生,明确规定:退耕还林(草)工程要坚持生态优先、兼顾地方经济发展和农民脱贫致富的原则,要尽量扩大退耕农户数量,避免出现利益不均衡和"垒大户"现象的发生,限制人均退耕面积不得超过 0.33 hm²,更不能出现全退户。内蒙古还统一印制了"退耕还林(草)证""退耕合同书""退耕还林(草)工程验收卡"等,对工程实行了"三严"管理办法,即工程进程中严查、工程结束时严验、工程竣工后严审。旗县总体规划和年度实施方案由本级林业主管部门负责编制,报自治区林业主管部门审核,由本级人民政府批准后实施。国家每年下达退耕还林(草)的任务和预算资金到各旗县,各旗县林业局根据国家各年下达的指标,设计退耕还林(草)项目规划书,按照规划书分配指标到各个乡镇。基本上每个乡镇都有退耕还林指标,但根据每个乡镇的具体情况,分配的指标任务的多少存在一定差别。一般在陡坡地、水土流失严重和生态区位重要、产量低而不稳定的坡耕地及重点风沙区沙化耕地,盐碱化、石漠化严重的耕地,优先分配退耕指标。各县级人民政府或者其委托的乡级人民政府与有退耕还林任务的土地承包经营权人签订退耕还林(草)合同,根据退耕还林还草合同发放草籽和树苗、退耕补偿粮款等。

内蒙古自治区各地还强化了档案管理,基本做到了专人负责,规范化管理。2002~2007年退耕还林(草)工程的实施,内蒙古整体的生态环境日益恶化的趋势得到了遏制,带动了农牧民调整生产结构,增加了农牧民的收入,通过这一项工程的实践,走出了一条实现社会经济和环境可持续发展的道路。

三、巩固生态建设成果,制定后续发展对策

退耕农户为生态建设贡献了耕地这一最基本的生产资料,国家在一定时期内给予钱粮补助,但尚未解决好他们的长远生计问题。退耕还林工程是一项功在当代、利在千秋的好政策,但能否如愿长久见功、见效,取决于两个条件:一是粮食供给持久稳定;二是退耕还林工程本身能让农民见到持久效益。补助期满后,退耕农民靠什么维持生活的温饱从而使退耕林得以保护,不毁林复耕,是摆在退耕还林工程政策面前的现实问题。从以往的许多造林项目完成后农民迫于生计又重新毁林的经验看,要使退耕还林工程不断线、青山常在,必须在政策上建立起长效机制。根据这些问题,国家又提出了退耕还林后续产业发展方向。

2008年4月17日,内蒙古自治区人民政府办公厅出台了《内蒙古自治区

人民政府完善退耕还林政策的实施意见》，核心内容为退耕还林粮食和生活费补助期满后，中央财政继续安排资金对退耕农户给予适当的现金补助，解决退耕农户当前生活困难。补助期为：还生态林补助 8 年，还经济林补助 5 年，还草补助 2 年。为了使退耕还林(草)政策落实到位，2008 年 5 月 19 日，内蒙古自治区财政厅、西部开发办、发展和改革委员会、农牧业厅、林业厅、粮食局又联合印发了《内蒙古自治区巩固退耕还林成果专项资金使用和管理办法实施细则》。为了加强巩固退耕还林成果专项资金管理，提高资金使用效益，根据《国务院关于完善退耕还林政策的通知》和国家财政部等六部委关于印发《巩固退耕还林成果专项资金使用和管理办法的通知》以及《内蒙古自治区规耕还林管理办法》，结合工作的实际，具体的细则内容涉及到专项资金使用范围和补助标准；专项规划、年度实施方案的编制；专项资金的申请、拨付、使用和管理；监督检查等。《实施细则》对巩固退耕还林成果专项资金的方方面面进行了详细、系统的规定和说明，将对规范巩固退耕还林成果专项资金的管理和使用起重要作用。为了将退耕还林与基本农田建设、农村能源建设、生态移民、后续产业发展结合起来，进一步巩固退耕还林成果，2009 年 1 月 19 日，内蒙古自治区人民政府又出台了《内蒙古自治区退耕还林管理办法》，核心内容为：旗县级以上人民政府应当扶持退耕还林后续产业发展，在各项支农资金、扶贫贴息贷款等方面给予优惠政策，引导退耕农户积极参与产业建设，增加农民收入。

退耕还林工程作为一项前所未有的"德政工程"在我国已尝试和推广了近九年的时间，并在整体上已取得初步成效，工程区生态环境在局部范围有所改善。退耕还林工程的后续产业政策的研究与制定尚处于探索阶段，如何结合地域特色，进行产业结构的调整，制定能鼓励和促进新的产业发展的政策具有一定的难度。

第十章　内蒙古自然灾害类型与防灾减灾

章前语

内蒙古是中国北方具有特殊地理单元的省区，由于它的地理位置、气象气候、地质地貌、社会经济发展的特殊性，已经成为中国北方自然灾害类型较多、灾情较严重的地区之一，尤其是干旱、沙尘暴、雪灾及草原病虫害最为突出。本章对内蒙古主要灾种的分布特征及减灾措施进行了阐述。

关键词

旱灾；沙尘暴；雪灾；草原病虫害；防灾减灾

内蒙古自治区处于中纬度温带地区，属于温带大陆性季风气候，各种孕灾环境丰富，自然灾害种类繁多，危害严重，具有较高的研究价值。内蒙古的孕灾环境突出表现在：处于季风边缘与中部斜坡不稳定带，环境演变敏感，生态系统脆弱，从而形成易灾多灾的孕灾环境系统。内蒙古的承灾体突出表现在以农牧交错土地利用与放牧土地利用为代表的大农业承灾体系统，工业、交通、城镇承灾体较少，因此大农业成为内蒙古地区致灾成害的主体。从致灾因子的角度来说，内蒙古地区的灾种较多，如旱灾、沙尘暴、雪灾、黑灾、病虫害等，这些灾种给内蒙古的农业、牧业、林业经济带来了很大的危害。

第一节　旱　灾

干旱是因长期缺水或降水偏少，造成空气干燥，土壤缺水，植物植株生长发育不良而减少作物或牧草产量所形成的一种灾害。旱灾是气候、土壤、生物和社会等因素共同作用的产物，但以气候因子为最根本影响因素，所以称它为气候灾害之一。内蒙古地区旱灾是常发性自然灾害，其影响面积、出现频次、持续时间和危害程度在各类气候灾害中居第一位。干旱对各个行业造成直接或间接影响及其危害程度与干旱强度、发生时间、行业类型以及生产力发展水平等密切相关，其中，农、牧、林业受害最直接最严重。内蒙古地区生态环境比较脆弱，农牧业生产条件比较恶劣，生产水平比较低，受环境因素的影响很大，干旱的发生及严重程度常常能决定该年度农牧业生产的丰欠。内蒙古地区气候自中更新世以来就存在着干旱化的发展趋势。

一、旱灾特征

(一)干旱频率变大、周期缩短、干旱化加剧

据内蒙古中西部地区 500 年的旱涝史料分析，内蒙古的干旱年份约占 70％～75％，存在"三年约有两年旱、七年左右一大旱"的规律。近 40 年 (1951～1990 年)资料的分析表明，内蒙古牧区轻旱以上的干旱频率为 92.1％，即"十年九旱"。

(二)干旱持续时间长

据 500 年旱涝资料分析，内蒙古中西部地区历史上曾出现过 8 次特大连年旱灾，其中四年以上连旱达 7 次。近 50 年，2 年以上连年旱共有 4 次，春季连年旱最长达 6 年(1971～1976 年)，夏季连年旱最长达 6 年(1968～1973 年)。

(三)灾情严重，影响范围在扩大

对 1947～1987 年大旱发生的情况统计分析发现，内蒙古近年来旱情有加重的趋势(表 10.1)。

表 10.1　1947～1987 年大旱发生的情况统计

大旱类型	50 年代	60 年代	70 年代	80 年代
春夏大旱	—	—	1972	1983
春季大旱	—	1961，1962，1965	1972，1974	1983，1986
夏季大旱		1968	1972，1978	1980，1983，1987

(四)干旱区向东扩张

在 20 世纪 40～50 年代，竺可桢、张宝等认为夏季风的西界在河西走廊中部的嘉峪关一带；70 年代，有人认为把夏季风的西界划在海拉尔—嘎海庙—乌兰花—包头—乌兰镇一线；80 年代则从土默特右旗境内通过，向东移了 80～100 km，这说明干旱区有明显向东扩张的趋势，干旱区范围扩大了。

(五)风沙天气增多

干旱的强劲增加了沙尘灾害，又进一步加速了土壤沙化和流沙的蔓延。

二、旱灾时空分布规律

旱灾程度取决于旱灾发生的强度和频率。根据近 16 年植物生长期(4～9

月)各月降水量距平值绘制出的旱灾强度分布总体规律是西部干旱少雨区降水量年际变化大，旱灾强度高；向东北方向随着降水量绝对量增大和年际变化率减小，旱灾程度也逐步降低。从近16年的旱灾发生频度来看，旱灾频度与旱灾强度的空间分布有一定的差异，频度在中西部多，东部区较少，东北部最少。综合考虑旱灾强度和频度后评价出了内蒙古自治区旱灾程度(图10-1)。旱灾程度最严重的是阿拉善西部；其次是锡林郭勒盟西部以西、阴山以北地区；旱灾程度中等区域为锡林郭勒盟中部、南部，阴山以南地区；呼伦贝尔西部、锡林郭勒盟东部、赤峰、通辽大部分地区为旱灾较轻区；旱灾程度最轻的是大兴安岭及其东部区。

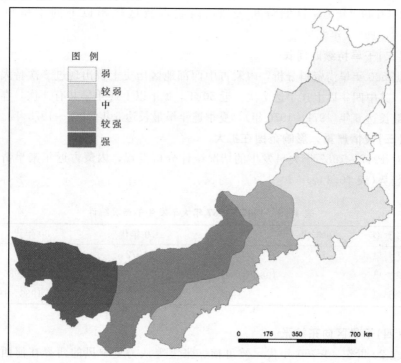

图 10-1　内蒙古自治区旱灾程度图

三、防灾减灾对策

(一)建立健全旱灾监测和预警系统

旱灾的发生是一种缓慢的现象，其程度也是逐渐积累的，这就为旱灾的监测和早期预警带来了可能。监测时应用遥感技术，并与台站网络和现代通信技术以及GIS技术相结合，可监测大气参数(降水、湿度、风向、风速等)与水文参数(径流量、地下水位、江湖水位等)、卫星遥感参数、植被覆盖状况(作物生长状况、各种植被指数等)、社会经济资料(灾情、经济指标等),从而实现旱灾的全方位的动态监测与预警。

(二)退耕还林还草、保护和重建生态环境

大范围地恢复自然植被,减缓和治理沙化土地至关重要的措施是实施以保护和发展林草植被为核心的治沙工程,保护好现有的沙区植被,严禁乱砍滥伐、乱采滥挖和乱垦滥牧。做好生态规划,指导还林还草,建立起抑制沙漠推进的生态屏障。对已沙化的地区开展综合治理,扩大林草植被。

内蒙古实施西部开发战略,将会增加资源开发力度,加快交通建设、城市建设、工业建设的步伐,使水资源短缺的问题更为突出,从而对生态环境形成更大的压力。内蒙古大部分地区生态环境十分脆弱,尤其广大的农牧交错带更为突出。因此在资源开发和经济建设的过程中,应把生态建设作为首要工作,同时以可持续发展为主导思想,把生态效益、经济效益、社会效益相结合。

(三)合理利用水资源,提高抗旱能力

干旱灾害的根本原因是各种生产生活活动中水资源缺乏的问题,在干旱、半干旱地区显得更为严重。因此,应从保护和合理利用现有的有限水资源,在研究抗旱技术和加强生态建设的基础上,防止由于人为活动造成的水资源的浪费及加剧干旱。摸清自治区水资源数量和质量,大力兴修水利设施,加强灌溉设施的建设和节水农业技术的开发利用。加强防治水土流失,提高工业用水的管理以及各行各业用水的重复利用率,以节约用水和提高水资源利用率为突破口,达到提高抗旱能力的目的。

第二节 沙尘暴灾害

沙尘暴是指强风把地面大量沙尘物质吹起卷入空中,使空气特别混浊,水平能见度小于 1 km 的严重风沙天气现象,可造成房屋倒塌、交通供电受阻或中断、火灾、人畜伤亡等,污染自然环境,破坏作物生长,给国民经济建设和人民生命财产安全造成严重的损失和极大的危害。

一、沙尘暴灾害特征

内蒙古地区多属干旱、半干旱气候,自然环境脆弱,由于长期不合理的开垦、过度放牧等一系列生产生活活动,使生态环境迅速恶化,干旱加剧,植被退化,沙漠化扩张。加之全球气候变化的影响,近年来沙尘天气肆虐该地区。内蒙古的沙尘暴灾害影响范围广、频率高、强度大。

据研究,内蒙古全年出现沙尘暴日数,在巴丹吉林沙漠、乌拉特后旗西

部、库布齐沙漠为 20~30 d，在阿拉善盟、鄂尔多斯市、巴彦淖尔市西北部、乌兰察布市东北部、锡林郭勒盟北部为 10~20 d，在巴彦淖尔市、乌兰察布市大部及西辽河平原为 5~10 d，在锡林郭勒盟东部、赤峰市大部、通辽市大部和呼伦贝尔市岭西等地 5 d 以下，在呼伦贝尔市和兴安盟大部很少出现。据 1960~1990 年统计，内蒙古的沙尘天气出现的季节以春季 3~5 月最多，占全年的 72.45%，4 月达 38.78%。从沙尘天气的年际变化上看，全区无特强沙尘暴的年份仅占 27.9%，出现一次的年份占 41.9%，2~3 次的年份占 25.6%，出现 4 次和 8 次的各有 1 年，2000 年和 2001 年出现 8 次以上。特别是 2000 年和 2001 年 3~4 月曾出现过多次较强沙尘天气，不仅影响了内蒙古地区，而且北京、天津、河北以及华北其他地区都受到了不同程度的影响，其影响范围之广、频率之高、强度之大，为历史同时期所罕见。

由于沙源地的地区差异，强风路径的不同，内蒙古各地区发生沙尘天气、造成的危害程度也不尽相同。根据一年之内发生的沙暴日数可将全区划分为 5 个类型区，即年沙暴日数小于 5 d 为沙暴危害弱区，5~10 d 为较弱区，10~15 d 为危害中等区，15~20 d 为较强区，20 d 以上为危害强区。空间分布总体规律为西部严重，东部较轻(图 10-2)。

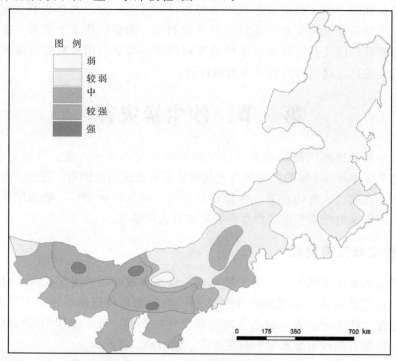

图 10-2　内蒙古自治区年沙暴日数图

二、沙尘暴危害

(一)生态环境恶化，生产力降低

沙尘暴过经地区，就地起沙，刮走农田的表层沃土，使农作物和植物根系外露，土壤质量下降，造成当年农牧业减产。同时，由于地表遭受风蚀，大片农田、草场沙化，加剧荒漠化，破坏生态平衡，使生态环境严重恶化，再加上人为不合理的经济活动，加剧了沙尘暴的危害。

(二)对农业生产和群众生命财产造成严重危害

如 2001 年 4 月 6 日～7 日持续 32 小时的强沙尘暴和 4 月 9 日的沙尘暴袭击了锡林郭勒盟北部和西部的五个旗，成幼畜死亡 30 783 头(只)，超过 30 000 头牧畜走失，倒塌棚圈 410 间，损坏棚圈 3 900 多间，破坏草场网围栏 620 处，被沙埋草场 200 hm^2。除此之外，还影响了交通运输、通讯以及人身健康和生产生活的各个方面。此次强沙尘暴不仅影响了内蒙古的大部分地区，也影响了内蒙古周边地区，甚至整个华北地区。

三、沙尘暴的减灾对策

沙尘暴的形成是一个复杂的问题。特别是干旱的气候、强劲的冷空气、厄尔尼诺事件等，是沙尘暴形成的重要动力因素，人类是无法控制的。沙尘暴以前有，现在有，将来还会有。人类虽然不能消灭沙尘暴，但是，我们可以通过重建植被，改变地表的覆盖，减少裸露的地表，做好生态建设工作，恢复和改善生态系统的生态防护功能，进行沙尘暴的监测，建立预警系统，做好减灾防灾科学研究工作，尽可能减少损失。

(一)大力减少裸露地面，控制地面沙源

要实施以保护和发展林草植被为核心的治沙工作，特别是要重视草原植被的作用。在大面积的草原地区，无天然林是一个事实，因此要重视灌木与草本植物的作用，切实解决草种的选择，草种间的搭配，科学的管理和完整的技术体系。做好退耕还林还草，飞播造林种草，护田林网建设等措施的实施。保护好现有的植被，严禁乱砍滥伐，滥采乱挖和滥垦过牧。在不同地区采取不同的治理措施。

在恢复植被、防沙治沙工作中可采取以植物固定流沙技术、干旱半干旱地区植被封育技术、流动沙地飞播造林种草技术、铁路及公路防沙技术等，只要坚持不懈，扎扎实实地做，定会减少沙尘暴天气，使我们的水更清、天更蓝、山川更秀美。

（二）建立和完善生态保护的法律和政策，转变畜牧业生产经营方式，加强草原建设

坚持"预防为主，保护优先，防治并重"的生态保护与建设方针，建立和完善生态保护的法律和政策体系，停止导致生态环境恶化的一切不合理生产活动，对超出生态承载能力的地区采取生态移民措施。

保护和恢复生态环境，转变畜牧业生产经营方式，促进生态恶化地区经济社会可持续发展。锡林郭勒盟盟委提出了围封转移战略，拟定了人工造林、封沙育林、农田防护林、人工草地、饲草料基地建设、水源配套工程、节水灌溉、小流域治理的规划与具体措施，并正在全面加以实施。这对该地区生态环境的改善，对农牧业生产经营方式的根本转变和广大农牧民的切身利益都有深远意义。

要编制各地区的"退耕还林（草）"规划，遵照因地制宜的原则，选好以乡土植物种为主的植物种类，科学合理地实施退耕还林（草）措施。合理利用水资源，保护和恢复内陆河下游生态环境。

要充分利用风能、太阳能，解决农村、牧区薪柴燃料。大力提倡舍饲和棚圈牧业，围封草场和限制牲畜数量，优化品种，使草原得到休养生息，促进牧业生产，提高牧民生活水平。

（三）加强沙尘暴的科学研究工作，建立和完善沙尘暴动态监测网的建设

根据沙尘天气的特点，利用卫星遥感、雷达和探空等现代技术手段，对沙尘天气的形成机制、发展和演变过程进行跟踪观测与研究，建立沙尘天气监测、预警系统。及时发布有关沙尘暴预测信息，以利于提前安排好生产、交通和群众生活，尽可能减少损失。

在沙尘暴天气多发的地区布设自动化程度较高的观测仪器设备，建立沙尘暴监测预警服务系统。在原有常规观测，如风、温、压、湿、能见度观测及卫星图像等资料的基础上，重点监测地表状况、近地层大气成分的物理化学特性以及边界层结的物理过程。并通过通信传输系统形成国家、省、市、县级气象台站沙尘天气的监测、预警业务系统网。通过综合分析，做出预报和警报并及时为有关决策部门、公众提供服务。

加强对沙尘源区环境与沙尘运动规律的研究，分析人类对于沙尘灾害的影响。研究气候条件对沙化及沙尘天气的对应关系，开展未来内蒙古地区气候变化状况的研究。在此基础上，评估人类活动和气候变化对沙化和沙尘暴的影响，做好对沙尘暴的预警预报，以减轻沙尘暴灾害的损失。

第三节　雪　灾

雪灾是内蒙古牧区重大的自然灾害，可分为白灾和暴风雪灾害两种。白灾是指由于冬季降雪量过大，积雪覆盖草场，使牲畜采食困难，影响牲畜乃至人的正常活动，给畜牧业生产和牧民生活造成危害的灾害。暴风雪气象上称为雪暴，俗称白毛风。是指在降雪时伴有强劲的风，或无降雪时因风势过大，将地面积雪吹起飞扬空中，使能见度下降至 1 000 m 以下，天气十分寒冷恶劣。暴风雪的出现常与风雪寒潮天气有关。特别是春季冷空气活跃，南方暖湿空气势力北伸，易于形成风雪型寒潮。

一、暴风雪

(一)暴风雪的危害

暴风雪又称雪暴，雪暴在冬季任何时间均可发生，强雪暴袭击时，能见度常常不足 100 m，使人睁不开眼睛，呼吸困难，极容易迷失方向，对牲畜和牧人造成严重威胁其至生命危害。暴风雪天气的主要特点是雪大、风猛、降温强、灾害重。根据内蒙古锡林郭勒盟地区气象资料统计，平均每年全盟性雪暴天气在 8～10 d，局部地区可达 15～20 d。强雪暴出现一般持续 3～4 d，其危害性更大，对解救遭遇雪暴的牧民和牲畜更加不利。如 1976 年 4 月 21～23 日出现的内蒙古全区性暴风雪，鄂尔多斯市杭锦旗一夜间死亡牲畜 1 万多头(只)，锡林郭勒盟东、西乌珠穆沁旗同样遭到暴风雪袭击，东乌珠穆沁旗羔羊成活率仅 40％～50％。西乌珠穆沁旗死亡大小牲畜 8 万余头(只)。1982 年 5 月 14～16 日呼伦贝尔市西部牧区发生暴风雪，这场暴风雪中全市死亡牲畜 7 万头(只)，损失惨重。

(二)暴风雪的分布

据研究，内蒙古牧区暴风雪多发区是呼伦贝尔市西部牧区和锡林郭勒盟牧区，年风雪日数为 5～10 d；其次是乌兰察布市北部和巴彦淖尔市北部牧区，年风雪日数为 3～5 d；阿拉善盟、巴彦淖尔市河套地区和大兴安岭林区基本无暴风雪；其余地区为偶发区。可见暴风雪主要集中在内蒙古高原的草原地区。

暴风雪主要出现在 10 月至翌年 5 月的冬春季节，其中以 4～5 月出现的次数最多，发生频率约 60％左右。

二、牧区白灾

超过一定厚度的积雪可以切断大气与地表之间的能量交换，大大提高太阳辐射的地面反射率，减少地面蒸散量。因此，持久的大尺度积雪是影响气候变化的重要因子。牧区大范围过量积雪而形成的"白灾"，堵塞交通并威胁牧区牲畜安全过冬，对畜牧业生产带来严重危害，甚至威胁到牧区人民生命安全。

（一）白灾的分级

为科学的评估白灾，客观地反映灾情，认识和掌握白灾发生和发展的规律，合理确定白灾分级指标是一项重要工作。选择分级指标时应遵循监测评估的易操作性、区分主导因素和重要因素、明确白灾影响区域范围以及简便易行的原则。在国内一般都采用冬春降雪量、积雪深度与牧草高度之比、低温大风、白灾影响范围等为分级指标。根据上述指标，国内一般采用四级分类法，即轻度白灾、中度白灾、严重白灾、特大白灾（表10.2）。

表 10.2　白灾分级指标

指标	轻度白灾	中度白灾	严重白灾	特大白灾
冬春降雪量与多年平均同期降雪量之比/%	110~120	120~140	140~160	>160
积雪深度与优势牧草高度的比值	<0.3	0.3~0.5	0.5~0.7	>0.7
不利放牧的持续天数/d	<5	5~7	7~11	>12
白灾影响面积与统计面积之比/%	30~50	50~65	65~75	>75

（二）内蒙古牧区白灾的分布

内蒙古牧区大部分位于季风气候与大陆性气候交界处，冬季降水年际和月际变率大，遇有降雪过多，天气寒冷，积雪过深且长期不融化即形成白灾。

1. 内蒙古牧区白灾的空间分布

在我国东北及内蒙古中东部草原积雪区，冬季蒙古气旋、河套气旋、贝加尔湖气旋以及蒙古冷高压、阿留申低压等活动频繁，是造成贺兰山山脉以东内蒙古高原和东北地区降雪的天气系统。尤其是呼伦贝尔市、锡林郭勒盟、兴安盟等地是内蒙古冬季积雪深度最大的地区。也是内蒙古牧区白灾多发区。

内蒙古白灾发生的区域主要在大兴安岭以西，阴山山脉以北，范围为106°E~102°E，41°N~50°N的草原上。内蒙古草原从东向西分为草甸草原、典型草原和荒漠草原，牧草高度及密度的差异很大。锡林浩特以东牧草高度约为27 cm，积雪≥15 cm才发生白灾，锡林浩特以西草高18~21 cm，积雪

9 cm 即形成白灾，即一般积雪深度在掩埋草高 1/2～2/3 时就会出现白灾。因此成灾与否不仅与降雪量有关，同时还与不同地区优势牧草的长势、气温、风和有效积雪日数有关。从白灾发生频率看，白灾发生的规律是自治区中部多于东西两侧，东部地区北部多于南部。根据白灾发生频率将内蒙古白灾的分布划分为三个区域：

（1）白灾频发区

包括锡林郭勒盟和乌兰察布市北部牧区，发生频率为 45%～55%，重白灾频率约为 20%。年均降雪量 20 mm 左右。

（2）白灾多发区

包括呼伦贝尔草原和兴安盟牧区，发生频率为 40%。年均降雪量 35 mm 左右。

（3）白灾少发区

包括巴彦淖尔市、通辽市和赤峰市的北部牧区，发生频率为 20%～25%。年均降雪量 35 mm 以下。

2. 内蒙古牧区白灾的时间分布

白灾的年际分布与气候特征和气候变化密切相关，内蒙古牧区白灾的年际分布和全国白灾的年际分布规律基本一致。

1954～1995 年，全区性重白灾共发生 6 次，局部重白灾 3 次；全区性一般白灾共发生 5 次，局部性一般白灾 6 次。白灾的年内分布主要集中在 1 月、2 月、12 月和 11 月。1954～1995 年内，内蒙古牧区全区性及局部性白灾发生，最多的是 11 月，共发生 11 次，其次是 1 月、2 月，各发生共 4 次，12 月、10 月分别为 3 次和 2 次（表 10.3）。

表 10.3　内蒙古牧区全区性及局部性白灾年表（1954～1995 年）

年份	发生期（月）	分类	等级	白灾影响区
1954～1955	1	全区	重灾	
1956～1957	12	局部	一般灾	呼伦贝尔市和锡林郭勒盟
1957～1958	11、1	全区	重灾	呼伦贝尔市、锡林郭勒盟、通辽市北部、赤峰市北部及乌兰察布市北部
1958～1969	2	局部	一般灾	锡林郭勒盟大部、乌兰察布市北部、巴彦淖尔市北部呼伦贝尔市局部地区
1959～1960	1	全区	一般灾	呼伦贝尔市、锡林郭勒盟大部、通辽市北部、乌兰察布市和巴彦淖尔市北部

年份	发生期（月）	分类	等级	白灾影响区
1961～1962	2	全区	一般灾	呼伦贝尔市、锡林郭勒盟、赤峰市北部、乌兰察布市北部及巴彦淖尔市北部
1965～1966	12、2	局部	重灾	呼伦贝尔市、兴安盟及通辽市北部
1967～1968	11	全区	一般灾	兴安盟、锡林郭勒盟、通辽市北部、乌兰察布市北部及巴彦淖尔市北部
1970～1971	10、2	全区	重灾	呼伦贝尔市、锡林郭勒盟、通辽市北部、赤峰市北部及乌兰察布市北部
1971～1972	11、11	全区	一般灾	兴安盟、锡林郭勒盟、赤峰市北部、乌兰察布市北部、呼伦贝尔市局部
1972～1973	1	局部	一般灾	锡林郭勒盟大部、赤峰市北部、乌兰察布市北部及巴彦淖尔市北部
1977～1978	10月末	全区	重灾	全区牧区特大白灾
1980～1981	11、12	全区	重灾	呼伦贝尔市、兴安盟及锡林郭勒盟大部牧区
1983～1984	11	局部	重灾	呼伦贝尔市和兴安盟
1985～1986	11	局部	一般灾	锡林郭勒盟、赤峰北部及乌兰察布市北部
1986～1987	11	局部	一般灾	锡林郭勒盟及以西牧区
1988～1989	12	局部	一般灾	锡林郭勒盟及以西局部牧区
1992～1993	11	局部	重灾	锡林郭勒盟和乌兰察布市北部
1993～1994	11	局部	重灾	呼伦贝尔市、兴安盟、锡林郭勒盟及乌兰察布市北部
1994～1995	11	全区	一般灾	锡林郭勒盟及以西牧区

资料来源：王长根等：《内蒙古气候热点及对策研究》，北京，气象出版社，1997

3. 内蒙古牧区白灾强度和频次

1959～1995 年，从内蒙古牧区 18 个旗县白灾发生的强度和频率来看（表10.4），内蒙古牧区白灾发生频率多数地区在 43％以上，为"七年三灾"，其中轻度白灾频率多数地区为 19％以上，为"五年二轻灾"，中度白灾频率多数地区为 9％以上，为"十年一中白灾"；重度白灾频率都在 13％以上，为"六年一重白灾"。

(三)白灾的危害

我国北方牧区几乎每年都发生不同程度的白灾，给牧区人民生产和生活带来了极大的危害，对经济发展带来了严重的影响。

白灾是牧区的主要气象灾害，其危害主要在于雪深埋草场、房屋和棚圈设施，中断交通通信、破坏人畜生活环境和生产秩序，冻伤冻死、危害生命，是一种涉及面广、危害巨大、持续时间长的主要自然灾害之一。

白灾对牧区社会经济起着严重的破坏作用，如 1977 年 10 月 26～29 日锡林郭勒盟、乌兰察布市和赤峰一带连降 4 天大雪，仅锡林郭勒盟就死亡大小牲畜 215.4 万头(只)，死亡率 25.4％。其中当时的阿巴哈纳尔旗(现锡林郭勒市)灾前牲畜总头数为 37 万余头(只)，灾后仅剩 3.5 万头(只)，损失达 90％以上。

表 10.4　内蒙古牧区白灾出现的频次

项　目 地　区	白灾总数		轻白灾		中白灾		重白灾	
	次数	频率/%	次数	频率/%	次数	频率/%	次数	频率/%
新巴尔虎左旗	15	41.7	8	22.2	1	2.8	6	16.7
新巴尔虎右旗	15	40.5	3	8.1	5	13.5	7	18.9
鄂温克旗	16	44.4	7	19.4	4	11.1	5	13.9
科尔沁右翼前旗	14	37.8	5	13.5	2	5.4	7	18.9
扎鲁特旗	9	21.4	3	7.1	1	2.4	5	11.9
巴林右旗	9	25.0	1	2.8	1	2.8	7	19.4
锡林浩特市	22	52.4	6	14.3	7	16.7	9	21.4
东乌珠穆沁旗	20	51.3	9	23.1	5	12.8	6	15.4
西乌珠穆沁旗	16	40.0	9	22.5	1	2.5	6	15.1
阿巴嘎旗	20	47.6	7	16.7	5	11.9	8	19.0
苏尼特右旗	19	45.2	9	21.4	4	9.5	6	14.3
二连浩特市	17	44.7	5	13.2	3	7.9	9	23.7
正蓝旗	20	55.6	12	33.3	2	5.6	6	16.7
苏尼特左旗	17	43.6	4	10.3	5	12.8	8	20.5
达尔罕茂明 安联合旗	22	53.7	12	29.3	2	4.9	8	19.5
四子王旗	17	47.2	7	19.4	4	11.1	6	16.7
乌拉特中旗	11	26.8	4	9.8	1	2.4	6	14.6

资料来源：王长根等：《内蒙古气候热点及对策研究》，北京，气象出版社，1997

2001年，一场50年未遇的白灾袭击了我国北方新疆和内蒙古，受灾范围和灾情是历史上罕见的。据统计，本次白灾涉及新疆维吾尔自治区6个地（州），29个县（市），受灾人数约93万，1 700余万头（只）牲畜受灾，死亡19万余头（只），直接经济损失达2.2亿元。内蒙古自治区中东部的5个盟市受灾农牧户达1.8万户，受灾人口256.65万人；受灾草场面积2 805万公顷，受灾牲畜2 322.9万头（只），死亡牲畜达38.4万头（只）。

我们认识白灾的危害和弊病的同时，也应看到有利的一面，其实冬春降雪多对干旱的北方牧区草场生产力的恢复极为有利。大量的溶雪水，能满足春季牧草的萌动返青所需的水分条件，对促进提高牧草产量，为畜牧业的丰收打下基础。

三、防御对策

我国牧区畜牧业生产现代化较其他行业的起步晚，发展速度和规模相对缓慢，生产方式也比较落后。雪灾又是一个不以人的意志而改变的自然现象，必将长期影响畜牧业的发展。因此，科学的制定雪灾防御的对策、采取一系列科学、合理的防御措施是长期的任务。

（一）改善和恢复生态环境，提高草场生产力和抗灾能力

内蒙古牧区大部分地区存在不同程度的荒漠化，而且有加剧发展的趋势。内蒙古草场退化面积已达 $2\,992 \times 10^4\ hm^2$，占可利用草场面积的44%，草场产草量大幅度下降。一旦遇到雪灾，牲畜缺草，抵御灾害的能力差。因此严禁过度超载放牧，合理利用草场资源，大力加快草原建设，恢复生态环境，提高草场生产力，增强减灾抗灾能力。

（二）搞好畜牧业设施建设，提高畜产品的商品率

建好草库伦、围栏、棚圈、畜产品加工以及牧区交通、通信、物资存储等基本建设，逐步提高冬春舍饲规模和能力，是减轻牧区雪灾损失的重要措施。改变传统观念，建立牲畜和畜产品市场，加快畜产品的精细加工，扩大市场运作力度，改良牲畜品种，提高牲畜出栏率和产肉、产奶率。彻底改变只求数量、不注重质量的发展模式。

（三）加强牧区雪灾的科学研究，提高雪灾的中、长期预报的准确率

牧区有较长历史时期的雪灾灾情记载资料，但气象台站数量少，观测序列短。因此，应在充分利用历史资料的基础上结合气象台站的观测数据，探讨雪灾发生和发展规律，建立牧区雪灾中、长期预报模型，灾前进行预报、预测，为牧区入冬前备草料和灾前预防提供依据。雪灾预报和监测中充分利

用遥感技术和 GIS 技术等先进手段，快速、准确地获取气象卫星遥感数据，提高监测、预报效率、雪灾预报、预警的准确性和可靠性，并在灾后进行灾情评估。加强牧民抗灾防灾教育、提高抗灾能力。

第四节　黑　灾

冷季（指平均气温稳定低于－5℃的时段）牧区长时间无雪或积雪过浅，不能满足牲畜食雪替代饮水（河湖封冻，冬营地水源不足）的需求而引起掉膘，疾病流行，母畜流产甚至死亡，严重影响牲畜繁殖成活率，这种无雪或少雪造成的灾害称为黑灾。发生黑灾时，由于无雪或少雪，不利于草场的保护，加重了沙漠化，在冬、春季易形成沙尘天气。另外，对第二年的牧草返青、生长和牲畜抓膘不利。

一、黑灾的时空分布

(一)黑灾的时间分布

黑灾的形成与冷季无降雪或无明显降雪天气有关。据研究，内蒙古牧区黑灾主要始于初冬而形成于初春。从内蒙古牧区冷季大雪次数的月分布上看，3 月、4 月、5 月最多，10 月、11 月之次，12 月、1 月、2 月最少或没有大雪，大雪少或无雪的月份则是黑灾发生频率最高的月份。内蒙古的黑灾一般多出现在 2 月、3 月。黑灾年份的前期常常有春旱或夏旱，因此多数黑灾年又是干旱年的延续，更加重黑灾的危害性。

(二)黑灾的空间分布

由于内蒙古牧区冬季降雪量年际变化差异很大，各地黑灾发生频率也很不一致，锡林郭勒盟、乌兰察布市北部、巴彦淖尔市北部牧区出现黑灾次数最多，呼伦贝尔市西部、兴安盟岭西、赤峰市北部与通辽市北部牧区黑灾发生相应少些，以地区性或局部性黑灾为主。

二、黑灾的危害

黑灾使牧区牲畜水源严重短缺，引起掉膘，牲畜瘦弱，疾病流行，母畜流产，容易引起大量死亡。黑灾又影响春季牧草的萌动返青和牧草的长势，给畜牧业生产带来严重的损失。如 1964~1966 年连续三年的黑灾中，仅 1965 年锡林郭勒盟的东乌珠穆沁旗牲畜就死亡 9.6×10^4 头（只），死亡率达 16.9%，乌兰察布市全年总计死亡成幼畜 77×10^4 头（只），死亡率达 12.8%。

三、黑灾防灾减灾策略

黑灾发生年份还为一些传染病的发生与流行提供了条件，严重时造成牲畜大量死亡。因此牧区要积极防御冬季黑灾气象灾害，以确保牲畜安全越冬。防御措施有：

第一，提前做好越冬饲草料的储备和调运工作，加快牲畜出栏。

第二，推广塑料暖棚养畜等措施，增强抵御冬季各种气象灾害的能力。

第三，根据天气预报和当年积雪分布情况，加强牧饲管理，合理进场和转场；秋季及时调整畜群结构，提高畜群抗灾能力。

第四，有条件的地方利用井、坑、渠蓄水，摆脱饮水靠天然积雪的局面。

第五，加强对传染病、寄生虫病的防治工作，提高畜群抗病能力。

第五节　草原病虫害

内蒙古草原辽阔，类型多样，病虫害爆发频繁，主要以草原虫害和草原鼠害为主。草原病虫害成为草地生态环境恶化的重要影响因素，已引起社会各界的高度重视，草原病虫害的防治工作已逐步纳入到生态建设中来。

一、草原鼠害

草原鼠害是指在草原生态系统中，由于鼠、鼠兔等繁殖能力极强，密度高，破坏性大的野生啮齿类动物，其数量由于各种原因，出现超常增长，大量啃噬牧草种子、植株、草根，挖掘土壤，从而对草原生态及草业生产形成危害的现象。

（一）内蒙古草原鼠害的现状

内蒙古草场类型多样，为啮齿类动物提供了多样的生存环境，内蒙古草原有啮齿类动物 50 多种，对草场形成灾害的鼠种有布氏田鼠、长爪沙鼠、小毛足鼠、子午沙鼠、草原黄鼠、赤颊黄鼠、黑线仓鼠、达乌尔鼠兔、三趾跳鼠、戈壁无趾跳鼠、大沙鼠、黄兔尾鼠以及鼢鼠等。由于气候变化及草场退化，草原有害鼠类数量有所增加。对草原危害严重的布氏田鼠常生活在植被低矮几乎裸露的地方，长爪沙鼠适合在荒漠环境中生存。草原害鼠不仅与家畜争食优良牧草，其挖洞的活动会伤害牧草根系，引起草场退化和沙化。

20 世纪 50 年代之前，我国草原鼠害问题并不突出。20 世纪 60 年代初开始，少数地区出现草原鼠害。20 世纪 70 年代，随着草原退化，草原鼠害不断发生。1962 年，呼伦贝尔草原发生草原鼠害，主要是布氏田鼠、鼢鼠、沙鼠、黄鼠等,1965 年鼠害面积达到 27.7×10^4 hm²,到 1972 年蔓延到 395.1×10^4 hm²,占草原面积的 80%。20 世纪 80 年代中期,内蒙古草原区布氏田鼠再度大爆发。据当时的调查,平均每公顷有效鼠洞多达 3 000~5 000 个,最高达 8 000 多个,鼠道纵横交错,使大片草原被鼠挖掘出的沙石所覆盖(表 10.5)。

表 10.5　1981~2005 年内蒙古草原鼠害发生及防治情况/10^4 hm²

年份	发生面积	严重危害面积	防治面积	年份	发生面积	严重危害面积	防治面积
1981	350.75	179.43	94.29	1994	900.00	360.00	73.33
1982	349.83	202.27	87.66	1995	793.60	367.44	125.18
1983	761.60	189.43	113.10	1996	703.61	345.80	131.33
1984	333.30	119.18	89.31	1997	723.65	386.73	77.79
1985	400.00	110.80	93.07	1998	503.60	362.88	117.33
1986	683.65	293.65	82.30	1999	512.35	325.60	105.33
1987	406.67	186.67	96.57	2000	533.30	272.15	113.54
1988	500.00	148.33	107.13	2001	657.09	385.74	146.13
1989	712.87	164.47	161.94	2002	678.45	385.63	133.63
1990	457.00	148.39	110.14	2003	757.00	756.99	150.65
1991	322.33	221.17	99.00	2004	1 001.19	553.53	184.68
1992	400.00	308.25	99.01	2005	873.24	436.34	197.17
1993	809.01	307.33	91.02				

资料来源:《内蒙古草业可持续发展战略》

(二)草原鼠害的危害特点

草原鼠害具有爆发性、迁移扩散性,发展蔓延快,破坏性强,控制难度大的特点。它们主要以植物性食物为主,如植物的茎、叶、根、种子等。群居性的害鼠大量啃食植物绿色部分减少植物生物量,采食植物种子,严重影响草原的自我更新。鼠类喜食的植物大多为禾本科、豆科、莎草科以及杂类草中的优良牧草,这些牧草也是牛、羊等家畜喜食的牧草。草原鼠害影响到家畜对牧草的取食,降低草原载畜量。

鼠类的挖掘造洞习性,改变了草原土壤的表层结构,深层钙积土被抛到地面。浮土抑制植物生长,易被风吹或雨水冲散,造成植物覆盖度大幅度下降。鼠类挖掘形成的"土丘"在风蚀、径流的作用下不但使当地草原大片裸露,而且极易被大风吹起,成为风沙灾害。害鼠在挖洞过程中,取食牧草根系,致使被挖的地方一二年内几乎无植物生长。草原被破坏，还可引起水土流失等次生灾害。

草原鼠害使原有草原植物群落的种类和数量均发生了变化，从而导致草原植物群落的退化演替。导致多年生的禾本科和莎草科等优良牧草逐渐从群落中消失，而一年生的杂草滋生。杂草多为适口性差、利用期短的短生植物，从而对草原质量产生不利影响。

草原鼠害同时又是烈性传染病的传播者，鼠疫、流行性出血热、布氏杆菌病等对人类和家畜的威胁最大。

(三)重点防御区域

根据危害类型和草地植被类型，内蒙古草原鼠害危害区域大致可以分为：草甸草原鼠害危害区，该区域以东北鼢鼠为主要危害鼠种；典型草原鼠害危害区，该区域以布氏田鼠为主要危害鼠种；草原化荒漠鼠害危害区，大沙鼠、子午沙鼠是该地区危害较重的鼠种；荒漠草原鼠害危害区，小毛足鼠、三趾跳鼠是该地区主要危害鼠种。

另外，还可划分出几个特殊的鼠类危害区域：沙地草场鼠害危害区，三趾跳鼠、子午沙鼠、小毛足鼠是主要危害鼠种，危害区域包括库布其沙漠、毛乌素沙地和浑善达克沙地及阴山北麓覆沙地带，此类地区的鼠害对固沙植物的危害很严重；旱作农田危害区，长爪沙鼠、小毛足鼠和草原黄鼠是该地区的主要危害鼠种，防治重点为农牧交错带的旱作农区及山前农田；灌区农作危害区，该地区主要包括土默特平原和河套平原河灌农作区，在土默川平原南部农区，长爪沙鼠、黑线仓鼠是主要危害鼠种；而河套平原地区，褐家鼠、小家鼠是主要危害鼠种；次生林、人工幼林地、育林地和果园危害区，棕背䶄、中华鼢鼠和大林姬鼠为人工油松林地的主要危害鼠种；大家鼠、大仓鼠、社鼠为大青山山前的林地、果园及苗圃的主要危害鼠种。

二、草原虫害

草原虫害是指由于人为或自然因素的干扰，导致植食性昆虫种群异常增长，过量取食草原植物导致的一类草原灾害。

(一)内蒙古草原虫害历史和现状

内蒙古草原蝗虫灾情在1996年前为点、片发生，小面积偶尔成灾。1997～2003年连续七年爆发成灾。1998年，内蒙古自治区赤峰草原蝗虫发生面积高达$3\,416\times10^4\ hm^2$，平均虫口密度每平方米50～70头，最高达每平方米260头，远远超过虫口密度平均每平方米15头的防治标准，减收鲜草达$41\times10^8\ kg$，造成近10 315万个羊单位的家畜无草可食，使畜牧业生产蒙受巨大损失。

2006 年，内蒙古草原同时爆发虫害，危害面积达 681×10^4 hm^2，严重危害面积达 281×10^4 hm^2，其中蝗虫危害面积 401×10^4 hm^2，严重危害面积 197×10^4 hm^2。内蒙古完成草原虫害防治面积为 133×10^4 hm^2，其中防治蝗虫 110×10^4 hm^2，防治其他害虫 22×10^4 hm^2（表 10.6）。

表 10.6 1981～2005 年内蒙古草原虫害发生及防治情况/10^4 hm^2

年份	发生面积	严重危害面积	防治面积	年份	发生面积	严重危害面积	防治面积
1981	189.33	46.95	40.85	1994	230.00	179.10	33.22
1982	166.67	115.89	36.85	1995	222.23	91.17	25.17
1983	295.80	68.39	52.30	1996	269.70	213.67	48.18
1984	166.67	30.45	22.97	1997	390.95	181.73	29.73
1985	93.07	32.70	23.45	1998	292.63	172.11	38.27
1986	82.30	35.84	24.73	1999	289.17	148.35	31.52
1987	107.33	43.02	17.75	2000	928.51	432.36	36.05
1988	107.00	67.01	13.45	2001	1 398.51	796.49	185.15
1989	62.20	34.40	11.81	2002	1 207.51	597.67	238.76
1990	76.33	31.31	11.23	2003	1 375.00	1 374.99	199.45
1991	86.20	48.23	25.53	2004	1 438.01	586.19	232.39
1992	152.93	82.35	18.67	2005	790.87	368.84	112.64
1993	201.85	131.67	19.51	2006	681.31	282.96	133.30

资料来源：内蒙古自治区草原工作站

内蒙古锡林郭勒草原，在 1992 年之前蝗虫的发生基本上未形成大面积爆发的趋势。从 1992 年开始，草原蝗虫的发生面积、危害程度都呈上升趋势，发生地点仍然维持在南部退化干草原区及农牧交错带。1995 年开始，发生区域明显北移东扩。从 1999 年开始，锡林郭勒草原连续受旱，加之草原退化、沙化加剧，草原蝗灾连年发生。2000～2002 年，每年草原蝗灾面积都超过草原总面积的 1/3，并且创纪录的侵入草甸草原区。3 年间，锡林郭勒盟累计发生草原蝗害面积 $1\,624.2\times10^4$ hm^2，其中严重成灾面积 802.73×10^4 hm^2。3 年累计完成灭蝗面积 223.1×10^4 hm^2，占发生面积的 13.7%，严重成灾面积的 27.8%。调用飞机之多，动用地面机械数量之大，出动人员之众，完成防治面积之大，创全国地区一级防蝗工作之最（表 10.7）。

表 10.7　1949～2004 年内蒙古锡林郭勒盟蝗害成灾和防治情况/10⁴ hm²

年份	成灾面积	严重成灾面积	防治面积	草原全毁面积
1994	20.00	15.00	1.21	—
1996	16.00	10.00	3.06	—
1997	20.00	11.00	3.84	—
1998	25.00	15.00	6.25	—
1999	30.00	20.00	7.37	10.21
2000	521.00	244.53	9.51	20.66
2001	603.22	303.11	117.92	85.33
2002	496.2	263.53	105.37	92.27
2003	472.13	220.06	115.00	62.00
2004	392.13	152.20	105.00	32.00

（二）草原虫害的危害特点

草原虫害的危害表现为繁殖力强、爆发性、迁移扩散性、发展蔓延快、破坏性强，且往往具有主动迁移、危害迅速扩大、控制难度大的特点。

草原虫害给生态系统带来的危害首先体现在其群聚性和爆食性。草原害虫主要以植物性食物为主，对牧草的危害极大。其造成的损失是十分惊人的，严重地区，害虫所到之处寸草不生，赤地千里。

草原虫害的发生加重了草原退化、沙化和荒漠化，破坏草原生态与环境。如不能及时防治，将导致对草原生态系统的结构性破坏，也为沙尘暴的形成和爆发提供了沙源地。

草原虫害直接影响草原畜牧业生产，造成草原第一性生产力下降甚至消失，使草原畜牧业失去发展的物质基础。

草原虫害的危害还在于它们能传播植物病害。害虫作为植物病害的传播媒介，携带病原体随虫灾的爆发而在草原传播扩散。

（三）重点防御区域

内蒙古境内除了大兴安岭地区因寒冷湿润和阿拉善盟严重缺雨及风沙天气多，不利于蝗虫生存外，其余大部地区都适宜蝗虫繁衍生息。随着降水量自东向西减少，对蝗虫栖息环境的选择有重要影响的草层高度、植被盖度及草种类型都出现了明显变化。在大兴安岭西侧至锡林郭勒盟东北部的草甸草场，草群茂密、高大，温度低、光照少，适宜于对生态环境要求不高的蝗虫种类栖息，并在高温干旱年份种群数量增大，对草原产生危害。其中亚洲小车蝗一般占整个蝗虫种群的 50%～60%，严重发生时能达到 90%以上，成为最重要成灾种。在近年来气候变暖的影响下，该地区已成为草地蝗虫生存繁衍的最佳适宜区，也是近几年来蝗虫持续高发区。

三、草原病虫害成因

近年来，草原虫害和鼠害的连年爆发有以下几个原因：

(一)环境因素

全球气候变暖和区域性气候异常引发了水热平衡季节性失调、旱涝交替发生，干旱、暖冬有利于蝗卵安全越冬和虫害的发生发展；植被盖度及高度的下降，为害鼠种群提供了适宜的栖息环境；草原荒漠化增加了蝗虫产卵繁殖场所。

(二)人类活动的影响

土地利用不合理，过度放牧，生态破坏，草原严重退化、沙化，导致生物多样性减少，为蝗虫、鼠类的繁衍创造了有利的条件并导致牧草的严重破坏。化学防治大量杀伤了蝗虫和鼠类的天敌，鼠、虫害的天敌种类、数量剧减。这些不当的人类活动加剧了蝗灾、鼠害的大发生。

(三)技术局限

监测预测技术手段落后，难以及时、准确地提供虫害发生发展的信息；灭蝗设备陈旧，药剂、剂型缺乏，施用手段落后；投入经费少、专业人才少，预报防治水平低，在草原蝗灾的控制方面，对其规律、药剂、专门机械、有效天敌对生态环境的调控技术缺少系统的研究。

(四)生物自身发生规律

自身发生规律决定草原蝗虫种群增长失控，形成灾害性爆发。随着时间的推移，过去主要在南部农牧交错带及沙化草原区危害正向北入侵，对草原的破坏强度更大。

四、草原病虫害防治

随着草原生态建设的开展，草原病虫害的防治工作也取得了一定的成就，防治逐步向规范化发展，防治管理工作目标更加明确，防治技术不断创新，防治措施进一步完善。尽管草原虫害治理取得了一定的进展，但仍然存在着一些问题。

(一)存在的问题

草原病虫害爆发频繁，预报预测不及时，防治技术滞后、单一，且多为应急措施，防治经费长期不足等问题突出。防治处于被动局面没有改变。防治技术推广和示范作用未能在实际生产中发挥应有的作用。病虫害防治仍以药物灭杀为主，由于草原地广人稀，投药局限性大，无法根本阻止害虫成灾。

药物灭杀还会导致草原食谷鸟类和食肉类动物类大量减少,草原生物多样性下降。

(二)防治对策

草原病虫害的防治应按照"预防为主,科学防控,依法治理,促进健康"的方针,大力推行禁牧、禁猎等保护性措施,保护天敌,增加天敌数量。采用无公害技术开展药剂防治。

1. 建立由网络支持的病虫害监测预警系统

建立一个预报准确、快捷、迅速的测报体系。拓展测报对象和实行计算机联网管理,同时要开展长期和超长期预测研究,做到短、中、长期预报相结合。建立起草原病虫害宏观管理系统,进行较大时空范围下的超长期预测预报,从根本上提高草原病虫害的预测预报水平。

2. 建立典型病虫害的综合防治科技示范区

示范区应根据当地主要害病虫的生理生态、栖息环境特点,采用行之有效的防治技术以示范形式推广。综合治理的技术措施以灾害回避策略为主。结合草原轮牧制度,采取控制草原载畜量,适当延长禁牧时间等技术措施控制病虫害的发生。把防治病虫害与草原畜牧业生产有机地结合起来,树立生态调控观念,不断强化草原生态系统的自控功能。

3. 合理使用药物

药物灭杀草原害虫是现阶段重要的防治手段,应要合理用药。尽可能减少化学农药的使用,禁止使用灭生性农药以及残留期长、具有二次中毒或可能伤害鸟类的农药或毒饵。用药不能以牺牲草原生态环境为代价。

4. 加强对牧民的技术指导和培训,加大草原生态建设

草原病虫害防治应以保护草原生态环境为主,加快草原生态建设,增加草原植被盖度,从根本上改变害虫的生境条件。经过对牧民的培训,使牧民主动实行轮牧和适度封育,减轻草原压力。过度放牧的草原应采取政策鼓励牧民降低放牧强度。

5. 继续开展综合防治的科学研究

与发达国家相比,我国草原病虫害防治方法仍处于减少虫害为控制目标的阶段,对害虫防治的经济成本和环境效应考虑不足,缺乏相应的研究。科技部门要加强对草原病虫害综合防治和草原生态研究的支持力度,吸引优秀的科技人才,以解决我国迫切的需要。

第十一章　内蒙古的城乡建设

章前语

本章介绍了内蒙古古代城市和现代城市的形成与发展，分析了内蒙古改革开放前后城市化的时空演变，对内蒙古城镇化发展规划布局进行了阐述，提出了内蒙古新农村、新牧区建设及城乡一体化建设的思路。

关键词

内蒙古；城市；城镇化；城乡一体化

第一节　城市的形成和发展

一、内蒙古古代城市的形成

内蒙古自古以来就是中华民族重要的生息繁衍地之一。内蒙古旧石器时代的物质文化遗存就有 30 多处，在阴山南麓、鄂尔多斯高原、赤峰丘陵、科尔沁草原以及呼伦贝尔高原均有发现。境内黄河、辽河、额尔古纳河（黑龙江上游）等几大河流，孕育了兼具农耕游牧及森林渔猎特色的"草原文明"。内蒙古东部地区于公元前 6000 年左右便出现了原始农业经济。自旧石器时代以来呼和浩特的"大窑文化"、鄂尔多斯的"河套文化"、呼伦贝尔的"扎莱诺尔文化"和赤峰的"红山文化"都见证了内蒙古大地是中国古代人类文明的发祥地之一。同时内蒙古地区也是我国北方地区较早出现城镇和我国历史上建造城镇较多的地区之一。

在夏、商、周三代，这里是我国古代北方诸民族的主要活动区域，东起呼伦贝尔，西至阿拉善大漠。商至春秋战国时期，史书中记载有"荤粥""戎""狄""林胡""楼烦""丁零""高车"，乃至后来的匈奴、鲜卑、突厥、回纥、契丹、党项、女真、蒙古、满洲等民族，竞相活跃在内蒙古草原上。北方民族的强大，使他们得以参与中原诸侯国的竞争，从而在历史文献中留下跃马驰骋的矫健身影。

战国时，燕北袭东胡，大胜。为巩固新占的土地以及防御东胡，从造阳（今河北独石口附近）至襄平（今辽宁辽阳）修筑长城，并设立辽东、辽西、右北平、渔阳和上谷5郡。战国七雄之一的赵国，征服林胡楼烦部。赵武灵王为防御匈奴，依傍阴山山脉在包头、呼和浩特一带修建了有名的赵长城。为加强其统治，设置了云中、雁门和代3郡，这是内蒙古古代城市的发端。

秦统一六国后，置天下为36郡，在行政建制上基本沿用赵制，保留了"云中郡"称谓。秦朝连接修缮了赵、燕长城，置九原郡、云中郡、右北平郡和辽西郡等管辖古代内蒙古地区。为强化对北方的统治，派大将蒙恬率大军收复河南地，更从首都咸阳修秦驰道（亦称直道）至内蒙古境内，进一步完善了以军事和行政管理为主要用途的城镇体系。

西汉时期，增设了朔方、五原诸郡统辖内蒙古地区，又在今呼和浩特市和林格尔县、包头市麻池乡西北增筑定襄、临活等城池。著名的"单元天降瓦当"就出土于包头市麻池乡，这也说明了历经秦、匈奴到汉统一北方，秦砖汉瓦已被大量使用，城池街舍建造活动也非常活跃，战乱平息，经济恢复，国家统一安定，城市的发展又出现了繁荣期。

在魏晋之后南北朝的三百多年间，内蒙古进入以民族大迁徙大融合为特征的历史演变时期，曾经统治过内蒙古的一些地方割据政权，最后被北魏相继灭亡，内蒙古大部纳入北魏的统治版图。鲜卑从呼伦贝尔东北部一路西迁南下，最后在盛乐（今呼和浩特市和林格尔县）定都，建立了北魏政权，暂时统一了中国北方。北魏在内蒙古高原上修筑长城，设沃野、怀朔、武川、抚冥、柔玄等军镇，置恒州、朔州、夏州、凉州进行统治。后北魏分裂，南北朝时期北方最后一个政权北周发迹于今呼和浩特北面的武川县境内。

隋朝设置的榆林郡、五原郡、雁门郡等统辖了今内蒙古的中西部地带。唐代，在内蒙古中部设置"云中都督府""单于都护府"，托克托县有唐东受降城故城，乌拉特前旗乌梁素海东畔有唐天德军故城。另外，唐在内蒙古地区还设置了安东、东夷、燕然、瀚海和安北都护府。沿黄河中上游修建了俗称十二连城的胎州城。

辽时，契丹人首先开创了我国北方草原地区广建城市的先河，918年，在其统治中心赤峰巴林左旗林东镇建立皇都（后来更名为上京）。1007年，在今赤峰宁城县大明镇建立中京城。以及后来建立了怀州、庆州等城市。在呼和浩特市郊区建丰州城。金、西夏等少数民族政权也在今四子王旗建钦州城以及额济纳旗的西夏黑城。

元朝统一中国前后，在锡林郭勒草原上建造了规模宏大的上都城，以上都为中心、以交通枢纽、诸王、驸马、投下府邸和路级治所为依托，内蒙古草原还出现了一个以政治、军事功能为主的城镇网络，如上都、应昌、全宁、东胜州等。结束了马背民族有国无城的历史。

由于历史上内蒙古地区曾出现过一些强大的地方政权，民族之间、中央政府和地方势力之间战火频繁，其结果造成了内蒙古的古代城市屡建屡废。现今保留下来历史最早的是呼和浩特旧城即归化城，该城于1572年（明隆庆六年）由阿勒坦汗（明封顺义王）始建，本名库和屯。历经四年至1575年（明万历三年）基本建成，明王朝赐名"归化城"。

清朝统一中国后，为了巩固边疆，于1735年（清雍正十三年）至1739年（清乾隆四年）在明归化城东北建成了八旗驻防城——"绥远城"，派驻大量满洲八旗将士携眷屯卫。从清雍正到乾隆，历经两朝，在内蒙古地区从东到西分别兴建了满洲里、海拉尔、赤峰、定远营等城镇，体现了清廷"保障朔方、宁谧边疆"的经略内外蒙古的战略意图。民国初期，随着铁路、航运的建设以及商路的开通，在东清铁路（滨洲线）沿线出现了满洲里、海拉尔、扎兰屯和牙克石等交通节点、交易、资源开发型城镇。

1923年平绥铁路修至包头，包头借"水旱码头"形成之势一跃成为水陆货运集散和皮毛药材交易的枢纽城市。从一个晋商的驿站据点，变成一个塞外重镇。但由于内蒙古地处边陲，经济落后，除西部的呼和浩特和包头两个城市外，其他城镇都分布不均，规模小，建设水平低。连包头这样的工商业城市，新中国成立前也只有61棵行道树，城市化率仅为12.2%。

二、内蒙古现代城市的发展

回顾60多年城市发展的历程，由于受政治、经济、政区变更等的影响，其发展过程是曲折多变的，大体可分为四个阶段。

1947～1966年，是自治区建市工作初步发展时期。时值全国第一至第三个国民经济五年计划期间，民族团结，政局稳定，经济发展快，使城市建设得到了健康发展。到1966年年底全区建制市由1949年的4个发展为10个，其中地级市2个，为呼和浩特市和包头市；县级市8个，分别为海拉尔、满洲里、通辽、赤峰、二连浩特、集宁、海勃湾、乌达。通辽历史悠久，是红山文化和富河文化的发祥地之一。民国三年（1914年），科尔沁左翼中旗巴林太来析出置通辽镇，民国七年（1918年），由镇升县，伪满时期，分属兴安南省和兴安西省。1945年8月，属国民党政府辽北省。1946年，先后归入中国共产党辽西、辽吉、辽北等省领导。1951年，通辽县城关镇析出设通辽市。1958年，通辽县并入（县级）通辽市。赤峰在旧石器时代已有古人类居住。新石器时代，这里居住的人类，创造了兴隆洼、红山等文化。赤峰是"华夏第一村""中华第一龙"的故乡，是中国文明的起源地之一。现赤峰市松山区在民国二年(1913年)，改为赤峰县。民国二十九年(1940年)，改为翁牛特右旗。1945年，增置赤峰市、赤峰县。1949年三月，翁牛特右旗并入赤峰县。1952年，赤峰市并入。1956年，划归昭乌达盟。1958年，改为赤峰市。二连浩特现属于锡林郭勒盟。1956年4月，设二连浩特镇，隶属苏尼特右旗。次年7月，升格为县级镇，名二连浩特。1966年1月设市。集宁是乌兰察布市政府驻地。早在1921年时，置平地泉设治局，次年更名集宁招垦设治局。1924年2月改为集宁县，属察哈尔省。1945年12月，成立中共集宁市政府。1956年将平地泉镇改为集宁市，与集宁县并存，属平地泉行政区。海勃湾现为乌海市政府驻地，位于乌海市北部。海勃湾地区历来为北方民族繁衍生息之地。清顺治六年(1649年)，属鄂尔多斯右翼中旗(鄂托克旗)之西北境。新中国成立后为鄂托克旗阿尔巴斯苏木的一部分。1954年，设桌子山矿区办事处。1961年升为海勃湾市。乌达位于现乌海市西部。清康熙三十六年(1697年)，隶属阿拉善旗。1961年，由镇升市。内蒙古20年时间新增设6个市，年平均增加0.3个。

1967~1978年，是城市发展的停滞时期。此期间正值"文化大革命"。经济发展缓慢，政区发生了重大变更。当时的东三盟(哲里木盟、呼伦贝尔盟、昭乌达盟)分别划归于东三省管辖，阿拉善盟分别划归于甘肃、宁夏两省区，将乌达、海勃湾两个县级市合并升格为地级市，从而使全区的城市数量到1978年底下降为5个，其中3个地级市(呼和浩特、包头、乌海)，2个县级市(集宁、二连浩特)。

1979~1990年，是城市发展的正常时期。党的十一届三中全会使民族经济注入了活力和生机，行政区划又恢复到"文革"以前，使城市建设走上了正常发展的道路。到1990年年底，全区的建制市发展为17个；其中4个地级市(呼和浩特、包头、赤峰、乌海)，13个县级市(通辽、牙克石、海拉尔、集宁、乌兰浩特、临河、扎兰屯、锡林浩特、东胜、丰镇、霍林郭勒、满洲里、二连浩特)。牙克石隶属于呼伦贝尔市，1983年10月设置为县级市。乌兰浩特市为兴安盟行署驻地，是1947年5月1日内蒙古自治区政府诞生地。1947年5月1日，内蒙古自治区政府在王爷庙正式成立，王爷庙为首府。同年11月，王爷庙街升格为市，并改名为乌兰浩特市。1964年7月取消市建制，改称乌兰浩特(镇级)，隶属科右前旗。1969年8月，随同科右前旗划归吉林省白城地区。1979年8月，划回内蒙古自治区，归呼伦贝尔盟所辖。1980年7月，恢复市建制，改属兴安盟。临河现在是巴彦淖尔市人民政府驻地。民国元年(1912 年)为五原县辖境。1925 年设临河设治局,1929 年改为临河县。1950 年属陕坝专员公署(后改称河套行政区)辖领。1958 年划归巴彦淖尔市。1984 年改为县级市。锡林浩特市为锡林郭勒盟行政公署所在地。1983 年 10 月,撤销阿巴嘎纳尔旗,设置锡林浩特市(县级)。东胜现为鄂尔多斯市人民政府所在地。清光绪三十三年(1907 年),设东胜厅。民国元年(1912 年),改厅为县。1983 年改为市,是国家优质动力煤基地——东胜煤田采区之一。丰镇市位于乌兰察布南部,东与兴和县相连,南与山西省的阳高、左云县接壤,西与凉城县为邻,北与察哈尔右翼前旗和卓资县交界。乾隆十五年(1750 年)设丰镇厅,民国三年改厅为县。1929 年归绥远省管辖。1938 年属蒙疆联合自治政府巴彦塔拉盟,1945 年光复后仍属绥远省。1948 年 9 月解放。新中国成立后,属绥远省集宁专署。1953 年,归内蒙古自治区平地泉行政区管辖。1958 年,归乌兰察布市。1990 年 11 月,撤县设市(县级)。霍林郭勒市是一座新兴的草原煤炭城市,现隶属通辽市。20 世纪 50 年代中期,牧民报矿。1967～1968 年,勘探并提出了普查报告。1976 年,组建霍林河矿区建设指挥部。1982 年,哲里木盟行署设霍林河办事处。1984 年,矿区南露天矿沙尔呼热采区移交投产。1985 年 11 月,成立霍林郭勒市,隶属哲里木盟。

1991 年至今,是城市发展的加速时期。随着国家大规模投资于能源和基础设施建设,资源开发主导型的迅速发展,使内蒙古的工业化在很短的时期内从初期进入中期。在大型工业项目的推动下,许多新型工业城镇不断崛起,原有的城市不断扩张。2004 年经国务院批准,内蒙古巴彦淖尔、乌兰察布两个盟撤盟设市。这样,在内蒙古 12 个地级盟市中,市的建制达到 9 个,表明内蒙古的城市化建设进程日益加快。2012 年年底,内蒙古有设市城市 20 个(表 11.1),其中地级市 9 个,县级市 11 个,建制镇 527 个,旗县所在城关镇 69 个,只剩下阿拉善、兴安、锡林郭勒还保留着盟这一行政机构。全区城镇总人口 1 437.64 万人,城市化水平 57.74%,比同期全国城市化水平高出 5.1 个百分点,步入城市化的起飞阶段。全区 GDP 和财政收入更以每年 20% 以上的速度递增,工业化处于强劲发展的中期阶段。进入 21 世纪后内蒙古提出实施"工业化、城市化、农牧业产业化"三大发展战略,内蒙古的经济和社会各项事业加快了发展步伐,提前一年完成了"十五"计划经济总量增值任务。2012 年,全区工业增加值达 7 966.6 亿元,是 2000 年的 16.46 倍,12 年间平均每年增长 26.29%,比 1978 年增长 365 倍。"十五"以后,全区工业化、城镇化、信息化彼此互动,进程步伐明显加快,二、三产业继续保持快速发展。因此无论从产业推动,还是政策引导,内蒙古的城市化正处于前所未有的最好发展机遇期。

表 11.1 城市主要经济指标(2012 年)

城市名称	土地面积 /10⁴ km²	年末总人口 /万人	年末非农业 人口/万人	生产总值/亿元 (不包括市辖县)
呼和浩特市	1.72	230.32	114.35	1 734.21
包头市	2.78	223.45	138.31	2 783.43
呼伦贝尔市	25.34	253.47	174.82	235.21
通辽市	5.95	319.77	122.02	655.93
赤峰市	9.00	461.19	112.59	678.79
乌兰察布市	5.45	286.97	78.55	147.48
鄂尔多斯市	8.69	152.08	47.99	850.34
巴彦淖尔市	6.44	186.70	83.81	238.95
乌海市	0.18	54.84	51.81	531.91
满洲里市	0.07	17.00	17.00	175.92
扎兰屯市	1.68	42.14	16.60	148.65
牙克石市	2.76	35.40	34.30	190.16
根河市	1.97	15.52	15.52	34.92
额尔古纳市	2.90	8.36	7.75	37.00
乌兰浩特市	0.27	32.14	24.34	130.01
阿尔山市	0.74	4.86	4.86	12.73
霍林郭勒市	0.06	8.11	8.11	295.01
二连浩特市	0.40	2.67	2.67	67.92
锡林浩特市	1.40	17.80	15.37	194.54
丰镇市	0.27	33.95	10.70	126.90

数据来源:《内蒙古统计年鉴 2013》

　　城市的发展,受到诸多因素的影响。1949～1990 年,内蒙古共增设 13 个市,平均每年增加 0.32 个市,约 3 年增设 1 个。在 1978 年以前,内蒙古同全国一样,主要是经受了"大跃进"和"人民公社化"运动所造成的失误,国民经济比例失调,经济和社会发展遭受了严重挫折。而后,经过 1963～1965 年的三年经济调整时期,内蒙古经济重新步入正轨。但是,这样的大好局面又被 1966 年开始的"文化大革命"严重破坏。十年"文化大革命"造成国民经济各部门比例关系严重失调，经济效益全面下降，自治区经济濒临崩溃。而 1978 年改革开放以来，促进了经济建设的全面发展，城市建设步伐加快。

现有 20 个建制市的地区分布很不平衡，东部区的城市数量和城市密度均明显高于中西部。以行政区划看，城市个数最多的是呼伦贝尔市，有 5 个县级市，占全区城市的近 1/4，城市密度为 0.16 个/万平方公里，高于全区平均水平。而面积 26.99 万平方公里的阿拉善盟，至今没有一个建制市，只有盟署驻地的巴彦浩特是最大的建制镇，人口也只有 10 万余人。城市的这种空间分布基本与区域经济发展水平和交通条件等相一致。东部地区经济发展水平较高，交通发达，资源开采历史长、开发能力强。而西部地区交通闭塞，经济发展水平较低。所以造成了这种城市分布不均衡的局面。

第二节　城市化的时空演变趋势

城市化是人口和经济向城市集中的过程，是工业化发展的必然趋势，是人类文明演进的重要过程。城市发展受政治、经济、政区变更等的影响，其发展过程是曲折多变的。

一、改革开放前的城市化

内蒙古是我国最早成立的少数民族自治区，在成立之初时"蒙绥分治"，1947～1953 年原内蒙古自治区一共有呼和浩特（当时称归绥）、包头两个地级市，县级市有四个，即海拉尔、通辽、乌兰浩特、满洲里。截至 1980 年，内蒙古共有呼和浩特、包头、乌海三个地级市，和海拉尔、满洲里、通辽、赤峰、集宁、二连浩特和乌兰浩特七个县级市。

从 1950 年起算，到改革开放开始的 1980 年，这 30 年中，世界的城市化率由 28.4% 上升至 41.3%，增幅为 12.9 个百分点。其中发展中国家由 16.2% 上升到 30.5%，增幅为 14.3 个百分点。中国大陆地区由 11.2% 上升到 19.4%，增幅为 8.2 个百分点。由此可以看出，我国大陆地区城市化率的增长幅度分别低于世界和发展中国家 4.7 和 6.1 个百分点。同期内蒙古的城市化率由 14.4% 上升至 35.9%，增幅 21.5 个百分点。可以看出，内蒙古城市化的发展速度迅速加快。内蒙古非农业人口规模也迅速加大，城市化率迅速提高的原因，主要是在此期间包头钢铁公司、内蒙古一机厂、二机厂、包头一电厂、二电厂、包头铝厂等工业基地和林区的开发建设，导致城市人口的大量机械增长而造成的。同时，重工业占主导地位和资源开发型的工业发展模式，导致了产业结构和就业结构的极不平衡，第三产业发展缓慢，人口自动向城市聚集的能力不强,再加上二元制户籍管理体制限制人口的城乡流动,产生了一种非典型的城市化过程。1952 年内蒙古的工业总产值为 1.61 亿元,1980 年为 58.89 亿元。从 1952 年至 1980 年,内蒙古的工业产值增长了 35.58 倍,而城市化率在 30 年间提高了 21.5 个百分点,城市化严重滞后于工业化。

内蒙古的城市化 1949～1977 年这一历史时期,大致可分为三个时期:

(一)1949～1957 年城市化健康平稳发展时期

这一阶段开展了大规模的基本建设,经济社会较为协调,国家在"一五"(1953～1957 年)计划实施过程中进行了大规模工业化和城市化建设。"一五"时期重点建设了冶金、机械、煤炭、电力、森工、建材、毛纺和食品加工业等工业行业。产业的均衡发展使工业化成为推动城市化的强大动力。包头钢铁厂、内蒙古一机厂、一电厂等都是在此时期建设的。内蒙古出现了像包头这样的在全国闻名的工商业城市。1957 年包头从一个商品集散交易城市一跃发展成为一个新型工业城市,城市化率达到了 19%。其他如集宁、牙克石等城市也都进行了扩建,成为颇具特色的产业和口岸城市。此时全区的城市化发展速度高于当时的全国和世界水平。

(二)1958～1960 年的城市化"大跃进时期"

1958 年 5 月,中共八大二次会议通过了"鼓足干劲、力争上游、多快好省地建设社会主义"的总路线,随之在全国范围内掀起了"大跃进"和"人民公社"运动。内蒙古也以"大跃进"为中心,掀起大规模的生产建设和文化建设高潮。全民大办工业,狂热浮夸,劳民伤财,得不偿失。致使工业比例严重失调,轻重工业比例由 5:4 变成 5:8,全国重工业增速高达 41%,而轻工业增速为 14%。由于这一时期人口向城市的大量流动,使城镇人口比重由 1957 年的 13.08% 猛增到 1960 年的 16.61%,年均上升 1.2 个百分点。内蒙古的城市化率也由 1958 年的 22% 上升到 1960 年的 30.2%,年均上升 2.73 个百分点,增速已达到全国平均增速的两倍之多。

(三)1961～1977 年的反城市化阶段

"大跃进"中一哄而起的绝大多数工厂矿山都由于设备简陋、原材料无着落、技术力量不足等原因而停产、合并或转产。"大跃进"造成了人口过度流入城市,使城市人口过度膨胀,引发城市基础设施紧张。同时,农业生产受到严重影响,农产品特别是粮食供给不足,农业人口短缺等严重社会矛盾,以致国家决策层调整政策,把一部分城镇职工下放到农村。国家的一系列措施使国民经济有所好转。1964 年以后,每年动员城镇青年下农村,"文化大革命"时期(1966～1975 年),工业发展速度明显下降,工业企业管理混乱,出现了大面积的亏损。政府采取强制政策，动员成千上万的知识青年上山下乡。1977年全国城镇人口比重下降至17.6%。同期内蒙古的城市化进程基本上处于停滞状态。

二、改革开放后的城市化

内蒙古改革开放后城市化进程分为三个阶段：

(一)20世纪80年代快速城市化时期(1978～1989年)

改革开放初期，内蒙古压缩了一批基本建设项目，加快轻纺工业的发展，使工业与农业、工业内部经济关系初步得到了调整。这一时期，全国范围内有2000万知识青年和下放干部返城并就业，城市工贸空前发展，城乡流通也越来越活跃。内蒙古在这一期间，工业经济的发展比较迅速，非农业人口比重逐年增加，城市化进展迅速。其主要特点是，随着国家对能源和基础设施建设的大规模投资，资源开发主导型产业的迅速发展，使内蒙古的能源、原材料等工业得到了长足的发展。"七五"时期全区建成投产大中型项目22个，主要是年产$100×10^4$ t原油的二连油田、丰镇电厂、乌拉山电厂以及通辽电厂等。到1990年，全区工业总产值达到263.3亿元，比1985年增长69.9%，年均增长10.5%；工业增加值达87.18亿元，年均增长5.98%。各级地方政府逐步认识到了城市经济在地区发展中的决定性作用，纷纷实施"县改市"和"撤盟设市"战略。清初在蒙古地区推行的盟旗制，历经300多年，其内容虽不断在地名和实质内容上发生变化，但在最近一轮撤盟设市的大潮中，已被挤退到历史的角落。

(二)20世纪90年代缓慢城市化时期(1990～1999年)

进入20世纪90年代，内蒙古二、三产业产值即非农产业的产值没有与国内生产总值同步增长，部分地区产业结构不合理。而且社会城市化速度缓慢，呈现波动发展，加之市镇人口统计口径的调整，使市镇人口的比重明显下降，影响了城市化水平的真实表现。1990年，综合城市化值为0.31，到1999年时为0.56，近10年间增加了0.26，年均增加了0.026，其增加速度远低于20世纪80年代的速度，内蒙古城市化进程进入缓慢发展阶段。该阶段的城市化值的发展变化呈现线性发展趋势。

(三)21世纪初的快速城市化时期(2000～2012年)

20世纪90年代末，可持续发展、生态城市、和谐社会的建设受到了各地区的高度重视，并根植于社会经济发展决策中。另外，国家实施的"西部大开发"战略也取得明显成效。上述背景、扶持政策及内蒙古地区本身的经济快速发展，有力地推动了其城市化进程。该时段内蒙古经济快速发展、产业结构得到相应的调整，城市绿地面积增加，区域市镇、非农业人口稳步增加，农村剩余劳动力向城市流动，加之高等院校扩招政策使高校在校生明显增加，城市(城镇)的房屋面积增加，城市地域空间规模扩大，功能增强，城市化进入新的发展进程。

三、内蒙古城镇发展规划

随着近几年内蒙古地区城镇化进程的加快，各盟市、旗县都大搞城市绿地、广场、道路建设，城市建设有了较大发展。但相对于全国其他省市比，城市市政设施和公用设施建设仍然薄弱，与全国横向比较，内蒙古城市发展还有很大差距。因此，合理规划，提高城镇化水平，促进经济快速发展非常关键。

(一)提高呼包鄂城市群的综合承载能力

大都市区是吸纳新增城镇人口的主渠道。从世界范围看，1975年超过100万人口的大都市区占世界城镇人口的37.2%，2009年达到50.1%，2025年预计达到56.6%，届时我国也将达到43.0%。当前，内蒙古呼包鄂城市群面临的突出问题是，城市建设用地相对紧张，进城门槛和成本较高，生态环境压力大，承载能力受限，有的地区已经出现"城市病"迹象。因此，要按照形成三主一副"井"字形点轴空间结构的总体要求，加快郊区化和呼包鄂一体化进程，明确各自的功能定位，优化空间结构，促进产业转型和功能提升，提高呼包鄂城市群的综合承载能力。近期，可以考虑放开郊区(旗、县)、周边中小城市和小城镇的户籍限制，鼓励中心区人口和产业向周边扩散，同时加快快速交通网络建设，优先发展公共交通和大容量的轨道交通，积极推进基础设施、产业布局、环境治理、要素市场、劳动就业和社会保障等一体化，吸引进城农民工在郊区(旗、县)和周边城镇居住，并通过快速交通体系到城区上班，或者实现就近就业。

(二)着力打造龙头型大城市

大城市是城镇化发展的核心，大城市崛起的总体思路是着力打造高端形态的龙头型大城市。根据大城市发展趋势，未来要积极引导呼和浩特市、包头市、鄂尔多斯市向城市的高端形态——国际型城市发展。与此同时，要集中力量加快盟市所在地中心城区建设，打造区域性中心城市，使这些城市成为内蒙古参与国内外竞争的第二梯队，并培育成为具有国内影响力与知名度的大都市，通过城市的跨越发展推动内蒙古城镇体系不断向高端形态迈进，带动地区综合竞争力的提升。

（三）积极发展主体功能完善的中小城市

中小城市是内蒙古城镇体系的主体。今后，要鼓励和支持中小城市和小城镇扩容，重点解决中小城市集聚效应不强、就业岗位不足、公共服务困难等问题，不断增强对农民工大规模市民化的吸引力。未来 10 年，中小城市发展的总体思路是积极发展一批城市主体功能完善、承载农民工市民化能力较强、与城市群协调发展的中小城市，使这些发展成为扩大内需、加快农民工市民化的主要载体，以及参与城市群产业分工、承担大城市功能疏散的主要载体。对于具备条件的中等城市，在条件允许的情况下要鼓励其发展成为具有较大辐射能力的大城市。近期，在内蒙古东部地区要将中小城市发展成为能够带动地方经济发展、具有较强要素聚集效应的地方性增长极。

（四）有重点地发展联动城乡的特色小城镇

小城镇是内蒙古城镇体系的重要组成部分。未来 10 年，小城镇发展的总体思路是通过试点政策，发展一批经济实力强、发展机制活、联动城乡统筹、吸纳农牧民就业的特色小城镇。蒙西地区，在大城市与城市群带动下发展一批产业支撑能力较强、公共服务较好、与大中城市形成合理分工的重点小城镇，有条件的小城镇通过行政区域调整可以发展成为具有活力的中小城市。蒙东地区，结合小城镇发展的区位条件、资源禀赋和经济基础等方面的优势，小城镇发展的总体方针是有选择地发展一批有潜力的小城镇作为担负农村牧区公共服务的载体与联动城乡统筹发展的重要节点。与此同时，要大力发展具有边疆特色的沿边小城镇，进一步加大开发开放力度，使之发展成为民族团结、经济繁荣、和谐稳定的重要载体。

第三节　城乡一体化建设

一、新农村、新牧区建设

长期以来，农业、牧业以及农牧民问题一直是决定内蒙古全面建设小康社会进程和现代化进程的关键性问题，也是关系党和国家工作全局的根本性问题。农牧业是安天下、稳民心的战略产业，没有农牧业的牢固基础和农牧业的积累与支持，就不可能有国家的自立和工业以及其他产业的发展；没有农牧业的繁荣稳定，就不可能有整个社会的繁荣稳定；没有农牧民的小康就不可能有全国人民的小康；没有农牧业现代化就没有全区现代化。只有农牧业繁荣兴盛，国家的基础才会稳定；农牧民生活富裕，国家才会繁荣昌盛。

（一）"社会主义新农村新牧区"的内容

"社会主义新农村、新牧区"是指在社会主义制度下，反映一定时期农村、牧区社会以经济发展为基础，以社会全面进步为标志的社会状态。主要包括以下几个方面：一是发展经济、增加农牧民收入，这是社会主义新农村、新牧区建设的基本出发点和归宿。不断改善农牧业生产条件，推进现代农牧业进程，提高农牧业综合生产能力，以增产促增收。要通过优质特色、规模经营等产业化手段，提高农牧业生产效益，增加农牧民收入。二是改善农牧区人居环境。包括住房改造、安全用水、垃圾处理、道路硬化、村屯绿化、推进基础设施建设等内容。三是扩大公益、促进和谐。巩固农村牧区义务教育普及成果，完善义务教育经费保障机制；大力促进农村牧区医疗卫生事业发展，巩固和完善新型农村牧区合作医疗制度，使农牧民享受基本的公共卫生服务；完善农村牧区最低生活保障制度，扩大补助范围，提高补助标准；统筹城乡就业，为农牧民进城提供便利条件。四是提高农牧民素质。加强精神文明建设，提高农牧民综合素质；培育新型农民，发展职业教育和技能培训。

（二）内蒙古"十二五"时期新农村、新牧区建设的重点

1. 加强苏木乡镇村庄规划管理

适应农村牧区人口转移和村庄变化的新形势，按照因地制宜、切实可行的原则，尊重村民意愿，体现地方和农村牧区特色，结合实施生态移民工程和农村牧区、林区、垦区危旧房改造工程，引导农牧民逐步向生产条件较好的地区和苏木乡镇所在地集聚。科学制定苏木乡镇村庄建设规划，合理安排县域苏木乡镇建设、嘎查村分布、农田草牧场保护、产业聚集、生态涵养等空间布局，统筹农村牧区生产生活基础设施、服务设施和公益事业建设。加强农村牧区建设活动管理。

2. 加强农村牧区基础设施建设

推动城镇基础设施向农村牧区延伸，按照新农村新牧区规划，推进水电路气房和优美环境"六到农（牧）家"。实施集中式供水及配套排水工程，加强农村牧区改水，解决农村牧区安全饮用水问题。完善农村牧区电网，扩大风光互补系统和户用沼气使用，解决边远牧区、林区供电问题，实现户户通电。加快行政村嘎查通沥青或水泥路工程建设，同步推进村庄内外道路硬化。推进村村通客运班车，逐步扩大公共交通覆盖农村牧区范围。引导散居农牧户集中建房，实施农村牧区危房改造和少数民族游牧民定居工程，人均居住面积达到 25 m^2。加强农村牧区邮政设施和信息网络建设，基本形成"乡乡建局、村村建站"的农村牧区邮政普遍服务基础网络，实现村村能上网、户户通电话。加快改水、改厨、改厕、改圈，加强污水、垃圾集中处理，推进村容村

貌环境整治。

3. 提高农村牧区基本公共服务水平

加强苏木乡镇卫生院、嘎查村卫生室建设，全面配备合格的全科医生，对农村牧区居民健康问题实施干预，有效预防和控制主要传染病及慢性病。推进城乡教育均衡发展，鼓励城乡对口支援、结对帮扶，依法保障农村牧区接受义务教育的权利。完善城乡公共文化服务网络，文化馆、图书馆、博物馆、影剧院覆盖全部旗县。扩大农牧民社会保障覆盖面，逐步实现城乡居民社会保障制度接轨。

(三)内蒙古社会主义新农村、新牧区建设现状

1. 农村、牧区经济稳步发展，农牧民收入逐步增加

近年来，中央和内蒙古的一系列支农惠农政策的出台和落实，极大地调动了农牧民发展农牧业生产的积极性，农村、牧区经济稳步增长，农牧民收入逐年增加，农村、牧区经济发展进入了一个新阶段。2012年，内蒙古农牧业产品产量稳步增长，支农惠农政策得到较好落实，已拨付各类支农惠农补贴资金172.3亿元，比2011年同期增加63.6亿元，预计全年农牧民人均纯收入在7 650元左右，同比实际增长12%～13%。

2. 科技教育事业发展，农民素质不断提高

随着农村牧区经济发展和农民收入的提高，内蒙古也逐渐加大了对科技和教育的投入，远程教育网络建设、中小学校舍建设、电化教育设施投入成为各地农村、牧区投资的重点。与此同时，各地不断加大对农牧民科技培训。广大农牧民积极学用新型科技，使农用新型科技在农村得到广泛普及。

3. 基础设施逐步改善，生活环境不断优化

至2012年年底，对全区奶站管理、生鲜乳运输、饲料生产销售进行全面治理整顿，确保了乳制品质量安全；建立健全30个旗县级农畜水产品质量安全监管机构。完成林业生态建设面积 $66.7×10^4$ hm²，力争禁牧休牧轮牧草原面积 $0.53×10^4$ hm²；以京津风沙源治理工程水土保持项目、黄河流域淤地坝工程、东北黑土区水土流失治理工程建设为重点，完成水土保持综合治理面积 $43.3×10^8$ hm²。全区建设乡村道路 $2.4×10^4$ km；解决1.3万户农牧民通电问题；新建户用沼气池 $15×10^4$ 座、村级沼气服务网点600个、大中型沼气工程15处。在国家西部大开发政策的大力支持下，内蒙古积极争取国家政策和项目，组织实施了农网改造、林业生态建设、人畜饮水改造、小康住宅建设等一批基础设施项目建设，农村牧区基础条件进一步改善，农牧业发展有了后劲，可持续发展有了保证。

(四)制约内蒙古新农村、新牧区建设的主要因素

1. 生态环境的制约

内蒙古自治区横跨东北、华北和西北,内蒙古草原是我国重要的生态屏障,同时内蒙古也是我国土地荒漠化最严重的省区之一,荒漠化土地面积占全区总面积的 60% 以上。全国八大沙漠中内蒙古就占 4 个。生态环境比较脆弱,近年来,干旱、洪涝、霜冻、风沙等自然灾害频发,天然草原沙化、退化的趋势严重。在国家的大力支持下,内蒙古共治理退化、沙化、盐碱化草场 $180 \times 10^4 \ hm^2$,造林 $133.33 \times 10^4 \ hm^2$,治理水土流失面积 $86.67 \times 10^4 \ hm^2$,使局部地区的生态状况有所改善。但是,由于人口的不断增加以及过度放牧,对大自然的过度索取,目前内蒙古生态环境恶化的势头仍未得到有效的控制,形势依然严峻。日益恶化的生态环境,严重制约着全区新农村、新牧区建设的整体进程。

2. 素质制约

目前农牧民收入增长速度下滑已成为制约内蒙古农牧业生产发展和农村、牧区经济发展的严重障碍。造成农牧民增收缓慢的原因是多方面的,最根本的原因之一是农牧民素质偏低。截至 2012 年年底,全区农村劳动力中,不识字的占 6.55%,小学文化程度的占 30.11%,初中文化程度的占 50.10%,高中文化程度的占 10.61%,中专和大专以上文化程度的分别占 1.87% 和 0.77%,平均受教育年限为 9 年,相当于初中文化程度。这样的文化水平,很难适应市场经济和现代农业发展的要求,直接影响农村经济的发展和农民收入的增加,也成为了制约内蒙古新农村、新牧区建设整体进程的主要因素之一。

3. 其他因素的制约

农牧业生产力发展水平较低,生产方式比较粗放,技术装备水平不高,生产效率较低,抗御干旱等自然灾害的能力不强。内蒙古农牧业产业结构极不合理,主要表现在农牧业中种植业的比重仍然过高,非农产业中第三产业发展滞后。新的产业结构调整以来,内蒙古农村、牧区产业结构发生了变化,农业比重逐年下降,非农产业比重逐年上升。但是,也应该看到,城乡差距拉大,农牧民收入增长缓慢的问题愈来愈突出。农村牧区社会管理比较薄弱,特别是城乡二元结构矛盾突出,农村牧区体制改革和制度建设需进一步加强,统筹城乡发展的任务紧迫而艰巨。农村牧区公共服务水平较低,城乡公共资源配置不均衡,水、电、路、通信等基础设施建设滞后,教育、卫生、文化等社会事业发展以及政府可提供的公共服务存在明显差距。

（五）全面推进内蒙古社会主义新农村、新牧区建设

"十二五"时期是为建设社会主义新农村、新牧区打下坚实基础的关键时期：内蒙古新农村、新牧区建设要开好局、起好步，必须集中解决农牧民生产生活中最迫切需要解决的实际问题，真正带给农牧民实惠。提高农牧业综合生产能力，进一步加大基本农田和草原保护力度，加快实施中低产田改造、土地整理等重大项目，加强旱作农业基础能力建设，稳定基本农田保护面积；调整农牧业结构，扩大高产、优质、高效、生态、安全农作物种植面积。加强农牧业服务体系建设；全面提升农牧业物质技术装备水平，推进农牧业规模化生产；推进农牧业产业化经营，以提高农畜产品加工转化为重点，支持乳、肉、绒、粮油、果蔬加工等骨干企业联合、兼并、重组，巩固壮大现有龙头企业，引进和培育马铃薯、皮、毛等大宗农畜产品深加工和流通型、服务型龙头企业；完善惠农惠牧体制机制。按照总量持续增加、比例稳步提高的要求，不断增加财政对"三农三牧"投入。把加快形成城乡经济社会发展一体化格局作为根本要求，着力抓好"改革、发展、建设、统筹、提高"五个关键环节，进一步深化农村牧区改革，加快发展现代农牧业，加强生态和基础设施建设，加大城乡统筹力度，提高农牧民整体素质和生活水平，促进农村牧区社会和谐，推动农村牧区经济社会又好又快发展。

二、推进内蒙古城乡一体化建设

城乡一体化是我国现代化和城市化发展的一个新阶段，城乡一体化就是要把工业与农业、城市与乡村、城镇居民与农村居民作为一个整体，统筹谋划、综合研究，通过体制改革和政策调整，促进城乡在规划建设、产业发展、市场信息、政策措施、生态环境保护、社会事业发展的一体化，改变长期形成的城乡二元经济结构，实现城乡在政策上的平等、产业发展上的互补、国民待遇上的一致，让农民享受到与城镇居民同样的文明和实惠，使整个城乡经济社会全面、协调、可持续发展。

内蒙古正处于一个经济高速发展的时代，城乡差距不仅存在而且随时都会拉大，因此，加快推进内蒙古城乡一体化进程是十分必要的。为达到城乡一体化的发展目标，要做到以下几点：一是加速内蒙古农业现代化建设。提高农业劳动生产率，使农业生产过程中所需要的劳动力大量减少，农业剩余劳动力逐步向城乡工业部门和服务部门转移，从而改变城乡就业结构和农村功能。二是加速内蒙古城乡经济一体化进程。通过城市经济对农牧业和农村牧区的带动和促进作用使城乡经济相互渗透、相辅相成、共同繁荣，使工业反哺农牧业。以工促农、以城带乡，着力破除城乡二元结构、形成城乡经济

社会发展一体化。三是加强内蒙古交通、住房、通信等基础设施现代化建设。通过建立城乡间快速便捷的交通，保证城乡生产和生活活动联系的密切性、城乡居民远距离就业以及乡村居民生活消费行为的便利性。通过提高城乡现代通信普及率，实现城乡之间信息资源共享。四是加快公共事业的建设。城市通过消除住宅、污染、社会治安等方面问题，进入新的生活时代。乡村在居住、教育、社会保障、医疗和文化生活等方面享受与城市同等的条件。五是实现内蒙古城乡生态环境的融合。防止人口膨胀对自然过度索取造成的土地沙化，解决好经济发展与环境污染的矛盾，严格控制污染源，污染及时治理，保护物种的多样性，使城市环境乡村化，乡村环境城市化。

思 考 题

1. 简述内蒙古的地理位置。
2. 简述内蒙古的经济区域特征。
3. 简述内蒙古的文化位置。
4. 内蒙古自治区气候是怎么形成的？有什么特点？
5. 内蒙古自治区气温分布特点是什么？积温的分布对各地区种植业发展有什么意义？
6. 简述内蒙古自治区各流域水系特征。
7. 内蒙古自治区沼泽有哪些类型？其地区分布规律有什么特点？
8. 简述内蒙古自治区植物特点。
9. 内蒙古自治区土地利用中存在哪些问题？应采取什么措施？
10. 简述内蒙古旅游资源整体特征。
11. 内蒙古自治区人口发展过程中出现了哪些突出问题？如何应对这些问题？
12. 结合内蒙古自治区自然特征，分析人口地域分布差异的原因。
13. 简述内蒙古东西自然景观类型及差异。
14. 简述内蒙古草原文化类型区划分。
15. 简述内蒙古经济发展区域差异。
16. 评价呼伦湖的生态环境。
17. 从可持续发展的原则出发，谈一谈蒙东区的发展方向。
18. 简述进一步建设满洲里口岸的重要作用。
19. 保护呼伦贝尔草原的深远意义和对策建议。
20. 简述大兴安岭森林保护的现实生态意义。
21. 简述内蒙古主要旅游资源及开发。
22. 简述呼和浩特市乳业迅速发展的原因。
23. 简述锡林郭勒草原可持续利用存在的主要问题。
24. 简述后山地区成为马铃薯主产区的主要原因。
25. 简述锡林郭勒马产业发展的市场潜力。
26. 如何进一步挖掘成吉思汗陵旅游区的文化特色。
27. 研究荒漠区特色植物资源的意义是什么？
28. 概述"塞外江南"的形成条件。
29. 试述西部地区畜牧业优势产品与发展对策。

30. 简述西部生态环境特征与生态环境建设意义。

31. 简述元朝文化类型及特点。

32. 简述呼包鄂地区整体区域特征。

33. 简述打造呼包鄂"金三角"地带的条件分析。

34. 简述呼包鄂地区区域发展方向与对策。

35. 简述草原与农牧交错带特点。

36. 论述内蒙古土地退化类型及其特征。

37. 简述内蒙古生态建设进程。

38. 简述内蒙古旱灾特点及分布特征。

39. 简述内蒙古牧区白灾的危害及防御对策。

40. 简述内蒙古沙尘暴的特征及危害。

41. 简述草原病虫害的成因及防治。

42. 简述内蒙古古代城市的形成过程。

43. 简述内蒙古现代城市发展经历的几个阶段。

44. 简述内蒙古城市化的时空演变趋势。

45. 如何推进内蒙古城乡一体化建设？

参考文献

[1] 内蒙古统计局．内蒙古统计年鉴 2009[M]．北京：中国统计出版社，2009.

[2] 内蒙古统计局．腾飞的内蒙古[M]．北京：中国统计出版社，2010.

[3] 《内蒙古自治区旗县情大全》编纂委员会．内蒙古自治区旗县情大全[M].1992.

[4] 白音查干．内蒙古民俗概要[M]．呼和浩特：内蒙古教育出版社，1999.

[5] 宝音．内蒙古地理研究——宝音论文选[M]．呼和浩特：内蒙古教育出版社，2002.

[6] 董笑梅．内蒙古导游基础知识[M]．呼和浩特：内蒙古人民出版社，2007.

[7] 刘书润．内蒙古植物区系纲要(上)[J]．内蒙古教育学院学报，1994(S2).

[8] 马玉明．内蒙古资源大辞典[M]．呼和浩特：内蒙古人民出版社，1997.

[9] 马毓泉．内蒙古植物志[M]．呼和浩特：内蒙古人民出版社，1998.

[10] 内蒙古国土资源编委会．内蒙古国土资源[M]．呼和浩特：内蒙古人民出版社，1987.

[11] 内蒙古计委国土整治办公室．内蒙古国土资源地图集[M]．呼和浩特：内蒙古人民出版社，1988.

[12] 内蒙古日报编辑部．草原春秋(上卷)[M]．呼和浩特：内蒙古人民出版社，1997.

[13] 内蒙古师范学院地理系．内蒙古自然地理[M]．呼和浩特：内蒙古人民出版社，1965.

[14] 内蒙古自治区公安厅．内蒙古自治区人口统计资料汇编[G].1991－2010.

[15] 内蒙古自治区人口普查办公室．内蒙古自治区人口普查资料[M]．北京：中国统计出版社，1983，1992，2002，2010.

[16] 内蒙古自治区统计局．内蒙古统计年鉴 2000[M]．北京：中国统计出版社，2000.

[17] 内蒙古自治区统计局．内蒙古统计年鉴 2009[M]．北京：中国统计出版社，2013.

[18] 内蒙古自治区土壤普查办公室、内蒙古自治区土壤肥料工作站．内蒙古土壤[M]．北京：科学出版社，1994.

[19] 石蕴琮，石应蕙，白征夫，等．内蒙古自治区地理[M]．呼和浩特：内蒙古人民出版社，1989.

[20] 宋乃工．中国人口内蒙古分册[M]．北京：中国财政经济出版社，1987.

[21] 孙德钒．内蒙古国土区划[M]．北京：新华出版社，1991.

[22] 吴征镒．中国植被[M]．北京：科学出版社，1980.

[23] 徐占江．呼伦贝尔旅游要览[M]．呼和浩特：远方出版社，2001.

[24] 中国科学院内蒙古宁夏综合考察队．内蒙古植被[M]．北京：科学出版社，1985.

[25] 黄秉维．中国综合自然区划的初步草案[J]．地理学报，1958，24(4).

[26] 刘再兴，蒋清海，侯景新，等. 中国生产力总体布局研究[M]. 北京：中国物价出版社，1995.

[27] 陆心贤. 中国经济地理[M]. 北京：高等教育出版社，1990.

[28] 任美锷. 中国自然地理纲要[M]. 修订版. 北京：商务印书馆，1985.

[29] 杨树珍. 中国经济区化研究[M]. 北京：中国展望出版社，1990.

[30] 赵济，陈传康. 中国地理[M]. 北京：高等教育出版社，1999.

[31] 赵济. 中国自然地理[M]. 3 版. 北京：高等教育出版社，1995.

[32] 赵松乔. 中国综合自然区划的一个新方案[J]. 地理学报，1983，38(1).

[33] 中国科学院中华地理志编辑部. 中国自然区划草案[M]. 北京：科技出版社，1956.

[34] 钢格尔，毛昭晖，王鸣中，等. 内蒙古自治区经济地理[M]. 北京：新华出版社，1992.

[35] 王静爱. 中国地理教程[M]. 北京：高等教育出版社，2007.

[36] 内蒙古统计局. 内蒙古统计年鉴 2013[M]. 北京：中国统计出版社，2013.

[37] 王静爱，史培军. 内蒙古的自然地带研究[J]. 内蒙古师大学报（自然科学汉文版）. 1995，(1).

[38] 汪加力. 论内蒙古大兴安岭林区开展森林资源价值评估的意义[J]. 内蒙古林业调查设计，2009，(4).

[39] 李桂芬. 内蒙古大兴安岭林区森林资源分析及经营管理对策[J]. 内蒙古林业调查设计，2007，(5).

[40] 麻新华. 内蒙古大兴安岭林区森林资源实物存量价值初步核算[J]. 内蒙古林业调查设计，2007，(6).

[41] 代宝成. 内蒙古大兴安岭林区可持续发展浅析[A]. 第二届中国林业学术大会——S3 森林经理与林业信息化的新使命论文集[C]. 2009：362−364.

[42] 董中云. 内蒙古大兴安岭林区"天保工程"实施后森林资源变化分析[J]. 内蒙古林业调查设计，2005，(1).

[43] 张红新. 大兴安岭地区森林资源变化及其对社会经济的影响[J]. 安徽农业科学，2009，37(30).

[44] 高玉宝. 大兴安岭生态林发展存在的问题与建议性探讨[J]. 内蒙古林业调查设计，2009，(2).

[45] 陆万鹏，程俊义，左继春. 关于培育和扩大大兴安岭森林资源的探讨[J]. 林业科技情报，1995，(4).

[46] 齐德，宋艳辉. 大兴安岭森林资源管理问题探讨[J]. 中国林业企业，2004，(6).

[47] 于瑞安，佟晓光，王宝珠. 大兴安岭林区的生态环境及其保护对策[J]. 防护林科技，2006，(3).

[48] 武文杰，孙福琴. 内蒙古大兴安岭林区雷击火成因初探[J]. 内蒙古林业，2008，(6).

[49] 姚津华，仲琪珊. 呼伦湖再不治理就变成沼泽了[N]. 内蒙古日报（汉），2006−10−12，(5).

[50] 鄂云峰，孙辉成. 呼伦湖湿地退化成因分析及对策建议[J]. 现代农业生态建设，

2009，（3）．

[51] 郝润全，高建国，李云鹏．气候变化和人类活动对呼伦湖区域生态环境的影响[A]．中国气象学会 2006 年年会"卫星遥感技术进展及应用"分会场论文集[C]．2006．

[52] 张艳君，杨玉生．拯救呼伦湖我们在行动[N]．中国水利报，2007－01－16．

[53] 佟宝全，陈才，刘继生．蒙东地区与东北三省区域整合研究[J]．地理科学，2006，（4）．

[54] 梁铁城．积极融入东北经济区域推进蒙东地区加快发展[J]．中国经贸导刊，2009，（4）．

[55] 陶建，李毅刚，张岩．抓住国家振兴东北机遇期，加快蒙东地区发展[J]．北方经济，2004，（6）．

[56] 刘仲涛，安成秀，钱卫华．浅谈锡林郭勒盟草原沙漠化防治[J]．现代农业，2008，（6）．

[57] 席玉兰，白永慧，白颖．锡林郭勒盟水土流失形成原因及防治措施[J]．内蒙古水利，2007，（3）．

[58] 赵元凤．新时期呼和浩特市奶业发展分析[J]．北方经济，2004，（8）．

[59] 朵兰．呼和浩特市奶业稳定发展研究[D]．呼和浩特：内蒙古农业大学，2005．

[60] 潘晓玲，党荣理，伍光和．西北干旱荒漠区植物区系地理与资源利用[M]．北京：科学出版社，2003．

[61] 党荣理，潘晓玲．西北干旱荒漠区植物区系的特有现象分析[J]．植物研究，2001，21（4）．

[62] 屠鹏飞，何燕萍，楼之岑，等．肉苁蓉的本草考证[J]．中国药学杂志，1994，（1）．

[63] 罗廷彬，陈亚宁，任崴，等．肉苁蓉研究进展[J]．干旱区研究，2002，19（4）．

[64] 地区沙生药用植物和红柳肉苁蓉产业开发领导小组．新疆和田管花肉苁蓉历史现状及人工种植发展前景[A]．中国第二届肉苁蓉暨沙生药用植物学术研讨会论文[C]．2002．

[65] 张勇，吴焕，王顺年，等．中药肉苁蓉商品药材和原植物资源调查[J]．植物资源与环境，1993，（1）．

[66] Chu，C.P.S and Lee，S.K.H.，in prep. Proprietary Chinese Medicinal Products Trade in Hong Kong（Provisional title）．TRAFFIC East Asia，2002，Regional Office，Hong Kong．

[67] 张志耘．国产肉苁蓉属（列当科）花粉及种皮形态的研究[J]．植物分类学报，1990，（4）．

[68] 樊文颖．肉苁蓉开发利用研究的进展与问题[J]．内蒙古林业调查设计，2001，（4）．

[69] 包金英，董占元，樊文颖，等．内蒙古肉苁蓉开发研究现状及其对策[J]．内蒙古林业科技，2001，（4）：41－42．

[70] 甄江红．濒危植物四合木生境的景观动态与适宜性评价研究[D]．呼和浩特：内蒙古农业大学，2008．

[71] 董笑梅．内蒙古导游基础知识[M]．呼和浩特：内蒙古人民出版社，2007．

[72] 苏鹏飞，丛小明．导游内蒙古之中部旅游精讲 60 篇[M]．呼和浩特：远方出版社，2009．

[73] 李新玉，鹿爱莉．鄂尔多斯盆地能源的综合开发利用[J]．中国国土资源经济，2005，(2)．

[74] 汪一鸣．鄂尔多斯盆地能源基地建设的资源节约、环境保护问题[J]．中国人口资源与环境，2008，(18)．

[75] 韩民青．科学能源发展观与中国能源的可持续发展[J]．未来与发展，2006，(6)．

[76] 陈五泉．鄂尔多斯盆地南缘古生界天然气地质条件及勘探有利区评价[J]．石油地质与工程，2009，(2)．

[77] 闫建萍，刘池洋．鄂尔多斯盆地南部上古生界低孔低渗砂岩储层成岩作用特征研究[J]．地质学报，2010，(2)．

[78] 宋立军，赵靖舟．中国煤层气盆地改造作用及其类型分析[J]．地质学报，2009，(6)．

[79] 杨光，刘俊来．鄂尔多斯盆地煤岩变形与煤储层特性关系的实验研究[J]．地质学报，2008，(10)．

[80] 王林．图书馆与民族文化大区建设[J]．内蒙古科技与经济，2009，(6)．

[81] 吴艳．论内蒙古本土文化资源与文化大区建设[J]．内蒙古社会科学(汉文版)，2003，(5)．

[82] 要闻．加快民族文化大区建设步伐[N]．内蒙古日报(汉)，2007－01－15(2)．

[83] 无极．略论草原文化的底蕴、内涵和创新[J]．广播电视大学学报(哲学社会科学版)，2005，(2)．

[84] 王志诚．论内蒙古民族文化大区建设[J]．实践(思想理论版)，2009，(8)．

[85] 郭刚，莫建成．今年全区民族文化大区建设要着力做好九项工作[J]．思想工作，2006，(5)．

[86] 徐亦亭．黄帝开创了传说时代游牧文化与农耕文化的融合[J]．青海民族学院学报，2004，(4)．

[87] Clark A. H. The impact of exotic invasion on the remaining new world mid～latitude grasslands[A]. In：Thomas W. L. Man's Role in Changing the Face of Earth [M]. Chicago：University of Chicago Press，1956.

[88] Curtis J. T. The modification of mid～latitude grasslands and forests by man [A]. In：Thomas W. L. Man's Role in Changing the Face of Earth[M]. Chicago：University of Chicago Press，1956.

[89] 昂汉巴雅尔．浅析锡林郭勒草原退化的原因及治理对策[A]．2003 年内蒙古自治区自然科学学术年会优秀论文集[C]．2003：231－233．

[90] 包庆丰．内蒙古荒漠化防治政策执行机制研究[D]．北京：北京林业大学，2006．

[91] 包玉生，王忠武，王磊，等．阿尔山市西口项目区水土流失防治工程的建议[J]．内蒙古林业调查与设计，2009，32(2)．

[92] 暴庆五，王关区．草原生态经济协调持续发展[M]．呼和浩特：内蒙古人民出版社，1997．

[93] 曹新孙．内蒙古东部地区风沙干旱区综合治理研究(第 2 集)[M]．北京：科学出版社，

1990.

[94] 柴宗新，范建荣．长江上游未来50年水体流失变化预测[J]．自然灾害学报，2001，10(4)．

[95] 陈昌盛．呼伦贝尔草场退化情况的调查[J]．专题调查，1997，(6)．

[96] 陈广庭，杨泰运，张伟民．山东省黄河冲积平原风沙化土地的研究[J]．中国沙漠，1989，9(1)．

[97] 陈荷生．疏勒河流域水资源开发对环境的影响[J]．自然资源，1988，(2)．

[98] 陈文．草原畜牧业经济研究[M]．呼和浩特：内蒙古大学出版社，1992．

[99] 陈佐忠．森林·草地·沙尘暴[J]．草业科学，2005，22(1)．

[100] 慈龙骏．全球变化对我国荒漠化的影响[J]．科技导报，1995，(1)．

[101] 额尔敦布和，恩和．内蒙古草原荒漠化问题及其防治对策研究[M]．呼和浩特：内蒙古大学出版社，2002．

[102] 董光荣，申建友，金炯．气候变化与沙漠化关系的研究[J]．干旱区资源与环境，1988，(1)．

[103] 董玉祥．人口在土地沙漠化中作用研究的述评[J]．干旱区研究，1988，(4)．

[104] 方修琦．从农业气候条件看我国北方原始农业的衰落与农牧交错带的形成[J]．自然资源学报，1999，14(3)．

[105] 冯晨芳，冯娟丽．内蒙古自治区土左旗土壤盐渍化现状及其治理[J]．内蒙古林业调查设计，2004，(1)．

[106] 高学田，唐克丽．神府—东胜矿区风蚀水蚀交互作用研究[J]．土壤侵蚀与水土保持学报，1997，3(4)．

[107] 格日乐，姚云峰．土地退化防治综述[J]．内蒙古林学院学报，1998，20(2)．

[108] 国家环境保护总局．《全国生态现状调查与评估》(华北卷)[M]．北京：中国环境科学出版社，2006．

[109] 国家环境保护总局．中国环境状况公报[R]．2002．

[110] 韩胜利，丁志刚．鄂尔多斯河滩盐渍化土地治理技术[J]．内蒙古林业科技，2006，(1)．

[111] 侯仁之．敦煌县南湖绿洲沙漠化监测[J]．中国沙漠，1981，(1)．

[112] 胡孟春．科尔沁土地沙漠化分类定量指标初步研究[J]．中国沙漠，1991，11(3)．

[113] 瞿宁淑．中国干旱区半干旱区土地利用问题[J]．中国沙漠，1986，6(1)．

[114] 君珊．草原地区露天煤矿开发水土流失预测及治理对策研究[J]．生态保护，2008，(3)．

[115] 杨朝飞．中国土地退化及其防治对策[J]．中国环境科学，1997，17(2)．

[116] 李博．中国北方草地退化及其防治对策[J]．中国农业科学，1997，30(6)．

[117] 李洪远，鞠美庭．生态恢复的原理与实践[M]．北京：化学工业出版社，2005．

[118] 蔺娟，地里拜尔·苏力坦．土壤盐渍化的研究进展[J]．新疆师范大学学报(自然科学版)，2007，(8)．

[119] 蔺文平. 内蒙古草原生态恢复的哲学思考[D]. 呼和浩特：内蒙古师范大学，2007.

[120] 刘连成，杨湘奎. 内蒙古东部地区水土流失成因及防治对策[J]. 国土资源科技管理，2008，25(1).

[121] 刘南威. 自然地理学[M]. 北京：科学出版社，2001.

[122] 刘沙滨，阿荣其其格，王琳. 内蒙古土地盐渍化典型区域动态监测研究[J]. 中国环境监测，2001，(8)：24—27.

[123] 刘恕. 半干旱地区沙漠化发展的内在动因[J]. 中国沙漠，1988，8(1).

[124] 刘永宏，曹建军等. 内蒙古水土流失现状与治理对策[J]. 内蒙古林业科技，2002，(1).

[125] 刘永志，常秉文，邢旗，等. 内蒙古草业可持续发展战略[M]. 呼和浩特：内蒙古人民出版社，2006.

[126] 刘玉平. 毛乌素沙区草场荒漠化评价的指标体系及荒漠化驱动力研究[D]. 北京：中国科学院研究生院，1997.

[127] 卢金伟，李占斌. 土壤侵蚀退化研究进展仁[J]. 土壤与环境，2001，10(1).

[128] 罗细芳，姚小华. 水土流失机理与模型研究进展[J]. 江西农大学报，2004，(5).

[129] 马世威. 沙漠、沙地与干旱地区相互包容的分类体系及异同特征[J]. 内蒙古林业科技，1997，(4).

[130] 买买提·阿扎提. 土壤盐渍化及其治理措施研究综述[J]. 环境科学与管理，2008，(5).

[131] 内蒙古草场资源遥感考察队. 内蒙古草场资源遥感应用研究[M]. 呼和浩特：内蒙古大学出版社，1987.

[132] 内蒙古植物志编辑委员会. 内蒙古植物志[M]. 呼和浩特：内蒙古人民出版社，1994.

[133] 内蒙古自治区党委政策研究室课题组. 内蒙古天然草原保护与建设[Z]. 内蒙古软科学计划项目，2003.

[134] 潘懋，李铁锋. 灾害地质学[M]. 北京：北京大学出版社，2002.

[135] 彭雨新. 清代土地开垦史[M]. 北京：农业出版社，1990.

[136] 全国土壤普查办公室. 中国土壤[M]. 北京：农业出版社，1998.

[137] 沈渭寿，曹学章，沈发云. 中国土地退化的分类与分级[J]. 生态与农村环境学报，2006，22(4).

[138] 史德明. 中国水土流失及其对旱涝灾害的影响[J]. 自然灾害学报，1996，5(4).

[139] 史培军，王静爱. 论风水两相作用地貌的特征及其发育过程[J]. 内蒙古林学院学报，1986，8(2).

[140] 孙金铸. 内蒙古地理文集[M]. 呼和浩特：内蒙古大学出版社，2003.

[141] 塔西甫拉提·特依拜. 土壤盐渍化遥感监测研究进展综述[J]. 新疆大学学报(自然科学版)，2008，(1).

[142] 唐于银，乔海龙. 我国盐渍土资源及其综合利用研究进展[J]. 安徽农学通报，

2008，14(8).

[143] 佟才，王志平，段丽杰．盐渍化土地恢复调控的研究进展[J]．北方环境，2004，(5).

[144] 王宝山，简成功，简成贵．由政策制度失配造成草原大面积退化的回顾与反思[J]．草原与草坪，2006，(4).

[145] 王金满，杨培岭，任树梅，等．烟气脱硫副产物改良碱性土壤过程中化学指标变化规律研究[J]．土壤学报，2005，42(1).

[146] 王静爱，徐霞，刘培芳，等．中国北方农牧交错带土地利用与人口负荷研究[J]．资源科学，1999，(5).

[147] 王俊中．我国土地沙化现状及其防治对策[J]．林业经济，2001，(9).

[148] 王堃．草地植被恢复与重建[M]．北京：化学工业出版社，2004.

[149] 王礼先，朱金兆．水土保持学[M]．2版．北京：中国林业出版社，2005.

[150] 王涛．我国沙漠化研究的若干问题——沙漠化研究和防治的重点区域[J]．中国沙漠，2004，24(1).

[151] 王学全，高前兆，卢琦．内蒙古河套灌区水资源高效利用与盐渍化调控[J]．干旱区资源与环境，2005.

[152] 王一谋．遥感在沙漠化动态研究中的应用[A]．中国科学院兰州沙漠研究所集刊[C]．北京：科学出版社，1986.

[153] 王玉刚，李彦，肖笃宁．土地利用对天山北麓土壤盐渍化的影响[J]．水土保持学报，2009，(5).

[154] 王玉山．河北坝下地区的沙漠化问题必须引起重视[J]．中国沙漠，1985，(3).

[155] 王云霞．内蒙古草地退化成因与草原畜牧业可持续发展研究[D]．呼和浩特：内蒙古农业大学，2004.

[156] 王周龙，王一谋．机助制图在沙漠化研究中的应用[J]．中国沙漠，1988，8(3).

[157] 王遵亲，祝寿泉，俞仁培，等．中国盐渍土[M]．北京：科学出版社，1993.

[158] 文明．内蒙古草原退化的经济根源及对策研究[D]．呼和浩特：内蒙古师范大学，2007.

[159] 文子祥．宁夏盐池地区的人口与沙漠化[J]．西北人口，1982，(2).

[160] 翁永玲，宫鹏．土壤盐渍化遥感应用研究进展[J]．地球科学，2006，(3).

[161] 乌云娜，裴浩，白美兰．内蒙古土地沙漠化与气候变化和人类活动[J]．中国沙漠，2002，22(3).

[162] 吴薇．近50年来毛乌素沙地的沙漠化过程研究[J]．中国沙漠，2001，21(2).

[163] 吴正．浅谈我国北方地区的沙漠化问题[J]．地理学报，1991，(46).

[164] 邢旗．内蒙古草地资源及其利用现状评价[M]．呼和浩特：内蒙古大学出版社，2002.

[165] 徐恒刚，刘书润．土壤盐渍化对盐生植被的影响[J]．内蒙古草业，2004，(2).

[166] 闫玉春，唐海萍．草地退化相关概念辨析[J]．草业学报，2008，(2).

[167] 杨根生．有关沙漠化几个问题的探讨[J]．干旱区研究，1986，(4).

[168] 杨劲松. 中国盐渍土研究的发展历程与展望[J]. 土壤学报，2008，45(5).

[169] 杨勤业. 黄土高原地区自然环境及其演变[M]. 北京：科学出版社，1991.

[170] 杨泰运. 乌盟后山草原农垦区沙漠化及其整治[J]. 中国沙漠，1988，8(4).

[171] 姚正毅，屈建军. 北方农牧交错带风水蚀复合区水土流失现状、分布特点及发展趋势[J]. 中国水土保持，2008，(12).

[172] 张建军，马述萍，田志诚. 包头市水土流失防治措施浅议[J]. 内蒙古水利，2009，(3).

[173] 张平仓. 水蚀风蚀交错带水风两相侵蚀时空特征研究——以神木六道沟小流域为例[J]. 土壤侵蚀与水土保持学报，1999，3(5).

[174] 张荣花. 阿拉善右旗水土流失现状及治理措施[J]. 内蒙古水利，2004，(1).

[175] 张微，娄金勇，程维新，等. 内蒙古河套灌区水利工程对土壤盐渍化的影响[J]. 环境科学研究，2003，(4).

[176] 张永民，赵士洞. 近15年科尔沁沙地及其周围地区的土地利用变化分析[J]. 自然资源学报，2003，18(2).

[177] 张振克，吴瑞金. 近300年来岱海流域气候干湿变化与人类活动的湖泊响应[J]. 首都师范大学学报(自然科学版)，2001，22(3).

[178] 赵济，王静爱. 内蒙古农牧交错带土地利用与土壤侵蚀研究[M]. 北京：科学出版社，1990.

[179] 赵哈林，赵学勇，张铜会，等. 科尔沁沙地沙漠化过程及其恢复机理[M]. 北京：海洋出版社，2003.

[180] 赵金涛. 北方农牧交错带土地利用变化分析[D]. 北京：北京师范大学，2003.

[181] 赵松乔. 内蒙古东、中部半干旱区——一个危急带的环境变迁[J]. 干旱区资源与环境，1991，5(2).

[182] 周兴佳. 塔里木河下游绿色走廊的沙漠化及其防治[J]. 中国沙漠，1983，3(1).

[183] 朱鹤健，何宜庚. 土壤地理学[M]. 北京：高等教育出版社，2003.

[184] 朱教君，李凤芹. 沙漠化问题浅析[J]. 防护林科技，1994，(4).

[185] 朱俊凤，朱震达. 中国沙漠化防治[M]. 北京：中国林业出版社，1999.

[186] 朱震达，刘恕. 中国的沙漠化及其治理[M]. 北京：科学出版社，1989.

[187] 竺可桢. 变沙漠为绿洲[A]. 竺可桢文集[C]. 北京：科学出版社，1979.

[188] 邹本功. 北京地区风沙活动及其整治的初步研究[J]. 中国沙漠，1987，7(3).

[189] 左大康. 现代地理学辞典[M]. 北京：商务印书馆，1990.

[190] 内蒙古自治区气象局. 内蒙古气候图集[G].1998.

[191] 中国人民保险公司，北京师范大学. 中国自然灾害地图集[M]. 北京：科学出版社，1992.

[192] 史培军. 内蒙古自然灾害系统研究[M]. 北京：海洋出版社，1992.

[193] 延军平. 灾害地理学[M]. 西安：陕西师范大学出版社，1990.

[194] 潘进军. 内蒙古气象灾害及其防御[M]. 北京：气象出版社，2007.

[195] 内蒙古气象局. 中国气象灾害大典内蒙古卷[M]. 北京：气象出版社，2008.

[196] 王宗礼，孙启忠，常秉文．草原灾害[M]．北京：中国农业出版社，2009.

[197] 陈素华，乌兰巴特尔，曹艳芳．气候变化对内蒙古草原蝗虫消长的影响[J]．草业科学，2006，(4).

[198] 史培军，胡涛，王静爱，等．内蒙古自然灾害系统研究[M]．北京：海洋出版社，1992.

[199] 娜仁其木格．内蒙古社会主义新农村、新牧区经济建设的现状与思路[J]．畜牧与饲料科学，2008，(1).

[200] 周一星．城市地理学[M]．北京：商务印书馆，1995.

[201] 许学强，周一星，宁越敏．城市地理学[M]．北京：高等教育出版社，1997.

[202] 邵凤芝．古代城市发展的演变历程及其与文明的关系[J]．文物春秋，2002，(4).

[203] 吴龙．内蒙古城镇化发展战略研究[D]．北京：中国农业科学院，2006.

[204] 杨莉莉．战国时期燕、赵、秦三国在内蒙古地区郡的设立[J]．西部资源，2006，(6).

[205] 赵明．内蒙古城市发展现状及展望[J]．内蒙古师大学报(哲学社会科学版)，1994，(4).

[206] 陈华，孙学力．内蒙古城市化发展进程的研究[J]．内蒙古统计，2003，(3).

[207] 李百岁．内蒙古城市化与生态安全研究[M]．呼和浩特：内蒙古人民出版社，2008.

[208] 尉强，黄冬梅．发展内蒙古城乡一体化理性初探[J]．北方经济，2004，(12).

[209] 内蒙古自治区人民政府办公厅．内蒙古党委、政府关于进一步推进农村牧区改革发展的实施意见[Z]．内蒙古自治区人民政府公报，2009，(3).

[210] 陶键，葛力大，张冰，等．内蒙古区情[M]．呼和浩特：内蒙古人民出版社，2006.

[211] 陈佑启，杨鹏．国际上土地利用/土地覆盖变化研究的新进展[J]．经济地理，2001，21(1).

[212] 顾朝林，北京土地利用/覆盖变化机制研究[J]．自然资源学报，1999，14(4).

[213] 巨仁，郭扶国．用人—地关系中环公式对固原人口增长与粮食生产的分析[J]．水土保持通报，1990，10(1).

[214] 李秀彬．全球变化研究的核心领域：土地利用/土地覆被变化国际研究动向[J]．地理学报，1996，51(6).

[215] 刘纪远，庄大方．中国土地利用时空数据平台建设及其支持下的相关研究[J]．地球信息科学，2002，(3).

[216] 刘燕华．脆弱生态环境初探[J]．生态环境综合治理和恢复技术研究(第一集)，北京：北京科学技术出版社，1993.

[217] 马林．内蒙古可持续发展论——内蒙古人口、资源、环境与经济可持续发展研究[M]．呼和浩特：内蒙古大学出版社，1999.

[218] 曲格平．关注生态安全——中国生态安全的战略重点和措施[J]．环境保护，2002，(8).

[219] 史培军，宫鹏．土地利用/土地覆盖变化研究的方法与实践[M]．北京：科学出版社，2000.

[220] 王静爱，徐霞，刘培芳，等．中国北方农牧交错带土地利用与人口负荷研究[J]．资源科学，1999，(5).

[221] 谢高地，成升魁，丁贤忠．人口增长胁迫下的全球土地利用变化研究[J]．自然资源

学报，1999，14(3).

[222] 张明. 以土地利用/土地覆盖变化为中心的土地科学研究进展[J]. 地理科学进展，2001，20(4)

[223] 朱会义，李秀彬，环渤海地区土地利用的时空变化分析[J]. 地理学报，2001，(3).

[224] 冯利伟，李小琳. 呼包鄂旅游圈区域合作发展战略研究[J]. 内蒙古经济学院学报，2008，(1).

[225] 包先建，付文林. 论安徽经济增长中的产业结构演变[J]. 安徽师范大学学报(人文社会科学版)，2002，(4).

[226] 张敏. 呼包鄂区域中竞争优势的定量评估[J]. 商业时代，2005，(32).

[227] 张澳夫，包瑜. "呼包鄂"经济圈经济增长的实证分析[J]. 经济理论研究，2009，(8).

[228] 李文艳. 呼包鄂地区旅游产品深度开发与区域经济影响力分析[D]. 呼和浩特：内蒙古师范大学，2007.

[229] 贺奇业力图. 内蒙古历史文化旅游发展现状分析——以内蒙古西四盟市为例[J]. 内蒙古师范大学学报(哲学社会科学版)，2012，41(3).